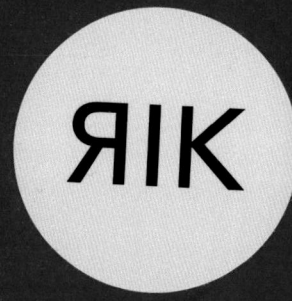

This catalogue is published in conjunction with
Dieser Katalog erscheint anlässlich von

GERMAN PAVILION
AT THE 15TH INTERNATIONAL
ARCHITECTURE EXHIBITION 2016
– LA BIENNALE DI VENEZIA

DEUTSCHER PAVILLON
AUF DER 15. INTERNATIONALEN
ARCHITEKTURAUSSTELLUNG 2016
– LA BIENNALE DI VENEZIA

15. ULUSLARARASI
MİMARLIK SERGİSİ'NDE
ALMAN PAVYONU 2016
– LA BIENNALE DI VENEZIA

QUẦY ĐỨC TRONG
TRIỂN LÃM KIẾN TRÚC QUỐC TẾ
LẦN THỨ 15 NĂM 2016
– LA BIENNALE DI VENEZIA

ـ بينالي البندقية 2016
الدولي ال 15 للعمارة
في المعرض
الجناح الألماني

PAVILION GERMAN
LA A 15-INTERNATIONAL
ARHITECTURA EXPOZITIE 2016
– LA BIENNALE DI VENEZIA

PABELLÓN DE ALEMANIA
EN LA 15 ª MUESTRA INTERNACIONAL
DE ARQUITECTURA 2016
– LA BIENNALE DI VENEZIA

PADIGLIONE TEDESCO
ALLA 15. MOSTRA INTERNAZIONALE
DI ARCHITETTURA 2016
– LA BIENNALE DI VENEZIA

MAKING HEIMAT.

la Biennale di Venezia

15. Mostra Internazionale di Architettura

Partecipazioni Nazionali

GERMANY, ARRIVAL COUNTRY

Bundesministerium
für Umwelt, Naturschutz,
Bau und Reaktorsicherheit

D A M DEUTSCHES
ARCHITEKTURMUSEUM

**PETER CACHOLA SCHMAL
OLIVER ELSER
ANNA SCHEUERMANN
(EDS. / HRSG.)**

HATJE
CANTZ

Fig. 1: In September 2015 Chancellor Angela Merkel had a selfie taken with refugee Shakir Kedida from Mosul (Iraq) in Berlin-Spandau.

Abb. 1: Bundeskanzlerin Angela Merkel ließ sich im September 2015 in Berlin-Spandau für ein Selfie zusammen mit dem Flüchtling Schakir Kedida aus Mossul (Irak) fotografieren.

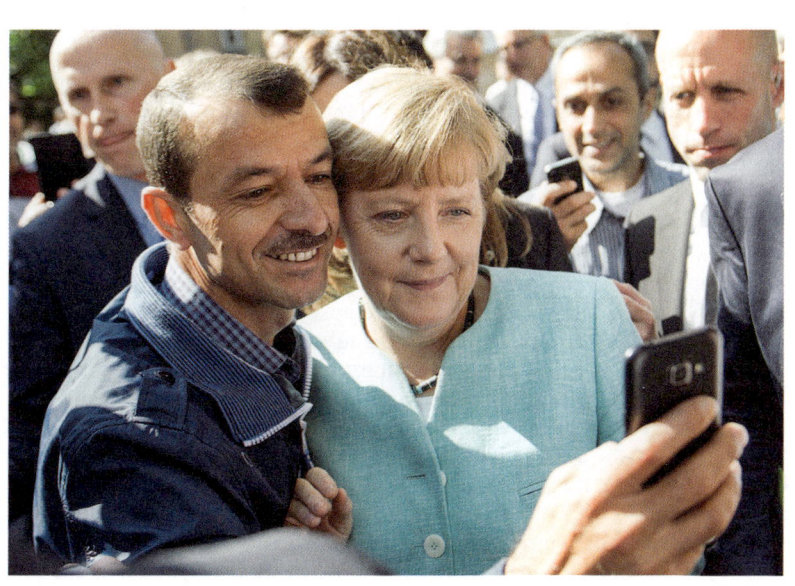

Dr. Barbara Hendricks

Federal Minister for the Environment, Nature Conservation, Building, and Nuclear Safety

As hundreds of thousands of people arrive in Germany, fleeing war and violence, the country is facing its greatest challenge since reunification. Many of them will stay for a long time, if not indeed permanently, and become part of our country. We therefore need housing, we need to offer opportunities for successful integration, and we need places of encounter. In short, we need to create the conditions for Germany to become a new home country for many people. This is the task that all of us—the federal and state governments, the local authorities, civil society, and the many volunteer helpers—have set ourselves. Building and urban development play a key role in integration. This is why the Federal Ministry of Building is targeting funding at social integration at the local level. At the same time, we need more social housing, especially in the metropolitan areas—for Germans as well as for refugees. We are therefore allocating substantially greater financial resources to social housing and providing additional incentives for private investors. Moreover, we are unifying building standards and codes to allow faster and more cost-effective construction.

What specific contribution can architecture and urban development make to successful integration? As the discipline's most prominent platform, the Venice Architecture Biennale is certainly the right place to be asking this question. This is where architecture reflects on itself as a discipline that has a profound social impact. The Giardini are once again a showcase for building culture this year. Under the motto "Reporting from the Front," the participating nations will present their planning work to an international public. Germany will once again be presenting a Biennale contribution of its own in the German pavilion, where it will report on its experience of integration and on what it takes to make integration successful.

I am very pleased that the team of the Deutsches Architekturmuseum with its director and this year's general commissioner, Peter Cachola Schmal, curator Oliver Elser, and coordinator Anna Scheuermann has reflected intensely on the conditions for successful integration. The theses on the Arrival City advanced by the Canadian journalist Doug Saunders served as the starting point for the creatively staged and sensorily impressive exhibition *Making Heimat. Germany, Arrival Country* that can now be experienced in the German pavilion.

Find out—and be surprised by—what architecture and urban development can contribute to the process of integration, what sound urban development should look like, and what good and often surprising solutions urban planners, architects, and landscape planners have to offer.

Dr. Barbara Hendricks

Bundesministerin für Umwelt, Naturschutz, Bau und Reaktorsicherheit

Deutschland steht vor seiner größten Herausforderung seit der Wiedervereinigung. Hunderttausende Menschen kommen auf der Flucht vor Krieg und Gewalt nach Deutschland. Viele von ihnen werden für eine lange Zeit oder auf Dauer bleiben und zu einem Teil unseres Landes werden. Wir brauchen Wohnraum, wir müssen Angebote für eine gelingende Integration machen, wir benötigen Orte der Begegnung. Kurz: Wir müssen die Rahmenbedingungen schaffen, damit Deutschland für viele Menschen eine neue Heimat werden kann. Dieser Aufgabe stellen sich Bund, Länder und Kommunen gemeinsam mit der Zivilgesellschaft und vielen ehrenamtlichen Helferinnen und Helfern.

Bauen und Stadtentwicklung haben eine Schlüsselfunktion bei der Integration. Deshalb fokussiert das Bundesbauministerium mit seinen Fördermitteln auf die soziale Integration vor Ort. Gleichzeitig brauchen wir mehr sozialen Wohnraum, vor allem in den Ballungsräumen – für Deutsche genauso wie für Flüchtlinge. Wir statten deshalb den sozialen Wohnungsbau finanziell deutlich besser aus und wir geben zusätzliche Anreize an private Investoren. Außerdem vereinheitlichen wir Baustandards und Normen, damit schneller und kostengünstiger gebaut werden kann.

Was können Architektur und Stadtentwicklung konkret zu einer gelingenden Integration beitragen? Die Architekturbiennale in Venedig als die prominenteste Plattform dieser Disziplinen ist für diese Frage gewiss der richtige Ort. Hier reflektiert sich Architektur als eine tief in die Gesellschaft wirkende Disziplin. Die Giardini sind auch in diesem Jahr wieder das Schaufenster der Baukultur. Unter dem Motto „Reporting from the Front" präsentieren die teilnehmenden Nationen ihre planerischen Leistungen dem internationalen Publikum. Deutschland beteiligt sich auch diesmal mit einem eigenen Ausstellungsbeitrag im Deutschen Pavillon und wird über Erfahrungen und Anforderungen berichten, wie Integration gelingen kann.

Ich freue mich sehr, dass sich das Team des Deutschen Architekturmuseums mit seinem Direktor und diesjährigen Generalkommissar Peter Cachola Schmal, dem Kurator Oliver Elser und der Koordinatorin Anna Scheuermann intensiv mit den Bedingungen für gelungene Integration auseinandergesetzt hat. Die Thesen zur „Arrival City" des kanadischen Journalisten Doug Saunders waren der Ausgangspunkt für die Ausstellung *Making Heimat. Germany, Arrival Country,* die nun im Deutschen Pavillon gestalterisch und sinnlich eindrucksvoll erfahrbar ist.

Seien Sie gespannt, welchen Beitrag Architektur und Städtebau im Integrationsprozess leisten können, wie Konzepte im Sinne einer guten städtebaulichen Entwicklung aussehen und welche guten und oft überraschenden Lösungen Stadtplaner, Architekten und Landschaftsplaner anzubieten haben.

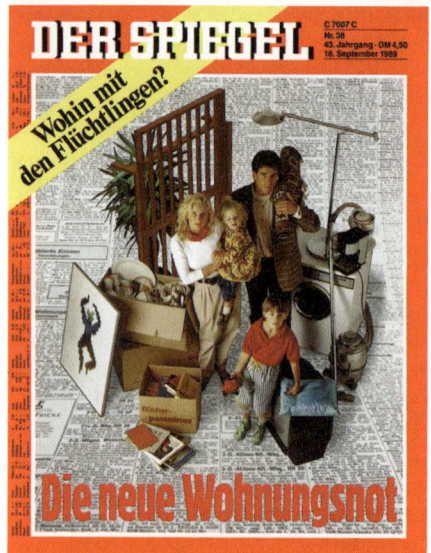

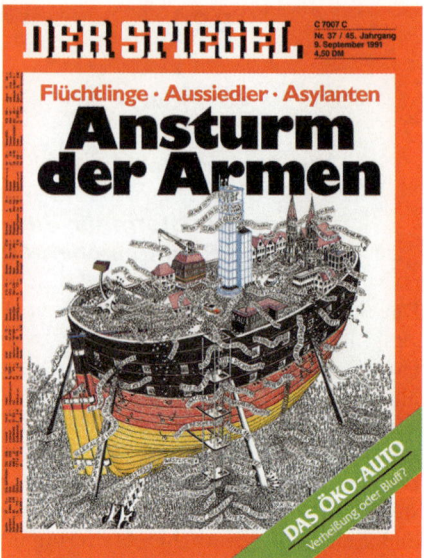

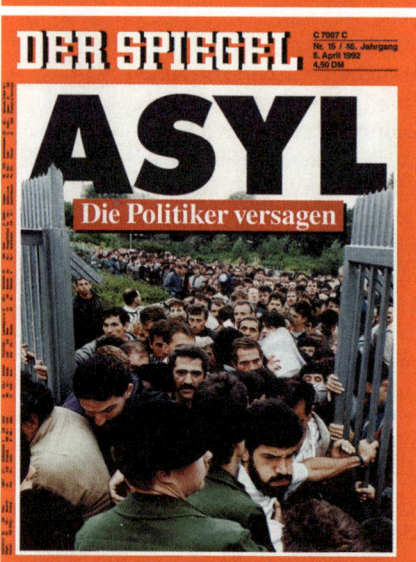

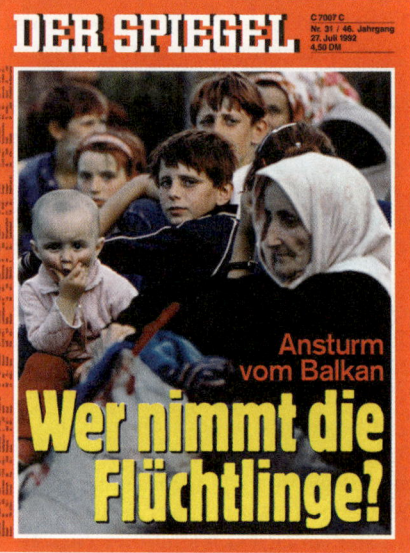

Figs. 2, 3, 4, 5, 6, 7, 8, 9: The covers of the German weekly magazine *Der Spiegel* illustrate the major differences between the press coverage of the refugee situation in the 1990s and that today. (Left, clockwise: "Where Can We Accommodate the Refugees? The New Housing Shortage" / "Refugees. Ethnic German Immigrants. Asylum Seekers: the Poor Come Flooding In" / "Asylum: Our Failing Politicians" / "Influx from the Balkans: Who Will Take in the Refugees?". Right, clockwise: "A Threat? Under Threat: Xenophobia Poisons Germany" / "Mother Angela: Merkel's Policy Divides Europe" / "The Disturbed Nation: Is Germany Losing Its Center?" / "A State of Emergency in Germany: A Loss of Control".

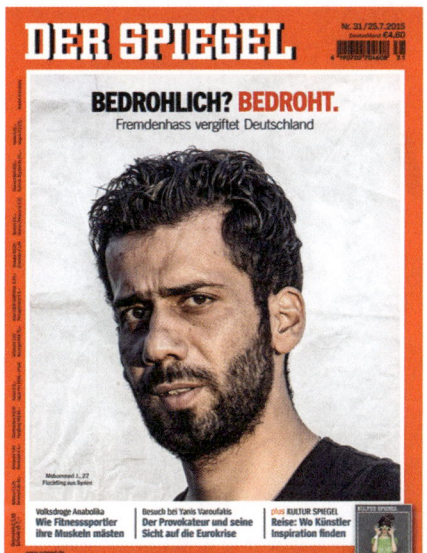

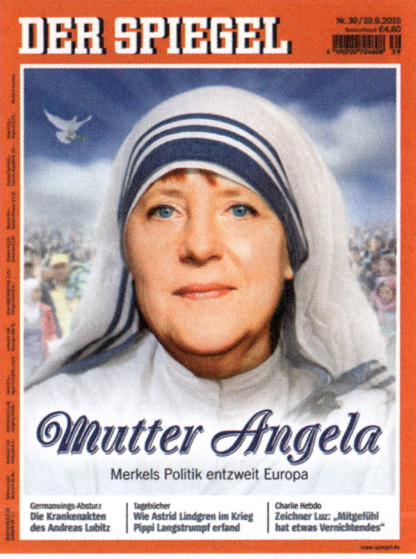

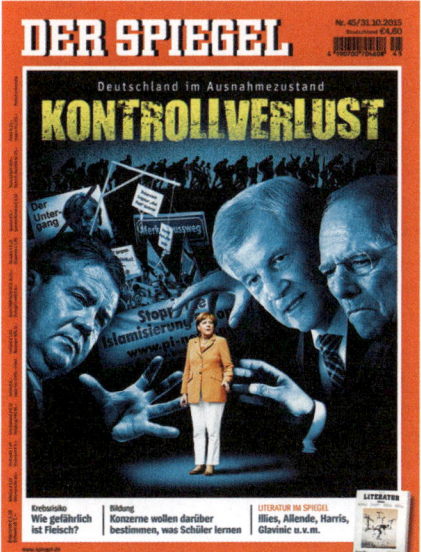

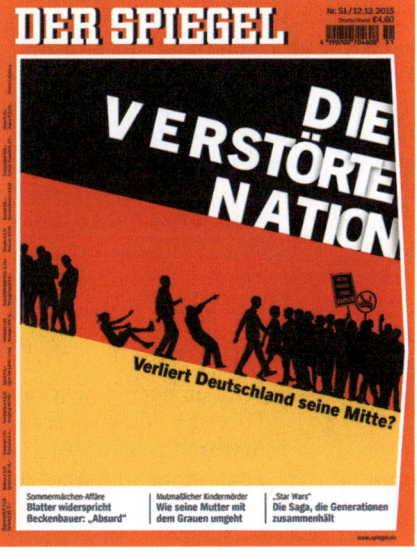

Abb. 2, 3, 4, 5, 6, 7, 8, 9: Die Titelseiten des Magazins *Der Spiegel* zeigen, wie unterschiedlich über die Flüchtlingssituation Anfang der 1990er-Jahre im Vergleich zu heute berichtet wurde.

Making Heimat

Peter Cachola Schmal, Oliver Elser, Anna Scheuermann

heimat, the country or region where one was born or resides permanently.[1]

"*Heimat*" is a German concept that doesn't translate easily into other languages. Neither the English "home" or "home country" nor the Italian and Spanish "casa" or "patria" encompass the range of meaning of the German. They refer, rather, to the fatherland in a patriotic sense. "*Heim*" ("the house in which one belongs"[2]), on the other hand, does have a close equivalent in English: "home," as in "my home is my castle" or "home is where the heart is." But what about the place where we were born and where we "felt at home," the place that shaped us? This is much more than our own home or house in which we have made ourselves "at home." *Heimat* is something we carry within ourselves. It may even be the earlier *Heimat* of our parents or grandparents that we do not know first-hand, but only through customs and stories. This is how the German-speaking rapper Azad puts it, who was born in the Kurdish region of Iran and came to Germany as a refugee with his family—he now lives in Frankfurt am Main:

> With an aching heart and tears on my cheeks
> Forced by the problems to leave, make a fresh start
> Sunrise in exile ever since the first year
> Even though I barely got to see my heimat
> It was always clear where my roots were[3]

What about a "second" or "new" heimat? Where and how can people who have left their familiar environment settle and be "at home"?
A third of the world's population is moving to the cities, sometimes across continents. They abandon their present place of residence in order to settle elsewhere—some temporarily, others permanently. The title of the exhibition *Making Heimat*, a bilingual coinage, introduces a new, active dimension into the discussion and asks: How is *heimat* "made"? This is a two-sided process that must be accomplished both by the arrival country (down to the lowest level of the city district) and by the immigrants themselves who have to face up to conditions in their new *heimat*. We still have a long way to go before Germany becomes a country of immigration like the United States, Canada, or Australia.

Making Heimat

Peter Cachola Schmal, Oliver Elser, Anna Scheuermann

heimat, das land oder auch nur der landstrich,
in dem man geboren ist oder bleibenden aufenthalt hat.[1]

„Heimat" ist ein deutscher Begriff, der sich schlecht in andere Sprachen übersetzen lässt. Weder „home (country)" im Englischen, noch „casa" oder „patria" im Italienischen und Spanischen umfassen die Vielfalt der Deutungen im Deutschen. Sie meinen eher das Vaterland im patriotischen Sinne. Das „Heim" („das haus, in das man gehört"[2]) kann hingegen gut ins Englische übersetzt werden mit „home", wie in „my home is my castle" oder „home is where the heart is". Wie sieht es jedoch aus mit dem Ort, an dem man geboren wurde, der einen geprägt hat oder an dem man sich „zu Hause fühlt"? Das ist weit mehr als die eigene Wohnung oder das eigene Haus, welches man sich eingerichtet hat und in dem man sich wohl fühlt. Die Heimat tragen wir in uns. Es mag sogar die frühere Heimat der Eltern oder Großeltern sein, die man persönlich gar nicht kennt, sondern die einem nur durch Bräuche und Erzählungen bekannt ist. So drückt es der deutschsprachige Rapper Azad aus, der im kurdischen Teil Irans geboren wurde und als Flüchtling zusammen mit seinen Eltern nach Deutschland kam – er lebt in Frankfurt am Main:

Mit schmerzendem Herzen und Tränen auf den Wangen
Von den Problemen gezwungen zu gehen, um ein neues Leben anzufangen
Sonnenaufgang im Exil seit dem ersten Jahr
Obwohl ich meine Heimat fast nie sah
War immer klar, wo meine Wurzeln waren[3]

Wie sieht es aus mit einer „zweiten" oder „neuen" Heimat? Wie und wo kann ein Mensch, der sich außerhalb seines gewohnten Umfelds bewegt, „heimisch werden"?
Ein Drittel der Weltbevölkerung zieht in die Städte, teilweise über Kontinente hinweg. Sie geben ihren bisherigen Wohnsitz auf, um an einem anderen Ort sesshaft zu werden, manche davon auf Zeit, andere auf Dauer. Der Titel der Ausstellung *Making Heimat*, eine bilinguale Wortschöpfung, bringt eine neue aktive Ebene in die Diskussion: Wie wird Heimat „geschaffen"? Dies ist ein Prozess von zwei Seiten: Einerseits muss er vom „Arrival Country", dem

This is why, for the time being, we shall call it *Germany, Arrival Country*, as this is something we can rightly claim based on the unforeseen scale of current migration to Germany.

Making Heimat. Germany, Arrival Country is based on the book *Arrival City* by Canadian journalist Doug Saunders.[4] In close collaboration with the author we have developed eight theses about *Arrival Cities* that form the basic structure of *Making Heimat*. Based on these we explore the question of what architectural and urban conditions need to exist in Arrival Cities for immigrants to be able to integrate successfully in Germany.

We developed a corresponding spatial concept for the German pavilion in collaboration with Something Fantastic, who designed not only the exhibition but also this volume and all the other visual communication media for the 15th International Architecture Exhibition—La Biennale di Venezia. For press and public relations work we enlisted the assistance of Bureau N.

On behalf of the Federal Ministry for the Environment, Nature Conservation, Building, and Nuclear Safety and generously supported by many businesses, we were able to realize *Making Heimat. Germany, Arrival Country*. The architects Clemens Kusch and Martin Weigert and the event manager Tomas Ewald helped us to mount the exhibition on site in Venice. No exhibition would have been conceivable without the wonderful team of professional colleagues at the Deutsches Architekturmuseum as well as a number of project assistants. For their help and advice, access to unusual places, understanding, forbearance, support, and much, much more, we would like to say to all those involved: danke, thank you, grazie, teşekkürler, and shakar.

1 Jacob and Wilhelm Grimm, *Deutsches Wörterbuch*, 1877.
2 Ibid.
3 Azad Azadpour, *Leben*, 2001.
4 Doug Saunders, *Arrival City. How the Largest Migration in History Is Reshaping Our World* (London, 2010).

Ankunftsland (bis hinein in die unterste Ebene der Stadtviertel) geleistet werden, andererseits aber auch von den Einwanderern selbst, die sich den Bedingungen ihrer neuen Heimat stellen müssen. Es ist noch ein weiter Weg, bis Deutschland ein Einwanderungsland ist, so wie die USA, Kanada oder Australien. Daher nennen wir es vorerst *Germany, Arrival Country*, denn dies können wir aufgrund der ungeahnten Dimensionen der aktuellen Migrantenbewegungen nach Deutschland zu Recht behaupten.

Making Heimat. Germany, Arrival Country basiert auf der Publikation *Arrival City* des kanadischen Journalisten Doug Saunders.[4] In enger Zusammenarbeit mit dem Autor wurden acht Thesen über „Ankunftsstädte" erarbeitet, welche die Grundstruktur von *Making Heimat* bilden. Anhand dieser verfolgen wir die Frage, welche architektonischen und städtebaulichen Bedingungen in den Ankunftsstädten gegeben sein müssen, damit sich Einwanderer in Deutschland erfolgreich integrieren können.

Gemeinsam mit Something Fantastic wurde das passende räumliche Konzept für den Deutschen Pavillon entwickelt. Für die 15. Internationale Architekturausstellung – La Biennale di Venezia haben sie daher sowohl die Ausstellung als auch diese Publikation und alle weiteren visuellen Kommunikationsmedien gestaltet. Für die Presse- und Öffentlichkeitsarbeit hatten wir Bureau N an unserer Seite.

Dank der Beauftragung durch das Bundesministerium für Umwelt, Naturschutz, Bau und Reaktorsicherheit und durch die großzügige Unterstützung vieler Unternehmen konnten wir *Making Heimat. Germany, Arrival Country* in die Wirklichkeit umsetzen. Bei der Realisierung halfen uns vor Ort in Venedig die Architekten Clemens Kusch und Martin Weigert sowie der Eventmanager Tomas Ewald. Keine Ausstellung wäre denkbar ohne ein wundervolles Team, das aus den bewährten Kolleginnen und Kollegen im DAM sowie einer Reihe von Projektassistentinnen und -assistenten bestand. Rat und Tat, Zugang zu ungewöhnlichen Orten, Verständnis, Nachsicht, Unterstützung und noch viel mehr, dafür sagen wir allen Beteiligten Danke, thank you, grazie, teşekkürler und shakar.

1 Jacob und Wilhelm Grimm, *Deutsches Wörterbuch*, 1877.
2 Ebd.
3 Azad Azadpour, *Leben*, 2001.
4 Doug Saunders, *Arrival City. How the Largest Migration in History Is Reshaping Our World*, London 2010; dt. Ausgabe: *Arrival City. Über alle Grenzen hinweg ziehen Millionen Menschen vom Land in die Städte. Von ihnen hängt unsere Zukunft ab*, München 2011.

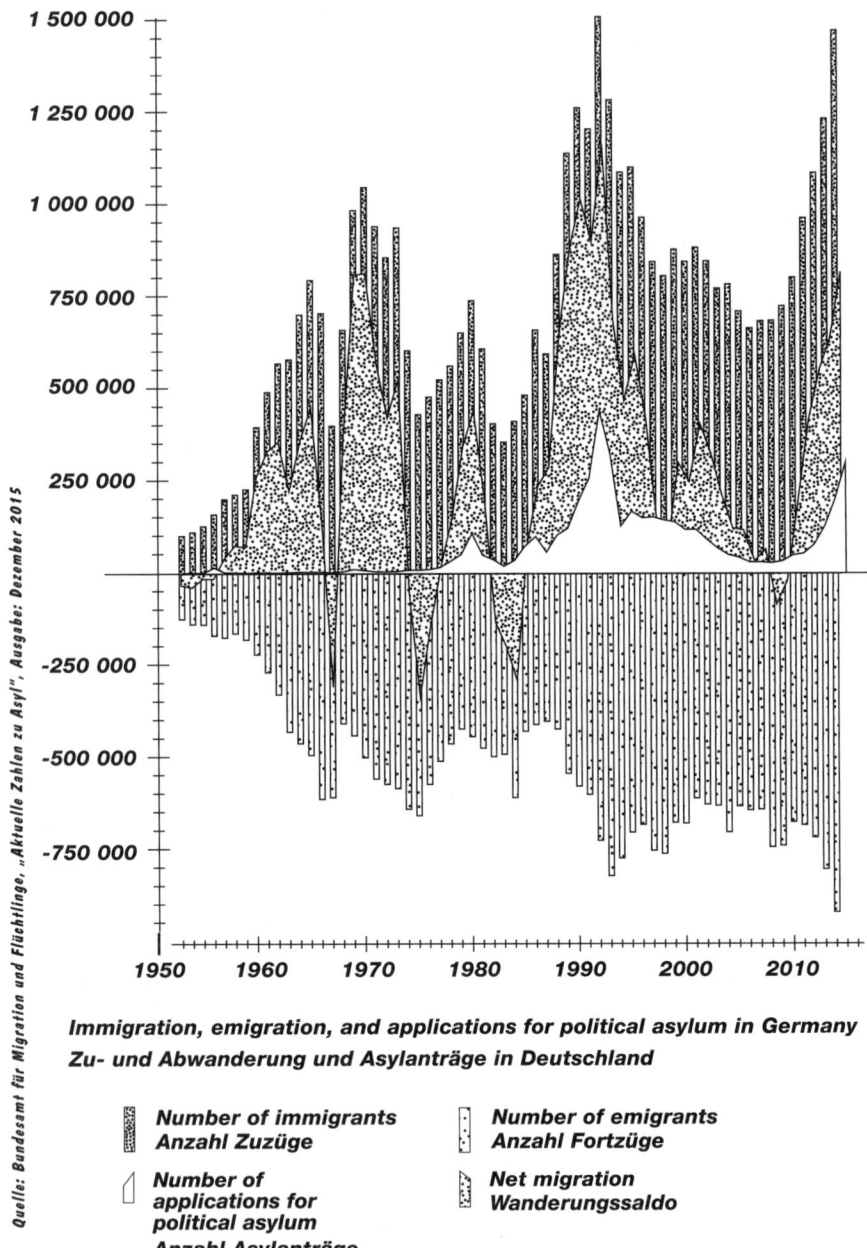

Quelle: Bundesamt für Migration und Flüchtlinge, „Aktuelle Zahlen zu Asyl", Ausgabe: Dezember 2015

Immigration, emigration, and applications for political asylum in Germany
Zu- und Abwanderung und Asylanträge in Deutschland

Number of immigrants
Anzahl Zuzüge

Number of emigrants
Anzahl Fortzüge

Number of applications for political asylum
Anzahl Asylanträge

Net migration
Wanderungssaldo

Fig. 10: Since the 1950s "Heimat" has been in constant flux in Germany. Immigration and emigration have shaped the country.

Abb. 10: Heimat verändert sich in Deutschland seit den 1950er-Jahren stetig. Zu- und Abwanderungen prägen das Land.

Countries of origin in percent from a total of 441 899 first applications for asylum in Germany in the year 2015

Herkunftsländer in Prozent von insgesamt 441 899 Ersatzanträgen auf Asyl in Deutschland im Jahr 2015

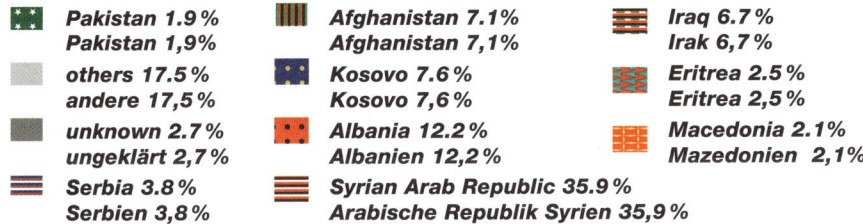

Pakistan 1.9 %
Pakistan 1,9 %

others 17.5 %
andere 17,5 %

unknown 2.7 %
ungeklärt 2,7 %

Serbia 3.8 %
Serbien 3,8 %

Afghanistan 7.1 %
Afghanistan 7,1 %

Kosovo 7.6 %
Kosovo 7,6 %

Albania 12.2 %
Albanien 12,2 %

Syrian Arab Republic 35.9 %
Arabische Republik Syrien 35,9 %

Iraq 6.7 %
Irak 6,7 %

Eritrea 2.5 %
Eritrea 2,5 %

Macedonia 2.1 %
Mazedonien 2,1 %

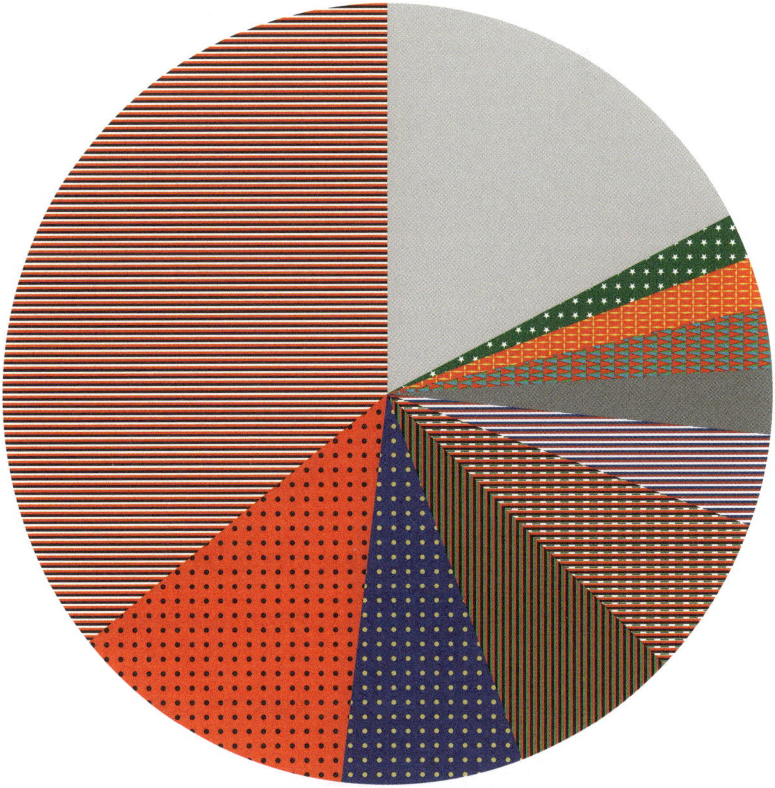

© Bundesamt für Migration und Flüchtlinge, 2015

Fig. 11: 2015 saw refugees coming to Germany who had escaped war and destitution in their home countries.

Abb. 11: 2015 sind Flüchtlinge nach Deutschland gekommen, weil sie vor Kriegen und Elend in ihren alten Heimaten geflohen sind.

ARRIVING ON THE EDGE: MIGRANT DISTRICTS AND THE ARCHITECTURE OF INCLUSION

Doug Saunders

The European city, beyond the formal illusion of its official, symbolic center, is largely a collection of migrant enclaves. This is the history of the continent's great cities: Paris, Berlin, London, Amsterdam, Brussels, Barcelona. They were all created by multiple clusters of migrants from culturally and often linguistically alien backgrounds in a Europe that had not yet been consolidated into homogenous nation-states. These migrants moved into cities in waves of settlement and created, within and outside the city walls, new population centers that typically began as informal, insalubrious, and suspect "outsider" quarters, before eventually becoming the most famous and successful residential districts of these cities.

In the twenty-first century, the migrant district in the major city is once again the focus of European attention. The pattern is repeating itself, this time in districts formed by smaller but equally heterogeneous populations of New Europeans originating from within and beyond the continent's periphery. It is these new immigrant quarters that now dominate the media and political discussions of the European city. Some of them—Belleville in Paris, Brick Lane in London, Kreuzberg in Berlin—have gone from disreputable to fashionable in a generation, as their immigration-origin populations have shifted from marginality to success; many others are moving in this direction. They are increasingly where the real life of the city is found; they are the places where the old city stops being a museum devoted to its former self, and starts being a laboratory devoted to its own future.

Others are facing challenges, not unlike those witnessed in previous centuries: faced with physical, cultural, political, and institutional obstacles to inclusion, their populations have found themselves lacking the handholds needed to make the generation-long climb into the center of European life. Some districts have become marginal, excluded, or shunned. Some have fallen into inter-generational poverty and precarious or black-market economic life. Some have become the gestation grounds for acts of violence and extremism.

The arrival cities, these migrant-created urban quarters are ripe with both peril and promise; they are where the new creative and commercial class will be born, or where the next wave of tension and conflict will erupt. Much of the difference depends on how we approach these districts both organizationally and politically, and, crucially, in terms of physical structures and built form.

Immigration as a Trajectory

Avoiding these fates requires a new way of thinking about the immigration experience: not as a fixed and static point, a landing, but rather as a dynamic trajectory, one that leads from some place of origin, a village or city in another country, through the "Arrival City" district and its economies into an imagined destination within the established city and its economic, educational, political, and cultural life. This dotted line is a tangible reality in the minds of most immigrants. Because international immigration is an expensive, disruptive, risky

AN DER SCHWELLE: MIGRANTENQUARTIERE UND DIE ARCHITEKTUR DER INKLUSION

Doug Saunders

Europäische Großstädte sind – jenseits der äußerlichen Illusion ihrer offiziellen, symbolträchtigen Stadtzentren – großenteils Ansammlungen von Migrantenenklaven. Und so sind auch die großen Metropolen des Kontinents – Paris, Berlin, London, Amsterdam, Brüssel, Barcelona – entstanden. In einem Europa, in dem es noch keine homogenen, festgefügten Nationalstaaten gab, haben sie sich aus einer Vielzahl von Migrantengruppen mit unterschiedlichem kulturellen und häufig auch sprachlichen Hintergrund entwickelt. Die Migranten kamen in Siedlungswellen in die Städte und schufen, innerhalb und außerhalb der Stadtmauern, neue Bevölkerungszentren. Aus diesen anfangs in der Regel informellen, ungesunden und berüchtigten „Außenseiterquartieren" sollten schließlich die prosperierendsten und angesehensten Wohngebiete dieser Städte werden.

Im 21. Jahrhundert stehen die Migrantenquartiere der großen Metropolen erneut im Mittelpunkt der Aufmerksamkeit. Das Muster wiederholt sich, diesmal in Bezirken, die von kleineren, jedoch ebenso heterogenen Bevölkerungsgruppen von Neueuropäern gebildet werden, die von diesseits und jenseits der Peripherie des Kontinents kommen. Diese neuen Einwandererquartiere sind heute das beherrschende Thema in den Medien und den politischen Debatten der europäischen Großstädte. Einige dieser Bezirke – Belleville in Paris, Brick Lane in London, Kreuzberg in Berlin –, in denen es den zugewanderten Bevölkerungsgruppen gelungen ist, aus der Marginalität herauszutreten, haben sich in nur einer Generation von verrufenen zu angesagten Vierteln entwickelt. In vielen anderen Städten zeichnet sich bereits eine ähnliche Entwicklung ab. In zunehmendem Maße sind es diese Viertel, in denen sich das eigentliche Leben der Stadt abspielt. Hier ist die alte Stadt nicht länger ein ihrem einstigen Selbst gewidmetes Museum, sondern verwandelt sich in ein Laboratorium, das sich der Zukunft der Stadt zuwendet.

Andere Viertel stehen vor ähnlichen Herausforderungen wie in früheren Jahrhunderten. Fehlt es diesen Bevölkerungsgruppen dort aufgrund physischer, kultureller, politischer und institutioneller Hindernisse, die einer Inklusion entgegenstehen, doch an der Unterstützung, die sie für den Aufstieg in die Mitte des europäischen Lebens benötigen – ein Aufstieg, der sich nicht selten über mehrere Generationen erstreckt. Manche Bezirke sind der Marginalisierung anheimgefallen, sind ins Abseits geraten oder werden gemieden. In anderen nehmen eine Generationen übergreifende Armut, prekäre Arbeitsverhältnisse und Schwarzmarktgeschäfte überhand. Wieder andere haben sich zu Brutstätten von Gewalt und Extremismus entwickelt.

Die Ankunftsstädte („Arrival Cities"), jene von Migranten geschaffenen Stadtbezirke, bergen Risiken und Chancen. Denn entweder bildet sich dort eine neue Klasse von Kreativen und Geschäftsleuten heraus oder es kommt zum Ausbruch einer neuen Welle von Spannungen und Konflikten. Das jedoch hängt in hohem Maße von der organisatorischen und politischen Herangehensweise ab, vor allem aber von den physischen Strukturen und gebauten Formen.

Immigration als Prozess

Um Schicksale wie diese zu vermeiden, bedarf es eines Umdenkens. Das heißt, dass wir die Immigration nicht länger als festen, statischen Punkt – als Ankunft an einem Ziel –

endeavor for individuals and families at any income level, it is rarely undertaken without a fairly specific plan and set of ambitions in mind.

To ensure that the new, post-industrial Arrival City can be as successful a machine for integration as the old one, it is worth thinking about the immigrant integration experience as a trajectory that can be interrupted if the required resources are absent or inadequate. Immigrants seek to integrate themselves, but that mission can be interrupted.

Creating Density and Intensity

Integration takes place, first and foremost, at the neighborhood level. When immigrants arrive in a new city, they generally seek neighborhoods with affordable housing, access to economic opportunities, and networks of established migrants from the same country, region, or culture who can assist with settlement and integration.

Reasonable density not only fosters safe, livable communities, but helps advance immigrant integration more broadly. By increasing the flow of pedestrians through a neighborhood, density populates public spaces and creates an environment in which newcomers—particularly women—feel comfortable outside their homes. Increased physical proximity in a secure environment encourages clusters of commercial activity and social vitality to emerge, attracting not only more newcomers, but established citizens from surrounding communities as well. Density, together with the commercial activity it stimulates, then justifies investments in transit infrastructure by the state, which helps newcomers reach economic opportunities in other neighborhoods of the city. When managed carefully and orchestrated to foster lively public and open spaces, a higher density and intensity of activity can be a desirable attribute rather than a liability.

The highrise and mid-rise developments of the postwar decades, increasingly the major destinations of immigration as the old urban cores become unaffordable, are popular with immigrants for their large, clean apartments, but their built form creates serious obstacles. They are typically located at such distances from economic opportunities and each other that they prevent vibrant economic and social networks from flourishing. Without increased density, these suburban or high-rise districts are unlikely to benefit from better transit options, which help migrants access distant labor markets, or increased foot-traffic, which sustains immigrant entrepreneurs.

When Arrival City districts fall prey to social and economic failure and marginalization, it is worth considering the sort of density-boosting redevelopments practiced in some Western cities: the "New West Project" in western Amsterdam or the even more dramatic revitalization of Bijlmermeer in southeast Amsterdam; the density-boosting redevelopment of the Regent Park public housing complex in Toronto or, in the same city, the "Tower Renewal" zoning law, which encourages owners of suburban apartment complexes to introduce high-density clusters of residences, shops, restaurants, and informally operated market areas to the formerly empty spaces between buildings, thus turning their developments into centers close enough to rapid-transit stations.

Encouraging Ethnic Clusters

Migrants' ascendance up the urban ladder often depends on financial, em-

betrachten dürfen. Vielmehr müssen wir sie als dynamischen Prozess sehen, der von einem Ursprungsort X – von einem Dorf oder einer Stadt eines anderen Landes also – über den Bezirk der Ankunftsstadt und seine Wirtschaftskreisläufe zu einem imaginierten Ziel innerhalb der bestehenden Stadt und ihrem Wirtschafts- und Bildungssystem, ihrem politischen und kulturellen Leben führt. In der Vorstellung der meisten Immigranten ist diese gestrichelte Linie eine greifbare Realität. Unabhängig von der Höhe des Einkommens ist die Auswanderung in ein fremdes Land für jeden, ob Einzelperson oder Familie, stets ein kostspieliges, einschneidendes und riskantes Unterfangen, auf das sich kaum jemand einlässt, ohne einen relativ genauen Plan und relativ konkrete Vorstellungen zu haben.

Um zu gewährleisten, dass die neue, postindustrielle Ankunftsstadt ihre Aufgabe als Instrument zur Integration ebenso gut erfüllen kann wie die alte, sollte man bedenken, dass die Integration von Immigranten ein Weg ist, der unter Umständen versperrt wird, wenn es an den erforderlichen Ressourcen mangelt oder wenn diese unzureichend sind. Die Immigranten sind gewillt sich zu integrieren, stoßen dabei jedoch unter Umständen auf nicht überwindbare Hindernisse.

Bevölkerungsdichte und gesteigerte wirtschaftliche Aktivität

Integration findet zuallererst auf der Ebene des Wohngebiets statt. Bei ihrer Ankunft in einer neuen Stadt suchen die Einwanderer in der Regel nach Stadtvierteln, in denen sie bezahlbaren Wohnraum, Zugang zu wirtschaftlichen Perspektiven und Netzwerke bereits etablierter Migranten aus dem eigenen Land, der eigenen Region oder Kultur finden, die sie dabei unterstützen können, sich eine Existenz aufzubauen und sich zu integrieren. Eine angemessene Bevölkerungsdichte ist nicht nur der Sicherheit und Lebensqualität innerhalb der Gemeinschaft förderlich, sondern trägt überdies zu einer rascheren Integration weiter Teile der Immigranten bei. Steigert man das Fußgängeraufkommen in einem Viertel, erhöht sich die Bevölkerungsdichte auf öffentlichen Plätzen. Dadurch entsteht eine Umgebung, in der sich die Neuankömmlinge – insbesondere die Frauen – auch außerhalb der eigenen vier Wände wohlfühlen. Größere physische Nähe in einer sicheren Umgebung fördert die Entstehung unterschiedlichster Handelsaktivitäten und eines regen sozialen Lebens. Das zieht nicht nur weitere Neuankömmlinge an, sondern auch etablierte Bürger aus den umliegenden Vierteln. Die Bevölkerungsdichte und die kommerziellen Aktivitäten, die dadurch stimuliert werden, rechtfertigen ihrerseits Investitionen des Staates in die Verkehrsinfrastruktur, was dann wiederum den Neuankömmlingen den Zugang zu wirtschaftlichen Perspektiven in anderen Stadtbezirken erleichtert. Wenn es gelingt, eine höhere Bevölkerungsdichte und eine gesteigerte Wirtschaftsaktivität mit Umsicht zu handhaben und einzusetzen und auf diese Weise die Entstehung lebendiger öffentlicher und offener Räume zu fördern, wird beides nicht zu einer Belastung, sondern zu etwas Erstrebenswertem werden.

Da die alten Stadtzentren immer unerschwinglicher werden, sind es in zunehmendem Maße vor allem die in den Jahrzehnten nach dem Krieg entstandenen Hochhaussiedlungen und Wohnblocks, in denen die Immigranten ein neues Zuhause finden. Wegen der sauberen, großzügigen Wohnungen sind diese Quartiere bei den Einwanderern zwar beliebt, können sich jedoch aufgrund ihrer Lage und der vorherrschenden Bauweise als ernst zu nehmende Hindernisse erweisen: Die Entfernung zu den ökonomischen Perspektiven – aber auch die Entfernung der Menschen untereinander – ist in der Regel doch so groß, dass sie der Entwicklung erfolgreicher wirtschaftlicher und sozialer Netzwerke entgegensteht. Ohne eine Erhöhung der Bevölkerungsdichte werden

ployment, and small-business assistance from other migrants of similar backgrounds. Networks of mutual assistance abet migrants' integration process, and these networks usually rely on residential proximity and concentrated migrant populations. A considerable volume of research shows that the formation of ethnically concentrated settlement neighborhoods generally aids and accelerates, rather than hinders, the process of integration. Refugees are equally reliant on physical proximity as an integration and adjustment tool. Research has shown that refugees who are economically and educationally successful tend to be those who have resettled from their original settlement city into established urban immigrant enclaves, thus becoming integrated economic immigrants rather than asylum cases sponsored by the state.

While newcomers use residential concentration as a way to insert themselves into their new society and its institutions, observers may see it as the formation of an ethnic ghetto, slum, or "parallel society"—especially if obstacles to integration have already created marginalization, deprivation, and intergenerational disadvantage in the neighborhood concerned. But the choice to form ethnically concentrated settlements is not just a side-effect of immigration; rather it is a key decision in the integration process. The presence of concentrations of immigrants from the same origin living in close proximity can appear worrisome to the host city, but is often the most effective instrument for both institutional integration and the cultural and linguistic integration that usually follow from it.

Shaping Their Own Space

The adaptation of urban property for multiple uses—residential, retail, light-industrial, and food-service, often simultaneously—is central to the experience of immigrant success. Urban immigrant districts that have successfully sent multiple waves of newcomers into middle-class stability generally feature flexible zoning and licensing regulations; these allow immigrants to identify and realize the most lucrative use of their property at any given time. Migrants may transform a formerly residential-only street into a food-service, retail, and residential street, the lower floor of an apartment block into a commercial and service-office space, a corner or public square into informal retail in the form of a market. And these uses may change over time as the economic shape of the community, and its interface with the larger urban economy and social life, shifts and adapts.

Heavy regulation of construction, neighborhood density, ownership structures, and land-use zoning reduce the benefits of urbanization and hinder social and economic mobility because they are either over-enforced or completely ignored. This choice between complete compliance, with regulations that require larger, more expensive units, and complete incompliance leaves migrants vulnerable. Migrants' entrepreneurial endeavors—modifications to housing or the launch of small enterprises—require more flexible planning codes adapted to local contexts and needs.

Encouraging Ownership

Ownership of housing and property can underpin migrants' successful integration; in some of the most successful immigrant districts in Western Europe, immigrants have typically owned housing at rates equal to or greater than that of

diese Stadtrand- und Hochhaussiedlungen kaum von besseren Verkehrsanbindungen, die den Migranten den Zugang zu weiter entfernten Arbeitsmärkten erleichtern, oder einem erhöhten Fußgängeraufkommen, das selbstständigen Immigranten zugutekommt, profitieren.

In den Bereichen von Ankunftsstädten, in denen sich ein sozialer und wirtschaftlicher Niedergang sowie eine Marginalisierung abzeichnen, sollte man über eine massive Erhöhung der Bevölkerungsdichte mithilfe von Sanierungsmaßnahmen nachdenken, wie sie in einigen westlichen Großstädten durchgeführt wurden. Beispielhaft sind in diesem Zusammenhang das „New West Project" im Westen von Amsterdam, die noch tiefer greifende Wiederbelebung der im Süden von Amsterdam gelegenen Trabantenstadt Bijlmermeer und die Sanierung der Sozialsiedlung Regent Park in Toronto; ebenfalls in Toronto will das „Tower Renewal Program" Eigentümer von Vorstadtwohnkomplexen dazu animieren, auf bislang ungenutzten Flächen zwischen den Gebäuden Komplexe mit einer hohen Dichte an Wohnungen, Geschäften, Restaurants und informell betriebenen Marktplätzen zu errichten und ihre Areale so in Geschäftszentren – ähnlich denen in S-Bahn-Stationen – umzuwandeln.

Die ethnische Gruppe als Integrationshilfe

Ob den Migranten der Aufstieg innerhalb der urbanen Leiter gelingt, hängt häufig von der Unterstützung anderer Migranten mit ähnlichem Hintergrund ab, die ihnen finanziell, bei der Arbeitssuche oder der Existenzgründung unter die Arme greifen. Netzwerke zur gegenseitigen Unterstützung fördern den Integrationsprozess, und diese Netzwerke setzen für gewöhnlich das Zusammenleben einer großen Zahl von Migranten auf relativ engem Raum voraus. Eine ganze Reihe von Studien belegt, dass die Konzentration einer ethnischen Gruppe in einem Stadtviertel dem Integrationsprozess keineswegs abträglich ist, sondern ihn in der Regel fördert und beschleunigt. Auch bei Flüchtlingen ist physische Nähe ein wichtiges Instrument zur Integration und Anpassung. Untersuchungen haben gezeigt, dass Flüchtlinge, die wirtschaftlich, beruflich und schulisch erfolgreich sind, im Allgemeinen von dem Ort, an dem sie ursprünglich untergebracht waren, in etablierte städtische Immigrantenenklaven übersiedelt sind. Dadurch wurden sie zu integrierten Wirtschaftsmigranten und nicht zu Asylsuchenden, die auf staatliche Hilfe angewiesen sind.

Während die hohe Konzentration einer ethnischen Gruppe an einem Wohnort für Neuankömmlinge eine Möglichkeit darstellt, um sich in die neue Gesellschaft und ihre Institutionen einzufinden, sehen Außenstehende – insbesondere dann, wenn Integrationshindernisse in dem betreffenden Viertel bereits zu Marginalisierung, Unterprivilegierung und intergenerationeller Benachteiligung geführt haben – darin unter Umständen die Bildung eines ethnischen Gettos, Slums oder sogar einer „Parallelgesellschaft". Die Option für die Bildung von Siedlungen mit hoher ethnischer Konzentration ist jedoch keineswegs nur ein Nebeneffekt der Immigration, sondern vielmehr eine für den Integrationsprozess ganz wesentliche Entscheidung. Die räumliche Konzentration von Immigranten gleicher Herkunft wird in der aufnehmenden Stadt zwar unter Umständen mit Besorgnis wahrgenommen, ist aber häufig das effektivste Instrument zur institutionellen und damit letztlich auch kulturellen und sprachlichen Integration.

Den eigenen Raum gestalten

Die Adaption städtischer Liegenschaften für unterschiedliche Zwecke wie Wohnen, Einzelhandel, Konsumgüterindustrie und Gastronomie – häufig auch in Kombination –

the native-born population. As poor immigrant districts gentrify, newcomers can benefit from rapid appreciation of their property assets; the ability to use rising property values as collateral for small-business and higher-education loans has been a crucial source of social capital for millions of immigrants and is often the key instrument for secure entry into middle-class livelihoods. These benefits, however, require access to property markets, or at least a combination of secure tenure and mechanisms through which to capture increases in land value. Migrants often play a key role in the "creative class" phenomenon by attracting middle-class natives to invest in working-class neighborhoods, driving sharp increases in property value. Migrants who own property in these neighborhoods benefit enormously from the property value appreciation caused by gentrification, but the effect on renting migrants can be quite detrimental. Without secure tenure, newcomers are subject to displacement, which undermines supportive social and economic networks, destabilizes emerging migrant enterprises, and may distance migrants further from employment opportunities. By contrast, secure tenure and home-ownership not only encourage migrants to invest time and resources into community improvement, but also allow them to retain the financial and social gains of that community improvement.

Migrants can also thrive in communities where rental is the predominant or only form of housing tenure. In fact, research has shown that secure, formal rental markets can play a central role in building social and economic mobility within communities. Too frequently, however, migrants depend on informal rental markets, which are susceptible to overcrowding, low-quality or over-priced utilities, and price gouging. The popularity of informal markets stems, in part, from over-regulation of formal rental markets; minimum size requirements and lease terms, especially, can prevent formal markets from meeting the needs of a population whose success depends on minimizing excess costs and responding agilely to labor market shifts. Incentives to increase rental market fluidity and size, then, can help migrants by increasing their ability to react to market changes. And immigrant families in formal rental properties stand to benefit tremendously from mechanisms that enable them to accumulate equity in their residences.

Creating Connections

Often, districts are affordable (and thus accessible to migrants) owing to their lack of physical access to the established urban economy. For migrants to integrate rather than simply settle, they need physical access to the resources of the city. A targeted transportation intervention to increase migrants' access to urban centers can remove long-term barriers to social mobility.

A transit journey of an hour or more, involving multiple modes of public transportation with unreliable connections and thus unpredictable arrival times, can have a sequence of detrimental effects. One large-scale survey found that 70 percent of the disparities in unemployment duration in the Paris region are created by local circumstances mainly linked to residential segregation and the resulting lengthy transportation connections. Children of parents who do manage to make these commutes often cope with limited sources of support and education, and the lack of convenient transit connections also reduces access to the educational and cultural resources of the established city. These factors

ist eine elementare Voraussetzung für den wirtschaftlichen Erfolg von Immigranten. Urbane Einwandererviertel, aus denen heraus immer wieder größeren Gruppen von Immigranten der Aufstieg in die Stabilität der Mittelschicht gelungen ist, zeichnen sich im Allgemeinen durch flexible Bauordnungs- und -genehmigungsbestimmungen aus. Diese ermöglichen es den Einwanderern, ihre Immobilien jederzeit so zu nutzen, dass sie möglichst viel Profit abwerfen. Reine Wohnstraßen können so von den Migranten in Wohnstraßen mit Gastronomie- und Einzelhandelsbetrieben verwandelt werden, aus dem Erdgeschoss eines Wohnblocks können Flächen für Handel und Dienstleistung werden, eine Ecke oder ein öffentlicher Platz kann als informelle Einzelhandelsfläche in Gestalt eines Marktes genutzt werden. Und die Nutzung kann sich im Laufe der Zeit ändern, wenn sich die ökonomischen Gegebenheiten der Siedlung sowie die Berührungspunkte mit dem wirtschaftlichen und sozialen Leben der restlichen Stadt verschieben und anpassen.

Strenge Bauauflagen, die Wohndichte des Viertels, die Besitzstrukturen und die Bodennutzungsbestimmungen schmälern hingegen die Vorteile der Urbanisierung und hemmen die soziale und ökonomische Mobilität, weil sie entweder mit aller Konsequenz durchgesetzt oder aber vollkommen außer Acht gelassen werden. In Anbetracht der Tatsache, dass diese Bestimmungen größere, kostspieligere Einheiten erfordern, macht die Entscheidung zwischen absoluter Einhaltung und völliger Nichteinhaltung die Migranten angreifbar. Ihre unternehmerischen Ambitionen – Veränderungen an Wohnungen ebenso wie die Gründung kleiner Unternehmen – erfordern flexiblere, den örtlichen Gegebenheiten und Bedürfnissen angepasste Planungskodices.

Den Erwerb von Immobilienbesitz fördern

Wohneigentum und Immobilienbesitz können einer erfolgreichen Integration förderlich sein. In einigen der erfolgreichsten Einwandererviertel Westeuropas ist die Zahl der Wohnungseigentümer unter den Immigranten mindestens ebenso hoch wie bei der einheimischen Bevölkerung, wenn nicht sogar höher. Im Falle der Gentrifizierung armer Einwandererviertel können die Immigranten von einer raschen Wertsteigerung ihrer Immobilien profitieren. Die Möglichkeit, steigende Immobilienwerte als Sicherheit für Kleinunternehmerkredite und Studiendarlehen einzusetzen, war für Millionen von Einwanderern eine wichtige Quelle zur Bildung von Sozialkapital und ist nicht selten das Schlüsselinstrument für einen sorglosen Einstieg in eine Mittelschichtexistenz. Um davon profitieren zu können, muss man jedoch Zugang zu den Immobilienmärkten haben oder zumindest über eine Kombination aus einem sicheren Arbeitsplatz und solchen Mechanismen verfügen, die es ermöglichen, in den Genuss von Bodenwertsteigerungen zu kommen.

Indem sie Angehörige der einheimischen Mittelschicht dazu animieren, in Arbeiterviertel zu investieren und die Immobilienwerte so beträchtlich in die Höhe treiben, spielen Migranten nicht selten eine Schlüsselrolle für das Phänomen der „kreativen Klasse". Migranten, die Immobilien in den betreffenden Vierteln besitzen, profitieren in hohem Maße von der durch die Gentrifizierung ausgelösten Wertsteigerung ihrer Immobilien, während sich dies für die Mieter unter ihnen durchaus nachteilig auswirken kann. Ohne sicheren Arbeitsplatz sind Einwanderer häufig zu einem Wohnungswechsel gezwungen, was zur Folge hat, dass die sozialen und wirtschaftlichen Unterstützungsnetzwerke geschwächt werden, Firmenneugründungen von Migranten in Gefahr geraten und die Chancen auf einen Arbeitsplatz weiter sinken. Ein sicherer Arbeitsplatz und Wohneigentum sind für Migranten dagegen ein Anreiz, Zeit und Ressourcen in die

conspire to create preconditions for social and economic isolation, discourage second-generation integration, and stall social mobility.

An investment in rapid-transit access to an isolated immigrant district can have a dramatic effect on the economic and social outcomes in an Arrival City district—and not just because they allow the migrants to get out, but equally importantly because they allow the rest of the city to get in. A significant element of the migrant districts' success, given their typical emphasis on consumer-focused small business, is their ability to attract shoppers, diners, and potential tenants. Classic inner-city immigrant districts of the twentieth century were often ideally situated to attract passing foot and vehicle traffic from more prosperous districts. Modern suburban migrant districts, which do not benefit from this positioning, rely on strong transit systems and careful marketing to advertise their benefits to natives who may be unfamiliar or fearful of these unexplored neighborhoods.

Inserting the Very Best Institutions

What makes an urban district become an Arrival City? Usually some factor which makes its housing much less expensive than in other parts of the city—and that factor often means that the migrant quarter is not as well provided with the institutions of government, health, education, and community as other parts of the city. But as countless examples have shown, the immigrant-integration process takes place faster, more successfully, and with less risk of social isolation and failure if these communities are provided with institutions that are not just as good as, but actually superior to, those provided to established middle-class residents. A one-time investment in great institutions for the Arrival City will not only prevent far more expensive future costs of social failure, but will often create educational, entrepreneurial, and employment outcomes that will repay the investment many times over. And they will make the Arrival City a place that other residents of the city want to visit, to take advantage of these institutions, rather than avoid.

Most important are schools. The successful integration of immigrants in the West is usually a multi-generational process that relies upon the strong educational outcomes of immigrants' children. Unfortunately, significant barriers to educational entry, retention, inclusion, and completion exist within the formal educational structures and the classroom practices of school systems in many Western countries. These barriers often create strong incentives for the children of immigrants—especially male children—to leave the school system prematurely, a major phenomenon in many European cities.

Cities where Arrival City schools have produced better outcomes (such as East London, where the children of Bangladeshi migrants now have university-attainment levels higher than the British average) generally have adopted alternative teaching methods and resources, such as "co-teaching," in which teachers subdivide classes to assist students with varying levels of fluency within the same curriculum. This method has been used with success in many countries to deliver educational progress at multiple skill levels within the same class without holding some students back or alienating others. Also, eliminating disparities in migrant and native educational attainment will also require extracurricular support services.

Verbesserung von Gemeinschaftsstrukturen zu investieren. Sie ermöglichen es ihnen überdies, von den finanziellen und sozialen Vorteilen, die diese Verbesserungen mit sich bringen, zu profitieren.

Ein sozialer Aufstieg ist für Migranten aber auch in Siedlungen möglich, in denen überwiegend oder ausschließlich Mietwohnungen zur Verfügung stehen. Tatsächlich haben Untersuchungen gezeigt, dass sichere formelle Wohnungsmärkte eine wesentliche Rolle für den Aufbau der sozialen und wirtschaftlichen Mobilität innerhalb einer Gemeinschaft spielen können. Nur allzu häufig sind Migranten jedoch von informellen Mietmärkten abhängig, die durch Überbelegung, minderwertigen, überteuerten Wohnraum und Preistreiberei gekennzeichnet sind. Die Anziehungskraft der informellen Märkte ist zu einem gewissen Teil auf die Überregulierung der formellen Mietmärkte zurückzuführen; insbesondere zu geringe Wohnungsgrößen und die Mietkonditionen können dazu beitragen, dass die formellen Märkte den Bedürfnissen einer Bevölkerung, deren Erfolg davon abhängt, überflüssige Kosten zu minimieren und flexibel auf Umschwünge auf dem Arbeitsmarkt zu reagieren, nicht entsprechen. Anreize zur Steigerung von Flexibilität und Größe der Mietmärkte können Migranten helfen, die dann besser auf Marktveränderungen reagieren könnten. Und Einwandererfamilien in Mietimmobilien, die regulär auf dem Markt angeboten wurden, profitieren in hohem Maße von Mechanismen, die es ihnen ermöglichen, an ihrem Wohnsitz Kapital aufzubauen.

Kontakte knüpfen

Häufig ist ein Wohnviertel deshalb erschwinglich (und damit für Migranten zugänglich), weil es an physischen Zugängen zur etablierten städtischen Wirtschaft fehlt. Um sich wirklich integrieren zu können, ist der physische Zugang zu den Ressourcen der Stadt für Migranten jedoch unverzichtbar. Gezielte Eingriffe in die Verkehrsinfrastruktur, durch welche die Migranten besseren Zugang zu den urbanen Zentren bekommen, können zur Beseitigung von Hindernissen beitragen, die der sozialen Mobilität langfristig im Wege stehen.

Fahrzeiten von einer Stunde und mehr, die mehrfaches Umsteigen in andere öffentliche Transportmittel mit unzuverlässigen Verbindungen und damit nicht vorhersehbaren Ankunftszeiten erfordern, ziehen eine ganze Reihe negativer Konsequenzen nach sich. Eine groß angelegte Befragung kam zu dem Ergebnis, dass die Dauer der Arbeitslosigkeit im Raum Paris zu siebzig Prozent von örtlichen Gegebenheiten, insbesondere der Wohnsegregation und der damit verbundenen schlechten Verkehrsanbindung, abhängig war. Kinder, deren Eltern es nicht gelingt, dieses Transportproblem zu managen, müssen sich häufig mit einem begrenzten Unterstützungs- und Bildungsangebot begnügen. Zudem wird durch das Fehlen günstiger Verkehrsverbindungen der Zugang zu den Bildungs- und Kultureinrichtungen einer Stadt eingeschränkt. All diese Faktoren tragen dazu bei, die Voraussetzungen für eine soziale und wirtschaftliche Isolation zu schaffen, die Integration der zweiten Generation zu erschweren und die soziale Mobilität stagnieren zu lassen.

Die Investition in die Anbindung eines abgelegenen Einwandererviertels an die S-Bahn kann erhebliche Auswirkungen auf den wirtschaftlichen und sozialen Erfolg eines Arrival-City-Bezirks haben, und das nicht nur, weil sie es den Migranten ermöglicht, das Viertel zu verlassen, sondern – was ebenso wichtig ist – weil der Rest der Stadt dadurch die Möglichkeit hat, dorthin zu gelangen. Aufgrund der Tatsache, dass in Migrantenvierteln vor allem kleine Gewerbebetriebe dominieren, die auf Konsumenten angewiesen sind, ist die Fähigkeit, Käufer, Restaurantbesucher und potenzielle Mieter

There is a tendency, seen in many countries, for schools in immigrant-heavy districts to experience a spiral of decline, in which the more successful or aspirational migrant children, along with the better-off native-born children, are moved by their parents to schools in more prosperous middle-class districts; the better teachers often follow. The resulting low-attainment student and teacher population provides even more incentive for withdrawal, until the Arrival City school becomes inferior and disreputable. To reverse this decline, it is not sufficient just to bring the migrant-district school up to average quality levels; it is far more effective to build a school there that offers far better teaching resources and learning infrastructure than any middle-class school. When such "magnet" schools are built in poor immigrant districts, as has been done in London, Berlin, and several cities in the United States, the transformation can be dramatic: Suddenly immigrant children are competing not to leave school early, but to gain admission to their own neighborhood school, which has become a status symbol.

Schools are not the only institutions critical to the Arrival City. Public libraries in immigration-heavy cities have become more popular and more important than ever before; in the post-book era, they have turned into de facto centers of integration and inclusion, crowded with people using these quintessential public facilities to build the networks and human connections necessary to become a member of the larger city's communities. In some countries, new immigrants use the library system more than established citizens do; in Norway, one study found, libraries have become "a meeting place for immigrant women" that facilitate their "move from passive observation to more active participation." In the United States, almost 60 percent of Hispanic immigrants and 72 percent of Asian immigrants use the library. And they use it for purposes specifically related to the needs of integration: connection to public services, formation of networks of mutual support, and accumulation of fundamental cultural and linguistic knowledge.

Doing Business

The immigrant district, when allowed to function fully, is perhaps the last remaining center of pure capitalism. Many of the most successful enterprises in European countries, including some of the largest and most famous corporations, were products of new-immigrant entrepreneurship. And in successful cities of immigration, well-known migrant districts have become commercial magnets for consumers seeking retail shopping, skilled services, and dining; this cluster of entrepreneurship becomes key to the neighborhood's economic growth and social investment, and often becomes one of the city's tourism-attracting assets.

What usually unites these cities is that there are few barriers for newcomers seeking to transform the space around them for business purposes. If they wish, for example, to turn the ground floor of their house into a shop front or convert a building into light industry or offices, they are able to do so through a simple and relatively quick process that is open to non-citizens. There are relatively flexible and affordable regulations on commercial frontage, hygienic equipment, language on signs, outdoor dining, proximity to other businesses, and use of sidewalks for dining. More broadly, the zoning mix of residential, industrial,

anzuziehen, ein wichtiger Faktor für den Erfolg dieser Quartiere. Die klassischen innerstädtischen Immigrantenviertel des 20. Jahrhunderts befanden sich häufig in günstigen
Lagen, die stark von Fußgängern und Fahrzeugen aus den wohlhabenderen Stadtbezirken frequentiert wurden. In den modernen, am Stadtrand gelegenen Migrantenvierteln,
die nicht von einer solchen Lage profitieren, bedarf es guter Verkehrsverbindungen
und eines wohldurchdachten Marketings, um Einheimischen, denen diese unentdeckten
Viertel noch fremd oder gar suspekt sind, deren Vorzüge nahezubringen.

Die Rolle der öffentlichen Einrichtungen

Doch wie wird ein Stadtbezirk zu einer Ankunftsstadt? Im Allgemeinen müssen dazu
bestimmte Faktoren vorliegen, aufgrund derer der Wohnraum sehr viel preiswerter ist
als in anderen Teilen der Stadt. Die gleichen Faktoren sind allerdings häufig auch dafür
verantwortlich, dass das Migrantenviertel nicht in dem Maße über Einrichtungen des
Staates, des Gesundheitswesens, der Bildung und Gemeinschaft verfügt wie andere Teile
der Stadt. Es gibt jedoch zahllose Beispiele, die gezeigt haben, dass sich der Integrationsprozess schneller und erfolgreicher vollzieht und das Risiko der sozialen Isolation und
des Scheiterns geringer ist, wenn die Institutionen, über die diese Siedlungen verfügen,
nicht nur genauso gut, sondern sogar besser sind als die Einrichtungen, die den Bürgern
der einheimischen Mittelschicht zur Verfügung stehen. Die einmalige Investition in
erstklassige Einrichtungen für eine Ankunftsstadt kann jedoch nicht nur dazu beitragen,
in der Zukunft weitaus höhere Kosten für Sozialleistungen zu vermeiden; nicht selten
verbessern sich dadurch auch das Bildungsniveau und die wirtschaftliche Situation
der Migranten in einem Maße, das diese Investitionen bei Weitem übersteigt. Und sie
werden die Ankunftsstadt zu einem Ort machen, der auch andere Bewohner der Stadt
anzieht – in der Hoffnung, ebenfalls von diesen Einrichtungen profitieren zu können.
Besondere Bedeutung kommt in diesem Zusammenhang den Schulen zu. Die erfolgreiche Integration von Immigranten in den westlichen Ländern ist in der Regel ein Prozess, der sich über mehrere Generationen erstreckt. Er ist abhängig von den Bildungserfolgen der Kinder der Immigranten. Bedauerlicherweise werden der Zugang zu den
Bildungseinrichtungen, die Inklusion und der Erwerb von Schulabschlüssen aufgrund
der formellen Bildungsstrukturen und der Unterrichtsmethoden vieler westlicher Schul-
systeme erheblich erschwert. Dies hat bei den Kindern von Immigranten, vor allem bei
den Jungen, häufig zur Folge, dass sie das Schulsystem vorzeitig verlassen – ein Phänomen, das man in vielen europäischen Großstädten beobachten kann.
In Ankunftsstädten, in denen die Schulen signifikant bessere Ergebnisse erzielen – etwa
in East London, wo inzwischen mehr Kinder von Migranten aus Bangladesch einen
höheren Schulabschluss haben als der britische Durchschnitt –, wird in der Regel mit
alternativen Unterrichtsmethoden und -mitteln gearbeitet, etwa mit dem „Coteaching",
bei dem die Klassen in Lerngruppen aufgeteilt und von mehreren Lehrkräften unter-
richtet werden, um die Schüler ihrer jeweiligen Kompetenz entsprechend unterstützen
zu können. Diese Methode wird in vielen Ländern erfolgreich praktiziert, um Schüler
innerhalb der Klasse ihren Begabungen entsprechend gezielt zu fördern, ohne dabei
einzelne Schüler zu unterfordern und andere abzuhängen. Darüber hinaus wird man
zur Beseitigung von Bildungsunterschieden zwischen Migranten und Einheimischen auf
außerschulische Unterstützungsdienste zurückgreifen müssen.
Schulen, die in Vierteln mit hohem Migrantenanteil liegen, laufen häufig Gefahr – dies
lässt sich in vielen Ländern beobachten –, in eine Abwärtsspirale zu geraten: Die erfolg-
reicheren respektive ehrgeizigeren Migrantenkinder sowie Kinder aus wohlhabenderen

and retail is flexible and not strictly policed, allowing the immigrants themselves to determine the best use of their main streets and squares.

There are still many jurisdictions where resident non-citizens are forbidden, or discouraged by restrictive policy, from obtaining legal business licenses, holding leases or title deeds on commercial property, or trading as professionals or licensed craftspeople (this is aside from the problem of having foreign-earned credentials recognized). This has two effects: First, it discourages new immigrant communities, which typically contain many members who have not yet become citizens, from developing internal economies and building up social and economic capital. Second, it forces many new immigrants to practice their skills in the form of unlicensed businesses, gray-market economies, and cash-based transactions at first (and often for a long time after), thus depriving municipal and national governments of tax revenues from potentially successful businesses.

Starting a business, even a small one, is never simply a matter of hanging a sign and waiting for customers. Entrepreneurs first need to obtain a commercial property lease, frequently a tax registration, often a business license, sometimes a land-use variance from the municipal government. A relationship with a local bank or credit enterprise is required in order to secure a line of credit, to guarantee credit relations with suppliers, to get a property loan or lease finance, to pay employees, and to save and invest profits. And business relations must be established with wholesalers, equipment suppliers, advertising outlets, utilities, employment markets, and business-service providers.

These challenges can be onerous enough for established citizens seeking to go into business; for new immigrants, often without full citizenship and frequently lacking in financial resources or existing connections to business networks, they can be very challenging at the best of times. Business-minded municipal and national authorities, banks, and trade associations may begin to view their role as one of helping immigrants achieve these goals. When government, finance, and business organizations view immigrant entrepreneurship as a source of future prosperity and devote resources to help newcomers make the first steps into business, then the Arrival City is transformed from a liability into an asset benefiting the entire city and, eventually, the nation.

Encouraging Citizenship

When immigrants succeed, they become part of the economic, educational, and cultural life of the city—all of which depend on, and work much more effectively with, participation in the political life of the city. The processes of creating businesses, working, living in housing, and paying taxes all create not just a need for political participation but a right to political participation. Participation in the political system can have a significant and transformative effect on the well-being and integration of immigrant communities; its absence poses a serious barrier to integration. The ability of immigrant neighborhoods and communities to self-organize for improvement and acceptance hinges largely on the ability to be included in legal and de facto democratic systems.

Immigrants who have some chance of becoming established and legal permanent residents, or eventually citizens, will focus their energies and investments in the community around them. They will attempt to purchase housing or at

einheimischen Familien, die in diesen Quartieren leben, werden von ihren Eltern oftmals auf Schulen in florierenden Mittelschichtvierteln geschickt – ein Trend, dem sich auch die besseren Lehrkräfte anschließen. So verbleiben nur noch die schwächeren Schüler und die weniger guten Lehrer an diesen Schulen. Doch das bietet wiederum einen weiteren Anreiz dafür, die Kinder in andere Schulen zu schicken, und führt dazu, dass die Qualität der Schule – und mit ihr das Ansehen, der „Ruf" – in der Ankunftsstadt immer weiter abnimmt. Um diesen Qualitätsverlust umzukehren, reicht es nicht aus, die Qualität der Schule des Migrantenviertels lediglich auf ein Durchschnittsniveau zu heben. Weitaus effektiver ist es, dort Schulen aufzubauen, die deutlich bessere Unterrichtsmethoden und Lerninfrastrukturen bieten als jede Mittelschichtschule. Durch die Einrichtung solcher „Magnetschulen" in armen Immigrantenvierteln, wie es sie bereits in London, Berlin und verschiedenen amerikanischen Großstädten gibt, kann sich die Situation grundlegend verändern: Mit einem Mal setzen die Immigrantenkinder alles daran, die Schule nicht abzubrechen beziehungsweise an der Schule in ihrem Viertel, deren Besuch nunmehr zu einem Statussymbol geworden ist, aufgenommen zu werden. Die Schulen sind jedoch nicht die einzigen Institutionen, die für die Ankunftsstadt von besonderer Bedeutung sind. In Vierteln, in denen überwiegend Immigranten leben, sind öffentliche Bibliotheken heute beliebter und wichtiger denn je. Sie sind in der Post-Buch-Ära faktisch Zentren der Integration und Inklusion geworden: Hier kommen Menschen zusammen und nutzen diese wichtigen öffentlichen Einrichtungen, um die Netzwerke aufzubauen und die Kontakte zu knüpfen, die man benötigt, um auch Eingang in die übrigen Gemeinschaften der Stadt zu finden. In manchen Ländern wird das Bibliothekssystem stärker von neu zugezogenen Immigranten als von Einheimischen genutzt. In Norwegen, so ergab eine Studie, haben sich die Bibliotheken zu einem „Treffpunkt für Migrantinnen" entwickelt, der ihnen den „Schritt von der passiven Beobachtung zu einer aktiveren Teilnahme" erleichtert. In den Vereinigten Staaten nutzen nahezu sechzig Prozent der hispanischen und zweiundsiebzig Prozent der asiatischen Immigranten die Bibliotheken, und dies vor allem zum Zweck der Integration wie dem Zugang zu öffentlichen Dienstleistungen, der Bildung von Netzwerken zur gegenseitigen Unterstützung sowie der Aneignung kultureller und sprachlicher Grundkenntnisse.

Das Unternehmertum fördern

Die Einwandererquartiere sind die vielleicht letzten Zentren eines reinen Kapitalismus – vorausgesetzt, sie sind voll funktionsfähig. Viele der erfolgreichsten europäischen Unternehmen – darunter einige sehr große und bekannte Namen – sind aus dem Unternehmergeist neu zugewanderter Menschen hervorgegangen. In den Städten, in welchen die Integration gelungen ist, haben sich Migrantenviertel vielfach zu kommerziellen Magneten für Konsumenten entwickelt, die auf der Suche nach Einkaufsmöglichkeiten, erstklassigen Dienstleistungen oder einem guten Abendessen sind. Diese vielen kleinen Unternehmen spielen eine entscheidende Rolle im Hinblick auf die wirtschaftliche Entwicklung und die Sozialinvestition des Viertels und werden nicht selten zu einer Touristenattraktion der Stadt.

Was diese Städte in der Regel verbindet, ist die Tatsache, dass Neuankömmlingen, die den sie umgebenden Raum zu Geschäftszwecken verändern wollen, kaum Hindernisse in den Weg gelegt werden. Wollen sie beispielsweise das Erdgeschoss ihres Hauses in eine Ladenzeile umwandeln oder ein Gebäude als Leichtindustriebetrieb oder Bürohaus nutzen, haben sie – auch als Nichtstaatsangehörige – die Möglichkeit, dies mithilfe eines einfachen, relativ schnellen Verfahrens umzusetzen. Die Bestimmungen

least improve the quality of securely rented housing; they will launch legal small businesses; they will pay taxes and make savings investments within their country of arrival; they will enroll their children in post-secondary education and attempt to make educational, social, and economic gains for their families in their new community. Conversely, an unclear path can encourage migrants to make tentative, short-term investment decisions.

Participation in the political system can have a significant and transformative effect on the well-being and integration of immigrant communities; it is worth introducing programs, such as those used in Sweden, Britain, and other European countries, which give voting rights to non-citizen residents of the city. Together with democratic franchise, migrants' ability to organize themselves for civic action underpins their ability to improve their communities' stability and growth and to advocate for the removal of obstacles to social progress and integration.

In short, when the migrants themselves have the power, knowledge, and influence to shape their own institutions, circumstances, and physical space, then it is possible to move beyond the old rhetoric of "integrating" immigrants. Instead, by giving them control over their space and their political lives, they integrate themselves and create new spaces and communities that will transform the rest of us in important ways.

Doug Saunders

Born in Hamilton, Ontario, in 1967. Studied in Toronto. Since 1995, journalist for the Canadian daily *Globe and Mail*; 2003–12: head of the newspaper's European office in London. Prizes include five National Newspaper Awards (the Canadian equivalent of the Pulitzer Prize) for his reporting and columns, the Donner Prize, and the Shaughnessy Cohen Prize for Political Writing. Nominated for the Gelber Prize (for the world's best book about international affairs) in 2011. Publications: *Arrival City* (2010); *The Myth of the Muslim Tide* (2012).

bezüglich der Fassadengestaltung, der Sanitäranlagen, der auf den Schildern zu ver-
wendenden Sprache, der Außenbestuhlung und des Abstands zu anderen Geschäften
sind relativ flexibel und bereiten keine größeren Schwierigkeiten. Ganz allgemein ist
die Mischnutzung mit Wohn-, Industrie- und Gewerbeeinheiten flexibel und unterliegt
keinen strengen Kontrollen. Die Immigranten sind so in der Lage selbst zu bestimmen,
welche Nutzung für ihre wichtigsten Straßen und Plätze am besten geeignet ist.

Nach wie vor werden Nichtstaatsangehörige häufig durch die Gesetzgebung oder eine
restriktive Politik daran gehindert, eine Geschäftslizenz oder Gewerbeerlaubnis zu erlangen, Gewerbeimmobilien zu pachten oder Besitztitel daran zu erwerben, als Händler oder lizenzierte Handwerker zu arbeiten – von dem Problem der Anerkennung
ausländischer Berufsabschlüsse einmal ganz abgesehen. Damit erreicht man zweierlei:
Zum einen werden neue Immigrantengemeinden, deren Mitglieder noch nicht im Besitz der Staatsbürgerschaft sind, davon abgehalten, eine Binnenwirtschaft zu entwickeln
und Sozial- und Wirtschaftskapital zu bilden. Zum anderen werden neu zugezogene
Immigranten dazu gezwungen, ihren Beruf ohne Lizenz auszuüben, im grauen Markt
und – wenigstens zu Anfang, häufig aber auch über einen längeren Zeitraum – gegen
Barzahlung zu arbeiten, wodurch den Städten und dem Staat die Steuereinnahmen
potenziell erfolgreicher Unternehmen verloren gehen.

Ein Schild aufhängen und auf Kundschaft warten – damit ist es bei der Gründung einer
Firma, und sei sie noch so klein, nicht getan. Der Unternehmer muss zunächst eine
Gewerbeimmobilie pachten. Darüber hinaus muss er sich steuerlich registrieren lassen
und eine Geschäftslizenz oder Gewerbeerlaubnis sowie gelegentlich auch eine Ausnah-
megenehmigung des städtischen Bauamts beantragen. Ferner muss er zur Sicherung
des Kreditrahmens, als Kreditgarantie für Lieferanten, zur Bewilligung eines Hypothe-
kendarlehens oder eines Finanzierungsleasings und um Gewinne ansparen und investieren zu können über eine Bankverbindung bei einem Kreditinstitut verfügen. Und
schließlich muss er Geschäftsverbindungen zu Großhändlern, Ausstattern, Werbeagen-
turen, Versorgungsbetrieben, Stellenmärkten und Unternehmensdienstleistern knüpfen.
Sind dies mitunter schon für einheimische Existenzgründer nicht leicht zu bewältigende
Herausforderungen, können sie für Immigranten, die sich häufig noch nicht im Besitz
der vollen Staatsbürgerschaftsrechte befinden und denen es nicht selten an den finanziellen Mitteln oder Verbindungen zu einschlägigen Netzwerken fehlt, geradezu gewaltig
sein. Im Zuge eines zunehmend stärker ausgeprägten unternehmerischen Denkens von-
seiten städtischer und staatlicher Behörden, Banken und Wirtschaftsverbänden schei-
nen diese ein Bewusstsein dafür zu entwickeln, dass ihre Aufgabe auch darin besteht,
die Einwanderer bei der Erreichung dieser Ziele zu unterstützen. Wenn Regierungs-,
Finanz- und Wirtschaftsorganisationen beginnen, in diesem Unternehmertum eine
Quelle künftigen Wohlstands zu sehen, und Mittel bereitstellen, um die Neulinge bei
ihren ersten Schritten ins Geschäftsleben zu unterstützen, wird die Ankunftsstadt nicht
länger eine Belastung sein, sondern zu einer Bereicherung werden, von der die ganze
Stadt – und schlussendlich der gesamte Staat – profitieren wird.

Integration und politische Partizipation

Wenn Immigranten erfolgreich sind, werden sie zu einem Teil des wirtschaftlichen und
kulturellen Lebens einer Stadt. Sie partizipieren nicht nur am politischen Leben der
Stadt, sondern entwickeln sich auch ansonsten effektiver weiter. Existenzgründung
oder abhängige Beschäftigung, das Leben in Hausgemeinschaften und das Zahlen von
Steuern – all dies sind Vorgänge, die die politische Partizipation nicht nur zu einer

Notwendigkeit, sondern zu einem Recht machen. Und die Teilnahme am politischen System kann sich signifikant auf das Wohlergehen und die Integration von Immigrantengemeinschaften auswirken. Ist diese Partizipation nicht möglich oder wird sie nicht wahrgenommen, kann das ein gravierendes Integrationshindernis darstellen. Ob es den Menschen in Immigrantenvierteln oder -gemeinschaften gelingt, sich selbst aktiv um Verbesserungen und letztlich um Akzeptanz zu bemühen, ist zu einem großen Teil davon abhängig, ob ihnen die Integration in ein rechtliches und de facto demokratisches System gelingt.

Einwanderer, die die Chance haben, sich zu etablieren und einen legalen dauerhaften Aufenthaltsstatus – oder vielleicht sogar die Staatsbürgerschaft – zu erlangen, werden ihre Energie und ihr Engagement auf die sie umgebende Gemeinschaft konzentrieren. Sie werden versuchen Wohneigentum zu erwerben oder die Qualität einer gemieteten Wohnung, in der sie dauerhaft bleiben können, zu verbessern. Sie werden auf legalem Wege Kleinunternehmen gründen, werden Steuern zahlen und ihre Ersparnisse im Ankunftsland investieren. Auch werden sie ihre Kinder ermutigen, eine möglichst gute Aus- und Weiterbildung zu absolvieren, und werden versuchen, in ihrer neuen Gemeinschaft das Bildungsniveau sowie den sozialen und wirtschaftlichen Status ihrer Familien zu verbessern. Im Gegensatz dazu kann eine ungewisse Zukunft Migranten zu zurückhaltenden und eher kurzfristig gedachten Investitionsentscheidungen veranlassen.

Die Teilhabe am politischen System kann sich also signifikant auf das Wohlergehen und die Integration von Immigrantengemeinschaften auswirken. Deshalb ist es lohnenswert, nach dem Vorbild Schwedens, Großbritanniens und anderer europäischer Länder Programme aufzulegen, die auch den Wohnbürgern ein Wahlrecht zugestehen. Das allgemeine Wahlrecht und die Möglichkeit, sich in Bürgerinitiativen zu organisieren, führen dazu, dass sich die Migranten für eine Verbesserung von Stabilität und Wachstum in ihren Gemeinschaften und für die Beseitigung von Hindernissen einsetzen, die dem sozialen Fortschritt und der Integration entgegenstehen.

Kurzum: Erst wenn die Migranten selbst die Befugnis, das Wissen und den Einfluss besitzen, um ihre Institutionen, ihre Lebensumstände und ihren physischen Raum zu gestalten, wird es möglich sein, sich von der alten Phrase zu verabschieden, man müsse „die Immigranten integrieren". Wenn wir ihnen die Herrschaft über ihren Raum und ihr politisches Leben überlassen, werden sie sich selbst integrieren und werden neue Räume und Gemeinschaften schaffen, die auch uns nachhaltig verändern werden.

Doug Saunders
* 1967 in Hamilton, Ontario/Kanada. Studium in Toronto. Seit 1995 Journalist bei der kanadischen Tageszeitung *Globe and Mail,* 2003–2012 Leiter des Europabüros der Zeitung in London. Reportage und Kolumnen u. a. fünf Mal mit dem „National Newspaper Award" ausgezeichnet, dem kanadischen Pendant zum „Pulitzer-Preis". Träger des „Donner Prize" und des „Shaughnessy Cohen Prize for Political Writing". Nominiert für den „Gelber Prize" (für das weltbeste Buch über internationale Angelegenheiten), 2011. Publikationen: *Arrival City,* 2010; *The Myth of the Muslim Tide,* 2012.

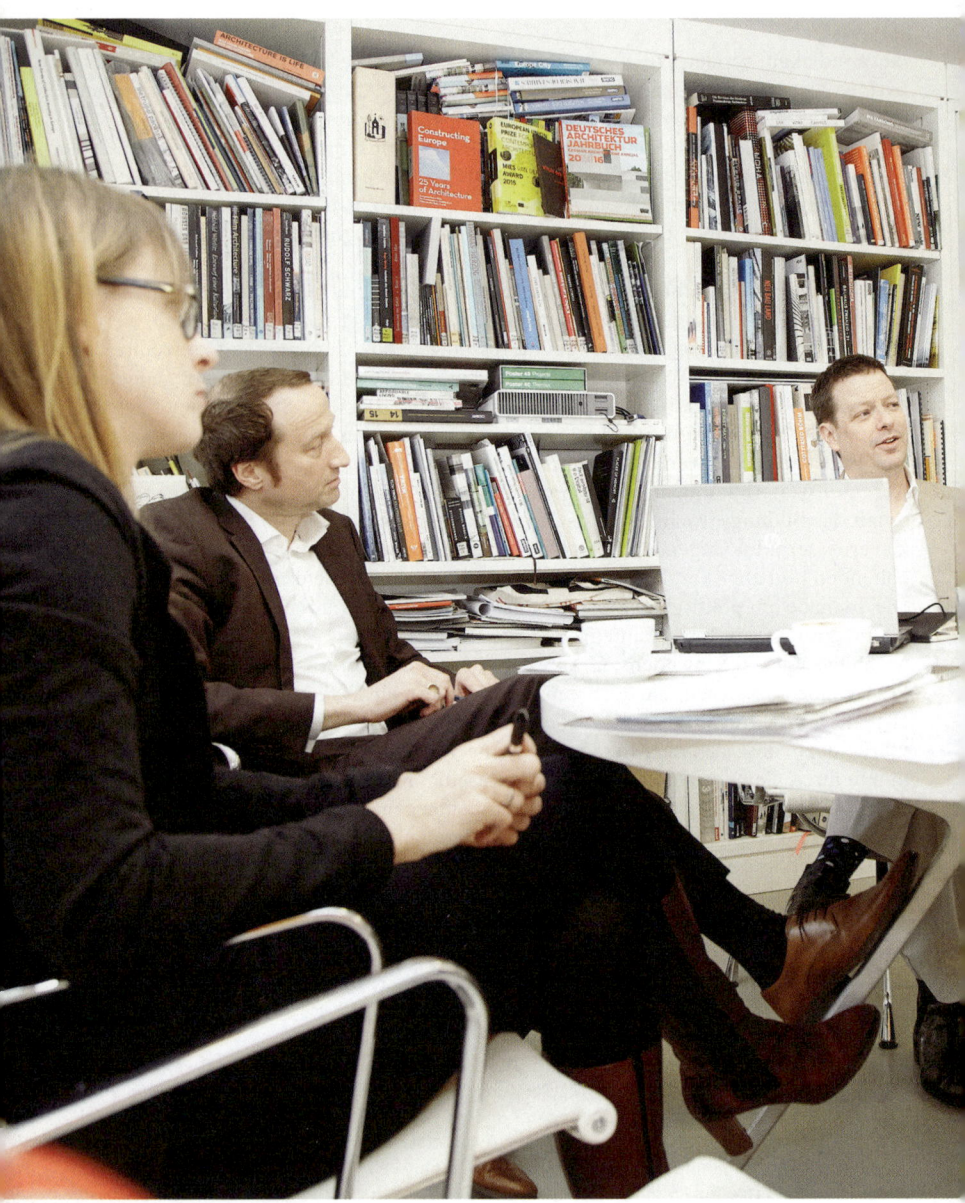

Fig. 12: Anna Scheuermann (project coordinator), Oliver Elser (curator), Doug Saunders (author of *Arrival City*), Peter Cachola Schmal (general commissioner and director of DAM), Stephan Lanz

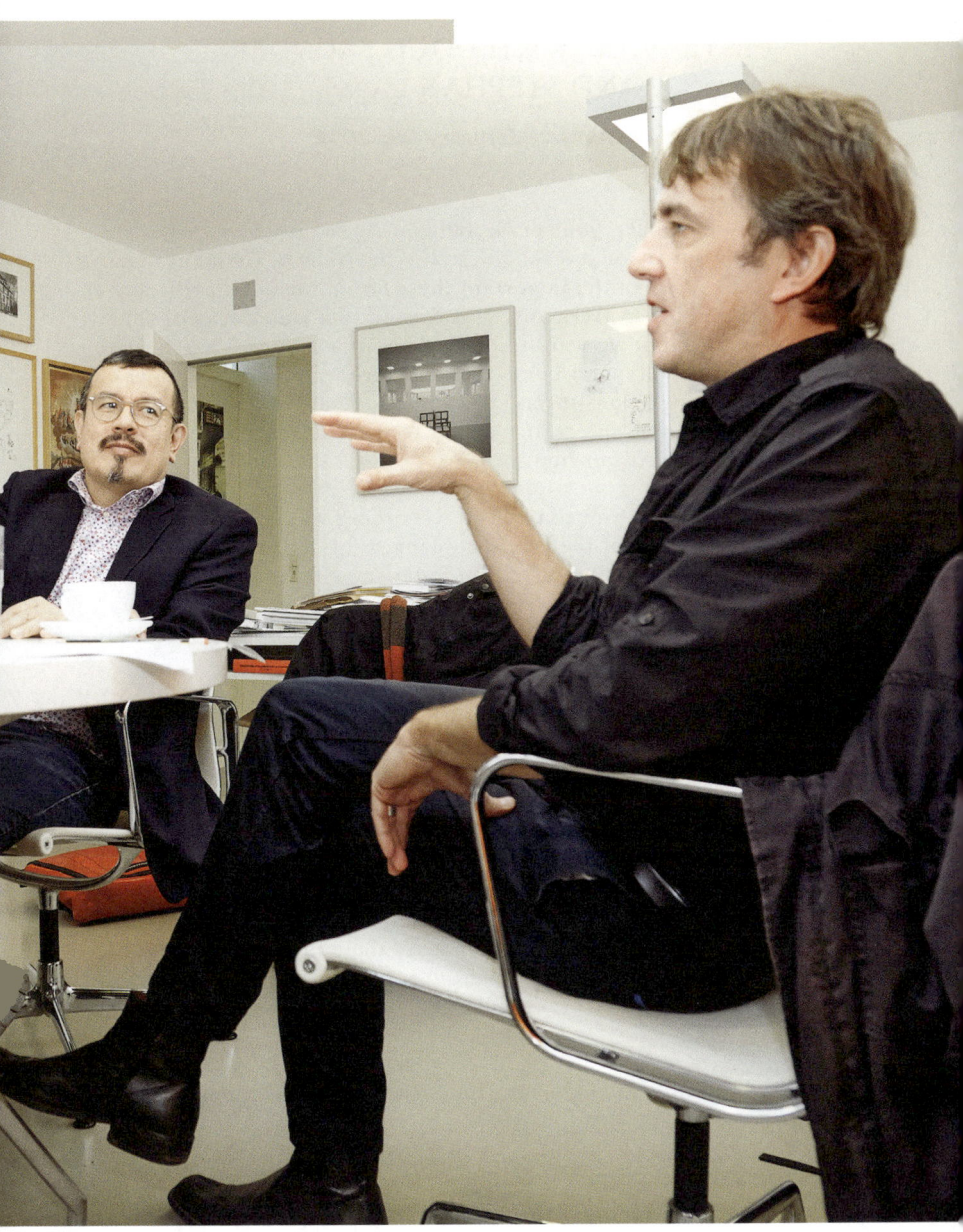

Abb. 12: Anna Scheuermann (Projektkoordinatorin), Oliver Elser (Kurator), Doug Saunders (Autor von _Arrival City_), Peter Cachola Schmal (Generalkommissar und Direktor des DAM), Stephan Lanz

INTERVIEW WITH DOUG SAUNDERS
AND STEPHAN LANZ

Frankfurt, January 23, 2016

DAM: Doug Saunders, your book *Arrival City* comprises a very international survey of several cities. *Making Heimat. Germany, Arrival Country* seeks to take the important theses from the book and transfer them to a situation in Germany. This was not the main focus of your book, of course, but we want to bring them into our local perspective. Let me introduce Stephan Lanz. He comes from Berlin and studies cities and migration in various forms. We wanted to have a neutral voice at the table. It was very interesting for us to read the German chapter on Berlin-Kreuzberg in your book.

DOUG SAUNDERS (DS): The chapter on Kreuzberg was designed to illustrate one very specific thing: the risks and dangers of denying citizenship to people. But, in a way, this is not as useful today—now there is a lot more to Kreuzberg. So having somebody else who can speak about the complexity and particular details of what is happening now in Berlin will be very interesting.

STEPHAN LANZ (SL): I think Kreuzberg still is an Arrival City in various ways. For more than a decade now a lot of young academics and artists from all over the world have come to Berlin because it's "cool" and cheap and many of them prefer Kreuzberg as one of the most international and laissez-faire districts of Berlin. Another way involves the new migration waves from southern Europe. Many young people without any socioeconomic perspective in their crisis-ridden countries are now coming to Berlin and to Kreuzberg in order to find a job here. Moreover, Kreuzberg in recent years has developed into Berlin's center of the political movement of refugees fighting for their right to stay in the city. In this process they have occupied two public spaces in Kreuzberg for more than a year.

DAM: Are you only talking about the highly educated, professional young academics?

DS: The Syrian refugees are not that different from the southern Europeans. These are the skilled classes. When you talk to [them], a lot of times they are most frustrated about the lack of recognition of their professional degrees. They have to start at the bottom rung in the new country. Three factors make an Arrival City: first, low-cost housing; second, proximity to jobs and/ or entrepreneurial opportunities, or at least transit links that lead to those things; third, networks of people from existing cultures and backgrounds that can help you out. And you still see those three factors—except the low cost of housing—in Kreuzberg.

INTERVIEW MIT DOUG SAUNDERS
UND STEPHAN LANZ

Frankfurt, 23. Januar 2016

DAM: Doug Saunders, Ihr Buch *Arrival City* bietet einen bemerkenswert internationalen Überblick über verschiedene Städte. Die Ausstellung *Making Heimat. Germany, Arrival Country* versucht, die wichtigen Thesen aus dieser Publikation herauszugreifen und auf die Situation in Deutschland zu übertragen. Dies war natürlich nicht der Schwerpunkt Ihres Buches, doch wir möchten sie in unsere hiesige Perspektive transferieren. Ich möchte Ihnen Stephan Lanz vorstellen. Er kommt aus Berlin und befasst sich auf unterschiedliche Weise mit den Themen Städte und Migration. Er soll in dieser Runde als neutrale Stimme fungieren. Es war außerordentlich interessant für uns, das Kapitel über Berlin-Kreuzberg in Ihrem Buch zu lesen.

DOUG SAUNDERS (DS): Das Kapitel über Kreuzberg sollte etwas ganz Bestimmtes veranschaulichen, nämlich die Risiken und Gefahren, die es mit sich bringt, wenn man Menschen die Staatsbürgerschaft verweigert. In gewisser Weise ist dies heute, wo Kreuzberg für so viel mehr steht, nicht mehr so relevant. Deshalb wird es sehr aufschlussreich sein, auch jemanden hier zu haben, der etwas zur Komplexität der gegenwärtigen Situation in Berlin und zu speziellen Details sagen kann.

STEPHAN LANZ (SL): Ich denke, Kreuzberg ist nach wie vor in mehrfacher Hinsicht eine Arrival City. Seit nunmehr über einem Jahrzehnt kommen junge Akademiker und Künstler aus aller Welt nach Berlin, weil die Stadt „cool" ist und man dort preiswert leben kann. Und viele von ihnen zieht es nach Kreuzberg, da es eines der kosmopolitischsten und liberalsten Viertel Berlins ist. Hinzu treten in neuerer Zeit die Migrationsströme aus Südeuropa. Viele junge Menschen, die in ihren krisengeschüttelten Heimatländern keine sozioökonomische Perspektive haben, kommen heute nach Berlin und nach Kreuzberg, um dort Arbeit zu finden. Darüber hinaus hat sich Kreuzberg in den vergangenen Jahren innerhalb Berlins zum Zentrum einer politischen Bewegung von Flüchtlingen entwickelt, die dafür kämpfen, in der Stadt bleiben zu dürfen. Im Rahmen dieses Kampfes haben sie über ein Jahr lang zwei öffentliche Räume in Kreuzberg besetzt gehalten.

DAM: Sprechen Sie ausschließlich von den gut ausgebildeten, hoch qualifizierten Jungakademikern?

DS: Die Unterschiede zwischen den syrischen Flüchtlingen und den Südeuropäern sind nicht so groß. In beiden Fällen haben wir es mit qualifizierten Leuten zu tun. Wenn man sich mit ihnen unterhält, sind sie oft frustriert über die mangelnde Anerkennung ihrer beruflichen Qualifikation. Sie müssen in dem neuen Land ganz unten anfangen. Drei Faktoren machen eine Arrival City aus: erstens preiswerter Wohnraum; zweitens die Verfügbarkeit von Jobs und/oder die Möglichkeit eigener

SL: It's always a question of how to make it work. I think one very important thing to take note of is the overcrowding of apartments that we now have in some immigrant neighborhoods of Berlin.

DS: It is partly because of the patterns of immigration. People have large families when they arrive, even if they don't typically have large families in the country they came from. The average family in Turkey, for example, now has 1.7 children. But people tend to have a bunch of children after they immigrate, no matter where they're from. Very few Western European cities are building apartments for families with four children, so you have to put four children in one bedroom. Or you have four adults in one bedroom. Look at the Polish immigrants in London and you'll see twelve of them in a room. People live horribly at the beginning. Part of it is just because they are at the bottom rung on the ladder.

SL: One thing we see in Berlin at the moment as well is the poor immigrant families driven out of the inner city to outer districts. We really have a suburbanization of poverty.

DAM: The book claims that the best schools should be in the worst districts.

SL: In Neukölln we have this model school, Campus Rütli. The school became very famous when about ten years ago some teachers argued in a letter to the public that it was not possible for anyone to get a proper education in this kind of school. So the town hall of Neukölln decided to transform the school into a model project for the education of underprivileged kids. With a lot of public money, the school was developed into a campus where they bring together many different forms of education. But with the ongoing gentrification in Neukölln, we now have a lot of new middle-class families trying to get into Rütli School.

DAM: And the result is that the neighborhood gentrifies?

DS: Well, in truth, you want a neighborhood to gentrify, because neighbor hoods are going to go one way or the other. They're going to spiral downwards into failure or they are going to gentrify. Nothing in human society has a steady state.

SL: But who has the privilege to live there? Who is participating in this? And who is driven out because he cannot pay?

DS: In systems where immigrants don't buy a lot of housing, it's tricky. Generally, few people buy housing in Germany. However, I was surprised to learn that a lot of the Turks actually did buy housing. Immigrants like to buy, even when it doesn't totally make economic sense. Even when your banker would say that it actually, financially makes more sense to rent. They tend to have that feeling of wanting to own.

Unternehmensgründungen – oder zumindest Transitverbindungen, über die sich diese Ziele erreichen lassen; drittens Netzwerke von Menschen mit ähnlichem kulturellen Hintergrund, die die Neuankömmlinge unterstützen können. Und mit Ausnahme des preiswerten Wohnraums sind diese drei Faktoren in Kreuzberg nach wie vor gegeben.

SL: Die Frage ist eigentlich immer nur, wie man das bewerkstelligt. Eine außerordentlich wichtige Sache, die man nicht außer Acht lassen darf, ist meiner Meinung nach die Überbelegung von Wohnungen, wie wir sie heute in einigen überwiegend von Immigranten bewohnten Vierteln Berlins erleben.

DS: Das hat zum Teil mit den Immigrationsmustern zu tun. Die Menschen kommen, selbst wenn sie in ihren Herkunftsländern traditionell nicht in Großfamilien leben, in großen Familienverbänden hier an. In der Türkei beispielsweise hat eine Durchschnittsfamilie heute 1,7 Kinder. Doch unabhängig davon, woher sie stammen, haben sie nach der Zuwanderung häufig eine ganze Schar von Kindern. Doch in den wenigsten westeuropäischen Großstädten werden Wohnungen für Familien mit vier Kindern gebaut. Deshalb müssen sich vier Kinder ein Zimmer teilen. Oder vier Erwachsene schlafen in einem Schlafzimmer. Sehen Sie sich nur die polnischen Einwanderer in London an. Sie wohnen zu zwölft in einem Zimmer. Zu Anfang leben die Menschen unter katastrophalen Bedingungen, was zum Teil einfach darauf zurückzuführen ist, dass sie am unteren Ende der Wohlstandsleiter stehen.

SL: Auch in Berlin erleben wir im Moment eine Verdrängung der mittellosen Einwandererfamilien aus der Innenstadt in die Außenbezirke. Die Armut wird regelrecht in den Randbezirken gettoisiert.

DAM: In Ihrem Buch fordern Sie, dass die schlechtesten Bezirke über die besten Schulen verfügen müssten.

SL: In Neukölln gibt es die Modellschule Campus Rütli. Die Schule wurde berühmt, als sich vor etwa zehn Jahren einige Lehrer mit einem Brief an die Öffentlichkeit wandten, in dem sie erklärten, in einer Schule wie dieser könne niemandem eine anständige Bildung zuteil werden. Deshalb beschloss man im Rathaus von Neukölln, die Schule in ein Modellprojekt für unterprivilegierte Kinder umzuwandeln. Mit beträchtlichen öffentlichen Mitteln wurde aus der Schule ein Campus, der die unterschiedlichsten Bildungsformen vereint. Im Zuge der derzeit stattfindenden Gentrifizierung Neuköllns versuchen inzwischen auch immer mehr Mittelschichtfamilien, einen Platz an der Rütli-Schule zu bekommen.

DAM: Mit dem Ergebnis, dass in dem Viertel eine Gentrifizierung stattfindet?

DS: Nun, in Wahrheit ist die Gentrifizierung eines Stadtviertels doch etwas durchaus Erwünschtes. Stadtbezirke können sich doch in die eine oder die andere Richtung entwickeln. Entweder vollzieht sich eine Abwärtsentwicklung, die zum Verfall

DAM: But the whole system has to change here so that the banks will allow them to buy housing.

DS: This is interesting, because in Canada it is the opposite. The banks compete like crazy to get poor immigrants. They actually set up branches in the countries that are sending the immigrants, in order to get the families signed up with their bank before they immigrate. They do this because they know that immigrants buy housing at as high a rate as native-born people; and if you sign up an immigrant family to your bank when they're still poor, they'll stay with you for three generations and they'll do several million dollars' worth of mortgages with your bank.

SL: One more point about the schools: I think it's not only about good or bad. In Germany, we have seen a lot of studies that show that an institutional racism is a very big obstacle for the successful education of immigrant children.

DS: I think the biggest thing is not the actual education, it's retention. If you can keep particularly the sons of immigrants in school till the end, they're not going to fall off the edge of the cliff. It doesn't even matter if they've received a good education. But if you don't even have a secondary education, then the chances are really high that you're going to fall into marginality and criminality and possibly extremism. Those interventions in East London really worked. The Bangladeshis were a huge worry. They were dropping out of school; falling into criminality; they were a failed population in the eighties. Now, Bangladeshis have a higher university education rate than white British people do. So now the white working-class kids are dropping out of school. These people are now the ethnic group in East London that is failing at integration. They are falling into marginal economies, and now they're becoming extremists. It's not Islamic extremism, it's the BNP, but it's the same thing. I spoke to Cas Mudde. He's a specialist in extremism. He said that we need to understand these groups as an immigrant group that has failed to integrate properly. Instead of emigrating from another country, they've emigrated from a different part of the economy. They're the older, white people who didn't make the immigration from the industrial to the post-industrial economy properly and they're not integrating.
Speaking of politics, the demographics in the United States now say that if you can't get a substantial number of Black and Latino people to vote for your party, there is almost zero chance of getting the presidency. The Republicans should have done what David Cameron did, and what Angela Merkel has done, which is try to become the conservative party that minorities vote for. The conservative parties that do that look at immigrants not as a threat but as an opportunity to win elections—they say, "Immigrants tend to be more religious than the rest of us, so they are socially conservative. They tend to be small business people, so they are economically conservative. So why aren't they voting for the conservative party? Because we have a bunch of racists in our party!" So tell the racists to shut up, and you get the Turks and the Pakistanis to vote for the conservative party.

führt, oder es kommt zu einer Gentrifizierung. Nichts ist statisch in der menschlichen Gesellschaft.

SL: Doch wer hat das Privileg, dort zu leben? Wer hat daran teil? Und wer wird hinausgedrängt, weil er es sich dort nicht mehr leisten kann?

DS: In Systemen, in denen die Einwanderer nur selten Wohneigentum erwerben, ist das ein Problem. In Deutschland ist der Erwerb von Wohneigentum nicht so üblich wie in anderen Ländern. Es hat mich allerdings überrascht zu hören, dass viele Türken Wohneigentum erworben haben. Immigranten kaufen lieber, selbst wenn es ökonomisch nicht sinnvoll ist. Und auch wenn der Bankberater sagen würde, dass es aus finanzieller Sicht zum gegenwärtigen Zeitpunkt besser wäre zu mieten. Bei diesen Menschen ist der Wunsch, etwas Eigenes besitzen zu wollen, im Allgemeinen stärker.

DAM: Aber dazu wäre es nötig, dass sich das ganze System hier ändert, und die Banken müssten diesen Menschen den Erwerb von Wohneigentum ermöglichen.

DS: Das ist interessant, denn in Kanada ist es genau umgekehrt. Die Banken liefern sich einen geradezu erbitterten Konkurrenzkampf um die mittellosen Einwanderer. Sie gründen sogar Filialen in den Herkunftsländern der Immigranten, damit sich die Familien bereits vor der Einwanderung vertraglich an ihre jeweilige Bank binden. Die Banken tun dies, weil sie wissen, dass Immigranten nicht weniger für Wohneigentum zahlen als die heimische Bevölkerung. Wenn man also eine Einwandererfamilie vertraglich an die eigene Bank bindet, solange sie noch mittellos ist, wird sie über drei Generationen bei dieser Bank bleiben und Hypotheken im Wert von mehreren Millionen Dollar über sie abwickeln.

SL: Ich möchte noch etwas zu den Schulen anmerken: Es geht hier meines Erachtens nicht nur um gut oder schlecht. In Deutschland gibt es eine ganze Reihe von Studien, die zeigen, dass der institutionelle Rassismus mit das größte Hindernis für eine erfolgreiche Schulbildung von Einwandererkindern ist.

DS: Ich denke, das größte Hindernis ist nicht die schulische Bildung an sich, es sind vielmehr die Folgen. Wenn es gelingt, dass gerade die Söhne von Einwanderern die Schule abschließen, werden sie später nicht hinten runterfallen. Und dabei ist es sogar völlig unerheblich, ob sie eine gute Schulbildung genossen haben. Haben sie jedoch nicht einmal eine weiterführende Schule besucht, sind die Chancen sehr groß, dass sie zu sozialen Außenseitern und Kriminellen und möglicherweise sogar zu Extremisten werden. In East London haben die Maßnahmen tatsächlich Wirkung gezeigt. Die Kinder der Immigranten aus Bangladesch waren ein großes Problem. Sie brachen die Schule ab, wurden kriminell; in den 1980er-Jahren galten sie als soziale Randgruppe. Heute ist die Zahl derer, die einen Universitätsabschluss besitzen, bei den Bangladeschern höher als bei den weißen Briten. Heute sind es die Kinder der weißen Arbeiterklasse, die die Schule abbrechen. In East London stellen sie inzwischen die ethnische Gruppe dar, deren Integration scheitert. Sie geraten wirtschaftlich mehr und mehr ins Abseits und werden zu

SL: Would you say that Arrival Cities are politically conservative?

DS: It's conservatism in a basic capitalist way because there isn't much government assistance or anything like that. And yes, often life is more conservative in these districts than in the places they came from. You tend to see this gendered reaction to the migration experience. These people come from an agrarian economy where men and women have their places. Then they move to a city and quickly learn two things: one is that there is no way to make it in the city on one income. This means that—for example, if you're the man of the family—you're learning that your wives and daughters have to work and have real roles in the world, and that they are getting an education. So the second thing that you learn is that your wives and daughters may be actually making more money than you, and have higher social status. People react against that with fear, and they retreat into conservative values. Bangladesh is a matriarchal culture, women don't cover their heads, and they have a very liberal, Mughal form of Islamic culture. Then they move to London and girls start covering their heads. It is partly because their fathers say they should and partly because of Arabic influences. However, they also embrace feminism at the same time. It is a contradictory thing; it's not always so simple.

SL: The question of religion is very interesting, because you really see new types of religion emerging in the Arrival Cities.

DS: It's identity religion rather than tradition religion.

SL: Yes, exactly. In Arrival Cities everywhere we see very different, new kinds of urban religion. If you look at Kreuzberg or Neukölln today, you see a lot of female youths, for example, who look very modern and wear the hijab at the same time. In many cases, the hijab is not a political-religious statement anymore; it's a fashionable piece of cloth.

DS: It's a badge of identity. It's a way of saying, "I'm part of this thing." There is a whole larger, interesting question about the roles of religious institutions and migration. For good, practical reasons, when people are making a start in a new country, centers of worship become the main focal points. But in some ways, building a really good public library in a poor, immigrant district can be good too, because it takes over some of those functions. We found that public libraries in the post-book era have become centers of Arrival City culture. The immigrants start going to the libraries for the free Wi-Fi, which is a very important resource, and they end up realizing that it's a place to loan each other money, to get jobs, and to exchange information. The books are fairly secondary. Public libraries are places for integration. It's people finding ways to mesh into the economy and into the political and education systems.

SL: Many of the religious places are also a kind of infrastructure for migration and the arrival in the cities. We did one study, for

Extremisten. Und ich spreche hier nicht vom islamischen Extremismus, sondern von der BNP [die rechtsextreme Britische Nationalpartei], doch das ist ein und dasselbe. Ich habe mit dem Extremismusexperten Cas Mudde gesprochen. Er erklärte mir, man müsse diese Gruppen als Immigrantengruppe betrachten, der es nicht gelungen ist, sich richtig zu integrieren. Sie sind zwar nicht aus einem anderen Land emigriert, aber aus einem anderen Teil der Wirtschaft. Es handelt sich dabei um die älteren Weißen, die die Immigration von der industriellen zur postindustriellen Wirtschaft nicht richtig vollzogen haben und sich nicht in die Gesellschaft eingliedern.

Im Kontext der Politik erklären die Demografen in den Vereinigten Staaten heute, es sei nahezu aussichtslos, die Präsidentschaft zu erringen, solange es nicht gelingt, Farbige und Latinos in ausreichender Zahl für die eigene Partei zu gewinnen. Die Republikaner hätten es David Cameron und Angela Merkel gleichtun sollen, das heißt, sie hätten versuchen müssen, sich zu einer konservativen Partei zu entwickeln, die von Minderheiten gewählt wird. Konservative Parteien, die diesen Schritt vollziehen, sehen in den Immigranten keine Bedrohung, sondern eine Möglichkeit Wahlen zu gewinnen. Sie sagen sich: „Einwanderer sind in der Regel religiöser als wir, deshalb sind sie gesellschaftlich konservativ. Auch sind es zumeist kleine Gewerbetreibende, deshalb sind sie wirtschaftlich konservativ. Weshalb wählen sie dann nicht die konservative Partei? Weil es in unserer Partei eine ganze Menge Rassisten gibt!" Also muss man die Rassisten zum Schweigen bringen, und Türken und Pakistani werden die konservative Partei wählen.

SL: Würden Sie sagen, dass Arrival Cities politisch konservativ sind?

DS: Es ist ein im Wesentlichen kapitalistischer Konservativismus, denn es gibt kaum staatliche Unterstützung oder Ähnliches. Und ja, häufig ist das Leben in diesen Bezirken konservativer als in den Orten, aus denen sie gekommen sind. Diese geschlechtsspezifische Reaktion wird häufig im Zusammenhang mit der Erfahrung der Migration gesehen. Diese Menschen kommen aus agrarischen Wirtschaftsräumen, in denen Männer und Frauen jeweils einen ganz bestimmten Platz haben. Dann ziehen sie in eine Großstadt, wo sie sehr schnell zwei Dinge lernen: zum einen, dass es in der Großstadt nicht möglich ist, von einem einzigen Einkommen zu leben. Für einen Familienvater bedeutet das beispielsweise: Er muss akzeptieren, dass auch die Frauen und Töchter einer Arbeit nachgehen müssen, dass sie in der Welt tatsächlich eine Rolle spielen und eine Ausbildung bekommen. Deshalb ist das zweite, was sie lernen: Die Frauen und Töchter verdienen unter Umständen sogar mehr als sie selbst und können einen höheren sozialen Status haben. Die Menschen reagieren darauf mit Angst und ziehen sich auf konservative Werte zurück. Bangladesch ist eine matriarchale Kultur, die Frauen verhüllen ihre Köpfe nicht, und man findet dort ausgesprochen liberale, mogulisch geprägte islamische Kultur. Dann ziehen diese Menschen nach London, und die Mädchen fangen an, ihre Köpfe zu bedecken – zum Teil tun sie dies auf Geheiß ihrer Väter, zum Teil sind es arabische Einflüsse. Gleichzeitig machen sie sich jedoch auch den Feminismus zu eigen. Das ist eine widersprüchliche Sache – und nicht immer so einfach.

SL: Die Frage der Religion ist sehr interessant, denn man kann förmlich beobachten, wie in den Arrival Cities neue Formen von Religionen entstehen.

example, about Congolese people who were born-again Christians. In the cities where they arrived, the first point they went to would always be these small churches that can give them all the contacts and networks they need. Moreover, these churches are often places where import-export business is done and so on. We now have about sixty African Pentecostal churches in Berlin.

DAM: Does the mosque also have this economic factor?

DS: Sure. Often the religious aspect of mosques is secondary or tertiary. It's where you gather. It's what brings the people there on Friday, the fact that it's where stuff happens. It's where you make your deals; it's where you get your opportunities.

SL: Still, the question of local immigration policy makes a large impact on whether an Arrival City can be successful or not. In addition, how local civil society is organized and how it engages with the question of ethnic diversity makes a big difference: Does a district give the arriving groups the feeling that they are welcome and part of the society or not?

DS: It's worth looking at what the mayor of Hamburg has done. His big thing was introducing citizenship ceremonies, which are not done nationally in this country. They've become extremely popular. Citizenship ceremonies are always very moving things. They're almost like weddings in that sense. People take them very seriously. It's become a way to get a lot of the Turks who didn't want to, now to get citizenship. It's been a very interesting intervention.

SL: Already in the nineteen-eighties in Kreuzberg, for example, the IBA Alt, which was a huge urban renewal program, started with very proactive participation of the Turkish inhabitants. Kreuzberg has a thirty-year-old tradition of recognizing the immigrant as an urban citizen. And this makes a big difference. As I see it, this is what makes Kreuzberg a successful Arrival City. If you see studies today, many German-Turkish residents of Kreuzberg even in the third generation very often identify with Kreuzberg, but not with Germany. They say, "I am a Kreuzberger, and I am Turkish."

DS: Even if they don't speak very much Turkish?

SL: Exactly.

DS: My children go to a school [in Canada] where about a third of the kids in their class are of Korean or Chinese or Somali background, but those children speak English better than I do. Their parents, however, don't speak a word of English. We've found that generally it doesn't make any sense to have immigrants learning the language. They perform just as well economically, in

DS: Das lässt sich eher als Identitätsreligion denn als Traditionsreligion beschreiben.

SL: Ja, genau. In den Arrival Cities finden sich überall sehr unterschiedliche neue Formen einer urbanen Religion. Sieht man sich das heutige Kreuzberg oder Neukölln an, begegnet man dort vielen weiblichen Jugendlichen, die ausgesprochen modern wirken und gleichzeitig den Hidschab tragen. Vielfach ist der Hidschab kein rein politisch-religiöses Statement mehr, sondern auch ein modisches Accessoire.

DS: Es ist ein Zeichen der Zugehörigkeit, eine Art auszudrücken, „Ich bin ein Teil davon". Interessant ist auch die Frage, welche Rolle religiöse Institutionen im Kontext der Migration spielen. Aus guten – praktischen – Gründen sind die religiösen Zentren für Menschen, die in einem fremden Land ein neues Leben beginnen, die wichtigsten Anlaufstellen. In gewisser Weise kann sich jedoch auch der Aufbau einer wirklich guten öffentlichen Bibliothek in einem armen, überwiegend von Immigranten bewohnten Viertel als hilfreich erweisen. Kann sie doch ebenfalls die eine oder andere dieser Funktionen erfüllen. Wir haben beobachtet, dass sich öffentliche Bibliotheken in der Post-Buch-Ära zu Zentren einer Arrival-City-Kultur entwickelt haben. Zunächst suchen die Einwanderer die Bibliothek vor allem wegen des kostenlosen WLAN auf, das für sie eine außerordentlich wichtige Ressource ist. Doch im Laufe der Zeit stellen sie fest, dass dies auch ein Ort ist, an dem man einander Geld leihen, einen Job finden und Informationen austauschen kann. Die Bücher sind dabei ziemlich nebensächlich. Öffentliche Bibliotheken sind Orte der Integration. Sie geben den Menschen die Möglichkeit, Wege zur Teilhabe an den politischen sowie an den Wirtschafts- und Bildungssystemen zu finden.

SL: Die sakralen Orte sind oft auch so etwas wie eine Infrastruktur für Migration und für das Ankommen in den Städten. Wir haben zum Beispiel eine Studie über Kongolesen gemacht, die der Pfingstbewegung angehörten. In den Städten, in welche sie kamen, waren ihre ersten Anlaufstellen stets diese kleinen Kirchen. Dort konnten sie die Kontakte herstellen und die Netzwerke aufbauen, die sie brauchten. Darüber hinaus werden diese Kirchen nicht selten zur Abwicklung von Import-Export-Geschäften und Ähnlichem genutzt. In Berlin gibt es inzwischen etwa sechzig dieser afrikanischen Pfingstkirchen.

DAM: Hat die Moschee ebenfalls diese ökonomische Funktion?

DS: Gewiss. Nicht selten ist der religiöse Aspekt bei der Moschee sogar zweit- oder drittrangig. Sie ist der Ort, an dem man sich versammelt. Deshalb kommen die Menschen jeden Freitag dorthin, weil sich hier alles abspielt. Die Moschee ist der Ort, an dem man seine Geschäfte tätigt, an dem sich einem unter Umständen Perspektiven eröffnen.

SL: Die Frage der lokalen Einwanderungspolitik ist nach wie vor entscheidend dafür, ob eine Arrival City erfolgreich sein kann oder nicht. Und es ist von großer Bedeutung, wie die heimische Zivilgesellschaft zusammengesetzt ist und wie sie zur Frage der ethnischen Vielfalt steht;

business, whether they do or don't, and their children do 100 percent of the time anyway.

SL: Every politician in Germany now would disagree with you when you say it doesn't matter if they speak German or their own language.

DS: But that's not scientific, that's political.

SL: The whole discussion at the moment of how to integrate all of these refugees coming here revolves around learning the language. The idea is that they first must learn the language and then they can leave the camps. Germany has a cultural idea of citizenship. The German nation is a cultural nation and not a republican nation, as in Canada. That's why language in Germany is such an important thing. It's the German identity.

DS: But in terms of practical effects, it's putting the cart before the horse to say that they should learn the language in order to leave the camps and get employment. It's more like once you get them started in the economy and leaving the camps, then they will learn the language. There's a real danger when you try to deny people employment. It's a good thing to know the language. It's just that saying you must learn the language first and then get employment is old-fashioned. There's an old-fashioned way of thinking in Europe, particularly with these refugees, that that they're going to go get a job in a factory or something like that. Whereas new immigrants want to start a business and have a shop. There's that famous book called *Portfolios of the Poor*, which said that generally people in poorer countries nowadays don't have one job or run one business, they have a portfolio of bits of employment that give the economy bits of buying and selling, bits of maybe a shop, somewhere.

SL: In your book, you think of Arrival Cities very much as a territorial model. But don't you think that Arrival Cities sometimes also assume the form of networks or of imaginations? It's not always a territory. For example, if you look at the Poles who immigrated to German cities, they don't have their own ethnic neighborhoods.

DS: It varies. Some of them are distributed. The classic example of what you're talking about is the Filipinos from Luzon who mainly migrate for domestic service work. They work as servants in peoples' houses—nannies and cooks—and they're distributed across the middle-class parts of major cities in North America and Europe. But they form a virtual Arrival City. They're connected very closely by social media and they loan each other money but they have not created the physical spaces. It varies with the Poles. Here in Germany, they're more like the Filipinos. In Britain and Ireland though, they have formed districts. For an architecture exhibition, I think we want to stick to the ones that are classic physical forms.

und es ist auch wichtig, ob ein Viertel den Neuankömmlingen das Gefühl gibt, willkommen und Teil der Gesellschaft zu sein oder nicht.

DS: Erwähnenswert ist in diesem Zusammenhang, was der Erste Bürgermeister von Hamburg getan hat. Seine große Leistung war die Einführung von Einbürgerungsfeiern, die man im Rest des Landes nicht kennt und die sich inzwischen großer Beliebtheit erfreuen. Diese Feiern sind immer außerordentlich bewegend, beinahe so wie Hochzeiten. Die Menschen nehmen sie sehr ernst. Auf diese Weise ist es sogar gelungen, viele Türken, die dies ursprünglich ablehnten, dazu zu bringen, die deutsche Staatsbürgerschaft anzunehmen. Eine ausgesprochen interessante Maßnahme.

SL: Eine außerordentlich rege Beteiligung der türkischen Bewohner konnte beispielsweise bereits in den 1980er-Jahren in Kreuzberg die IBA-Alt, ein groß angelegtes Stadterneuerungsprogramm, verzeichnen. Immigranten werden in Kreuzberg schon seit dreißig Jahren als ganz normale Bürger anerkannt. Und das macht einen großen Unterschied. Nach meinem Dafürhalten ist es genau das, was Kreuzberg zu einer erfolgreichen Arrival City macht. Sieht man sich aktuelle Studien an, stellt man fest, dass sich viele deutsch-türkische Bewohner Kreuzbergs sehr oft mit dem Viertel, nicht aber mit Deutschland identifizieren, und das selbst noch in der dritten Generation. Sie erklären: „Ich bin Kreuzberger und ich bin Türke."

DS: Selbst wenn sie kaum Türkisch sprechen?

SL: Durchaus.

DS: In der Schule, die meine Kinder [in Kanada] besuchen, stammt ein Drittel ihrer Mitschüler aus Korea, China oder Somalia, doch diese Kinder sprechen besser Englisch als ich. Ihre Eltern sprechen allerdings kein Wort Englisch. Wie wir festgestellt haben, ist es im Allgemeinen wenig sinnvoll, Immigranten die Landessprache lernen zu lassen. Sie sind wirtschaftlich beziehungsweise im Beruf ebenso erfolgreich, ob sie die Sprache nun sprechen oder nicht.

SL: Ihrer Behauptung, es spiele keine Rolle, ob die Immigranten Deutsch oder aber ihre eigene Sprache sprechen, würde in Deutschland jeder Politiker widersprechen.

DS: Aber das hat nichts mit Wissenschaft zu tun, das hat mit Politik zu tun.

SL: Die ganze gegenwärtige Diskussion darüber, wie man all die Flüchtlinge, die hierher kommen, integrieren kann, dreht sich um das Erlernen der Sprache. Man ist der Auffassung, sie müssten erst einmal die Sprache lernen, bevor sie die Aufnahmelager verlassen können. Staatsbürgerschaft hat in Deutschland etwas mit Kultur zu tun. Die deutsche Nation ist eine Kulturnation und keine republikanische Nation wie in Kanada. Das ist der Grund, weshalb die Sprache in Deutschland so große Bedeutung hat. Sie ist die deutsche Identität.

DAM: Well at least that's easier to show. Let's put it that way.

Stephan Lanz

Born in 1963. Studied geography, urban and regional planning, and sociology in Regensburg, Tübingen, Rio de Janeiro, and Oldenburg. Since 2001, urban researcher at the Europa University Viadrina in Frankfurt (Oder), working on urban development, migration, as well as cultures and policies in Berlin, Rio de Janeiro, and Istanbul. 2010–14: co-director of the international research project *Global Prayers – Redemption and Liberation in the City*. Co-editor of the book series *metroZones*.

DS: Aus praktischer Sicht zäumt man das Pferd jedoch von hinten auf, wenn man sagt, sie sollten die Sprache lernen, um die Aufnahmelager verlassen und Arbeit bekommen zu können. Es ist doch vielmehr so, dass sie die Sprache lernen werden, sobald sie in den Wirtschaftsprozess eingegliedert werden und die Aufnahmelager verlassen. Es birgt eine echte Gefahr, wenn man versucht, Menschen die Aufnahme einer beruflichen Tätigkeit zu verweigern. Es ist zweifellos von Vorteil, wenn man die Sprache beherrscht. Aber zu sagen, bevor ihr eine Arbeit bekommt, müsst ihr erst die Sprache lernen, ist rückschrittlich. In Europa herrscht ein rückschrittliches Denken, vor allem weil man glaubt, die Flüchtlinge würden sich Arbeit in einer Fabrik oder etwas Ähnliches suchen. Die heutigen Einwanderer wollen sich selbstständig machen und ein Geschäft eröffnen. Es gibt ein berühmtes Buch mit dem Titel *Portfolios of the Poor*. Dort ist zu lesen, dass die Menschen in ärmeren Ländern heute in der Regel nicht mehr nur in einem Job arbeiten oder nur ein Geschäft betreiben; vielmehr haben sie mehrere Minijobs, welche die lokale Wirtschaft fördern – zum Beispiel ein Import-Export-Geschäft hier, einen Einzelhandel dort.

SL: In Ihrem Buch gehen Sie bei den Arrival Cities vorwiegend von einem territorialen Modell aus. Glauben Sie nicht, dass Arrival Cities gelegentlich auch die Form von Netzwerken oder Vorstellungen annehmen können? Es handelt sich nicht in jedem Fall um ein Territorium. Sehen Sie sich zum Beispiel die Polen an, die in deutsche Städte eingewandert sind. Sie haben keine eigenen Migrantenviertel.

DS: Das ist unterschiedlich. Manche leben verstreut. Ein klassisches Beispiel für das, wovon Sie reden, sind die Philippinos von der Insel Luzon, die ihre Heimat vorwiegend verlassen, um als Hausangestellte Geld zu verdienen. Sie arbeiten als Kindermädchen und Köchinnen in den Häusern der Leute und leben verstreut in den Mittelschichtvierteln der großen Städte Nordamerikas und Europas. Dennoch bilden sie eine virtuelle Arrival City. Sie sind über die sozialen Medien eng miteinander verbunden und helfen einander mit Geld aus, ohne allerdings die physischen Räume geschaffen zu haben. Bei den Polen ist es unterschiedlich. Hier in Deutschland leben sie eher wie die Philippinos. Aber in England und Irland haben sie eigene Viertel gebildet. Und bei einer Architekturausstellung wollen wir uns, so denke ich, doch lieber an die klassischen physischen Formen halten.

DAM: Nun, sie sind zumindest einfacher zu präsentieren. Bleiben wir also dabei.

Stephan Lanz

* 1963. Studium der Geografie, Stadt- und Regionalplanung sowie Soziologie in Regensburg, Tübingen, Rio de Janeiro und Oldenburg. Seit 2001 an der Europa-Universität Viadrina in Frankfurt (Oder) als Stadtforscher tätig, arbeitet über Stadtentwicklung, Migration sowie Kulturen und Politiken u. a. in Berlin, Rio de Janeiro und Istanbul. 2010–2014 Co-Direktor des internationalen Forschungsprojekts *Global Prayers – Redemption and Liberation in the City*. Er ist Co-Herausgeber der Buchreihe *metroZones*.

INTERVIEW: FRIEDRICH HECKMANN

In conversation with Kai Vöckler

Kai Vöckler (KV): Herr Heckmann, you are the director of the European Forum for Migration Studies (efms) and you conduct research on immigration at the University of Bamberg. A migrant is defined as a person who leaves their home country and lives in another country. Why do people emigrate?

Friedrich Heckmann (FH): When people emigrate voluntarily their prime motivation is clearly a desire to improve their lives, which they do not believe they can achieve in their own country. But there is also forced migration, whether escaping from war to save your own life, or from persecution, be it political, religious, or ethnic.

KV: Can we limit immigration?

FH: The aim of migration policy is to control, and therefore to limit immigration. Achieving this goal is not always feasible since on the one hand—in the EU—there are rules governing freedom of movement and on the other, states recognize human rights. This means they are obliged, for example on the basis of international agreements, but also voluntary commitment, at least to listen to people seeking protection and then also, in many cases, to protect them. Furthermore, you cannot completely control illegal migration.

KV: Where do you think the boundaries lie, concerning our capacity to take in migrants?

FH: At the present stage of research, it is impossible to set a numerical limit for this, because we can't predict to what extent the population and state will both welcome and have the capacity to receive migrants. You can, however, watch the crisis indicators that suggest that resources are depleted, that there is a lack of psychological acceptance of further migration, and that anti-migration groups are mobilizing and even engaging in violence against migrants. So the crisis not only tests the limits of material and psychological resources, it also endangers social cohesion.

KV: Is the current massive flow of refugees similar to Germany's experience of immigratory movement in the past? What lessons can be learnt from previous waves of migration?

FH: Immediately after the war millions of people, both displaced persons and refugees, migrated to Germany. Since the end of the nineteen-fifties, too, further millions of guest workers have arrived; then there was another wave of migration in the nineteen-nineties due to the opening of the Iron Curtain and the war in Yugoslavia. In addition, there have been internal migratory move-

INTERVIEW: FRIEDRICH HECKMANN

Im Gespräch mit Kai Vöckler

Kai Vöckler (KV): Herr Heckmann, Sie sind Leiter des Europäischen Forums für Migrationsstudien (efms) und forschen an der Universität Bamberg zur Einwanderung. Als Migrant wird eine Person bezeichnet, die ihr Heimatland verlässt und in einem anderen Land lebt. Warum wandern Menschen aus?

Friedrich Heckmann (FH): Wenn sie freiwillig auswandern, steht eindeutig der Wunsch im Vordergrund, ihr Leben zu verbessern, was sie im eigenen Land nicht glauben erreichen zu können. Es gibt aber auch erzwungene Wanderung, sei es aufgrund von Krieg, um das eigene Leben zu retten, oder aufgrund von politischer, religiöser oder ethnischer Verfolgung, um dieser Verfolgung zu entgehen.

KV: Lässt sich Einwanderung begrenzen?

FH: Migrationspolitik hat das Ziel, Einwanderung zu steuern und damit auch zu begrenzen. Das Ziel ist jedoch nicht immer realisierbar, zum einen weil es – wie in der EU – Freizügigkeitsregelungen gibt, zum anderen weil Staaten Menschenrechte anerkennen und daher verpflichtet sind, zum Beispiel aufgrund von internationalen Abkommen, aber auch auf Basis einer Selbstverpflichtung, schutzsuchende Menschen zumindest anzuhören und in vielen Fällen ihnen dann auch Schutz zu gewähren. Auch lässt sich illegale Migration nicht vollständig kontrollieren.

KV: Wo liegt Ihrer Meinung nach die Grenze der Aufnahmefähigkeit?

FH: Man kann wissenschaftlich begründet beim gegenwärtigen Stand der Forschung keine Zahl für die Begrenzung der Aufnahmefähigkeit nennen, da nicht berechenbar ist, wie hoch die Aufnahmebereitschaft und -fähigkeit der Bevölkerung und des Staates sind. Man kann aber auf Krisenindikatoren schauen, die darauf hindeuten, dass Ressourcen sich erschöpfen, die psychologische Akzeptanz von mehr Zuwanderung fehlt und sich Bewegungen bzw. sogar Gewalt gegen Zuwanderer organisieren. Die Krise betrifft also die Grenzen von materiellen und psychologischen Ressourcen und die Gefährdung des gesellschaftlichen Zusammenhalts.

KV: Ist die aktuelle Situation des starken Zustroms von Flüchtlingen mit den bisherigen Erfahrungen in Deutschland mit Einwanderungsbewegungen vergleichbar? Was kann man aus diesen bisherigen Migrationsphasen lernen?

FH: Es gab unmittelbar nach dem Krieg eine millionenfache Zuwanderung von Vertriebenen und Flüchtlingen, dann seit Ende der 1950er-Jahre die ebenfalls millionenfache Migration von Gastarbeitern nach Deutschland, in den 1990er-Jahren die Zuwanderung durch die Öffnung des Eisernen Vorhangs und wegen der Jugoslawienkriege. Hinzu kommen die internen Wanderungsbewegungen aufgrund der EU-Erweiterung und der Finanzkrise. Die Ursachen dieser Wanderungen sind jeweils unterschiedlich und mit der gegenwärtigen Migration nur begrenzt vergleichbar. Vergleichen lässt sich jedoch die Fluchtmigration auf-

ments as a result of EU expansion and the financial crisis. The motives behind these movements differ in each case and are only partially comparable with current migration trends. Yet one can compare refugee migration due to the war in Syria today with what happened in Yugoslavia.

We can, however, make an analogy here regarding the demands placed on the host community and the state. Psychological and material resources have to be made available, especially in the fields of housing, work, education, health, and social security. And substantial resources also need to be devoted to language teaching. Psychological resources involve, above all, both a willing acceptance and a readiness to combat—or at least socially control—xenophobia and racism within the local population.

Having successfully managed previous waves of migration, Germany has accumulated a wealth of experience on integration, which can be put to use in the present refugee crisis. However, since integration requires resources and these are always in short supply, migration needs to be limited in order to make a success of integration and safeguard the cohesion of the host society.

KV: How does one judge whether a migrant is successfully integrated? At what point does a migrant become an immigrant?

FH: Migrants become immigrants when they transfer their main place of residence and the center of their interests to the new country. "Full" integration requires more time, and it is not uncommon for this process to take place over two or three generations. Integration involves being structurally integrated into the core institutions of the host country (especially the economy, the labor market, education, and housing) as well as cultural integration (learning cultural skills, especially the language, and cultural values) and social integration (private contacts and social interaction in the host society) as well as assimilative integration (identifying with the new society).

KV: Regarding migrant integration, what is working well and what needs to be improved?

FH: Reports by official bodies as well as by institutes studying integration show that migrant integration in Germany is improving, but there are still problems regarding migrant participation in the labor market, as well as in educating and training immigrant children. So far, the task of integrating the current influx of refugees consists mainly of subsidies and programs, but these will only succeed if they are backed up by correspondingly large sums of investment and take place in a predominantly welcoming social climate.

KV: Which social groups migrate to Germany?

FH: In the case of guest worker migration a recruitment scheme was established to fill jobs. These positions could no longer be filled by the local population since, in terms of pay and workload, there were better options available. This meant that primarily low-qualified workers were recruited for repetitive jobs (e.g., factory production lines), a fact that still impinges on the subsequent

grund von Krieg zwischen dem Fall Jugoslawien und dem Fall Syrien heute. Analog sind allerdings die Anforderungen an die aufnehmende Gesellschaft und den Staat. Materielle und psychologische Ressourcen müssen zur Verfügung gestellt werden, vor allem im Bereich Wohnen, Arbeit, Bildung, Gesundheit und soziale Sicherung. Und es müssen auch beträchtliche Ressourcen für Sprachunterricht geschaffen werden. Psychologische Ressourcen betreffen vor allem die Aufnahmebereitschaft und die Bekämpfung beziehungsweise soziale Kontrolle von Fremdenfeindlichkeit und Rassismus in der einheimischen Bevölkerung. Deutschland verfügt aufgrund der erfolgreichen Bewältigung bisheriger Migrationen über vielfältige Erfahrungen mit Integration, die in der gegenwärtigen Flüchtlingskrise angewandt werden können. Weil aber Integration Ressourcen erfordert und diese immer knapp sind, ist eine Begrenzung der Migration notwendig, um Integration zum Erfolg zu führen und nicht den Zusammenhalt der aufnehmenden Gesellschaft zu gefährden.

KV: Woran erkennt man, dass die Integration der Zuwanderer erfolgreich abgeschlossen ist? Wie wird aus einem Zuwanderer ein Einwanderer?

FH: Aus dem Zuwanderer wird ein Einwanderer, wenn er seinen Lebensmittelpunkt und seine Interessen in das neue Land verlegt hat. „Vollständige" Integration ist ein längerer Prozess, der nicht selten über zwei bis drei Generationen verläuft. Integration realisiert sich als strukturelle Integration in die Kerninstitutionen des Aufnahmelandes (vor allem Wirtschaft, Arbeitsmarkt, Bildung, Wohnungsmarkt), als kulturelle Integration (Erlernen kultureller Kompetenzen, vor allem der Sprache, Wertintegration), als soziale Integration (private Kontakte und Verkehrskreise in die Aufnahmegesellschaft) und identifikative Integration (Identifikation mit der neuen Gesellschaft).

KV: Was läuft gut bei der Integration von Zuwanderern, was muss verbessert werden?

FH: Integrationsberichte offizieller Stellen sowie von Forschungsinstituten zeigen, dass Integration bisheriger Zuwanderer in Deutschland auf dem Weg ist; Probleme gibt es nach wie vor im Bereich der Arbeitsmarktpartizipation der Migranten sowie der Bildung und Ausbildung von Kindern der Einwanderer. In Bezug auf die Integration der gegenwärtig ankommenden Flüchtlinge gibt es bisher vor allem Forderungen und Programme, die aber nur dann erfolgreich sein werden, wenn es große Investitionen dafür gibt und das gesellschaftliche Klima überwiegend akzeptierend ist.

KV: Welche sozialen Gruppen wandern nach Deutschland zu?

FH: Bei der Zuwanderung der Gastarbeiter hatten wir es mit einem Rekrutierungsprozess für die Besetzung von Stellen zu tun. Diese konnten nicht mehr von Einheimischen besetzt werden, weil es in Hinsicht auf Bezahlung und Belastung bessere Alternativen für die einheimischen Arbeitskräfte gab. Es wurden also vor allem gering qualifizierte Personen für repetitive Teilarbeiten (Fließbandarbeit) angeworben, und das wirkt sich in Hinsicht auf Bildungs- und Ausbildungsferne bis heute auch auf die nachfolgende Generation aus. Mit der Einwanderung im 21. Jahrhundert, vor

generation, in terms of education and training. With immigration in the twenty-first century, and in particular migration within the EU, migrants' levels of skills have increased, and this is both desirable and necessary in a knowledge-based society. It seems too that a large group of current refugees—we do not have exact numbers yet—are relatively well qualified at an intermediate level.

KV: One often hears it said that people are immigrating into Germany's well-functioning social security system. Is this correct?

FH: If this implies that immigrants come here in order to take up social security benefits, without wanting to work, it's not true. There may be individual cases, but those are difficult to detect. Freedom of movement in Europe is fundamentally bound to the condition that you can make a living.

KV: What do migrants have to accomplish to become members of German society on equal terms?

FH: With the magnitude of integration we are talking about here, immigration is a laborious and complex learning process, which for adults entails a new and second socialization. As a rule, integration largely hinges on a person's age on arrival, their level of education and length of stay.

KV: If education is seen as crucial for successful integration, how does one explain the substantial ethnic disparities in educational attainment?

FH: In both the local and migrant population, educational attainment depends to a very large extent on the cultural and social capital of the families in which children grow up. When we look more closely, we see that the disparities between ethnic and national groups diminish, but don't entirely disappear. This is the case in Germany, particularly as regards Vietnamese migrants, whose educational achievements outstrip those of the local population. This group's culture appears to have a particular approach to encouraging educational ambition, though this has yet to be explored. I suspect that the decisive factors are high motivation and their attitude towards discipline.

KV: To what extent do migrants have to adapt to the social conditions of the host country in order to make the most of their abilities and opportunities?

FH: If the aim is to improve their lives, migrants have to adapt to the prevailing rules of core social institutions. However, these institutions can facilitate this adjustment with intercultural measures. Privately, culturally, and in terms of religion, a liberal society offers breathing space for both locals and migrants.

KV: How are migrants changing Germany?

New migrants initially establish themselves in self-organized ethnic groups, and this facilitates integration. Having successfully integrated over the course of

allem der EU-Binnenmigration, hat sich das Qualifikationsniveau der Zuwanderer erhöht, was für die Erfordernisse einer Wissensgesellschaft auch wünschenswert und notwendig ist. Auch bei den gegenwärtigen Flüchtlingen scheint es eine zahlenmäßig noch nicht genau bestimmbare, aber vorhandene größere Gruppe zu geben, die auf mittlerem Niveau relativ gut qualifiziert ist.

KV: Ist die oftmals vorgetragene Behauptung richtig, dass es sich dabei um eine Einwanderung in das gut funktionierende Sozialsystem in Deutschland handelt?

FH: Wenn das heißen soll, dass Einwanderer kommen, um hier Sozialleistungen zu bekommen, ohne arbeiten zu wollen, ist das nicht richtig. Es mag Einzelfälle geben, die aber schwer zu erfassen sind. Die europäische Freizügigkeit ist grundsätzlich an die Bedingung gebunden, dass man seinen Lebensunterhalt bestreiten kann.

KV: Was müssen die Zuwanderer leisten, um zu gleichberechtigten Mitgliedern der deutschen Gesellschaft zu werden?

FH: Einwanderung ist ein anstrengender und aufwendiger Lernprozess in den oben genannten Dimensionen der Integration, der für Erwachsene eine neue und zweite Sozialisation darstellt. Im Allgemeinen gilt, dass der Integrationsprozess vor allem abhängig ist von Einreisealter, Bildungsniveau und Dauer des Aufenthalts.

KV: Wenn Bildung wesentlich für eine erfolgreiche Integration ist, woraus resultieren dann die großen ethnischen Unterschiede im Bildungserfolg?

FH: Bildungserfolg hängt bei Einheimischen wie bei Migranten ganz wesentlich vom kulturellen und sozialen Kapital von Familien ab, in denen Kinder aufwachsen. Kontrolliert man diese Bedingungen, reduzieren sich die Unterschiede zwischen den ethnischen respektive nationalen Gruppen, ohne ganz zu verschwinden. Dies gilt in Deutschland vor allem in Bezug auf die vietnamesischen Zuwanderer, die Einheimische in ihren Bildungserfolgen sogar übertreffen. Die Kultur dieser Gruppe scheint also Merkmale zu haben, die Bildungsstreben in besonderer Weise fördern, ohne dass diese Merkmale bisher genauer erforscht sind. Ich vermute, dass eine starke Aufstiegsmotivation und Disziplin im Verhalten entscheidende Größen sind.

KV: Inwieweit müssen sich Zuwanderer den gesellschaftlichen Verhältnissen des Aufnahmelands anpassen, um erfolgreich ihre Fähigkeiten und Möglichkeiten zu entwickeln?

FH: Zuwanderer müssen sich in den gesellschaftlichen Kerninstitutionen den dort herrschenden Regeln anpassen, um ihre Ziele einer Verbesserung des Lebens zu erreichen. Institutionen können allerdings durch interkulturelle Öffnung diese Anpassungsprozesse erleichtern. Im privaten kulturellen und religiösen Bereich bietet eine freiheitliche Gesellschaft Entfaltungsräume, die Einheimische und Zuwanderer nutzen können.

KV: Wie verändern die Zuwanderer Deutschland?

generations, they start to develop objective and subjective affiliations towards the nation of the country to which they have immigrated. Nation is a social concept, which, in the present and the foreseeable future—in the context of Europeanization and globalization—occupies a place of central importance. This concept of nation shifts from being a purely ethnic definition into a political dimension, in which affiliation is no longer just bound to sharing a common origin. But integration can also fail and reinforce minority status if parallel societies develop and consolidate.

KV: Migrants seek out their ethnic and family networks, which they find mainly in the cities. Why are cities so important for migrants?

FH: Cities are the places with jobs and housing. But cities are also places in which you can find a network of compatriots with whose help the initial phase of integration is made easier. At the same time, cities are marketplaces where you have a good chance of success offering new products, both material and immaterial.

KV: With this gravitational pull towards the cities, migrant districts evolve in which ethnic minorities are concentrated. Do migrant districts—with dominant ethnic structures that differ from their surroundings in terms of their socio-spatial structure—present a problem?

FH: Owing to the way the housing market functions as well as migrants' opportunities and preferences, certain areas evolve which have a concentration of migrants, mostly not from just one ethnic group, but several. However, by international comparison, this is not very pronounced in Germany because local governments tend to operate a policy of distribution. For new immigrants life in such areas has the advantage of relatively cheap rents and contact with compatriots, who can provide access to resources, information, and aid. Being able to operate in a familiar language and culture when "abroad" also helps reduce the stress of having to adapt to new conditions in the host country. So life in this ethnic colony makes it easier to cope during the initial stages of integration.

KV: How can one tell whether these areas are just symptomatic of a transitional period during integration, or whether they in fact result from integration?

FH: An ethnic colony turns into an integration problem if it becomes the sole district in which immigrants operate on a day-to-day basis, and remains so. Empirically though, for those with greater ambitions, immigrant neighborhoods are just transit stations. As people begin to integrate more, they leave to go to live in "better" neighborhoods. This is an old hypothesis that stems from the Chicago School of integration research in the United States, and it also applies to Germany, as we were able to confirm empirically in a study carried out in the south of Nuremberg.

KV: Such areas are characterized by their cheap rents and high density, which allows residents to communicate more easily. There are also niches

FH: Neue Zuwanderer bilden zunächst Formen ethnischer Selbstorganisation aus, die den Integrationsprozess unterstützen. Mit erfolgter und erfolgreicher Integration im Generationenverlauf entwickeln sich objektive und subjektive Zugehörigkeiten zur Nation des Einwanderungslandes. Nation ist ein soziales Gebilde, das in Gegenwart und vorhersehbarer Zukunft – im Kontext von Europäisierung und Globalisierung – zentrale Bedeutung behält. Dabei wandelt sich dieses Gebilde von einer rein ethnischen Definition hin zu einer politischen Nation, in der Zugehörigkeit nicht mehr nur an gemeinsame Herkunft gebunden ist. Integration kann aber auch scheitern und einen Minderheitenstatus erhärten, wenn sich Parallelgesellschaften bilden und konsolidieren.

KV: Zuwanderer suchen ihre ethnischen und familiären Netzwerke, die sie hauptsächlich in den Städten finden. Warum sind Städte so wichtig für Migranten?

FH: Städte sind die Orte, an denen sich Arbeitsplätze und Wohnungen befinden. Städte sind aber auch Orte, in denen man Netzwerke von Landsleuten findet, mit deren Hilfe der Prozess der Erstintegration erleichtert wird. Zugleich sind Städte Marktplätze, auf denen man mit Erfolgschancen neue Produkte materieller und immaterieller Art anbieten kann.

KV: Durch die Zuwanderung in die Städte entstehen Migrantenviertel, in denen sich ethnische Minderheiten räumlich konzentrieren. Sind Migrantenviertel mit einer dominierenden ethnischen Struktur, die sich entsprechend sozialräumlich von ihrer Umgebung unterscheidet, ein Problem?

FH: Aufgrund von Wohnungsmarktprozessen, Opportunitäten und Präferenzen der Migranten bilden sich in Städten bestimmte Viertel mit einer Konzentration von Migranten, die aber zumeist nicht nur eine Ethnie bilden, sondern mehrere. Dieser Prozess ist jedoch in Deutschland im internationalen Vergleich nicht sehr stark ausgeprägt, da die Kommunalpolitik zumeist eine Politik der Streuung verfolgt. Das Leben in solchen Vierteln hat für Neueinwanderer die Vorteile vergleichsweise günstiger Mieten und die Kontakt- und Verkehrsmöglichkeiten mit Landsleuten, die für den Zugang zu Ressourcen Informationen und Hilfen geben können. Vertraute Sprache und Kultur „in der Fremde" mindert zudem den Stress der Anpassung an die neuen Verhältnisse im Einwanderungsland. Das Leben in der ethnischen Kolonie erleichtert also den Prozess der Erstintegration.

KV: Woran erkennt man, ob diese nur für eine Übergangsphase auf dem Weg der Integration stehen oder aber Ergebnis der Integration sind?

FH: Die ethnische Kolonie wird zum Integrationsproblem, wenn sie zum ausschließlichen Verkehrskreis der Einwanderer wird und dies auch bleibt. Empirisch zeigt sich aber, dass die Einwandererviertel für aufstiegsorientierte Migranten nur eine Durchgangsstation bilden. Mit zunehmender Integration verlassen sie diese, um in „besseren" Stadtvierteln zu wohnen. Das ist eine alte Hypothese der Chicago School der Integrationsforschung in den USA, die wir an einer Untersuchung im Nürnber-

where migrants can develop particular entrepreneurial activities. Is all of this especially conducive to migrant integration?

FH: In immigrant neighborhoods migrants indeed find favorable conditions for their entrepreneurial activities, especially when they are directed at the needs of the migrants themselves. This kind of ethnic economy consists, among other things, of grocery stores, bakeries, import-export businesses, translation agencies, and independent car repair shops. For more niche economies aiming to cater to the demands of the majority population—such as restaurants, market stalls, tailoring, or construction services—it is often cheaper to set up outside immigrant neighborhoods.

KV: In Germany, what is the significance of migrant entrepreneurship for integration?

FH: Ethnic entrepreneurship creates jobs, not just for oneself, but also for other migrants.

KV: What is the significance of migrant home ownership with regard to integration?

FH: If we take (international) migration to mean transferring the epicenter of your life across national borders, then purchasing a residential property—compared with being a tenant—represents a further shift of interests and ties to the new country. The acquisition of residential property signifies a massive investment in integration.

Friedrich Heckmann
Born in 1941. Studied sociology, history, and economics in Münster; Kiel; Lawrence, USA; and Erlangen-Nuremberg. 1967: obtained an MA in sociology from the University of Kansas. 1972: awarded Dr. rer. pol. in sociology from University of Erlangen-Nuremberg. 1980: received habilitation from University of Bamberg. Since 1992, Professor (emeritus) of Sociology, co-chair of the European forum for migration studies (efms), research institute of the University of Bamberg. Fields of work: sociology of migration, integration, and social structure of Germany.

Kai Vöckler
Born in Hanover in 1961. Studied fine arts at the Berlin University of the Arts; urbanist in Offenbach am Main. 2005: founding member of Archis Interventions; realization of urban development projects in Germany and Southeastern Europe. Since 2010, Endowed Professor of Creativity in Urban Contexts at the Offenbach University of Art and Design. 2012: Ph.D. in art history, dissertation on urban spatial images.

ger Süden auch für Deutschland empirisch bestätigen konnten.

KV: Sind günstige Mieten sowie eine hohe bauliche Dichte, die den Austausch der Bewohner untereinander erleichtert und die auch über Nischen verfügt, in denen sich besondere unternehmerische Aktivitäten von Migranten entfalten können, besonders förderlich für die Integration von Migranten?

FH: Unternehmerische Aktivitäten der Migranten finden in der Tat in den Einwandervierteln günstige Bedingungen, vor allem dann, wenn sie auf die Bedürfnisse der Migranten selbst gerichtet sind. Diese Art von ethnischer Ökonomie besteht unter anderem aus Lebensmittelgeschäften, Bäckereien, Import-Export-Geschäften, Übersetzungsbüros und vertragsfreien Autoreparaturwerkstätten. Für Formen einer Nischenökonomie, die auf Nachfrage der Mehrheitsbevölkerung zielt, wie zum Beispiel Restaurants, Marktstände, Änderungsschneidereien oder Baudienstleistungen, ist es dagegen häufig günstiger, sich außerhalb der Einwandererviertel anzusiedeln.

KV: Welche Bedeutung hat in Deutschland das Unternehmertum von Migranten bei der Integration?

FH: Ethnisches Unternehmertum schafft nicht nur Arbeitsplätze für sich selbst, sondern auch für andere Migranten.

KV: Welche Bedeutung hat die Bildung von Wohneigentum von Migranten bei der Integration?

FH: Wenn wir unter (internationaler) Migration den Wechsel des Lebensmittelpunktes über Landesgrenzen verstehen, dann bedeutet der Kauf von Wohneigentum eine noch stärkere Verlagerung von Interessen in und Bindungen an das neue Land als das Aufrechterhalten eines Mietverhältnisses. Der Erwerb von Wohneigentum ist also eine massive Investition in die Integration.

Friedrich Heckmann
* 1941. Studium der Soziologie, Geschichte und Volkswirtschaftslehre in Münster, Kiel, Lawrence/USA und Erlangen-Nürnberg. 1967 Master of Arts Soziologie, University of Kansas. 1972 Dr. rer. pol. in Soziologie, Universität Erlangen-Nürnberg. 1980 Habilitation, Universität Bamberg. Seit 1992 Professor (em.) für Soziologie, Co-Leiter des Europäischen Forums für Migrationsstudien (efms), Institut an der Universität Bamberg. Arbeitsgebiete: Soziologie der Migration, Integration und Sozialstruktur Deutschlands.

Kai Vöckler
* 1961 in Hannover. Studium der Kunst an der Hochschule der Künste Berlin; Urbanist in Offenbach am Main. 2005 Gründungsmitglied von Archis Interventions, Durchführung von Stadtentwicklungsprojekten in Deutschland und Südosteuropa. Seit 2010 Stiftungsprofessur für Kreativität im urbanen Kontext an der Hochschule für Gestaltung (HfG) Offenbach. 2012 Promotion in Kunstwissenschaft über Raumbilder des Städtischen.

THE ARRIVAL CITY IS A CITY WITHIN A CITY

IMMIGRANTS LOOK FOR OPPORTUNITIES IN AREAS OF URBAN DENSITY.

DIE ARRIVAL CITY IST EINE STADT IN DER STADT

EINWANDERER
SUCHEN IHRE CHANCEN
IN STÄDTISCHER DICHTE.

THE ARRIVAL CITY IS A CITY WITHIN A CITY

Foreign population according to the Central Register of Foreign Nationals under jurisdiction of the Foreigners' Registration Office

☐ <3.000	▦ 50.000 – <100.000
▢ 3.000 – <10.000	▨ 100.000 – <200.000
▨ 10.000 – <50.000	■ ≥200.000

Ausländische Bevölkerung nach dem Ausländerzentralregister in den Zuständigkeitsbereichen der Ausländerbehörde (Angaben in Personen)

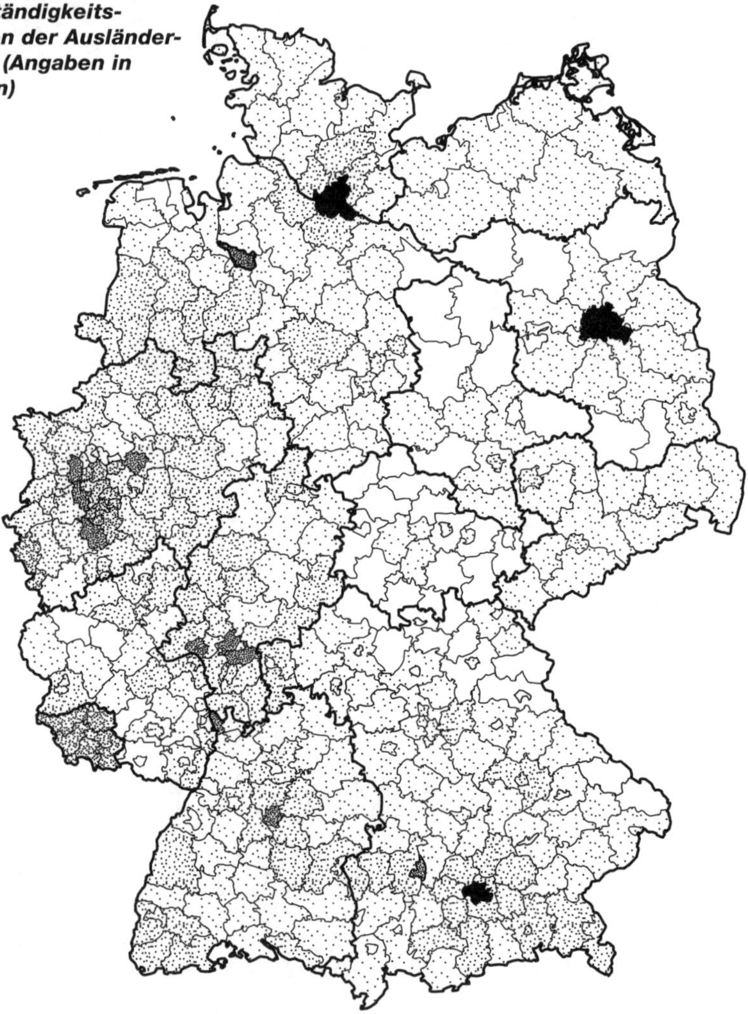

AZR, Stand: 31.12.2013 © Bundesamt für Migration und Flüchtlinge, 2014

Fig. 13: Most migrants move to the cities.

Abb. 13: Konzentration von Migranten in den Städten

DIE ARRIVAL CITY IST EINE STADT IN DER STADT

Proportion of foreign nationals in large cities and their respective arrival district

Ausländeranteil der Gesamtbevölkerung einer Großstadt und dem passenden Ankunftsviertel

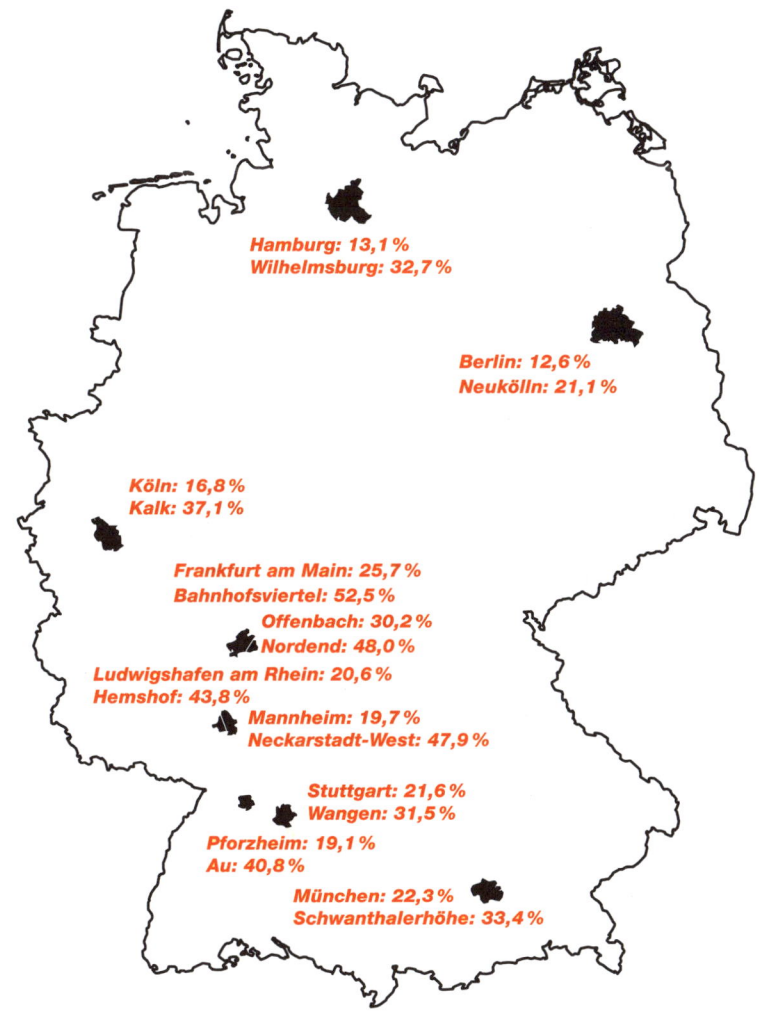

Quelle: Städtische Statistik-Ämter

Hamburg: 13,1 %
Wilhelmsburg: 32,7 %

Berlin: 12,6 %
Neukölln: 21,1 %

Köln: 16,8 %
Kalk: 37,1 %

Frankfurt am Main: 25,7 %
Bahnhofsviertel: 52,5 %
Offenbach: 30,2 %
Nordend: 48,0 %
Ludwigshafen am Rhein: 20,6 %
Hemshof: 43,8 %
Mannheim: 19,7 %
Neckarstadt-West: 47,9 %
Stuttgart: 21,6 %
Wangen: 31,5 %
Pforzheim: 19,1 %
Au: 40,8 %
München: 22,3 %
Schwanthalerhöhe: 33,4 %

Fig. 14: The most important Arrival Cities in Germany

Abb. 14: Die wichtigsten Arrival Cities in Deutschland

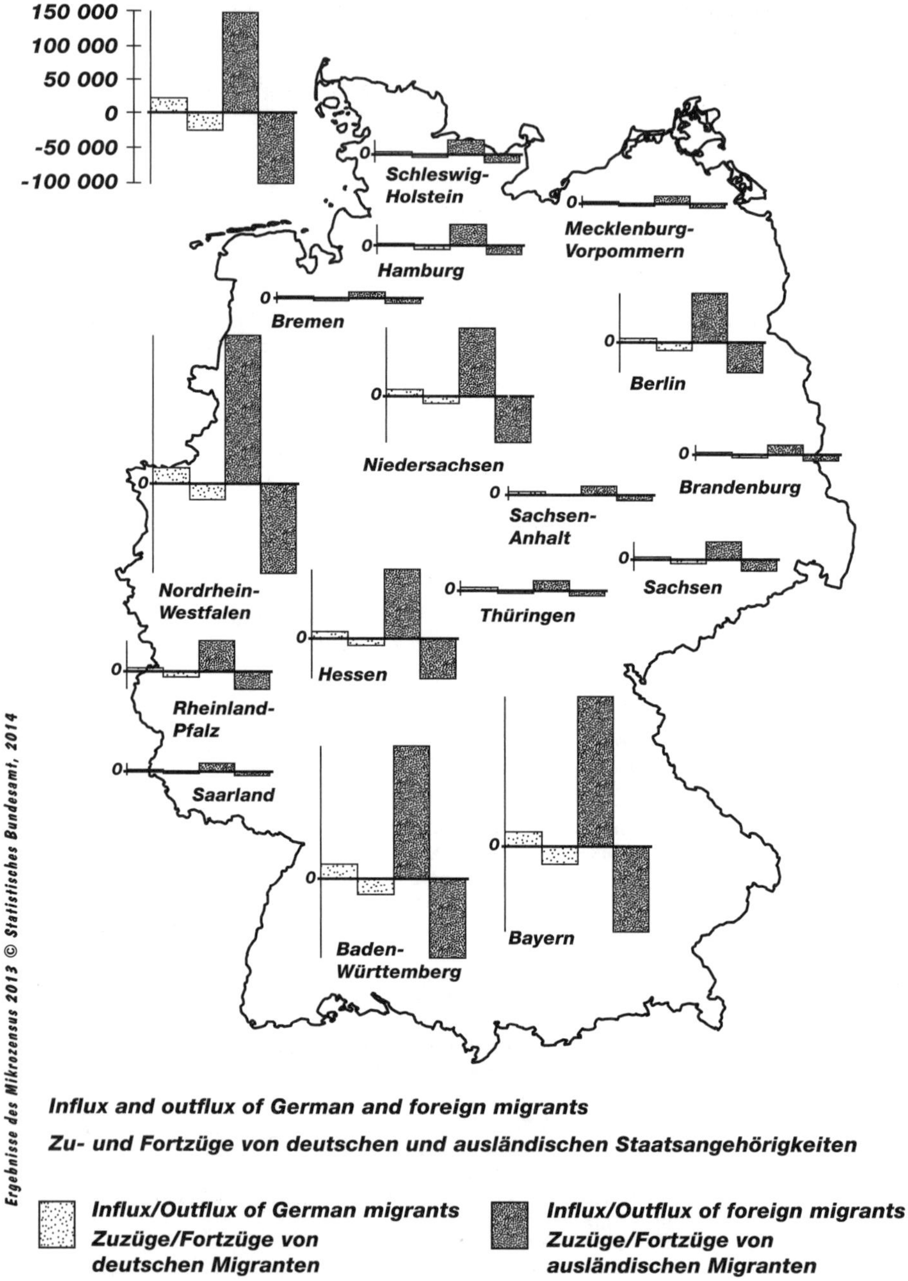

THE ARRIVAL CITY IS A CITY WITHIN A CITY

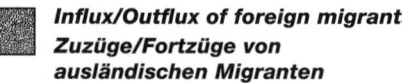

150 000
100 000
50 000
0
-50 000
-100 000

Schleswig-Holstein

Hamburg

Mecklenburg-Vorpommern

Bremen

Berlin

Niedersachsen

Brandenburg

Sachsen-Anhalt

Nordrhein-Westfalen

Thüringen

Sachsen

Hessen

Rheinland-Pfalz

Saarland

Baden-Württemberg

Bayern

Influx and outflux of German and foreign migrants

Zu- und Fortzüge von deutschen und ausländischen Staatsangehörigkeiten

Influx/Outflux of German migrants
Zuzüge/Fortzüge von
deutschen Migranten

Influx/Outflux of foreign migrants
Zuzüge/Fortzüge von
ausländischen Migranten

Ergebnisse des Mikrozensus 2013 © Statistisches Bundesamt, 2014

Fig. 15: High turnover of foreign migrants in certain federal states

Abb. 15: Hohe Fluktuation von ausländischen Migranten in bestimmten Bundesländern

DIE ARRIVAL CITY IST EINE STADT IN DER STADT

Proportion of migrants per 100 residents in IRB (inner-city survey) cities by inner-city location

Ausländeranteil je 100 Einwohner in IRB-Städten (Innerstädtische Raumbeobachtung) nach innerstädtischer Lage

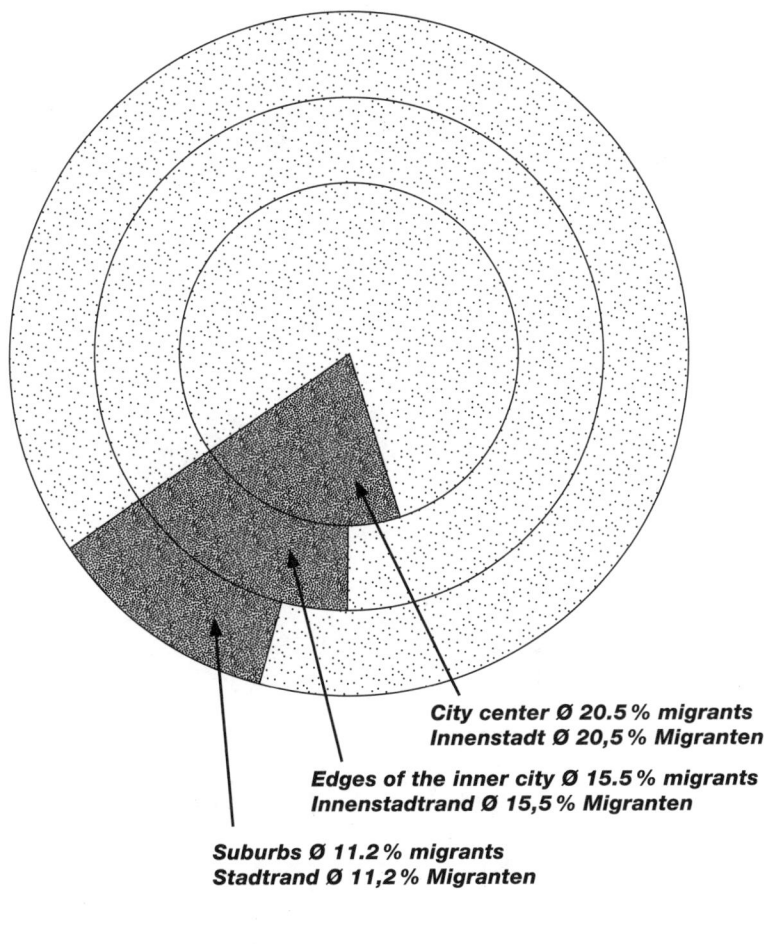

City center Ø 20.5 % migrants
Innenstadt Ø 20,5 % Migranten

Edges of the inner city Ø 15.5 % migrants
Innenstadtrand Ø 15,5 % Migranten

Suburbs Ø 11.2 % migrants
Stadtrand Ø 11,2 % Migranten

German residents
Einwohner mit deutscher Staatsangehörigkeit

Foreign residents
Einwohner mit ausländischer Staatsangehörigkeit

© Bundesinstitut für Bau-, Stadt- und Raumforschung, 2013

Fig. 16: Most migrants live in city centers.

Abb. 16: Die meisten Migranten leben in den Innenstädten.

THE ARRIVAL CITY IS AFFORDABLE

FOR CITIES
TO BE ATTRACTIVE,
RENTS MUST BE
LOW.

DIE ARRIVAL CITY IST BEZAHLBAR

GÜNSTIGE MIETEN
SIND EINE
VORAUSSETZUNG
FÜR
DIE ATTRAKTIVITÄT
EINER STADT.

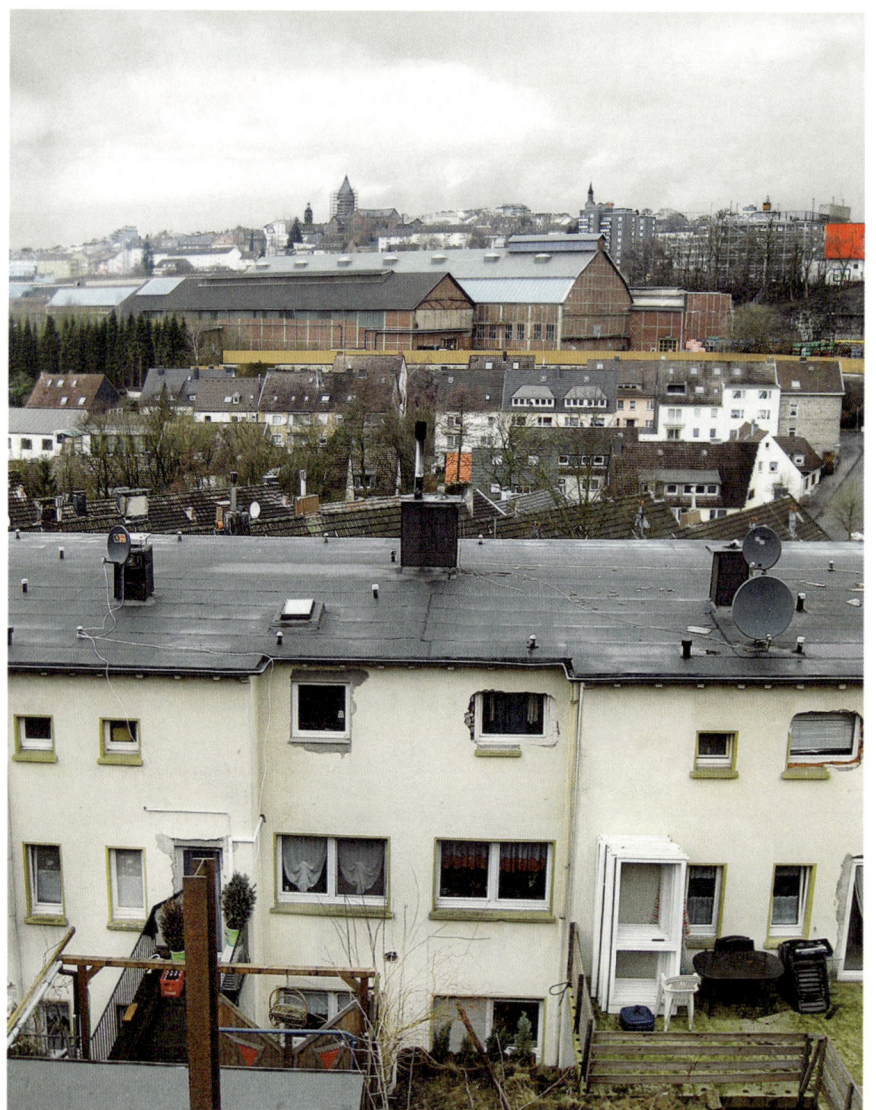

Fig. 17: 25 unrenovated apartment buildings on the former Thyssen estate in Remscheid-Rosenhügel were were sold to families with a migrant background in 2003. The buyers upgraded the properties mainly themselves.

Abb. 17: 25 Mehrfamilienhäuser in der ehemaligen Thyssen-Siedlung in Remscheid-Rosenhügel wurden 2003 unsaniert an Familien mit Migrationshintergrund verkauft. Die Käufer bauten die Häuser vorrangig in Eigenleistung aus.

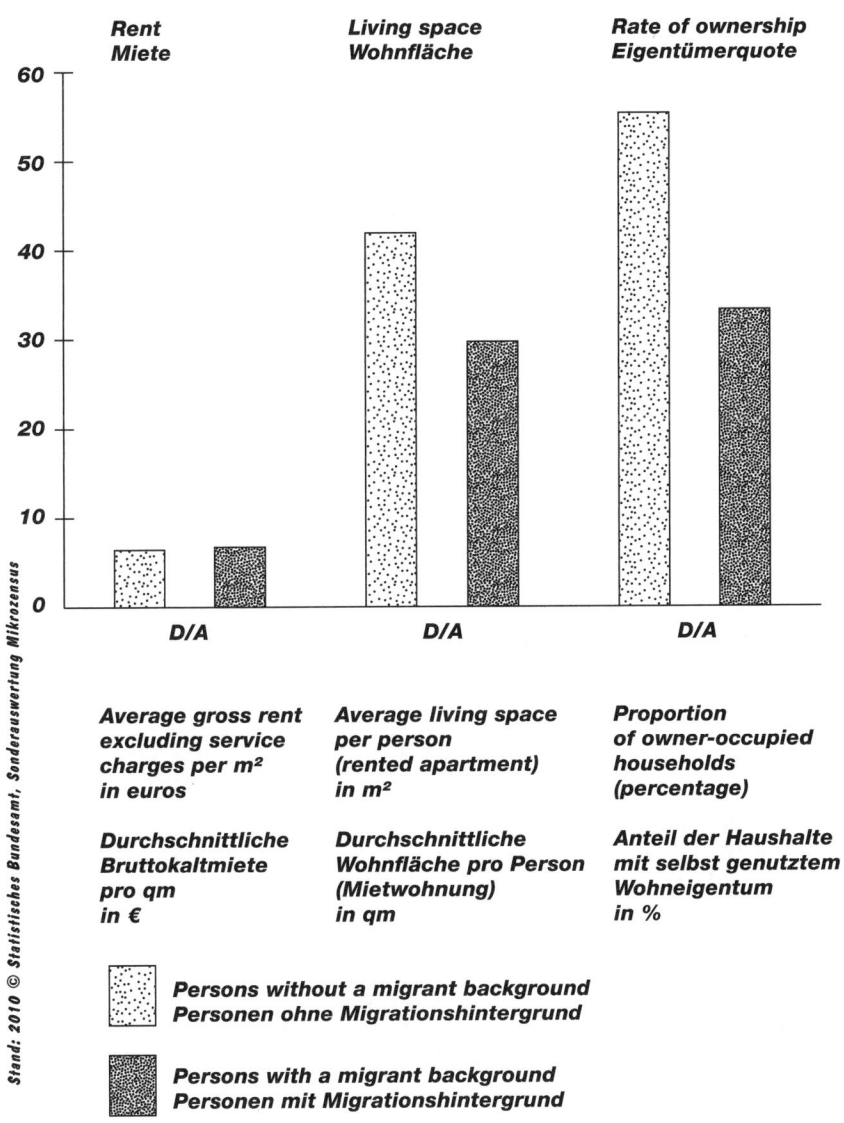

DIE ARRIVAL CITY IST BEZAHLBAR

Rent
Miete

Living space
Wohnfläche

Rate of ownership
Eigentümerquote

D/A   D/A   D/A

Stand: 2010 © Statistisches Bundesamt, Sonderauswertung Mikrozensus

Average gross rent
excluding service
charges per m²
in euros

Durchschnittliche
Bruttokaltmiete
pro qm
in €

Average living space
per person
(rented apartment)
in m²

Durchschnittliche
Wohnfläche pro Person
(Mietwohnung)
in qm

Proportion
of owner-occupied
households
(percentage)

Anteil der Haushalte
mit selbst genutztem
Wohneigentum
in %

Persons without a migrant background
Personen ohne Migrationshintergrund

Persons with a migrant background
Personen mit Migrationshintergrund

Fig. 18: Migrants occupy fewer square meters per person in rented homes. At the same time, they pay more rent per square meter. Approx. one third of migrant households own the property they live in.

Abb. 18: Migranten verbrauchen weniger Fläche pro Person in Mietwohnungen. Gleichzeitig zahlen sie mehr Miete pro Quadratmeter. Etwa ein Drittel der migrantischen Haushalte hat bereits eine Eigentumswohnung.

THE ARRIVAL CITY AND THE INTEGRATION OF MIGRANTS

Jürgen Friedrichs

The Problem

The number of refugees coming to Germany has been steadily increasing since 2012. In 2015, the figure was 1.1 million. Roughly 52 percent of these people have arrived from countries of origin considered to be unsafe, such as Syria, Afghanistan, Iraq, and Eritrea.[1] Since the political situation in their country of origin is unlikely to improve in the foreseeable future, a large number of these people will remain in Germany. Thus, seen from a German perspective, these migrants beginning a new life in Germany are in fact immigrants. And since integration is not a unilateral process, the German population will need to come to terms with immigration.

After arrival, migrants are distributed among the federal states (*Länder*) according to the *Königsteiner Schlüssel*,[2] and then by the *Länder* to local communities. This distribution is provisional in several respects. As and when refugees are granted asylum, they will probably move from the smaller communities to major cities, hoping that finding a job, an apartment, and compatriots will be easier there. This is a typical pattern for rural to urban migration.

Initially, migrants are temporarily housed in primary reception centers. They then move to the follow-up facilities (halls, re-purposed shipping containers, lightweight buildings etc.). The goal, however, is for them eventually to find an apartment on the open market, although this is virtually precluded by the dire shortage of social housing,[3] which is also in huge demand by households where jobs are often on the line. This results in a double shortfall, with locals and migrants competing for low-cost housing.

Typically, migrants move to major cities for two reasons: firstly, because they assume they will have greater opportunities there, and secondly, because this is where many of their compatriots live—i.e. members of their own minority—from whom they expect support. Migrants prefer to move into residential areas where their compatriots are already living, or into areas that might be described as "arrival neighborhoods." Doug Saunders has dubbed them "Arrival Cities."[4] These are "transitional spaces" where migrants remain for a period of time, depending on their financial status. Here they find cheap housing, ethnic retail stores, religious facilities, and the chance of a job or self-employment. Furthermore, these areas already have a functioning infrastructure, like the London district of Tower Hamlets which Saunders cites as an example: "Much of the function of the Tower Hamlets arrival city is devoted to the transfer of cash, information, and people: the high streets are jammed with money wiring shops, Islamic finance offices, Bangladeshi travel agencies, Internet cafés, immigration consultancies, marriage-arrangement offices."[5]

As Saunders writes, using Bangladeshis as an example, it is by no means certain that all migrants in these kinds of "urban villages" will manage to become linguistically, professionally, and socially integrated: "Still, the arrival city has not worked for all the villagers here. Many end up trapped, working at dead-end jobs, living in housing-project estates, uneducated, barely literate, unable to grab hold of the wider society around them."[6]

DIE ARRIVAL CITY UND DIE INTEGRATION VON MIGRANTEN

Jürgen Friedrichs

Problem

Seit dem Jahr 2012 hat die Zahl der Flüchtlinge, die nach Deutschland gekommen sind, kontinuierlich zugenommen; 2015 waren es 1,1 Millionen Menschen. Davon kamen rund 52 Prozent aus Ländern, die nicht als sichere Herkunftsstaaten bezeichnet werden, u. a. Syrien, Afghanistan, Irak und Eritrea.[1] Von ihnen wird ein großer Teil in Deutschland bleiben, weil sich die politischen Verhältnisse in ihren Herkunftsländern auf absehbare Zeit nicht verbessern werden. Es sind Migranten, die sich auf ein Leben in Deutschland einrichten werden, und somit aus deutscher Sicht Einwanderer. Da Integration kein einseitiger Prozess ist, wird sich auch die deutsche Bevölkerung darauf einlassen müssen.

Diese Migranten werden nach dem „Königsteiner Schlüssel"[2] über die Bundesländer und von den Ländern auf die Kommunen verteilt. Diese Verteilung ist vorläufig, in mehrfacher Hinsicht. Wenn den Flüchtlingen Asyl gewährt wird, werden sie wahrscheinlich von den kleineren Kommunen in Großstädte ziehen, weil sie vermuten, dort eher einen Arbeitsplatz, eine Wohnung und Landsleute zu finden. Es ist das typische Muster der Land-Stadt-Migration.

Die Migranten sind nur vorläufig in Erstaufnahmeeinrichtungen untergebracht. Die nächste Stufe sind Folgeeinrichtungen (Hallen, Container, Gebäude in Leichtbauweise etc.). Das Ziel ist jedoch, sie auf dem normalen Wohnungsmarkt eine Wohnung finden zu lassen. Dem steht ein eklatanter Mangel an Sozialwohnungen[3] entgegen, von dem auch Haushalte in prekären Beschäftigungsverhältnissen betroffen sind – es ist ein doppeltes Defizit: Einheimische und Migranten fragen diese preiswerten Wohnungen nach.

Migranten ziehen in der Regel in Großstädte, und das aus zwei Gründen: Weil sie dort größere Chancen vermuten und weil dort mehr Landsleute – also Angehörige der eigenen Minorität – wohnen, von denen sie sich Unterstützung erwarten. Sie ziehen bevorzugt in Wohngebiete, in denen schon Landsleute wohnen, oder in solche Gebiete, die als „Ankunftsstadtteile" bezeichnet werden können. Doug Saunders hat sie als „Arrival Cities"[4] bezeichnet: Es sind „Übergangsgebiete" („transitional spaces"), in denen die Migranten eine Zeit lang bleiben, abhängig von ihren ökonomischen Erfolgen. Dort finden sie preiswerten Wohnraum, ethnische Einzelhandelsgeschäfte, religiöse Einrichtungen, die Chance auf einen Arbeitsplatz und die Möglichkeit, sich selbstständig zu machen. Es besteht zusätzlich eine funktionierende Infrastruktur, wie sie Saunders am Beispiel des Stadtteils Tower Hamlets in London beschreibt: „Einen großen Teil der Funktion der Ankunftsstadt von Tower Hamlets machen die Transfers von Geld, Informationen und Menschen aus: In den Hauptstraßen wimmelt es nur so von Läden, in denen man Geldüberweisungen tätigen kann, islamischen Finanzierungsbüros, auf Bangladesch spezialisierten Reisebüros, Internet-Cafés, Beratern für Einwanderungsfragen, Heiratsvermittlern."[5]

Es ist keineswegs sicher, dass allen Migranten in einem solchen „urban Village" eine sprachliche, berufliche und soziale Eingliederung in die Mehrheitsgesellschaft gelingt, wie Saunders ebenfalls am Beispiel der Bangladeshi zeigt:

Saunders believes that whether such areas will experience an economic and cultural upturn or whether they will explode in violence depends on the extent to which the majority society is prepared to engage with and invest in them.[7] By contrast, the Berlin district of Kreuzberg has all the makings of a successful Arrival City—especially for Turkish residents—namely, enough housing, businesses, and jobs.[8] But, as Saunders points out, Germany currently fails to fulfill one of the conditions for successful integration, namely, the ability to quickly acquire German citizenship. According to the original 1913 law on citizenship, an applicant could only become naturalized after having lived in the country for fifteen years, and dual citizenship was not permitted. This law changed only in 1990 when the minimum residency rule was lowered to just five years—coming too late for the *Gastarbeiter* or "guest workers" of the nineteen-sixties. This is why Saunders believes that the difficulty of obtaining German citizenship has led many Turks in Kreuzberg to give up any idea of learning the language or applying for jobs. Instead, a conservative Turkish culture predominates there, the like of which is not to be found in either Istanbul or Ankara—not even in Istanbul's Arrival Cities.[9] It is difficult to prove this empirically in individual cases, but there's no getting round the fact that Germany's restrictive immigration policy—compared with that of other countries like Canada[10]—has considerably delayed the integration process in the Arrival Cities. We should not make the same mistake when it comes to the integration of new migrants. Evidently, the more lenient the regulations governing work and residence are—the more quickly migrants will integrate into the majority society, and not (just) that of their own minority.

If we follow the North American theory of "segmented assimilation,"[11] three possible outcomes or forms of urban integration are open to migrants. These are contingent on a migrant's appearance, the urban host environment, their residence status, and their economic job and promotion prospects. They are:

1. Upward mobility: integration within the "mainstream" or middle class society.
2. Downward mobility, whereby migrants live in a disadvantaged neighborhood, which—due to the lack of positive role models and a high level of poverty and unemployment—has an adverse effect. This often results in migrants remaining poor and adopting subcultural (or divergent) patterns of behavior.
3. The formation of ethnic communities, whereby migrants move into residential areas where their own ethnicity is already well established. This form of "selective acculturation" occurs where they continue to have a strong attachment to their own group and where there is a hierarchy of jobs within the community (or even enclave).[12]

All three forms can be observed for migrants in Germany, however their trajectories depend on the minority group's size. The bigger the minority, the sooner migrants will build their own infrastructure in a neighborhood—such as religious centers, banks, travel agencies, and retail stores—and the sooner, therefore, they will also be able to offer their own ethnicity jobs. This allows people filling such positions to climb the job ladder within the ethnic economy, but at the same time these same individuals also reach a ceiling and fall into a "mobility trap"— as Nobert F. Wiley puts it—where they find it difficult to leave the ethnic job ladder for the mainstream labor market.[13]

„Dennoch hat die Londoner Ankunftsstadt nicht alle früheren Dorfbewohner weitergebracht. Viele landen in einer Falle, stecken in einer beruflichen Sackgasse und leben in billigen Sozialwohnungen, sind ohne richtige Schulbildung, kaum des Lesens und Schreibens mächtig, unfähig, in der sie umgebenden Gesellschaft Fuß zu fassen."[6] Ob solche Gebiete einen ökonomischen und kulturellen Aufschwung oder eine Explosion der Gewalt erleben, hängt nach Saunders von der Bereitschaft der Mehrheit ab, sich um solche Gebiete zu kümmern und in sie zu investieren.[7]

Im Gegensatz dazu bietet Berlin-Kreuzberg alle Voraussetzungen für eine erfolgreiche Arrival City, vor allem für türkische Bewohner: ausreichend Wohnraum, Geschäfte, Arbeitsplätze.[8] Doch in Deutschland wird nach Saunders eine Bedingung für erfolgreiche Integration verletzt: die Möglichkeit, rasch die deutsche Staatsbürgerschaft zu erwerben. Sie war ursprünglich – nach dem Staatsangehörigkeitsrecht von 1913 – daran geknüpft, dass der Antragsteller bereits fünfzehn Jahre in Deutschland gelebt hat, zudem war eine doppelte Staatsbürgerschaft nicht möglich. Das hat sich erst im Jahr 1990 geändert – die Aufenthaltsdauer muss nun nur noch fünf Jahre betragen –, zu spät für die „Gastarbeiter" der 1960er-Jahre. Deshalb nimmt Saunders an, dass der erschwerte Zugang zur deutschen Staatsbürgerschaft viele Türken in Kreuzberg dazu bewogen hat, die Sprache nicht zu lernen und sich nicht um Jobs zu bewerben. Vielmehr herrsche eine konservative türkische Kultur vor, die in Ankara oder Istanbul nicht bestehe – ja nicht einmal in den Istanbuler Arrival Cities.[9] Es ist schwierig, das im Einzelnen aufgrund empirischer Studien nachzuvollziehen, dennoch wird man kaum leugnen können, dass die restriktive Einwanderungspolitik in Deutschland – im Gegensatz zu anderen Ländern wie Kanada[10] – den Integrationsprozess in den Arrival Cities erheblich verzögert hat. Diesen Fehler sollten wir bei der Integration der neuen Migranten nicht wieder machen. Offenbar gilt: Je toleranter die rechtlichen Bedingungen für die Arbeits- und Wohnbedingungen der Migranten sind, desto eher werden sie in die Gesellschaft der Majorität integriert – und nicht (nur) in die der eigenen Minorität.

Folgt man der nordamerikanischen Theorie der „segmentierten Assimilation",[11] dann haben Migranten drei mögliche Schicksale oder Formen der Integration in der Stadt, die von dem Erscheinungsbild der Migranten, dem städtischen Aufnahmekontext, der Art des Aufenthaltsrechts und den wirtschaftlichen Erwerbs- und Aufstiegschancen abhängen. Es sind dies:

1. Aufwärtsmobilität: Die Migranten integrieren sich in den „Mainstream" oder die Mittelschicht der Gesellschaft.

2. Abwärtsmobilität: Die Migranten wohnen in einem benachteiligten Wohngebiet, das aufgrund fehlender positiver Rollenmodelle und dem hohen Anteil Armer und Arbeitsloser negative Effekte auf die Migranten hat. Das Ergebnis ist meist, selbst arm zu bleiben und subkulturelle (abweichende) Verhaltensmuster zu übernehmen.

3. Ethnische Gemeinde: Die Migranten ziehen in ein Wohngebiet, in dem ihre Ethnie stark vertreten ist. Diese Form der „selektiven Akkulturation" tritt dann auf, wenn sie weiterhin eine starke Bindung an die eigene Gruppe haben und in der Gemeinde (oder gar Enklave) eine Hierarchie der Arbeitsplätze besteht.[12]

Für die Migranten in Deutschland sind alle drei Formen zu beobachten, jedoch ist der Verlauf von der Größe der Minorität abhängig. Je größer die Minorität, desto

But what happens to migrants if there are no neighborhoods in the city in which their compatriots are already living? In Cologne, for example, there is a Turkish, a Persian, and a Portuguese community, but there is no Syrian, Iraqi, or Eritrean one. In this case, migrants will most likely find accommodation in a neighborhood close to the city center where other minorities already reside and where housing is relatively inexpensive, quite possibly in a multicultural neighborhood. Often these areas are in the process of being upgraded or about to be developed, as is the case in Cologne's Kalk district.

Arrival City Cologne-Kalk

Kalk is located on the right bank of the Rhine and borders on the inner city area east of it, which forms part of the municipal district of Kalk. This old working-class neighborhood is dominated by industry, such as the mechanical engineering firm Humboldt (subsequently renamed Klöckner-Humboldt-Deutz, KHD) and the Kalk chemical factory, as well as a freight station and railway depot. Owing to deindustrialization since the nineteen-eighties, all the factories have gradually disappeared. Until 2015, Schauspiel Koeln (a Cologne theater company) used the Kalk Hall as a performance venue. New local government departments and companies were relocated there; the listed KHD halls were rented out. Today, Kalk is a very mixed district, where gentrification is starting to take root.

Statistical data for Kalk and Cologne, 2014	Kalk	Cologne
No. residents in 2000	20 436	1 017 721
No. residents in 2014	23 408	1 053 528
Residents with a migrant background	13 970	376 220
– As a % of all residents	59.7 %	35.7 %
– As a % of naturalized persons	24.8 %	30.7 %
No. foreigners[1]	8 690	186 995
% foreigners vs. total no. of residents	37.1 %	17.7 %
Net balance: people leaving area	+421	+7645
Net balance: newcomers	-164	-
Fluctuation rate[2]	320	178
% people receiving social assistance	25.4 %	13.4 %
Unemployment rate	16.9 %	9.1 %
Average m² / resident	29.5 m²	37.9 m²
Average m² / apartment	59.1 m²	72.5 m²
Rent (existing housing stock)	8.51 €/m²	9.97 €/m²

1 non-German citizens
2 Influx and outflow per 1000 residents
Source: Kampmeyer-Analyse 2015, Cologne: Kampmeyer Immobilien GmbH, pp. 26f

The table shows that the data for Kalk differ considerably from the average values for Cologne as a whole. Between 2000 and 2014 alone, Kalk saw its residents increase by 14.5 percent, whereas in Cologne the figure was only around 3.5 percent. The proportion of residents with a migrant background as well as that of foreigners in Kalk is significantly above the Cologne average. It is also interesting to observe that Kalk benefits not from migration within Cologne

eher kann sie in einem Wohngebiet ihre eigene Infrastruktur aufbauen, zum Beispiel religiöse Zentren, Banken, Reisebüros, Einzelhandelsgeschäfte, und desto eher kann sie deshalb auch „eigenethnische" Arbeitsplätze anbieten. Den Menschen, die diese ausfüllen, wird eine berufliche Karriere innerhalb der ethnischen Ökonomie ermöglicht, doch gleichzeitig stoßen sie an eine Aufstiegsgrenze, geraten in eine „Mobility Trap" – so Nobert F. Wiley – und haben es schwer, aus der ethnischen Karriere in den Arbeitsmarkt der Majorität umzusteigen.[13] Was aber geschieht, wenn die Migranten in einer Großstadt keine Wohngebiete vorfinden, in denen bereits Landsleute leben? So gibt es in Köln zwar eine türkische, persische und portugiesische Community, aber keine der Syrer, Iraker oder Eritreer. Sehr wahrscheinlich werden sie sich eine Wohnung in einem innenstadtnahen Wohngebiet suchen, in dem schon andere Minoritäten wohnen und wo der Wohnraum relativ preiswert ist, mithin ein multikulturelles Wohngebiet. Häufig sind dies Sanierungs- oder Sanierungsverdachtsgebiete, so zum Beispiel der Stadtteil Kalk in Köln.

Arrival City Köln-Kalk

Der Stadtteil Kalk liegt auf der rechtsrheinischen Seite von Köln und grenzt östlich an die Innenstadt an; er ist Teil des Bezirks Kalk. Der alte Arbeiterstadtteil ist geprägt durch Industrie, so zum Beispiel die Maschinenbauanstalt AG Humboldt (später Klöckner-Humboldt-Deutz, KHD) und die Chemische Fabrik Kalk, ferner durch einen Güterbahnhof und ein Bahnbetriebswerk. Mit der Deindustrialisierung seit den 1980er-Jahren verschwanden nach und nach alle Fabriken. Bis 2015 hatte das Schauspiel Köln hier eine Spielstätte in der Halle Kalk. Neue Behörden und Unternehmen wurden angesiedelt, die denkmalgeschützten Hallen der KHD vermietet. Heute ist Kalk ein sehr gemischter Stadtteil, mit einem Ansatz zur Gentrifizierung.

Merkmal	Kalk	Köln
Einwohner 2000	20 436	1 017 721
Einwohner 2014	23 408	1 053 528
Einwohner mit Migrationshintergrund	13 970	376 220
– Anteil an allen Einwohnern	59,7 %	35,7 %
– Anteil Eingebürgerte	24,8 %	30,7 %
Ausländer[1]	8 690	186 995
Anteil Ausländer an allen Einwohnern	37,1 %	17,7 %
Saldo Außenwanderung	+421	+7645
Saldo Binnenwanderung	-164	-
Fluktuationsquote[2]	320	178
Anteil SGB-II-Empfänger	25,4 %	13,4 %
Arbeitslosenquote	16,9 %	9,1 %
Wohnfläche je Einwohner	29,5 m²	37,9 m²
Wohnfläche je Wohnung	59,1 m²	72,5 m²
Miete (Wohnungen im Bestand)	8,51 €/m²	9,97 €/m²

1 Personen ohne deutsche Staatsangehörigkeit
2 Zuzüge und Fortzüge je 1000 Einwohner
Quelle: Kampmeyer-Analyse 2015, Köln: Kampmeyer Immobilien GmbH, S. 26 f.

Die Daten in der Tabelle zeigen, dass Kalk stark vom Kölner Durchschnitt abweicht. Die Zahl der Einwohner ist dort allein zwischen 2000 und 2014 um

(internal migration), but from people arriving from outside the city (external migration). Typical of the areas Saunders refers to as "transitory" is the high rate of fluctuation; this is also significantly higher in Kalk than the average fluctuation in Cologne. The large numbers of unemployed and those dependent on social benefits are also in line with Saunder's observations regarding Arrival Cities. Housing conditions are much worse, but rents are lower. The ethnic composition of this multicultural district is similar to that of Cologne as a whole; roughly one-third of the migrants come from the EU and another third from Turkey. As a whole, the proportion of migrants from Africa is higher than in Cologne.

Two programs have been set up with the aim of making the district more attractive: the local government initiative "Schäl Sick ist chic" ("Our side [of the Rhine] is chic") focuses on attracting businesses, and therefore jobs too, whereas the "socio-cultural local district management"—an exemplary program set up by the state of North Rhine-Westphalia—supports educational and leisure activities.

Conclusions

The new minorities—Syrians, Iraqis, and Afghans—are not yet large enough in terms of numbers, and are currently distributed all over Germany. This is why only small ethnic communities are likely to arise. In fact, in late 2014 Cologne had only 615 migrants from Eritrea, 2,110 from Syria, 6,675 from Afghanistan, but 11,639 from Iran and 81,444 from Turkey.[14] However, it is possible that as soon as migrants are granted asylum, they will move to the few major cities where their own ethnic infrastructure exists, on which they can build. This would lead to the creation of ethnic colonies in a few neighborhoods within major German cities.

On the other hand, there are also gains to be made if the new minorities are widely distributed. In this case, they will have little contact with their compatriots, but inevitably more interaction with Germans—which should facilitate integration. These kinds of interactions would improve German attitudes towards the minority. Empirical studies clearly show that interethnic contact evokes sympathy towards the minority and reduces discrimination.[14] We should put our trust in this.

Architecture has the potential to make a great impact on these Arrival Cities, since well-designed buildings will encourage German households to establish themselves alongside migrant households, and migrants will not be subject to discrimination on account of their poor-quality housing. If we do manage to create good Arrival Cities, the first outcome ("upward mobility") will be more likely. If in a neighborhood such as Cologne-Kalk there are sufficient opportunities for migrants to find jobs and to interact with the majority society, Arrival Cities may succeed in bridging the gap and promote interaction with the rest of the city and German society. And the better migrants are integrated into the job market, the sooner they will have the means to move to another residential neighborhood.

14,5 Prozent gewachsen, Köln insgesamt hingegen nur um 3,5 Prozent. Der Anteil der Bewohnerinnen und Bewohner mit Migrationshintergrund und derjenige der Ausländer liegen erheblich über dem städtischen Durchschnitt. Aufschlussreich ist, dass Kalk nicht durch Zuwanderung aus Köln (Binnenwanderung) gewinnt, sondern durch die Zuzüge von außerhalb der Stadt (Außenwanderung). Typisch für solche Gebiete, die Saunders als „transitorisch" bezeichnet, ist die hohe Fluktuation; auch sie liegt erheblich über der des Kölner Durchschnitts. Ebenfalls im Einklang mit den Beobachtungen von Saunders für solche Arrival Cities stehen die hohen Quoten der Arbeitslosen und Sozialhilfeempfänger. Die Wohnbedingungen sind deutlich schlechter, dafür die Mieten niedriger. Die ethnische Zusammensetzung dieses multikulturellen Stadtteils entspricht weitgehend derjenigen in Köln insgesamt; von den Migranten stammt rund ein Drittel aus der EU und ein weiteres Drittel aus der Türkei. Höher als in Köln insgesamt ist der Anteil der Migranten aus Afrika.

Zwei Programme sollen den Stadtteil attraktiver machen: Die kommunale Initiative „Schäl Sick ist schick" fokussiert darauf, Gewerbebetriebe – und damit Arbeitsplätze – anzusiedeln; mit dem „Sozialkulturellen Stadtteilmanagement", einem Modellprojekt des Landes Nordrhein-Westfalen, werden Bildungs- und Freizeitangebote unterstützt.

Folgerungen

Die neuen Minoritäten – Syrer, Iraker und Afghanen – sind zahlenmäßig nicht groß genug und zunächst räumlich über Deutschland verteilt. Deshalb werden vermutlich nur kleine ethnische Gemeinden („Communities") entstehen. So gab es in Köln Ende 2014 nur 615 Migranten aus Eritrea, 2110 aus Syrien, 6675 aus Afghanistan, aber 11 639 aus dem Iran und 81 444 aus der Türkei.[14] Es ist allerdings möglich, dass die Migranten, wenn ihnen einmal Asyl gewährt wurde, in einige wenige Großstädte umziehen, in denen sie dann eine eigene Infrastruktur vorfinden und ausbauen können. Es entstünden ethnische Kolonien in wenigen Vierteln innerhalb der deutschen Großstädte.

Andererseits hat es auch Vorteile, wenn die neuen Minoritäten räumlich stark verteilt sind. Sie haben dann zwar nur geringe Kontakte zu Landsleuten, dafür aber zwangsläufig eher solche zu Deutschen – was ihre Integration erleichtern dürfte. Es würden Kontakte zu Deutschen entstehen, die dazu führen, dass sich deren Einstellungen positiv verändern. Es ist ein sehr gut belegtes empirisches Ergebnis, dass interethnische Kontakte zu Sympathie und weniger Diskriminierung der Minorität führen.[15] Darauf sollten wir vertrauen.

Dazu kann eine gute Architektur der Gebäude in den Arrival Cities einen wichtigen Beitrag leisten, weil dann neben den Migranten auch deutsche Haushalte einziehen und die Migranten nicht bereits aufgrund der minderen Qualität der Wohngebäude diskriminiert werden. Schaffen wir in diesem Sinne gute Arrival Cities, dann ist eine Integration nach dem ersten Muster („Aufwärtsmobilität") eher möglich. Wenn die Chancen in einem solchen Wohngebiet wie Köln-Kalk ausreichen, um für die Migranten Arbeitsplätze und soziale Kontakte zur Majorität zu schaffen, dann ist die Arrival City eine Brücke zu der restlichen Stadt und der deutschen Gesellschaft. Und je besser die Migranten in den Arbeitsmarkt integriert werden, desto eher haben sie auch die finanziellen Möglichkeiten, in ein anderes Wohngebiet zu ziehen.

1   Based on 476,649 asylum applications. Calculations by the author are based on data in Sachverständigenrat 2016, *Fakten zur Asylpolitik 2015*, 2015. http://www. svr-migration.de/publikationen/fakten-zur-asylpolitik/ (accessed February 12, 2016).

2   The so-called *Königsteiner Schlüssel* key determines how many asylum-seekers a state must take in. This depends on tax revenues (weighted 2/3 in the assessment) and population (weighted 1/3 in the assessment). The rate is determined annually. In 2015, North Rhine-Westphalia had the highest rate of asylum-seekers and Bremen the lowest (source: Federal Office for Migration and Refugees).

3   According to estimates by the Pestel Institute in September 2015, 5.6 million residential units are needed. Annually, 400,000 units need to be built, of which 80,000 should be social housing, and 60,000 "affordable" units: see http://www.pestel-institut.de/themenbereiche/wohnungsmarkt/ (accessed February 12, 2016).

4   Doug Saunders, *Arrival City. How the Largest Migration in History Is Reshaping Our World* (London, 2010).

5   Ibid., p. 29.

6   Ibid., p. 34.

7   Ibid., p. 3.

8   However, since Saunders' book was published, housing has become even more scarce and more expensive as the area undergoes gentrification. See Christian Krajewski, "Gentrification in Berlin. Innenstadtaufwertung zwischen etablierten In-Quartieren und neuen 'Kult-Kiezen'," in *Geographische Rundschau*, vol. 65, no. 2, 2013, pp. 20–27.

9   Saunders 2010 (see footnote 4), p. 245.

10 See Government of Canada, Canadian Multiculturalism: An Inclusive Citizenship, www.cic.gc.ca/english/multiculturalism/citizenship.asp (accessed February 12, 2016).

11 Alejandro Portes and Min Zhou, "The New Second Generation: Segmented Assimilation and its Variants," in *The Annals*, no. 50, 1993, pp. 74–96; Alejandro Portes and Ruben Rumbaut, *Legacies. The Story of the Second Immigrant Generation* (New York, 2001); Zhou Min, "Growing up American: The Challenge Confronting Immigrant Children and Children of Immigrants," in *Annual Review of Sociology*, no. 23, 1997, pp. 63–95.

12 As an example Portes and Zhou cite the Cuban migrants in Miami; cf. Portes/Zhou 1993 (see footnote 11).

13 Norbert F. Wiley, "The Ethnic Mobility Trap and Social Stratification Theory," in *Social Problems*, vol. 15, no. 2, 1967, pp. 147–159, and the results of a study by Eric Fong and Emi Ooka, "The Social Consequences of Participating in an Ethnic Economy," in *International Migration Review*, vol. 36, no. 1, 2002, p. 140. The findings indicate that, controlling for other factors, working in the Chinese ethnic economy significantly reduces the level of participation in the wider society.

14 City of Cologne, *Statistisches Jahrbuch 2014*, pp. 36f

15 Thomas Pettigrew and Linda R. Tropp, "A Meta-Analytical Theory of Intergroup Contact Theory," in *Journal of Personality and Social Psychology*, vol. 90, no. 5, 2006, pp. 751–783.

Jürgen Friedrichs
Born in 1938 in Berlin. Studied sociology, philosophy, and economics at the University of Hamburg. 1968: PhD in Philosophy. 1974–1982: Professor of Sociology. 1982: Director of the Center for Comparative Urban Research. 1991–2007: Director of the Research Institute for Sociology at the University of Cologne, later director of Institute of Applied Social Research. Since 2007, Professor Emeritus at the Research Institute for Sociology. Recent publications include: *Soziale Kontexte und soziale Mechanismen* (2014, together with Alexandra Nonnenmacher), "Pioneers and Gentrifiers in the Process of Gentrification" (2015, together with Jörg Blasius and Heiko Rühl).

1 Bezogen auf 476 649 Asylanträge. Eigene Berechnungen nach Daten in Sachver-ständigenrat 2016: *Fakten zur Asylpolitik 2015.* http://www.svr-migration.de/ publikationen/fakten-zur-asylpolitik/ (letzter Zugriff: 12.2.2016).

2 Nach dem sogenannten Königsteiner Schlüssel wird festgelegt, wie viele Asylsu-chende ein Bundesland aufnehmen muss. Dies richtet sich nach Steuereinnahmen (2/3-Anteil bei der Bewertung) und der Bevölkerungszahl (1/3-Anteil bei der Bewertung). Die Quote wird jährlich neu ermittelt. Im Jahr 2015 hatte NRW die höchste Quote und Bremen die niedrigste Quote bei den aufzunehmenden Asylsu-chenden (Quelle: Bundesamt für Migration und Flüchtlinge).

3 Nach Schätzungen des Pestel Instituts vom September 2015 fehlen 5,6 Millionen Wohnungen; es müssten jährlich 400 000 Wohnungen gebaut werden, davon 80 000 Sozial- und 60 000 „bezahlbare" Wohnungen; vgl. http://www.pestel-insti-tut.de/themenbereiche/wohnungsmarkt/ (letzter Zugriff: 12.2.2016).

4 Doug Saunders, *Arrival City. Über alle Grenzen hinweg ziehen Millionen Menschen vom Land in die Städte. Von ihnen hängt unsere Zukunft ab,* München 2011.

5 Ebd., S. 53.

6 Ebd., S. 61.

7 Ebd., S. 11.

8 Der Wohnraum ist allerdings seit der Publikation von Saunders knapper und teurer geworden, seit die Stadtteil eine Gentrifizierung erfährt; vgl. Christian Krajewski, „Gentrification in Berlin. Innenstadtaufwertung zwischen etablierten In-Quartieren und neuen ‚Kult-Kiezen'", in: *Geographische Rundschau,* 65, 2, 2013, S. 20–27.

9 Saunders 2011 (wie Anm. 4), S. 399.

10 Siehe Government of Canada, „Canadian Multiculturalism: An Inclusive Citizen-ship", www.cic.gc.ca/english/multiculturalism/citizenship.asp (letzter Zugriff: 12.2.2016).

11 Alejandro Portes und Min Zhou, „The New Second Generation: Segmented Assi-milation and its Variants", in: *The Annals,* 50, 1993, S. 74–96; Alejandro Portes und Ruben Rumbaut, *Legacies. The Story of the Second Immigrant Generation,* New York 2001; Zhou Min, „Growing up American: The Challenge Confronting Immigrant Children and Children of Immigrants", in: *Annual Review of Sociology,* 23, 1997, S. 63–95.

12 Als Beispiel führen Portes und Zhou die kubanischen Migranten in Miami an; vgl. Portes/Zhou 1993 (wie Anm. 11).

13 Norbert F. Wiley, „The Ethnic Mobility Trap and Social Stratification Theory", in: *Social Problems,* 15, 2, 1967, S. 147–159; dazu das Ergebnis der Studie von Eric Fong und Emi Ooka, „The Social Consequences of Participating in an Ethnic Economy", in: *International Migration Review,* 36, 1, 2002, S. 140: „The result indicates that, controlling for other factors, working in the Chinese ethnic economy significantly reduces the level of participation in the wider society."

14 Stadt Köln, Statistisches Jahrbuch 2014, S. 36 f.

15 Thomas Pettigrew und Linda R. Tropp, „A Meta-Analytical Theory of Intergroup Contact Theory", in: *Journal of Personality and Social Psychology,* 90, 5, 2006, S. 751–783.

Jürgen Friedrichs
* 1938 in Berlin. Studium der Soziologie, Philosophie und Volkswirtschaftslehre an der Universität Hamburg. 1968 Promotion in Philosophie. 1974–1982 Professor für Soziologie, ebenfalls in Hamburg. Ab 1982 Gründer und Leiter der Forschungsstelle Vergleichende Stadtforschung. 1991–2007 Direktor des Forschungsinstituts für Soziologie der Universität Köln, anschließend des Instituts für Angewandte Sozialforschung. Seit 2007 Emeritus am Forschungsinstitut für Soziologie. Aktuelle Publikationen u. a.: *Soziale Kontexte und soziale Mechanismen* (2014, zusammen mit Alexandra Nonnenmacher), „Pioneers and Gentrifiers in the Process of Gentrification" (2015, zusammen mit Jörg Blasius und Heiko Rühl).

REGULATE. REDUCE. ACCELERATE.

Stefan Rettich

Graphics: KARO*
(Christian Burkhardt and Stefan Rettich)

The immigration crisis has exacerbated the housing issue. Yet it also offers an unparalleled opportunity to give social housing policy a new impetus and to discard old ballast.

According to forecasts by the BMUB, the government ministry responsible for housing and urban development, at least 350,000 new housing units will be needed annually; roughly 100,000 more than are currently completed per year in Germany. As an initial incentive, the social housing subsidy for the period up to 2019 has been boosted from its current level of two billion euros, to four billion euros. A further key instrument introduced by the BMUB to ease the housing shortage in the short-term is a program of subsidies dedicated to the construction and occupation of small modular units called "Vario Apartments." This program was initiated with a volume of 120 million euros in 2015 and is due to be expanded. Evidently, when the challenges are similar, so are the answers, leading us to re-evaluate the modernist buildings constructed under similar circumstances directly after the war, which relied on the same construction methods. Faced with the current situation, we begin to recognize what an enormous achievement this was back then, accomplished under far more difficult conditions than those today. It is also a wake-up call for architects. They can and should be coming up with new typologies to tackle the current housing problem and should be looking at modular solutions and making realistic proposals for reducing standards as a matter of urgency. Whether these ideas are adopted lies in the hands of politicians and their funding programs, not to mention the banks that will have to co-finance projects. So the housing issue remains what it always has been: a political issue.

Putting a Stop to Land and Property Speculation

German tax law favors vacant properties and brownfield sites. Owners can write off losses they incur—on property tax, for instance. This encourages speculation and hinders inner city infill projects. One example of this is the volume of vacant office space in major German cities that is particularly high in tight housing markets. In Frankfurt alone, it amounts to 1.4 million square meters.[1] In urban planning terms, this roughly adds up to a potential 20,000 apartments in integrated urban locations.[2] The concrete frame construction method used in office building lends itself to simple and inexpensive conversion. Areas of the building can then be used as interim accommodation while other parts are simultaneously transformed into permanent, socially mixed housing. In order to encourage this, and at the same time to counter speculation, laws should limit the time during which tax losses on vacant properties can be written off and permit other provisional (residential) uses. In addition, building land should be made available, even when this runs counter to the needs and wishes of landowners. Austria has introduced a land-use planning

STEUERN. ENTSCHLACKEN. BESCHLEUNIGEN.

Stefan Rettich

Grafiken: KARO*
(Christian Burkhardt und Stefan Rettich)

Die krisenhafte Situation durch die Zuwanderung verschärft die Wohnungs-frage. Im Umkehrschluss ist sie die einmalige Chance, den Motor des sozialen Wohnungsbaus mit Verve wieder anzukurbeln und alten Ballast abzuwerfen. Nach Prognosen des für den Wohnungsbau und die Städtebauförderung zuständigen Bundesministeriums für Umwelt, Naturschutz, Bau und Reaktor-sicherheit (BMUB) werden mindestens 350 000 neue Wohnungen pro Jahr benötigt; das sind etwa 100 000 mehr als derzeit pro Jahr in Deutschland fertiggestellt werden. Als ein erster Anreiz wurde die Förderung des sozialen Wohnungsbaus für den Zeitraum bis 2019 von bislang zwei auf vier Milliarden Euro angehoben. Ein weiteres wesentliches Instrumentarium, das vom BMUB zur kurzfristigen Entspannung des Wohnungsmangels eingebracht wurde, ist ein Förderprogramm für den Bau und die Nutzung kleiner modularer Wohneinheiten, sogenannter Variowohnungen, das 2015 mit einem Volumen von 120 Millionen Euro aufgelegt wurde und noch ausgeweitet werden soll. Offenbar führen vergleichbare Problemlagen auch zu gleichen Antworten und nebenbei zu einer neuen Sicht auf die Nachkriegsmoderne, die in einer ähn-lichen Situation auf dieselben Konstruktionsmethoden setzte. Aufgrund der aktuellen Lage lässt sich besser vergegenwärtigen, welche enormen Leistun-gen in dieser Zeit unter noch schwierigeren Bedingungen als heute zu leisten waren. Das ist auch ein Aufruf an die Architekten: Sie können und sollten neue Typologien für die aktuelle Wohnungsfrage entwickeln und möglichst schnell modulare Lösungen und pragmatische Vorschläge zur Reduzierung von Standards entwickeln. Ob sie aufgegriffen werden, liegt an der Politik, ihren Förderprogrammen und besonders an den Banken, die diese kofinanzieren müssen. Die Wohnungsfrage bleibt daher das, was sie immer war: eine politi-sche Frage.

Bauland- und Immobilienspekulation verhindern

Das deutsche Steuerrecht begünstigt Leerstände und Brachflächen. Eigentümer können Verluste abschreiben, die ihnen zum Beispiel durch die Grundsteuer entstehen. Das fördert Spekulation und behindert die Innenentwicklung. Ex-emplarisch zeigt das der Büroflächenleerstand in deutschen Großstädten, der gerade in angespannten Wohnungsmärkten besonders hoch ist. Allein in Frank-furt sind es 1,4 Millionen Quadratmeter.[1] Das entspricht dort rein rechnerisch einem Potenzial von circa 20 000 Wohnungen in städtebaulich integrierten Lagen.[2] Die Skelettbauweise der Bürobauten ist für eine einfache und preiswer-te Umnutzung gut geeignet. Denkbar ist, Teile der Gebäude als Übergangsun-terkunft zu nutzen, während die anderen Teile zeitgleich in dauerhaften und sozial gemischten Wohnraum transformiert werden. Um dies zu fördern und zugleich der Spekulation entgegenzuwirken, müssen Verlustabschreibungen bei Leerstand zeitlich befristet und (Wohn-)Zwischennutzungen gesetzlich erlaubt

instrument[3] to this effect, whereby landowners can be mandated to erect a compliant development within a given timeframe. Such a measure would allow potential (vacant) building stock as well as inner city reserve assets (both vacant and brownfield sites) to be exploited, thus obviating the need for growth on the edge of the city.

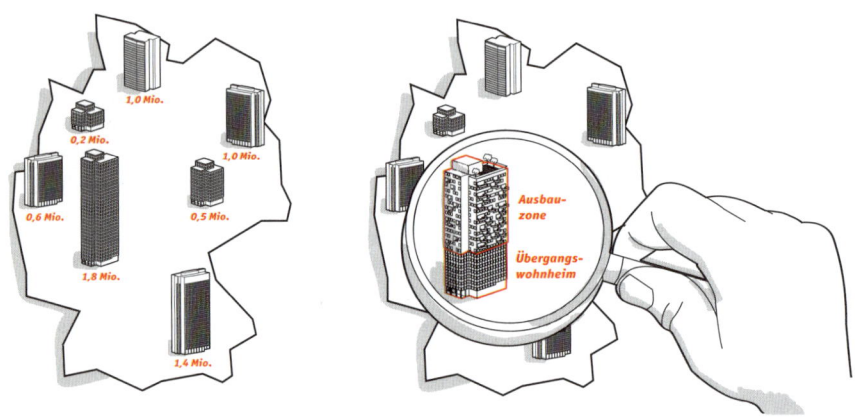

Fig. 19: Vacant offices
Abb. 19: Büroleerstand

It appears that the federal government is already setting a shining example by throwing part of its own real estate into the melting pot. In November 2015, in a move to further underpin social housing, as well as refugee accommodation, the Bundestag budget committee granted local authorities a discount on the purchase of so-called "conversion sites."[4] This allows local authorities to purchase these sites at an enormous discount: up to 80 percent of their market value. However, the entire program is limited to four years and capped at a maximum volume of 100 million euros. Given that the German government owns conversion sites totaling over 35,000 hectares, the package is really quite modest, and it remains to be seen whether a policy of open borders will not also necessarily entail removing the upper limit on the use of federal property and land. At the very least, the government should be more upfront about freeing up land in integrated urban locations. Failure to do so will mean more and more local authorities will be forced to dedicate large areas of land on the fringes of the city to this purpose. Such a move would, on the one hand, run counter to the explicit priority of developing inner city areas and therefore frustrate climate policy targets;[5] on the other hand, remote estates on the outskirts of cities run the risk of becoming ghettos, where social integration and labor market integration are destined to fail. One of the reasons why this syndrome is not properly recognized has to do with jurisdiction. Federal properties come under the jurisdiction of the Ministry of Finance and are administered by the Institute for Federal Real Estate (BImA)—with the proviso that any property surplus to requirement is sold to the highest bidder. This purely monetary approach to property values needs to be urgently re-examined in

werden. Auch Bauland sollte mobilisiert und gegen den Willen der Eigentümer seinen Zwecken zugeführt werden können. In Österreich wurde dazu das Instrument der Vertragsraumordnung[3] eingeführt, mit der Grundeigentümer zu einer widmungskonformen Bebauung innerhalb einer bestimmten Frist verpflichtet werden können. Auf diese Weise könnten sowohl Potenziale im baulichen Bestand (Leerstand) wie auch städtebauliche Reserven der inneren Stadt (Baulücken und Brachflächen) aktiviert werden, damit ein Wachstum an den Rändern erst gar nicht erforderlich wird. Der Bund, so scheint es, geht hier als leuchtendes Beispiel voran und wirft Teile seiner Immobilien in die Waagschale. Zur weiteren Unterstützung des sozialen Wohnungsbaus sowie der Flüchtlingsunterbringung hat der Haushaltsausschuss des Bundestags im November 2015 die verbilligte Abgabe von Konversionsflächen an Kommunen gewährt.[4] Danach können diese Konversionsflächen mit einem immensen Abschlag von bis zu 80 Prozent auf den Verkehrswert erwerben. Allerdings ist das gesamte Programm auf 4 Jahre und auf ein Maximalvolumen von 100 Millionen Euro begrenzt. Bedenkt man, dass der Bund über 35 000 Hektar Konversionsflächen verfügt, wirkt die Maßnahme doch recht bescheiden, und es stellt sich die Frage, ob einer Politik der offenen Grenzen nicht auch eine Bereitstellung von Bundesimmobilien und -flächen ohne Obergrenzen folgen müsste. Zumindest die Grundstücke in städtebaulich integrierter Lage müssten vom Bund offenherziger zur Verfügung gestellt werden. Geschieht dies nicht, werden immer mehr Kommunen größere Flächen an den Stadträndern ausweisen müssen. Das gefährdet zum einen das Primat der Innenentwicklung und damit die Ziele der Klimapolitik,[5] zum anderen bergen randstädtische Siedlungen in nicht integrierten Lagen das negative Potenzial der Gettoisierung sowie die Gefahr des Scheiterns sozialer Integration und der Eingliederung in den Arbeitsmarkt. Ein Grund, weshalb dies nicht erkannt wird, liegt an der Zuständigkeit. Die Liegenschaften des Bundes sind beim Finanzministerium angesiedelt und werden dort von der Bundesanstalt für Immobilienaufgaben (BImA) verwaltet – mit der Maßgabe, nicht benötigte Immobilien meistbietend zu veräußern. Diese rein monetäre Bewertung der Liegenschaften müsste dringend durch einen strategischen Blick auf deren planerische Bedeutung in den Kommunen ergänzt werden. Am Beispiel des Berliner Dragoner-Areals wird ein Umdenken bereits sichtbar.[6] Idealerweise sollte die BImA beim BMUB angesiedelt werden, wo entsprechende Fachkenntnis vorhanden ist.

Neue Stadtviertel mit erschwinglichen Mieten bauen

Das sozialräumliche Gefüge in unseren Städten hat sich grundlegend geändert. Nach mehreren Jahrzehnten der Suburbanisierung ist die Mittelschicht zurückgekehrt in die Großstädte, und mit ihr die Spekulation. Gerade in den angespannten Wohnungsmärkten ist daher kostengünstiger Wohnungsbau in zentralen Lagen nur noch in eingeschränktem Umfang möglich. In der Summe deutet vieles auf die Entwicklung von neuen, größeren Quartieren auf kommunalen Flächen in Stadtrandlage hin. Der Hamburger Senat verpflichtete beispielsweise im Oktober 2015 alle sieben Bezirke der Stadt zum Ausweis von acht Hektar großen Flächen, um darauf Sozialwohnungen zu errichten, die bis Dezember 2016 bezugsfertig sein sollen.[7] Auch Berlin kündigte ein ähnliches Vorhaben unter dem Schlagwort „Pionierwohnungsbau"[8] an, bei dem Flüchtlin-

the light of its potential effect on local authority planning. The Dragoner project in Berlin already exemplifies this kind of rethink.[6] Ideally, the BImA should be appended to the BMUB, which already has the relevant expertise.

Building New City Neighborhoods with Affordable Rents

The social and spatial structure of our cities has fundamentally changed. Following several decades of suburbanization, the middle classes are returning to the major cities, and with them comes speculation. There is a limit to the amount of centrally located, low-cost housing that can be built, particularly when the housing market is tight. All this points to the need to develop new large neighborhoods on local authority-owned land, on the periphery of built-up areas. In October 2015, the Hamburg Senate, for example, directed all seven districts of the city to each designate an eight-hectare site to social housing construction, to be ready for occupancy by December 2016.[7] Berlin has announced a similar project, dubbed "Pioneer Housing,"[8] in which refugees are meant to take on the pioneering role of the first settlers. This is not without its backlash. In Hamburg, several citizens' initiatives have already been founded, and together they intend to petition for a referendum.

And this is not the only reason why we must avoid making the same mistakes when reinventing neighborhoods on the periphery. The prerequisite should be to build interconnecting, accessible individual housing estates with excellent public transport access. An ideal size for such neighborhoods needs to be defined. They should be as small as possible, but as large as necessary to justify the provision of a child daycare center, a primary school, and local stores. Analyzing the age structure in specific neighborhoods can offer a clue as to how many residential units will be required and in which cities.

Urbanizing Existing Large Housing Estates

Successful arrival neighborhoods are characterized by cheap accommodation and the potential for appropriation as well as by urban structures and buildings in which people can establish micro-economies. Before the middle classes started moving back into inner city areas, these "zones in transition"[9] were mostly found in former working-class areas built in the late nineteenth and early twentieth centuries; however, since their gentrification they no longer offer reasonably priced housing. Now the new arrival districts are the huge monostructured late modernist housing estates, because it is only here that recognized refugees are able to find vacant accommodation at an affordable price. The layout of such estates is currently ill suited to integration and self-organization, so they need to be remodeled and urbanized. The ground floors, in particular, must offer spaces that can be appropriated and thus encourage people to interact and set up informal micro-economies. For the vast housing estates this represents a tremendous opportunity, since there is a large amount of vacant land where infill housing with complementary typologies could be constructed, and this would then lead to a greater social mix. If we do not succeed in doing this, the new arrivals' prospects for advancement will be minimal. We run the risk of building ghettos and of such estates becoming even more stigmatized. One example of a successful infill settlement can be found on the Altenhagener Weg estate in Hamburg, designed by architects Heidenreich & Springer. Here urban-

ge die Pionierfunktion der Erstbesiedelung einnehmen sollen. Das bleibt nicht ohne Gegenreaktion. In Hamburg haben sich bereits mehrere Bürgerinitiativen gegründet, die im Zusammenschluss ein Volksbegehren planen.

Nicht nur deshalb gilt es bei der Neuauflage von Quartieren in Stadtrandlage, alte Fehler zu vermeiden. Vernetzung und Anschluss an den Siedlungskörper wie auch eine hochwertige Anbindung an den öffentlichen Nahverkehr müssen Voraussetzung sein. Die ideale Korngröße dieser Quartiere muss definiert werden. Sie sollten so klein als möglich, aber so groß wie nötig sein, damit sich eine Mindestausstattung mit Kita, Grundschule und Nahversorgung lohnt. Die Analyse von stadtteilspezifischen Altersgruppen kann einen Anhaltspunkt dafür bieten, wie viele Wohnungen in welcher Stadt dafür erforderlich sind.

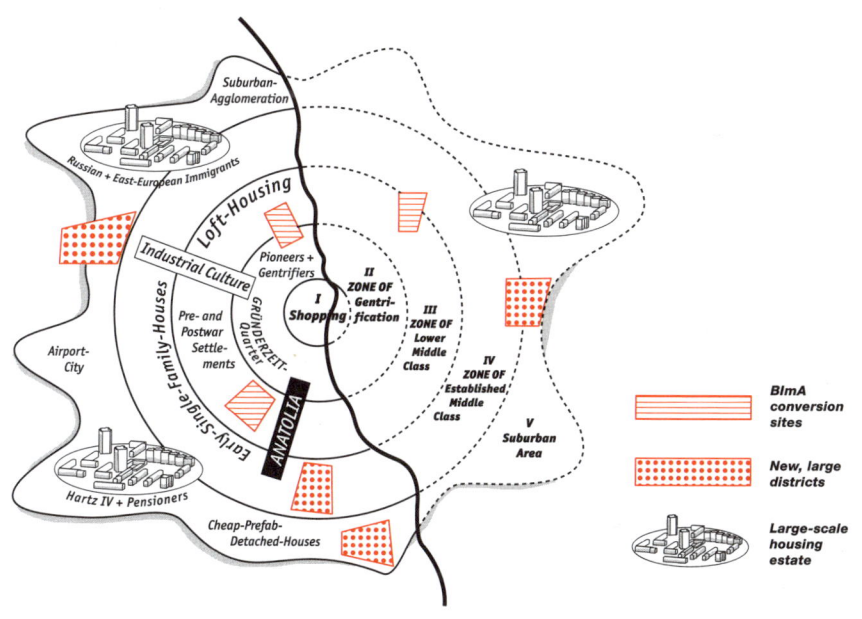

Fig. 20: Urban areas
Abb. 20: Städtische Gebiete

Bestehende Großwohnsiedlungen urbanisieren

Erfolgreiche Ankunftsquartiere zeichnen sich durch preiswerten Wohnraum und Aneignungspotenzial aus; sie besitzen Stadt- und Gebäudestrukturen, die den Aufbau von Mikroökonomien ermöglichen. Vor der Rückkehr der Mittelschicht in die Kernstädte waren diese „Übergangszonen" („Zones in Transition"[9]) in erster Linie in den ehemaligen gründerzeitlichen Arbeitervierteln zu finden, die nach ihrer Gentrifizierung keinen kostengünstigen Wohnraum mehr bieten. Die neuen Ankunftsorte sind jetzt monostrukturelle Großwohnsiedlungen der Spätmoderne, weil anerkannte Flüchtlinge zunächst nur dort freie und erschwingliche Wohnungen finden werden. Diese Siedlungen müssen umgebaut und urba-

ity was neither prescribed nor intended, but the architects' respectful approach to extending the original nineteen-sixties estate with high-caliber housing in a spatially modern idiom has contributed to the stability of the area and encouraged social cohesion.

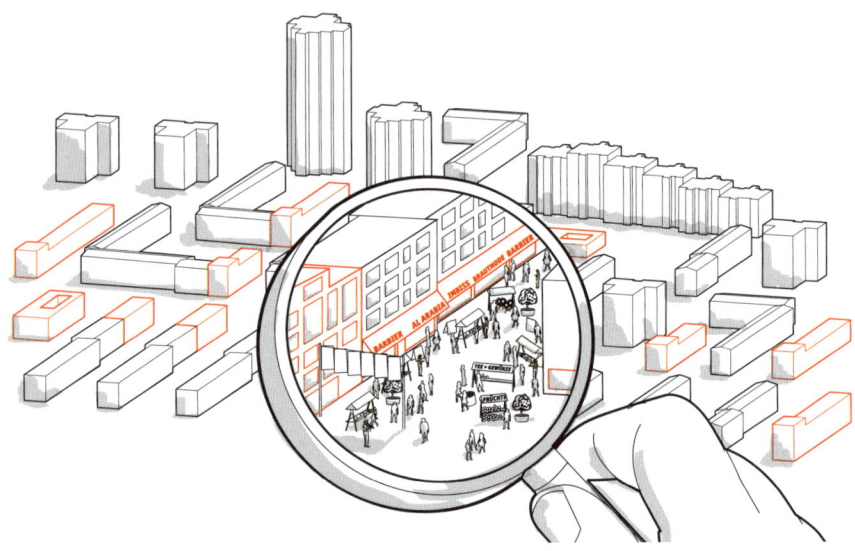

Fig. 21: Large-scale housing estates
Abb. 21: Großwohnsiedlungen

Rethinking Standards

The "inflated" energy-saving directive (EnEV)[10] and passive house construction[11] fail to provide the answer to the housing problem. There are other ways of combatting climate change: we can reduce the area we inhabit or build buffer zones that become generous living spaces only when the weather is warm. Besides, not everyone needs the same standards or disabled-accessible apartments. People react differently to noise and have different heating requirements. Many people can forego a basement or expensive flooring, but an increasing number are reliant on cheap accommodation. Back in the nineteen-sixties, Jane Jacobs pointed out that the diversity of a neighborhood hinges on having buildings of different eras and in various states.[12] Consequently, it is beneficial if a certain proportion of buildings in a new neighborhood are built to lower standards and are less well fitted-out, so as to guarantee a range of rents and a mixed milieu. The BMUB is also working on a review of building standards and norms to make building more affordable, and in July 2015—within the framework of an alliance for affordable housing and building construction (Bündnis für bezahlbares Wohnen und Bauen)—it set up a committee to look at how building costs can be reduced (Baukostensenkungskommission). The committee drew attention to the practice of having to verify the provision of parking space when submitting building applications. In

nisiert werden, da ihre Strukturen keine adäquaten Räume für Integration und Selbstorganisation bieten. Insbesondere in den Erdgeschosszonen muss Raum für Aneignung, Begegnung und informelle Mikroökonomien geschaffen werden. Für die Großwohnsiedlungen ist das eine enorme Chance, denn ihre Flächenressourcen bieten auch das Potenzial zur Nachverdichtung mit ergänzenden Typologien und damit zur stärkeren sozialen Durchmischung. Gelingt dies nicht, werden auch die Aufstiegschancen der Neuankömmlinge minimiert. Es droht die Gefahr der Gettobildung und der weiteren Stigmatisierung der Siedlungen. Ein gelungenes Beispiel ist die Nachverdichtung der Siedlung am Altenhagener Weg in Hamburg von Heidenreich & Springer. Urbanität ist hier zwar weder geplant noch gewollt, aber die respektvolle Fortschreibung der aus den 1960er-Jahren stammenden Siedlung mit hochwertigem Wohnungsbau im modernen Raumbild dient der Stabilität des Quartiers und fördert die soziale Mischung.

Standards neu denken

Die „aufgepumpten" EnEV-[10] und Passivhäuser[11] bieten keine Antwort auf die Wohnungsfrage. Einen Beitrag zum Klimaschutz kann man auch durch reduzierte Wohnflächen und mit einer Pufferzone leisten, die nur in wärmeren Jahreszeiten ein großzügiges Wohnzimmer bietet. Zudem benötigen nicht alle Menschen dieselben Standards oder barrierefreie Wohnungen, nicht jeder hat dasselbe Lärmempfinden oder dieselben Heizgewohnheiten. Viele können auf einen Keller oder einen teuren Bodenbelag verzichten, aber immer mehr Menschen sind auf günstige Mieten angewiesen. Jane Jacobs hat bereits in den 1960er-Jahren hervorgehoben, dass Gebäude verschiedenen Alters und Zustands zu den Voraussetzungen für die Mannigfaltigkeit eines Quartiers gehören.[12] Es ist also von Vorteil, wenn ein gewisser Anteil an Gebäuden in einem neuen Quartier mit geringeren Standards gebaut und ausgestattet wird, um über einen Mix an Mieten ein gemischtes Milieu zu gewährleisten. Auch das BMUB arbeitet an der Überprüfung von Baustandards und Normen, um das Bauen bezahlbarer zu machen, und hat im „Bündnis für bezahlbares Wohnen und Bauen" im Juli 2015 eine „Baukostensenkungskommission" eingesetzt. Beispielhaft wird auf den Umgang mit dem Stellplatznachweis bei Bauantragsverfahren hingewiesen. In Hamburg und Berlin ist dieser wegen eines veränderten Mobilitätsverhaltens gänzlich abgeschafft, in Bremen wird für intelligente Mobilitätskonzepte eine Reduzierung der Stellplatzverpflichtung auf bis zu zwanzig Prozent in Aussicht gestellt. Es ist sicherlich kein Zufall, dass es gerade die Stadtstaaten sind, die hier eine Vorreiterrolle spielen, denn hier decken sich Landeskompetenz und kommunale Erfordernis.

Die Überprüfung unserer Überregulierung darf aber nicht zu einer Deregulierung und zu Substandards führen, mit dem alleinigen Ziel, Wohnungen schnell und als möglichst billige Ware herzustellen. Vielmehr sollte im Vordergrund stehen, wie mit reduzierten Standards auch neue Spielräume für soziale Innovationen hervorgebracht werden können. Das Berliner Baugruppenprojekt R50 in der Ritterstraße 50 (von ifau, Jesko Fezer und Heide & von Beckerath) zeigt, wie das gelingen kann: Hier gibt es ein ausgefachtes Betonskelett mit Sonnendeck auf dem Dach, einen Gemeinschaftsraum im Souterrain, der das Haus in der Nachbarschaft verankert, und eine platzsparende, innenliegende Treppe, die das Haus zusammenhält. Mehr braucht es nicht. Umlaufende, vorgehängte

Hamburg and Berlin, owing to a change in attitude towards mobility, this has been abolished completely, and in Bremen a reduction of up to 20 percent is envisaged within the overall concept of "intelligent mobility." It is certainly no coincidence that it is precisely these city-states that are playing a pioneering role, since here there is an overlap between state jurisdiction and local needs. Nevertheless, in re-examining our over-regulated system, we should not be tempted into deregulation or sub-standard codes with the sole aim of putting up housing speedily and on a shoestring. On the contrary, we should be looking at how, within reduced standards, we can create scope for social innovation. The Berlin development R50, at Ritterstrasse 50 (by ifau, Jesko Fezer and Heide & von Beckerath), demonstrates how this can be pulled off. Here, the architects have designed a splayed concrete-framed building with a sun deck at roof level, a community room at basement level—anchoring the house in its neighborhood— and a space-saving internal staircase that brings the whole house together. Less is more. The projecting balconies surrounding the building contribute to the aesthetic and symbolize joint ownership, since the inhabitants decided in favor of interaction rather than separating individual balconies by walls. André Kempe and Oliver Thill, two German architects with offices in Rotterdam have, for years, also been working away at tweaking housing standards. They opt for tightening the budget in respect of the entire project, so they can then afford to go to town when it comes to, for example, adding a decorative front door, some floor-to-ceiling glazing, or a double-height space in a cramped terraced house. Another approach with a similar objective is that of the "expanding" house. Martin Wagner, a former head of planning in Berlin, already tested this con- cept back in the nineteen-thirties within the framework of a major competition. Twenty-four prototypical extendable houses, designed by the most prominent exponents of the Neues Bauen (New Building) movement were subsequently showcased in Berlin in 1932 as part of the exhibition *Sonne, Luft und Haus für Alle* (Sun, Air, and Housing for All). These designs consist of a basic minimal module that can be added to as and when required.[13]
It is to be hoped that, given the pressure immigration is exerting on housing, these kinds of strategies and prototypes will at long last emerge from their current niche status, as part of a "new standard" and then go into serial pro- duction. If they do, building the Arrival City will indeed be affordable, and as a result, our neighborhoods will become livelier and more attractive places to live. But then again, there is a danger that a reduction in standards might result in a new, government-driven and economically oriented functionalism, generating buildings not much better than barracks. It all depends on how politicians go about organizing funding mechanisms. Funding housing across the board through the Sonder-AfA[14] depreciation clause in locations where the housing market is tight—as is currently under discussion—is definitely barking up the wrong tree. Here, the mandatory criteria for funding are based neither on urban location and building typology nor on social innovation or mixed use. It is simply a question of quantity, whereas what should matter is quality. The government's proposed Sonder-AfA legislation states under Section C: "Alterna- tives: none." That's what you get when a ministry of finance engages in urban planning.

Balkone bilden eine ästhetische Klammer und sind Zeichen gebauter Gemeinschaft, denn die Bewohner haben sich bewusst für den Austausch und gegen den Bau von Balkontrennwänden entschieden. Auch André Kempe und Oliver Thill, zwei deutsche Architekten mit Büro in Rotterdam, drehen seit Jahren an der Standardschraube im Wohnungsbau. Sie sparen am ganzen Haus, nur um sich an einer Stelle richtig auszutoben, um sich beispielsweise eine schmucke Eingangstür, eine geschosshohe Verglasung oder einen Luftraum im beengten Reihenhaus leisten zu können.

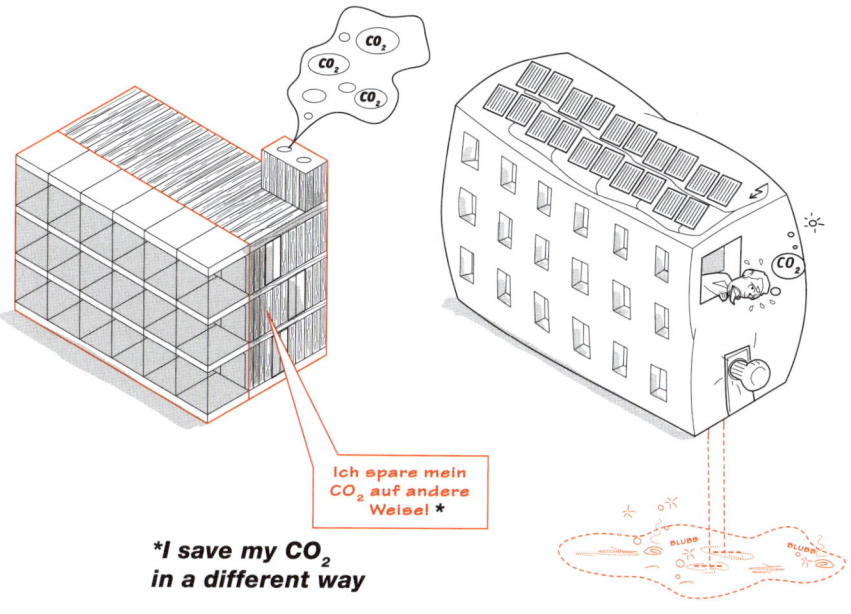

Fig. 22: New standards
Abb. 22: Neuer Standard

Eine weitere Strategie, die in diese Richtung zielt, ist die des wachsenden Hauses. Der Berliner Stadtbaurat Martin Wagner erprobte diese Konzeption bereits in den 1930er-Jahren im Rahmen eines großen Wettbewerbs. 24 Prototypen von Anbauhäusern, entworfen von den prominentesten Vertretern des Neuen Bauens, konnten danach in der Schau *Sonne, Luft und Haus für Alle* im Jahr 1932 in Berlin gezeigt werden. Es waren minimale Grundmodule, die durch Addition bedarfsgerecht wachsen konnten.[13]
Es ist zu hoffen, dass mit dem Druck, den die Zuwanderung auf die Wohnungsfrage ausübt, solche Strategien und Prototypen eines neuen Standards endlich aus ihrem Nischendasein herausgelöst werden und in Serie gehen. Dann wird das Bauen für die Arrival City tatsächlich erschwinglich und unsere Quartiere werden lebendiger und lebenswerter. Andererseits könnte die Reduzierung von

1   Source: Wirtschaftsförderung Frankfurt, Büromarkt Frankfurt am Main, Überblick, 2014.

2   The number of residential units is calculated assuming an average 3–4 room apartment of 70m².

3   The regional development policy (*Vertragsraumordnung*) was introduced in 1992 in the Austrian federal state of Salzburg to deal with the phenomenon of land hoarding and to free up inner city areas for construction. After claims of unconstitutionality, changes were made to harmonize the policy with planning law, and this regional development policy now applies in all Austrian states.

4   In November 2015, the Bundestag budget committee agreed to a policy (BImA) concerning the discounted sale of conversion plots (VerbRKonv). Local government now has the right of first refusal on the purchase of conversion sites and can do so at a discount of up to 80 percent of their market value. Until 2019, the total volume is limited to 100 million euros and is subject to budget resources, i.e. the budget committee has to reconfirm the directive on an annual basis. The measure implements Chapter 4.2 of the coalition agreement in the 18th legislative period and does not take into account the additional demand for housing due to immigration.

5   In 2010, land use in Germany was 77 hectares per day. The federal government aims to reduce land use to 30 hectares per day by 2020. The so-called "30 hectare target" is part of the national sustainable development strategy drawn up by the German government in 2002.

6   The Dragoner area occupies 4.7 hectares in Berlin-Kreuzberg. Formerly a barracks, it housed a tax office from 1923 onward. Being a federal property, it was tendered in a bidding process according to the principle of maximum return. The Bundestag budget committee approved the sale to an Austrian investor for 36 million euros. The federal council budget committee, which has to rubber stamp any sale value of more than 15 million euros, rejected the sale. In a new tender process this land is now being offered under modified conditions of sale.

7   Each area is intended for roughly 800 public housing units, initially to house 4,000 refugees in close proximity. It should remain social housing for 15 years. Thereafter, it is envisaged that the density will decrease to approximately 2,000 inhabitants (source: BSW Hamburg press release, October 6, 2015).

8   In the short term, Berlin intends to establish ten new settlements with a total of 50,000 apartments. Under the slogan of "pioneer housing" it initially plans apartments for refugees in ten locations, implemented under a simplified planning law (§ 246 BauGB). In a further procedure, these will be supplemented by apartments for all social strata (source: The Berlin Senate draft integration and security master plan).

9   Based on the 1925 zone model for urban development by Ernest W. Burgess.

10 The 2002 energy-saving regulation (EnEV) replaced the previous regulations on thermal insulation. The EnEV is an important instrument in German energy and climate protection policy. It lays down compulsory standards for the efficient use of energy in buildings.

11 A passive house is exemplified by its adherence to strict standards regarding energy consumption. Important core criteria are a maximum energy consumption for heating of 15 kWh/(m²a), and a maximum primary energy consumption for all household applicances of 120 kWh/(m²a).

12 Jane Jacobs, *The Death and Life of Great American Cities* (New York, 1961), p. 114.

13 Martin Wagner, *Das wachsende Haus – ein Beitrag zur Lösung der städtischen Wohnungsfrage*, in a commented new edition (Leipzig, 2015). The edition that first appeared in 1932 was republished by Jesko Fezer et al. in connection with the exhibition *Wohnungsfrage*.

14 AfA stands for depreciation through wear and tear. In February 2016, the federal government passed a "special" AfA bill on depreciation in order to promote the

Standards auch einen neuen, wiederum staatlich geförderten Bauwirtschafts-funktionalismus hervorbringen, der bessere Barackenbauten produziert. Es hängt von der Politik ab, wie sie ihre Förderinstrumente programmiert. Die pauschale Förderung des Wohnungsbaus mit einer Sonder-AfA[14] in angespannten Wohnungslagen, wie sie momentan im Gespräch ist, zielt dabei definitiv in eine falsche Richtung. Weder städtebauliche Lage und Bautypologie noch soziale Innovation oder funktionale Mischung werden als Förderkriterien verbindlich festgeschrieben. Gefragt wird lediglich nach Quantität – wo es um Qualitäten gehen müsste. Im Gesetzesentwurf der Bundesregierung zur Sonder-AfA heißt es unter Punkt C: „Alternativen: Keine". So klingt es, wenn ein Finanzministerium Stadtentwicklung betreibt.

1   Quelle: Wirtschaftsförderung Frankfurt, Büromarkt Frankfurt am Main, Überblick, 2014.

2   Die Wohnungszahl entspricht dem Ansatz einer durchschnittlichen Zwei- bis Drei-zimmerwohnung.

3   Die Vertragsraumordnung wurde 1992 im Bundesland Salzburg eingeführt, um dem Phänomen der Bodenhortung zu begegnen und um innerstädtische Flächen für die Bebauung zu mobilisieren. Nach planungsrechtlicher Anpassung aufgrund von Verfassungsklagen kommt die Vertragsraumordnung mittlerweile in allen öster-reichischen Bundesländern zum Einsatz.

4   Im November 2015 stimmte der Haushaltsausschuss des Bundestags einer Richtli-nie der BImA zur verbilligten Abgabe von Konversionsgrundstücken (VerbRKonv) zu. Kommunen wird dadurch der Erstzugriff auf Konversionsflächen zugebilligt, mit einem Abschlag von bis 80 Prozent auf den Verkehrswert. Das Gesamtvolumen ist bis 2019 auf 100 Millionen Euro begrenzt und steht unter Haushaltsvorbehalt, das heißt, der Haushaltsausschuss muss die Richtlinie jährlich erneut bestätigen. Die Maßnahme ist ursächlich eine Umsetzung aus Kapitel 4.2 des Koalitionsver-trags der 18. Legislaturperiode und basiert nicht auf dem zusätzlichen Bedarf an Wohnraum durch Zuwanderung.

5   2010 betrug der Flächenverbrauch in Deutschland 77 Hektar pro Tag. Die Bundes-regierung verfolgt das Ziel, die Flächeninanspruchnahme bis 2020 auf 30 Hektar pro Tag zu reduzieren. Das sogenannte 30-Hektar-Ziel ist Bestandteil der nationa-len Nachhaltigkeitsstrategie, die die Bundesregierung 2002 festgelegt hat.

6   Das Dragoner-Areal ist eine 4,7 Hektar große ehemalige Kaserne in Berlin-Kreuz-berg, die seit 1923 als Finanzamt Nutzung fand. Als Bundesliegenschaft wurde das Grundstück nach dem Prinzip des Maximalerlöses in einem Bieterverfahren zum Verkauf ausgeschrieben. Der Haushaltsausschuss des Bundestags stimmte dem Verkauf an einen österreichischen Investor für 36 Millionen Euro zu. Der Haus-haltsausschuss des Bundesrats, der ab einer Verkaufssumme von 15 Millionen Euro ebenfalls zustimmen muss, lehnte den Verkauf ab. Das Grundstück wird nun unter veränderten Verkaufsprämissen erneut ausgeschrieben.

7   Auf jeder Fläche wird der Bau von circa 800 Sozialwohnungen angestrebt, die zu-nächst in enger Belegung je 4000 Flüchtlinge aufnehmen sollen. Die Sozialbindung ist auf 15 Jahre angelegt. Danach wird mit einem Rückgang der Bewohnerdichte auf circa 2000 Bewohner gerechnet (Quelle: Pressemitteilung BSW Hamburg vom 6.10.2015).

8   Berlin will kurzfristig 10 neue Siedlungen mit insgesamt 50 000 Wohnungen errich-ten. Unter dem Schlagwort Pionierwohnungsbau sind an 10 Standorten zunächst Wohnungen für Flüchtlinge nach vereinfachtem Planungsrecht (§ 246 BauGB) geplant, die dann durch Wohnungen für alle gesellschaftlichen Schichten in einem

building of rental accommodation. In addition to normal (linear) 2 percent depreciation, 29 percent of all building costs may be written off within three years, up to a sum of 2,000 euros/m². The stipulations for this are: the residential building cost does not exceed 3,000 euros/m²; the apartments are to be rented out for at least ten years; and the building is constructed in a residential location where the housing market is tight.

Stefan Rettich

Born in Ebingen, Baden-Wuerttemberg in 1968. Studied architecture at the University of Karlsruhe. 1999: co-founded the office KARO*; awards include the European Prize for Urban Public Space. Invited to various international exhibitions, including the 11th and 12th Venice Architecture Biennales (2008, 2010). 2007–11: Lecturer at the Bauhaus Dessau. 2011–16: Professor of Theory and Design at Bremen University of Applied Sciences. Since 2016, Professor of Urban Planning at the University of Kassel.

geregelten Verfahren ergänzt werden sollen (Quelle: Entwurf eines Masterplans Integration und Sicherheit durch den Berliner Senat).

9 In Anlehnung an das Zonenmodell der Stadtentwicklung von Ernest W. Burgess, 1925.

10 Die Energieeinsparungsverordnung (EnEV) löste 2002 die bis dahin gültige Wärmeschutzverordnung ab. Die EnEV ist ein wichtiges Instrument der deutschen Energie- und Klimaschutzpolitik. Sie schreibt verbindlich einzuhaltende bautechnische Standards für den effizienten Betriebsenergiebedarf eines Gebäudes fest.

11 Ein Passivhaus zeichnet sich durch die Einhaltung hoher Anforderungen an den Energiebedarf aus. Wichtige Kernkriterien sind ein Jahresheizwärmebedarf von max. 15 kWh/(m²a) und ein Primärenergieeinsatz für alle Haushaltsanwendungen von max. 120 kWh/(m²a).

12 Jane Jacobs, *Tod und Leben großer amerikanischer Städte*, Berlin u. a. 1963 [= Bauwelt Fundamente; 4], S. 114.

13 Martin Wagner, *Das wachsende Haus – ein Beitrag zur Lösung der städtischen Wohnungsfrage*, kommentierte Neuauflage, Leipzig 2015; die 1932 erstmals erschienene Publikation wurde im Rahmen des Ausstellungsprojekts *Wohnungsfrage* von Jesko Fezer u. a. neu herausgegeben.

14 AfA steht für Abschreibung durch Abnutzung. Die Bundesregierung beschloss im Februar 2016 einen Gesetzesentwurf für eine Sonder-AfA zur Förderung des Mietwohnungsbaus. Zusätzlich zu der normalen (linearen) 2-prozentigen AfA können innerhalb von 3 Jahren 29 % aller Herstellungskosten bis zu einer Summe von 2000 Euro/m² abgeschrieben werden. Voraussetzungen sind, dass die Herstellungskosten des Wohngebäudes 3000 Euro/m² nicht überschreiten, die Wohnungen mindestens 10 Jahre vermietet werden und das Gebäude in einer Wohnungsmarktregion mit angespannter Wohnungslage erstellt wird.

Stefan Rettich
* 1968 in Ebingen. Architekturstudium an der Universität Karlsruhe. 1999 Mitgründer des Büros KARO*, ausgezeichnet u. a. mit dem European Price for Urban Public Space. Eingeladen zu verschiedenen internationalen Ausstellungen, u. a. zur 11. und zur 12. Internationalen Architektur-Biennale in Venedig, 2008 und 2010. 2007–2011 Dozent am Bauhaus Dessau. 2011–2016 Professor für Theorie und Entwerfen an der Hochschule Bremen. Seit 2016 Professor für Städtebau an der Universität Kassel.

THE ARRIVAL CITY IS CLOSE TO BUSINESS

JOBS EMERGE
WHERE THERE ARE
ALREADY JOBS.
A GOOD
PUBLIC TRANSPORT SYSTEM
IS ESSENTIAL.

DIE ARRIVAL CITY IST GUT ERREICHBAR UND BIETET ARBEIT

ARBEITSPLÄTZE ENTSTEHEN DORT, WO ES BEREITS ARBEITSPLÄTZE GIBT. EIN GUTES ÖFFENTLICHES VERKEHRSNETZ IST UNVERZICHTBAR.

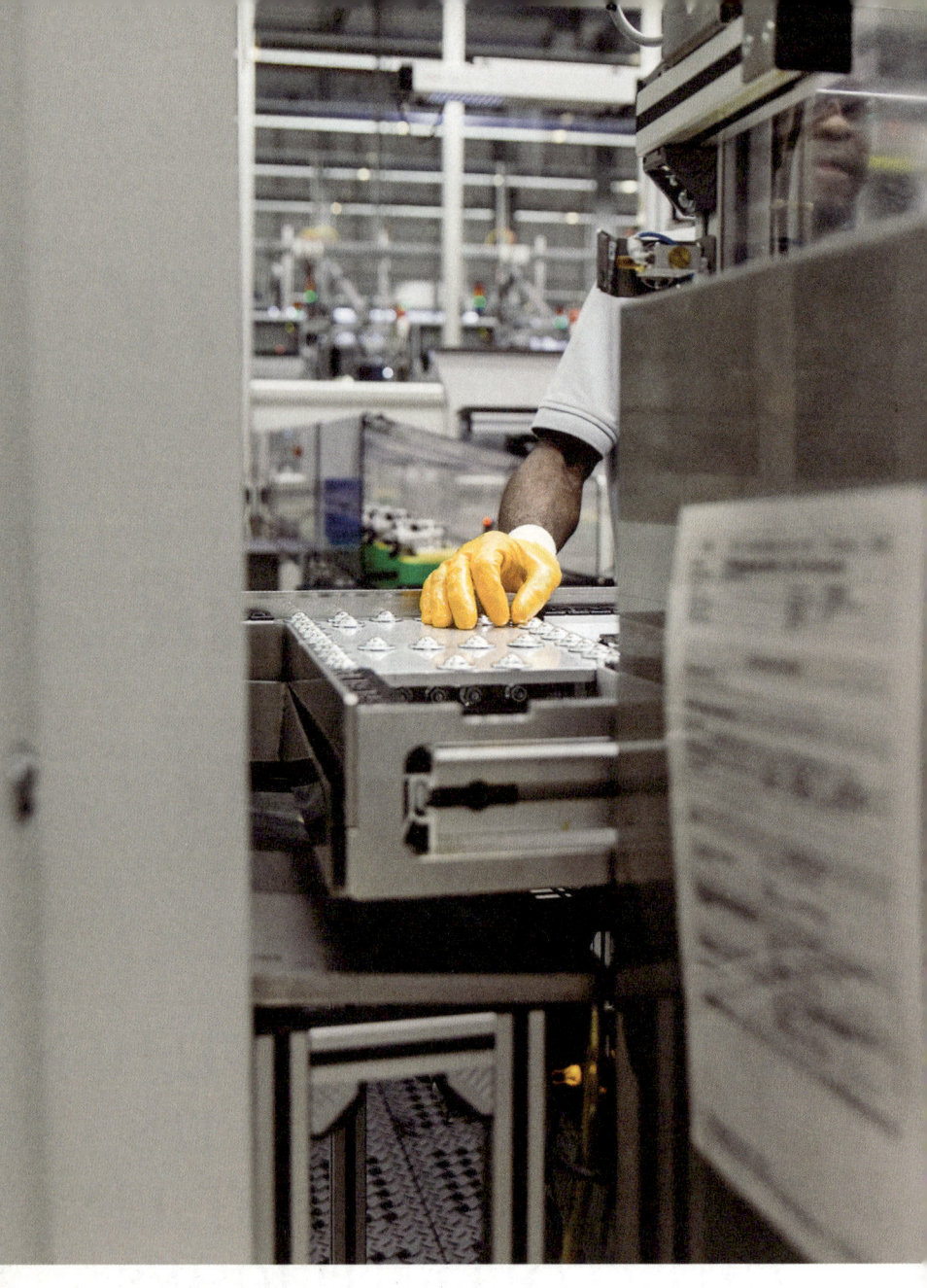

Figs. 23, 24: Stuttgart counts as one of the most economically successful regions in Europe, not least thanks to its immigrant workforce.

Abb. 23, 24: Stuttgart zählt vor allem auch dank der aus dem Ausland zugezogenen Arbeitskräfte als eine der wirtschaftsstärksten Regionen Europas.

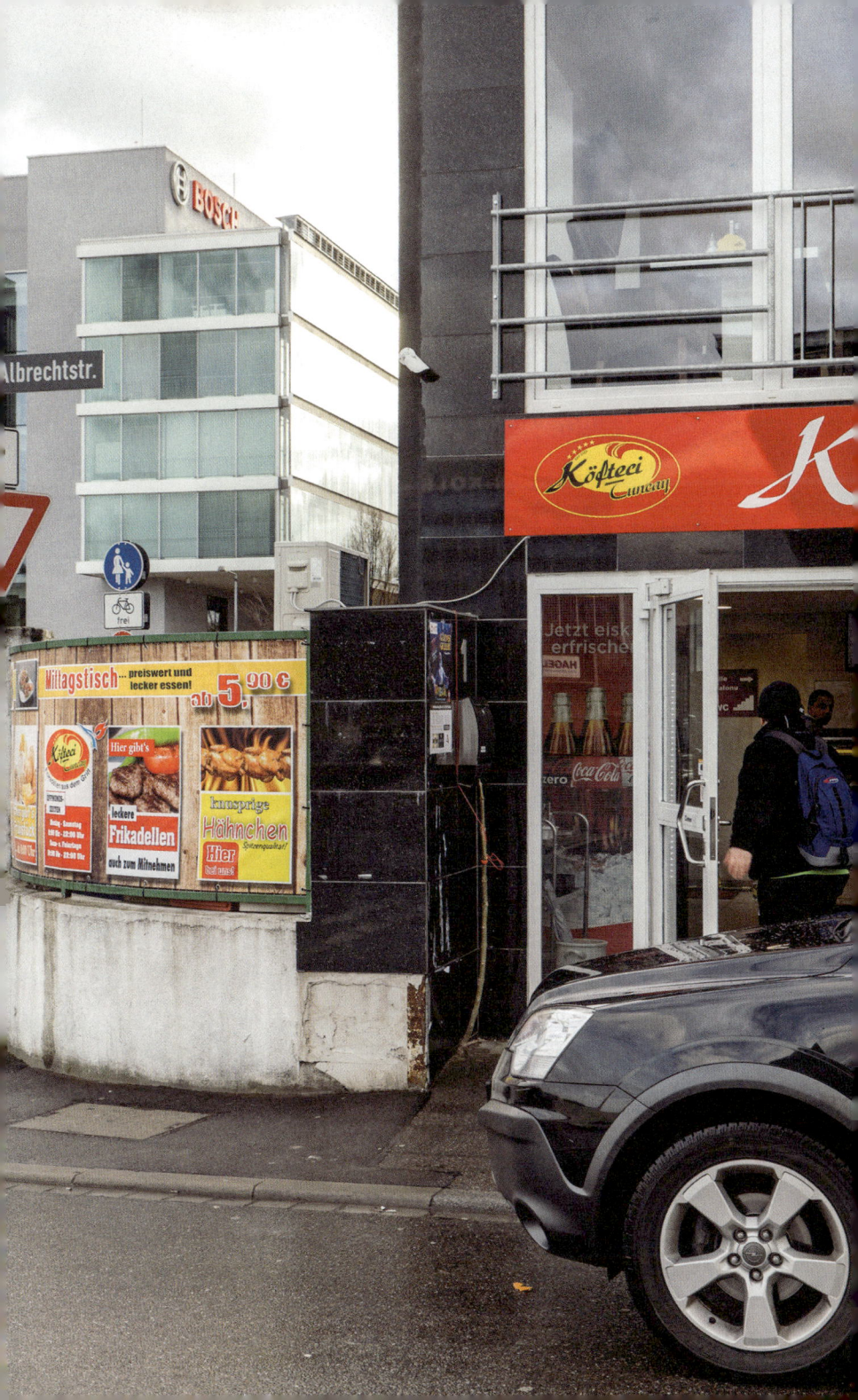

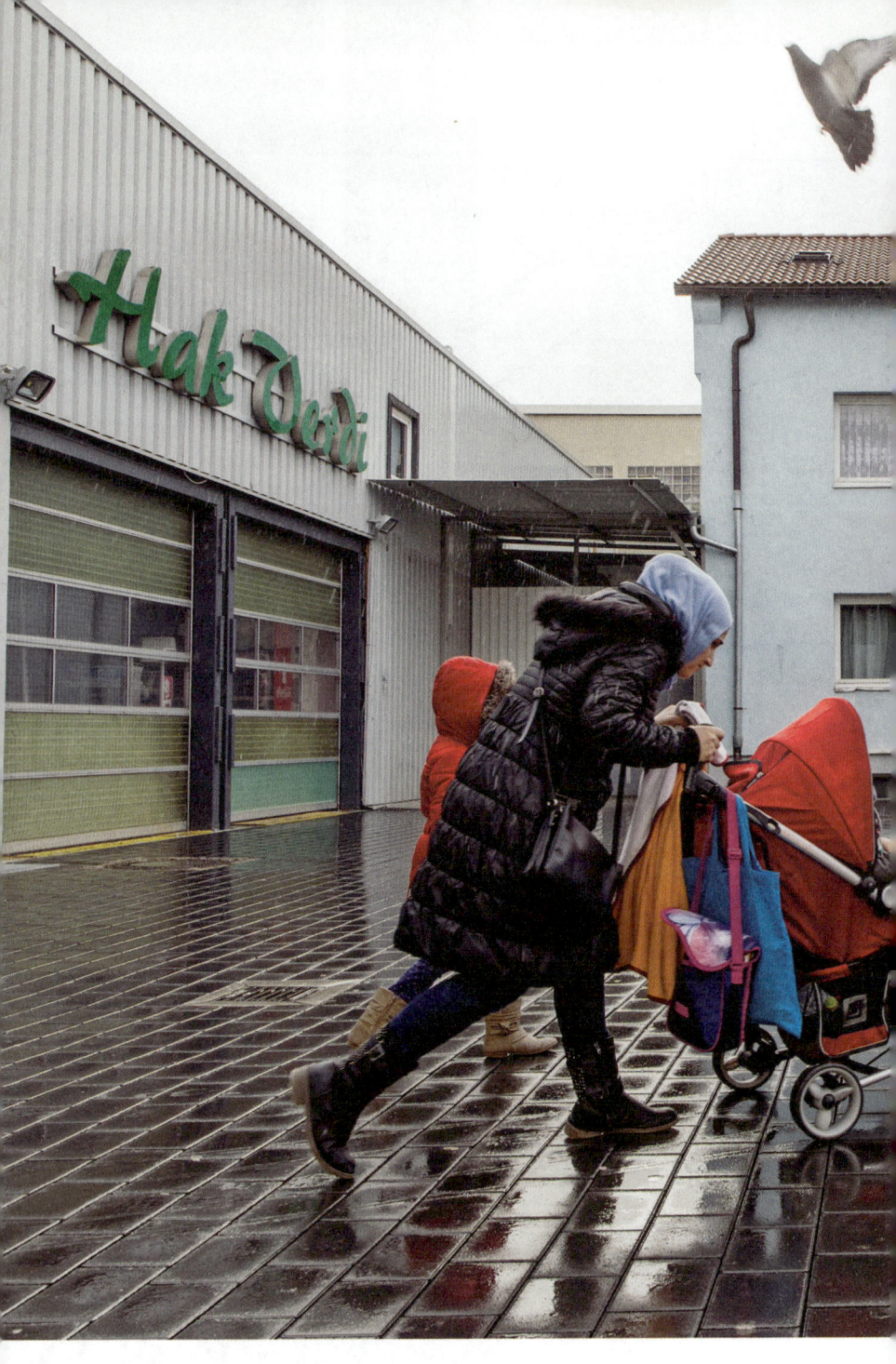

Fig. 25: Hak Verdi supermarket in Mauserstrasse in Stuttgart-Feuerbach

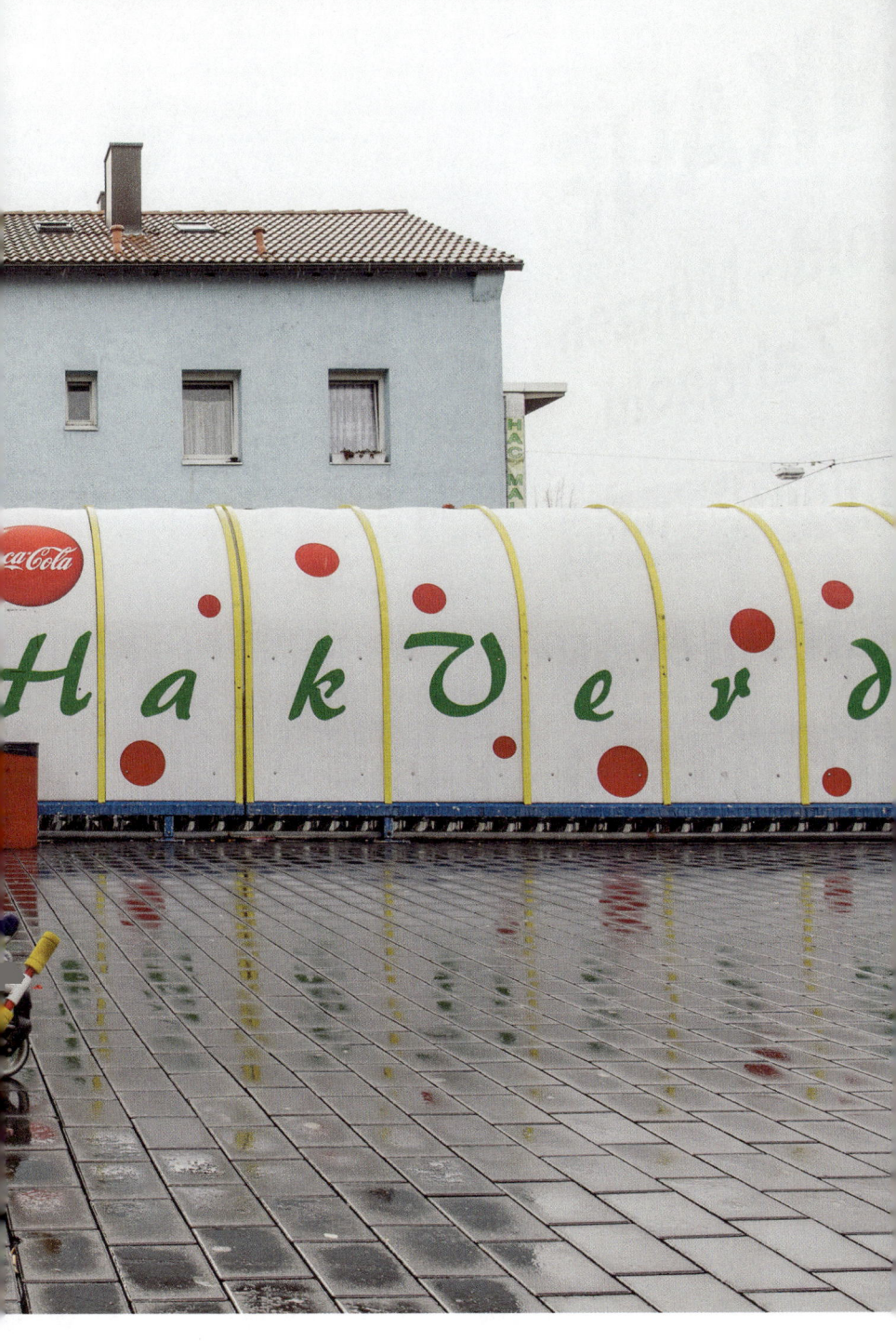

Abb. 25: Supermarkt Hak Verdi in der Mauserstraße in
Stuttgart-Feuerbach

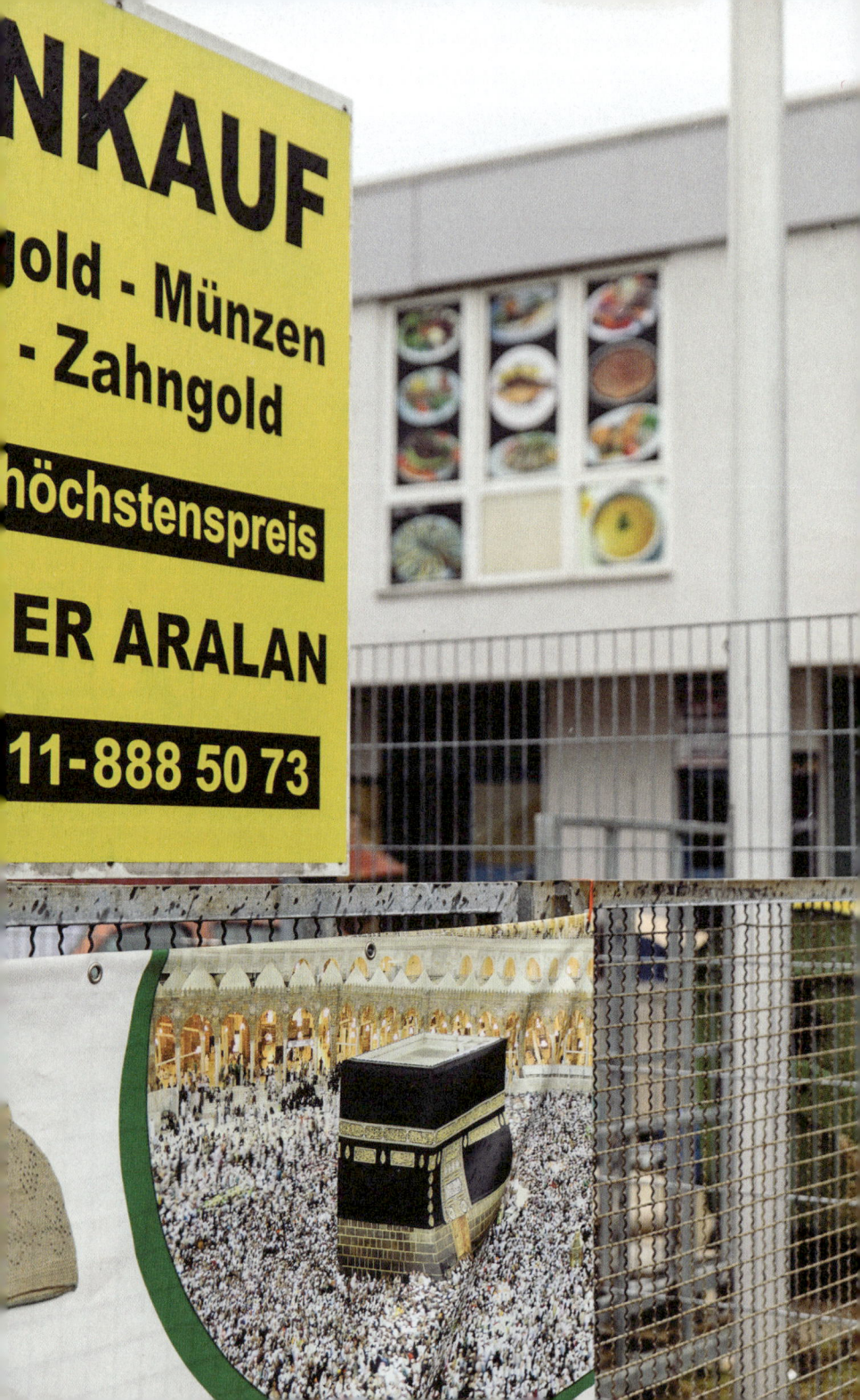

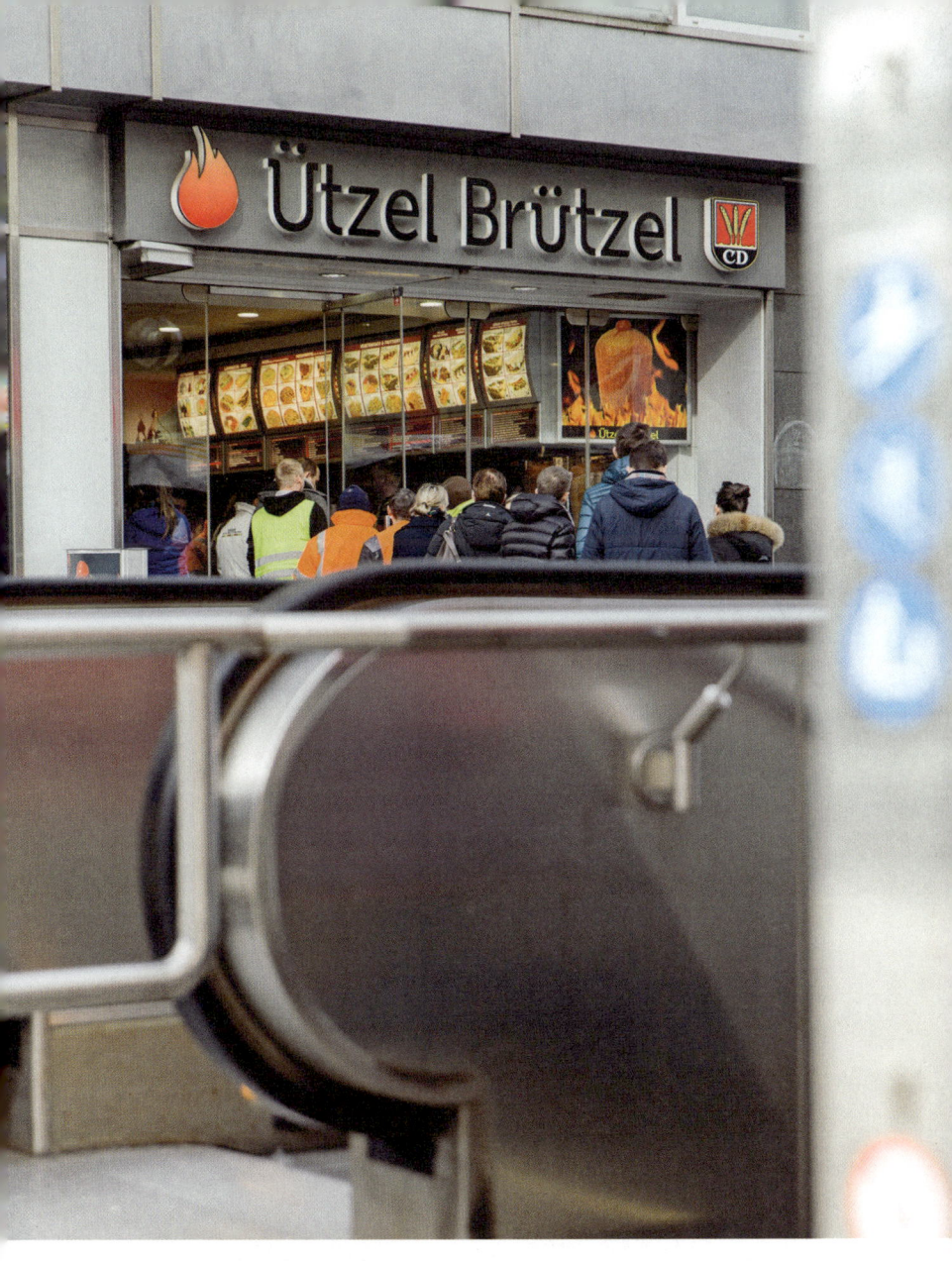

Fig. 27: The kebab restaurant "Ützel Brützel" operates two branches in Stuttgart. The name is a pun on the German word brutzeln (to sizzle) and the German preconception that Turkish has an extraordinary number of umlauts.

Abb. 27: Das Kebab-Restaurant Ützel Brützel betreibt zwei Filialen in Stuttgart. Der Name ist eine selbstironische Verballhornung der türkischen Sprache.

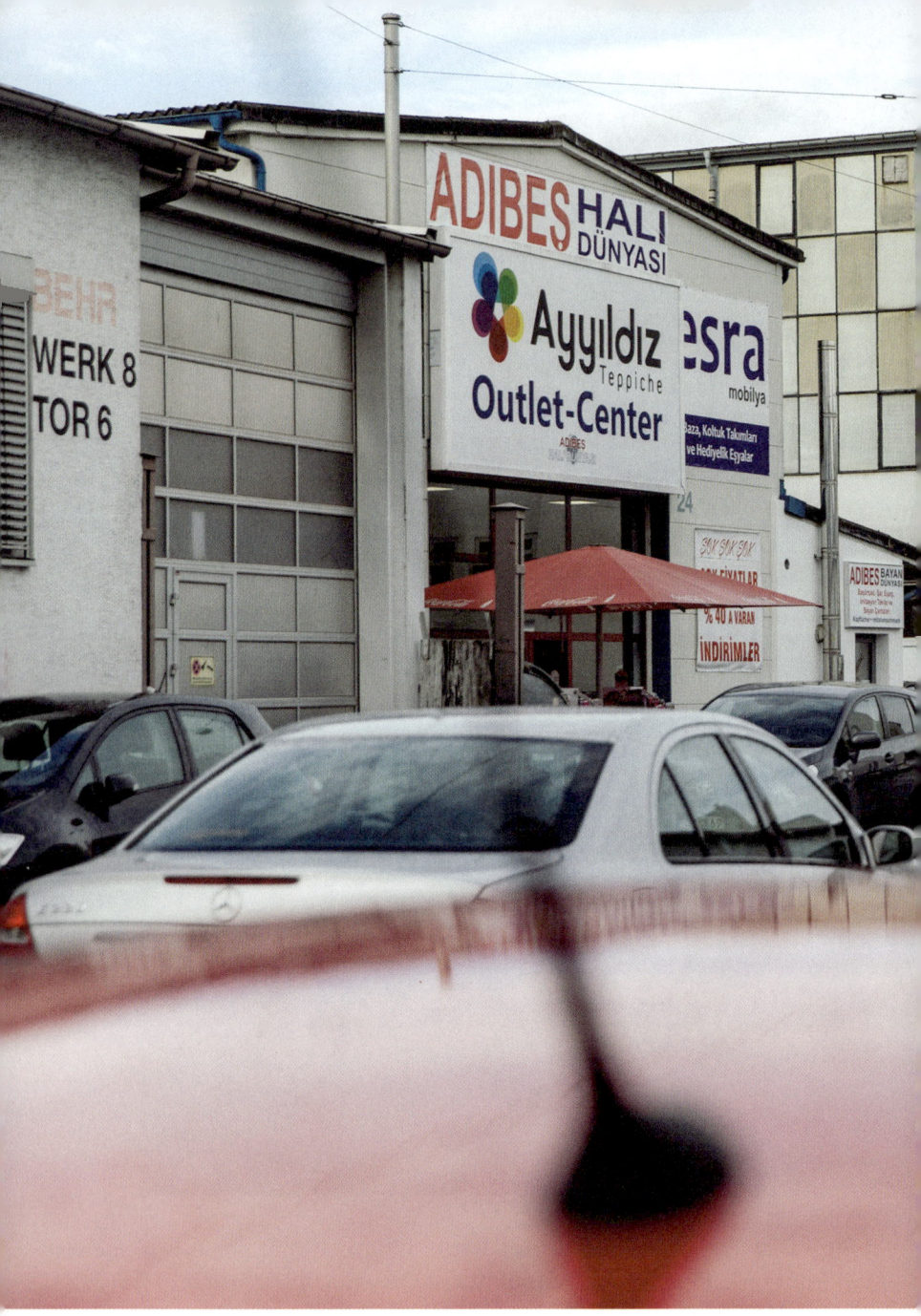

Fig. 28: A Turkish shopping mall opened in former factory buildings on Stuttgart-Feuerbach's Mauserstrasse. Similar to the Dong Xuan Center in Berlin-Lichtenberg the immigrants bring new life into an industrial area with their businesses and community facilities.

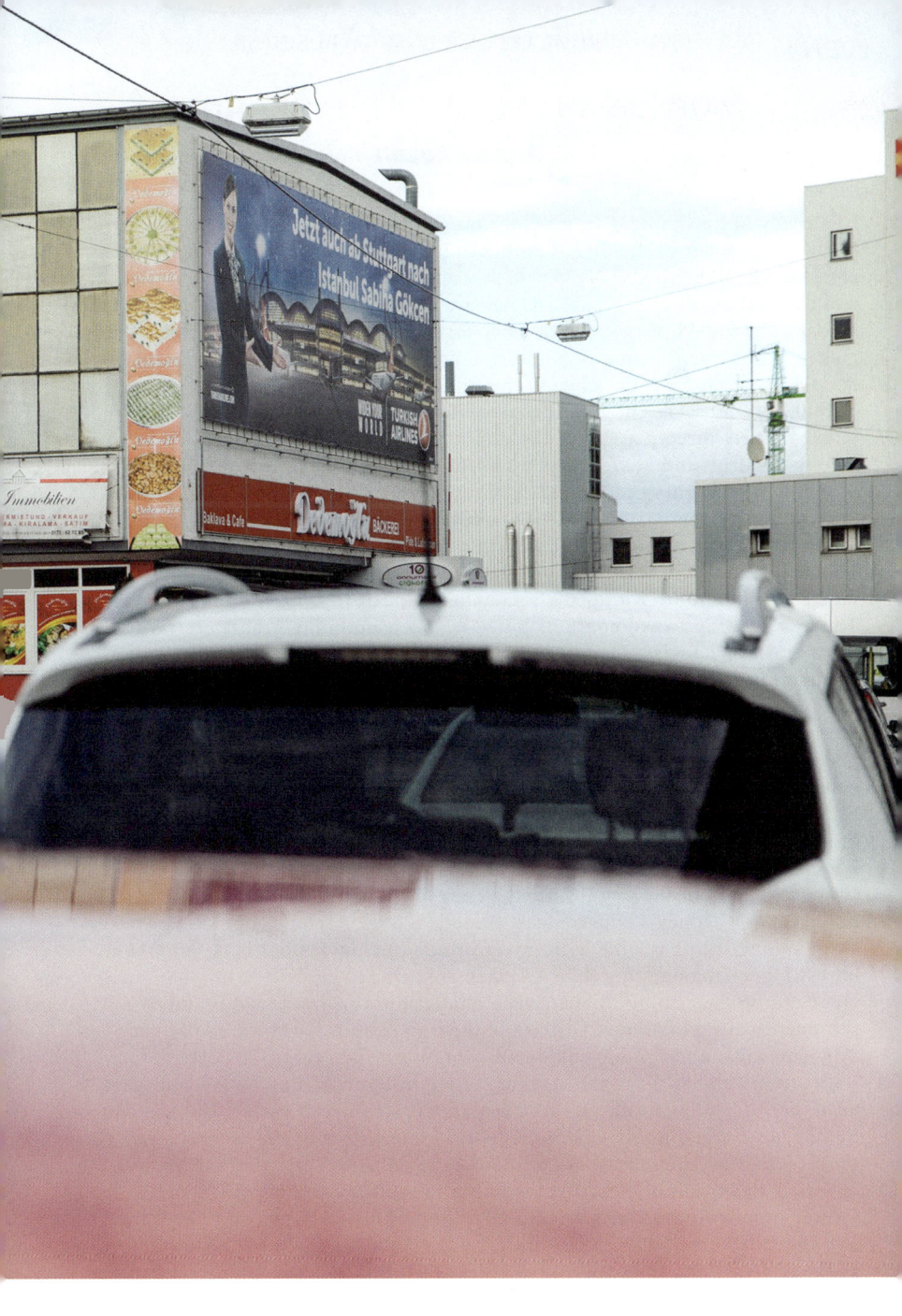

Abb. 28: In alten Werkshallen in der Mauserstraße in Stuttgart-Feuerbach hat sich eine türkische Einkaufsmeile etabliert. Ähnlich wie beim Dong Xuan Center in Berlin-Lichtenberg beleben die Einwanderer ein Gewerbegebiet durch Treffpunkte und Einzelhandel.

WORK AS AN ENGINE OF INTEGRATION
Amber Sayah

It is really quite simple: "To work means to belong." Gari Pavkovic, the integration commissioner of the City of Stuttgart, uses the Swabian verb *schaffen* to talk about work. Described by Pavkovic as exemplifying the "Protestant work ethic" and derided by other regions of Germany as a typically Swabian brand of hyperactivity, the local obsession with work forms the basis for a social cohesion that makes the Stuttgart region a model community when it comes to integration. People from 180 countries live in this southern German city with a population of 600,000, most of whom are from the former Yugoslavia, Turkey, Italy, and Greece. Forty-three percent of the population here have a migrant background; among children and adolescents up to the age of eighteen this number is almost 60 percent, according to figures released by the Statistical Office of the City of Stuttgart in December 2015. This is a higher share than in Berlin, Hamburg, or Cologne and explains why Stuttgart was described as the "migration capital" by Michael Brandt in a feature about the city's colorful multiculturalism broadcast on *Deutschlandradio Kultur* on September 24, 2013.

The fact that reports of conflicts between locals and immigrants are rare suggests that this coexistence works. What the two sides have in common are the opportunities for advancement in one of the strongest economic regions of Europe. Back in the nineteen-sixties, companies such as Daimler, Bosch, and Porsche started hiring foreign workers from southern Europe on a large scale. Demand has increased steadily to this day, because the share of manufacturing companies in Stuttgart is still high compared with other regions, mainly, however, because of demographic change. The state's Statistical Office predicted in November 2015 that the number of people of working age in the state of Baden-Württemberg would drop by about 700,000 by the year 2030. Petra Cravaack, head of the employment agency in Stuttgart, can only confirm this based on her agency's experiences: there is a huge demand for skilled workers. Even among young people with foreign roots unemployment is, at 4 percent, barely higher than among their German cohorts.

Hence to do everything to encourage immigration from abroad is simply a self-preservation instinct. "Utilizza le tue opportunità!" (Make use of your opportunities) and "¡Bienvenidos a Baden-Württemberg!" (Welcome to Baden-Württemberg) are the slogans touted by flyers issued by the Stuttgart Chamber of Trade and the state of Baden-Württemberg to court Italians and Spaniards. Forged in 2011, a Skilled-Workers Alliance of the federal state, employers, unions, and chambers of industry, commerce, and trade is intended to ensure a steady supply of skilled workers to the SME sector. While the Welcome Center in downtown Stuttgart—one of a total of eleven between Lake Constance and the Northern Black Forest —offers advice and support for those starting out in the Arrival City, the employment agency's job fairs establish direct contact between medium-size companies and newcomers looking for work.

"Swabians take a pragmatic approach to foreigners; they think in categories of usefulness," Gari Pavkovic quotes the former mayor of Stuttgart, Wolfgang Schuster, as saying. In other words, in Stuttgart they know that everyone gains

INTEGRATIONSMOTOR ARBEIT

Amber Sayah

Eigentlich ist es ganz einfach: „Wer schafft, gehört dazu." Gari Pavkovic, Integrationsbeauftragter der Stadt Stuttgart, benutzt das schwäbische Wort „schaffen", wenn er vom Arbeiten spricht. Was Pavkovic als „protestantische Leistungsethik" bezeichnet und in anderen Gegenden Deutschlands als stammestypische Hyperbetriebsamkeit belächelt wird, dieser sprichwörtliche Schaffe-schaffe-Furor der Schwaben ist die Grundlage eines sozialen Miteinanders, das die Region Stuttgart in Sachen Integration zur Vorzeigekommune macht. Menschen aus 180 Nationen leben in der 600 000-Einwohner-Stadt im Südwesten der Republik, die meisten davon stammen aus dem ehemaligen Jugoslawien, der Türkei, aus Italien und Griechenland. 43 Prozent der Bevölkerung haben hier einen Migrationshintergrund, bei den Kindern und Jugendlichen bis zu 18 Jahren sind es nach Angaben des Statistischen Amts der Stadt Stuttgart vom Dezember 2015 sogar knapp 60 Prozent. Das sind mehr als in Berlin, Hamburg und Köln. „Migrationshauptstadt" nannte Michael Brandt am 24. September 2013 Stuttgart darum in Deutschlandradio Kultur, in einem Beitrag über den bunten Mix der Kulturen am Neckar.

Dass von Konflikten zwischen Einheimischen und Zugewanderten selten zu hören ist, spricht dafür, dass das Zusammenleben klappt. Was beide Seiten verbindet, sind die Chancen und Aufstiegsmöglichkeiten in einer der wirtschaftsstärksten Regionen Europas. Schon in den 1960er-Jahren begannen Unternehmen wie Daimler, Bosch und Porsche in großem Stil ausländische Arbeitskräfte aus dem Süden anzuwerben. Die Nachfrage steigt bis heute kontinuierlich – weil der Anteil produzierender Betriebe in Stuttgart im Gegensatz zu anderen Regionen nach wie vor hoch ist, vor allem aber auch aufgrund des demografischen Wandels.

Nach der Prognose des Statistischen Landesamts vom November 2015 geht die Zahl der Personen im erwerbsfähigen Alter in Baden-Württemberg bis 2030 um rund 700 000 Arbeitskräfte zurück. Petra Cravaack, die Chefin der Arbeitsagentur in Stuttgart, kann das aus den Erfahrungen ihres Amts nur bestätigen: Es gebe einen Riesenbedarf an Fachkräften. Selbst unter Jugendlichen mit ausländischen Wurzeln sei die Arbeitslosigkeit mit vier Prozent kaum höher als bei ihren deutschen Altersgenossen.

Es ist darum schierer Selbsterhaltungstrieb, wenn die Zuwanderung aus dem Ausland nach Kräften gefördert wird. „Utilizza le tue opportunità!" (Nutze deine Chancen) und „¡Bienvenidos a Baden-Württemberg!" (Willkommen in Baden-Württemberg) steht auf Flyern, mit denen die Handwerkskammer Stuttgart und das Land um Italiener und Spanier buhlen. Eine 2011 geschmiedete Fachkräfteallianz von Land, Arbeitgebern, Gewerkschaften, Industrie-, Handels- und Handwerkskammern soll den Fachkräftenachschub in der mittelständischen Wirtschaft sichern, während das Welcome-Center in der Stuttgarter Innenstadt – eines von insgesamt elf zwischen Bodensee und Nordschwarzwald – mit Rat und Tat beim Start in der Ankunftsstadt hilft und Jobmessen der Arbeitsagentur den direkten Kontakt zwischen mittelständischen Betrieben und arbeitsuchenden Zuzüglern herstellen.

„Schwaben pflegen einen pragmatischen Umgang mit Ausländern, sie denken in Nützlichkeitskategorien", zitiert Gari Pavkovic den früheren Oberbürgermeister

from immigration. Still, jobs as an engine of integration are not a sure-fire principle; work alone does not a heimat make. In order for foreigners to feel at home, the "making" in "Making Heimat" is at least as important, the integration commissioner emphasizes. This involves the targeted assistance and support of immigrants via language courses, education sponsors, training mentors, sports clubs and cultural associations, and private and public foundations. 1,500 volunteers are active in the network "Stuttgarter Paten für Bildung und Zukunft" (Stuttgart Sponsors for Education and Future) alone, many of them with immigrant biographies themselves.

Yet the liberal spirit that has been—and still is—of critical importance in the region has already made for a sense of unity among natives and come-heres at times when the political mantra at the federal level was still: "Germany is not a country of immigration." From Manfred Rommel to Fritz Kuhn, the mayors of Stuttgart have made integration a top priority. Wolfgang Schuster, who was in charge from 1997 until 2013, simply abolished the concept of foreign: "Anyone living in Stuttgart is a *Stuttgarter*," the CDU politician declared programmatically in 2001. The migrants were supposed to become part of civic society—"good citizens of Stuttgart, people that achieve something, be it in business, in science, or in culture." Industry was pleased to hear this.

The contrast between Stuttgart and the Arrival City of Berlin-Kreuzberg described by Doug Saunders in *Arrival City* could not be greater. There "even into the third-generation [immigrants] are perpetually treated as temporary visitors or foreigners"; unemployment and marginalization are high and so, "Rather than becoming urban and German, many [of its residents] seem to become more rural and Turkish and increasingly further removed from the center of society." Saunders describes conditions in Kreuzberg as the norm in Germany; in his opinion, Kreuzberg is everywhere. And, of course, there are also integration issues in Stuttgart. Here, too, educational trajectories often depend on the background of immigrants; here, too, the minister of the interior of the state of Baden-Württemberg banned an Islamist mosque association in 2015; and here, too, the anti-foreigner party "Alternative für Deutschland" is gaining support. Still, Schuster's maxim—one apparently lost on Saunders—establishes a very different narrative: all those living in Stuttgart are *Stuttgarters*. Berkan Cakir for one feels that "it is the nicest thing you can say to an immigrant." Berkan is the son of Turkish immigrants from Trabzon and he is on the online editorial staff of the *Stuttgarter Zeitung*. His whole family—grandfather, father, uncle—worked for Daimler, and his brother Berat, a chemical engineer in the making, is now also employed by the Swabian automaker, albeit as a student white-collar employee and not, like the Cakirs before him, on the shop floor. Berkan himself studied in Tübingen, where he majored in media studies and rhetoric, and, with his writing talent, managed to land one of the rare traineeships at the Stuttgart-based media company. As the young journalist recounts, it had been the dearest wish especially of his mother for both sons to go to college.

It is not unusual for such dreams of social advancement to come true in the prospering region. Every third new business is run by someone with an immigrant background. Immigrant children become lawyers, physicians, tax accountants, engineers, scientists, entrepreneurs, commercial traders, and members of the state or federal parliament; they open cultural centers such as "IW 8" in a

Wolfgang Schuster. Anders gesagt: Man weiß in Stuttgart, dass von der Zuwanderung alle profitieren. Doch Jobs als Integrationsmotor sind kein Selbstläufer, Arbeit allein macht noch keine „Heimat". Damit sich Fremde zu Hause fühlen können, sei das „Making" an „Making Heimat" mindestens ebenso wichtig, betont der Integrationsbeauftrage, also die gezielte Unterstützung und Förderung von Migranten durch Sprachkurse, Bildungspaten, Ausbildungsbegleiter, Sport- und Kulturvereine, private und öffentliche Stiftungen. Allein beim Netzwerk „Stuttgarter Paten für Bildung und Zukunft" sind eintausendfünfhundert Freiwillige im ehrenamtlichen Einsatz, viele davon selbst mit Einwandererbiografien. Von entscheidender Bedeutung war und ist in der Region aber ein liberaler Geist, der schon zu Zeiten für ein Wirgefühl unter Ureinwohnern und „Reingeschmeckten" sorgte, als das bundespolitische Mantra noch lautete: „Deutschland ist kein Einwanderungsland." Von Manfred Rommel bis zu Fritz Kuhn haben die Stuttgarter Oberbürgermeister Integration zur Chefsache gemacht. Wolfgang Schuster, von 1997 bis 2013 Rathauschef, schaffte Ausländer ganz einfach ab: „Jeder, der in Stuttgart lebt, ist ein Stuttgarter", erklärte der CDU-Mann 2001 programmatisch. Die Migranten sollten Teil der Stadtgesellschaft werden, „gute Stuttgarter – Menschen, die etwas leisten, sei es in Wirtschaft, Wissenschaft oder Kultur". Die Industrie vernahm dies mit Wohlgefallen.
Ein größerer Gegensatz als zwischen Stuttgart und der von Doug Saunders in *Arrival City* beschriebenen Ankunftsstadt Berlin-Kreuzberg ist jedenfalls kaum denkbar. Dort würden die Zuwanderer „auch noch in der dritten Generation fortdauernd als Besucher auf Zeit oder Ausländer behandelt", Arbeitslosigkeit und Ausgrenzung seien hoch, mit der Folge, dass viele Bewohner „eher ländlicher und türkischer als städtisch und deutsch werden" und so „immer weiter von der Mitte der Gesellschaft wegrücken".[1]
Saunders schildert die Kreuzberger Verhältnisse als deutschen Regelfall, Kreuzberg, so glaubt er, sei überall. Und natürlich gibt es auch in Stuttgart Integrationsprobleme. Auch hier hängen Bildungsverläufe oft von der Herkunft ab, auch hier verbot der baden-württembergische Innenminister Ende 2015 einen islamistischen Moscheeverein, auch hier hat die ausländerfeindliche AfD Zulauf. Dennoch, die Schuster-Maxime – an Saunders offenbar vorbeigegangen – begründet eine ganz andere Erzählung: Alle, die in Stuttgart leben, sind Stuttgarter. „Etwas Schöneres kann man einem Migranten nicht sagen", findet beispielsweise Berkan Cakir, Sohn türkischer Einwanderer aus Trabzon, der in der Onlineredaktion der *Stuttgarter Zeitung* arbeitet. Die ganze Familie, Großvater, Vater, Onkel, hat „beim Daimler geschafft", auch sein Bruder Berat, angehender Chemieingenieur, ist neuerdings bei dem schwäbischen Automobilbauer beschäftigt, allerdings als Werkstudent, nicht in der Produktion, wie die Cakirs vor ihm. Berkan selbst hat nach einem Medienwissenschafts- und Rhetorikstudium in Tübingen mit seinem Schreibtalent eines der raren Volontariate bei dem Stuttgarter Medienunternehmen ergattert. Es sei vor allem ein Herzenswunsch der Mutter gewesen, dass ihre Söhne studierten, berichtet der junge Journalist. Dass Aufsteigerhoffnungen wie diese sich erfüllen, ist keine Seltenheit in der prosperierenden Region. Jede dritte Unternehmensgründung hat einen Chef mit Migrationshintergrund. Einwandererkinder werden Anwälte, Ärzte, Steuerberater, Ingenieure, Wissenschaftler, Unternehmer, Kaufleute, Landtags- oder Bundestagsabgeordnete, sie eröffnen Kulturzentren wie das „IW 8" in einer

former factory building in the Feuerbach district of Stuttgart; they run popular Döner chains named "Ützel Brützel"; they serve the city with a dozen "Naturgut" stores selling high-quality organic foodstuffs; or they go into business for themselves as architects, like Jelena Bozic who, with her German partner, Peter Cheret, runs a successful office in Stuttgart.

Along with her mother and sister, she followed her father who in what was then Yugoslavia (and now Croatia) had accepted an offer to work at a brickyard in Balingen on the edge of the Swabian Jura in the mid-nineteen-sixties. As the architect remembers, she was a typical *Gastarbeiter,* or immigrant worker, child. When she came to Germany, she was ten and didn't speak a word of German. But she quickly learned, supported by a teacher who gave her extra German lessons in the afternoon, and by school friends who helped her with homework. Though originally determined to return to Yugoslavia, it was soon clear to the parents that the girl had to go to college. And then she realized even as a student that she would go start her own business as an architect. Jelena Bozic describes what drove her as "pure ambition." Her husband insists that, although she still holds a Croatian passport, she is really the only German in the family.

Amber Sayah

Born in Tehran. She grew up as the daughter of an Iranian father and a German mother in Iran. Studied German philology and art history in Göttingen. Since 1995, responsible for art and architecture in the arts section of the *Stuttgarter Zeitung.* 1996: award winner in the journalists' competition "Architektur, Bauen, Umwelt" of the Federal German Chamber of Architects. 1998: co-founded and moderated the Ludwigsburg architectural quartet discussion series. Publications include *Architekturstadt Stuttgart* (2012); and *Architekturland Baden-Württemberg* (2013).

ehemaligen Fabrikhalle im Stadtbezirk Feuerbach, betreiben stark frequentierte Dönerketten namens Ützel Brützel, versorgen die Stadt in einem Dutzend Naturgut-Filialen mit hochklassigen Biolebensmitteln oder machen sich als Architekten selbstständig – wie Jelena Bozic, die mit ihrem deutschen Partner Peter Cheret ein erfolgreiches Büro in Stuttgart führt.

Zusammen mit Mutter und Schwester folgte sie dem Vater, der sich Mitte der 1960er-Jahre im damaligen Jugoslawien (und heutigen Kroatien) von einer Ziegelfabrik nach Balingen am Rand der Schwäbischen Alb hatte anwerben lassen. Sie sei ein typisches „Gastarbeiterkind" gewesen, erinnert sich die Architektin. Als sie nach Deutschland kam, war sie zehn und sprach kein Wort Deutsch. Aber sie lernte schnell, unterstützt von einer Lehrerin, die ihr nachmittags Extradeutschstunden gab, und Schulfreundinnen, die bei den Hausaufgaben halfen. Für die Eltern, obwohl ursprünglich entschlossen nach Jugoslawien zurückzukehren, stand daher bald fest, dass das Mädchen die Universität besuchen sollte. Für sie selbst sei dann schon im Studium klar gewesen, dass sie sich als Architektin selbstständig machen würde. „Ehrgeiz pur", nennt Jelena Bozic das, was sie angetrieben hat. Ihr Mann behauptet, sie – die bis heute einen kroatischen Pass hat – sei in Wahrheit die einzige Deutsche in der Familie.

Amber Sayah
Geboren in Teheran. Wuchs als Tochter eines iranischen Vaters und einer deutschen Mutter im Iran auf. Studium der Germanistik und Kunstgeschichte in Göttingen. Seit 1995 Redakteurin für Kunst und Architektur im Kulturressort der *Stuttgarter Zeitung*. 1996 Preisträgerin des Journalistenwettbewerb „Architektur, Bauen, Umwelt" der Bundesarchitektenkammer. 1998 Mitbegründerin und Moderatorin des Ludwigsburger Architekturquartetts. Publikationen u. a.: *Architekturstadt Stuttgart*, 2012; *Architekturland Baden-Württemberg*, 2013.

THE ARRIVAL CITY IS INFORMAL

TOLERATING
SEMI-LEGAL PRACTICES
CAN BE USEFUL.

DIE ARRIVAL CITY IST INFORMELL

DIE TOLERIERUNG NICHT GÄNZLICH RECHTSKONFORMER PRAKTIKEN KANN SINNVOLL SEIN.

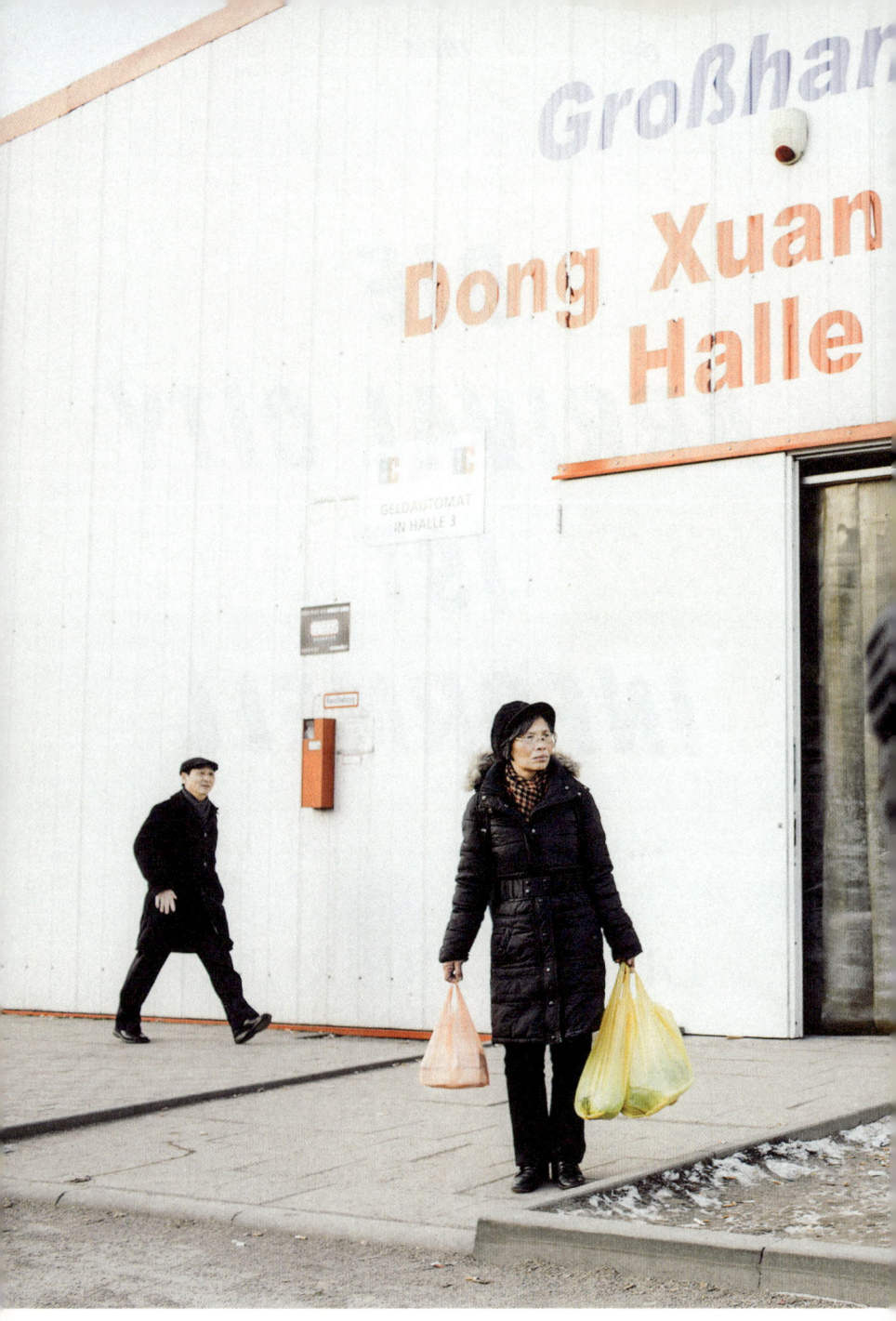

Fig. 29: About a thousand people work at the Dong Xuan Center in Berlin-Lichtenberg. The infrastructure allows new arrivals to start working almost immediately.

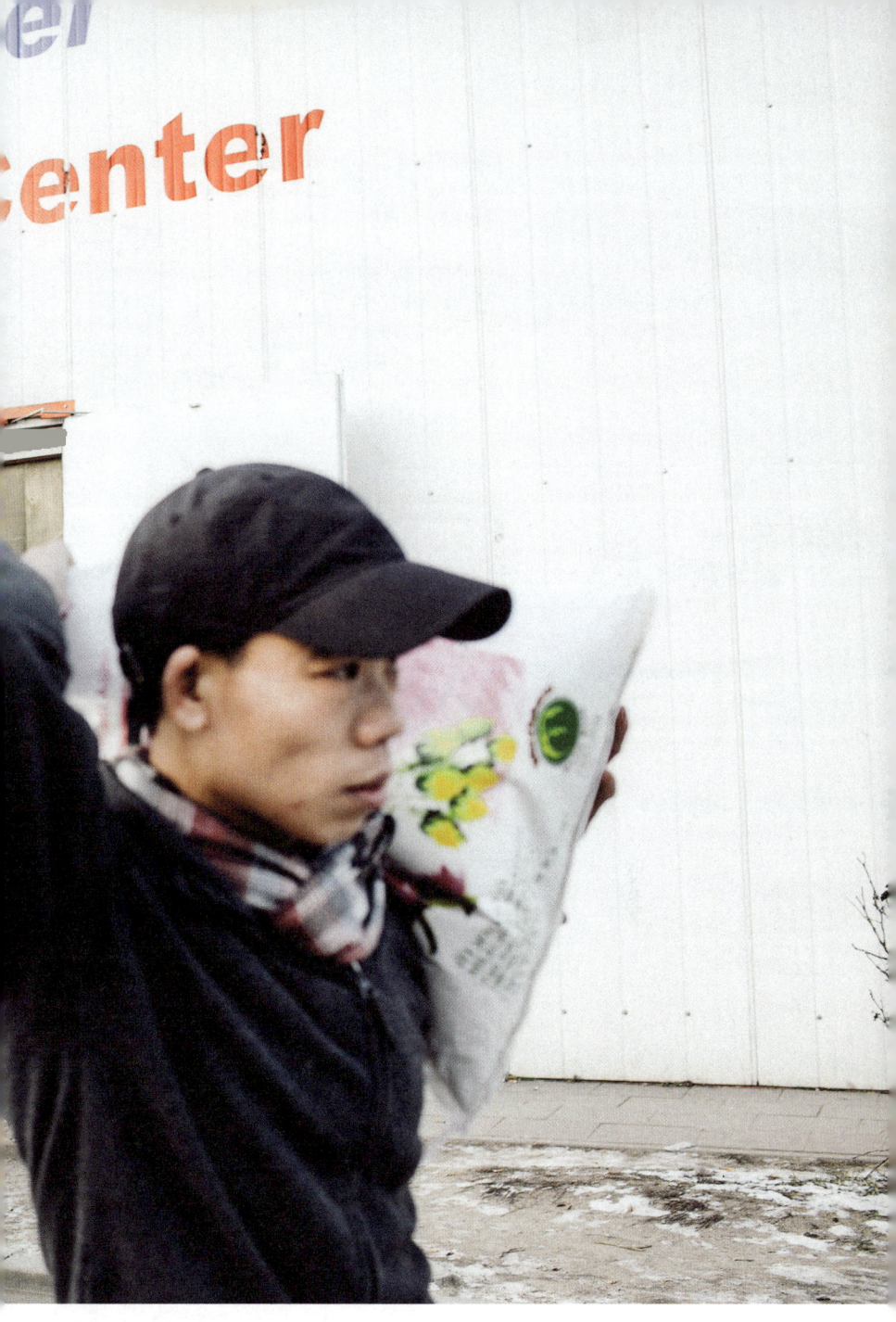

Abb. 29: Rund tausend Menschen arbeiten im Dong Xuan Center in Berlin-Lichtenberg. Die Infrastruktur ermöglicht Neuankömmlingen praktisch sofort den Start ins Erwerbsleben.

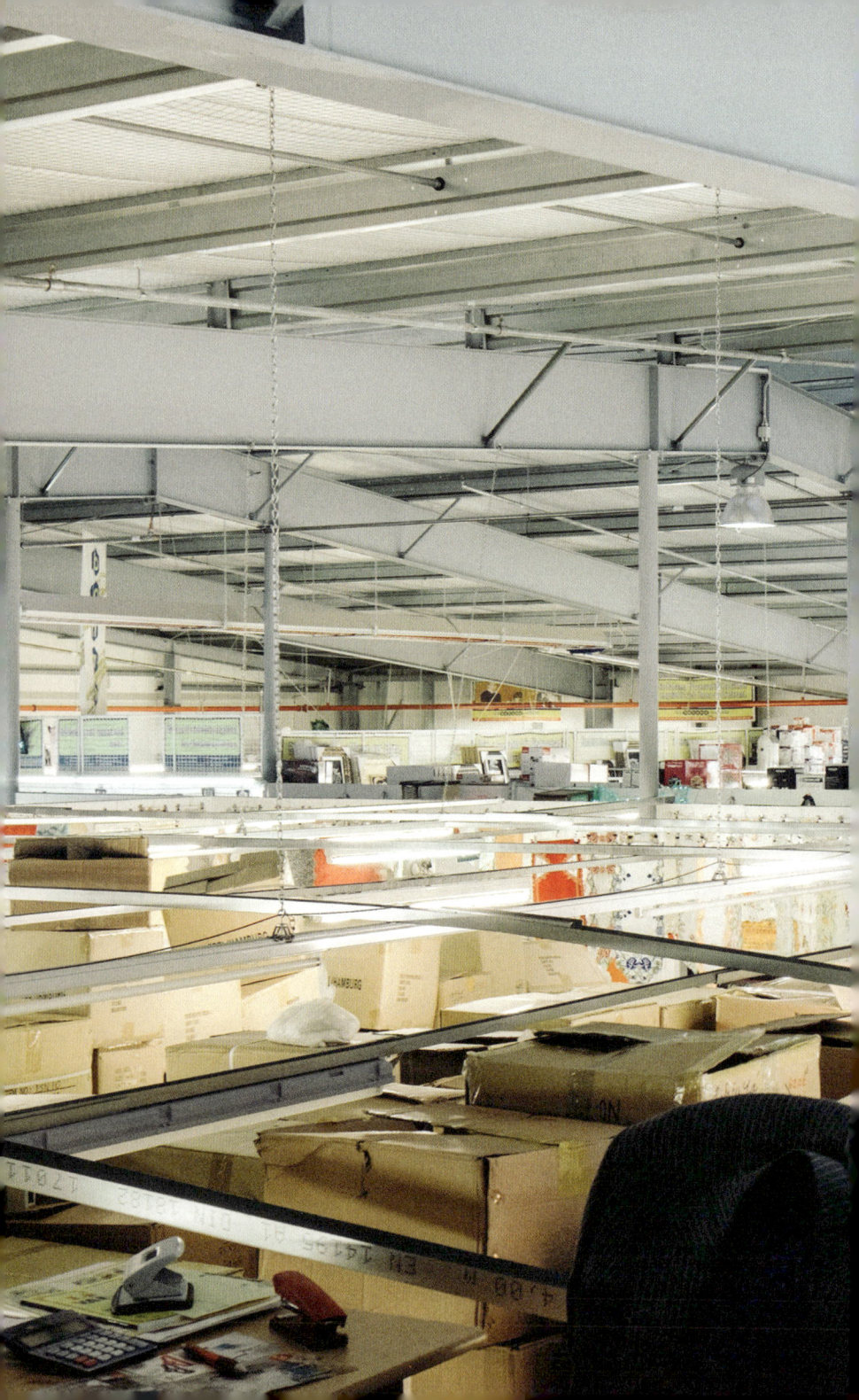

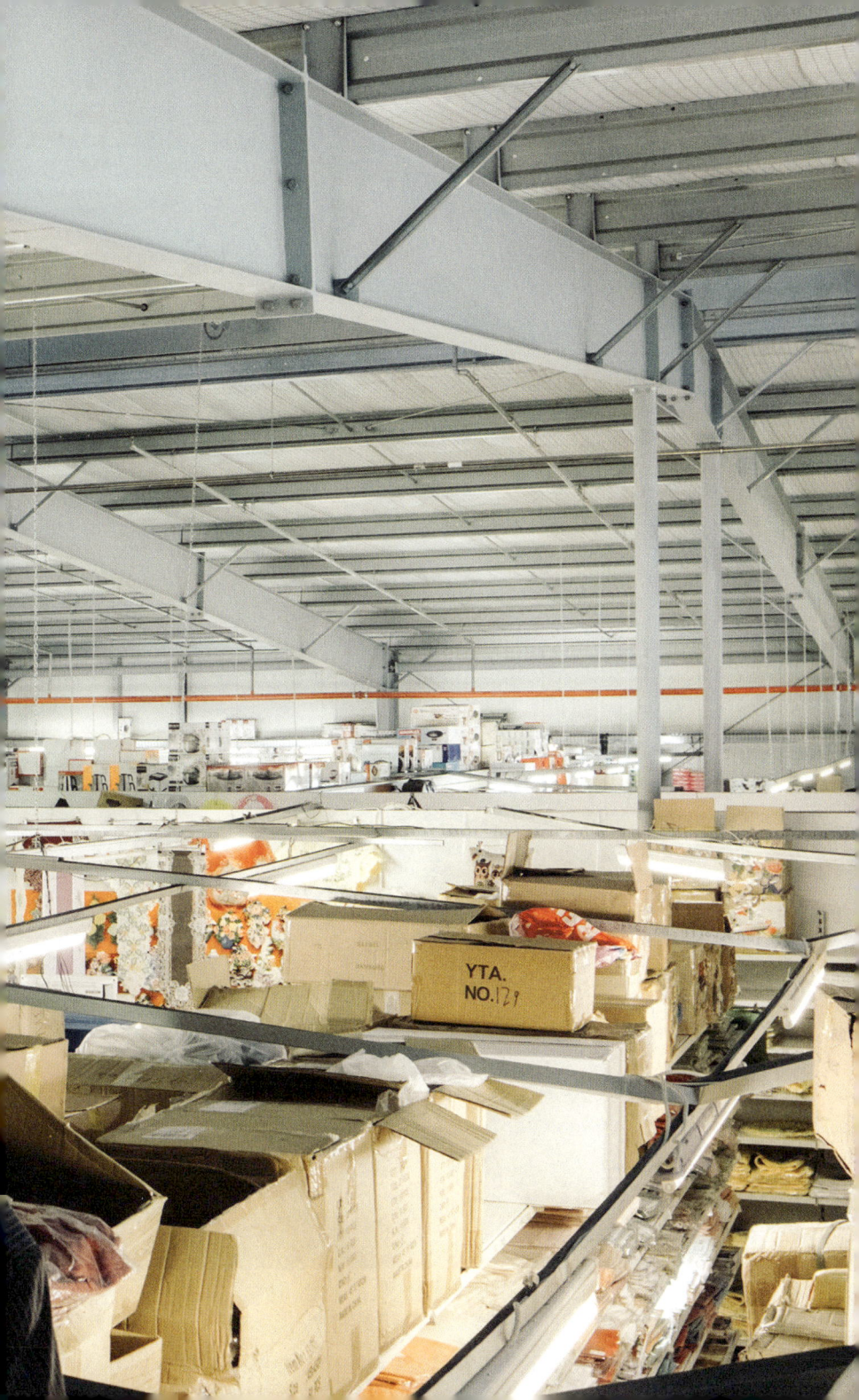

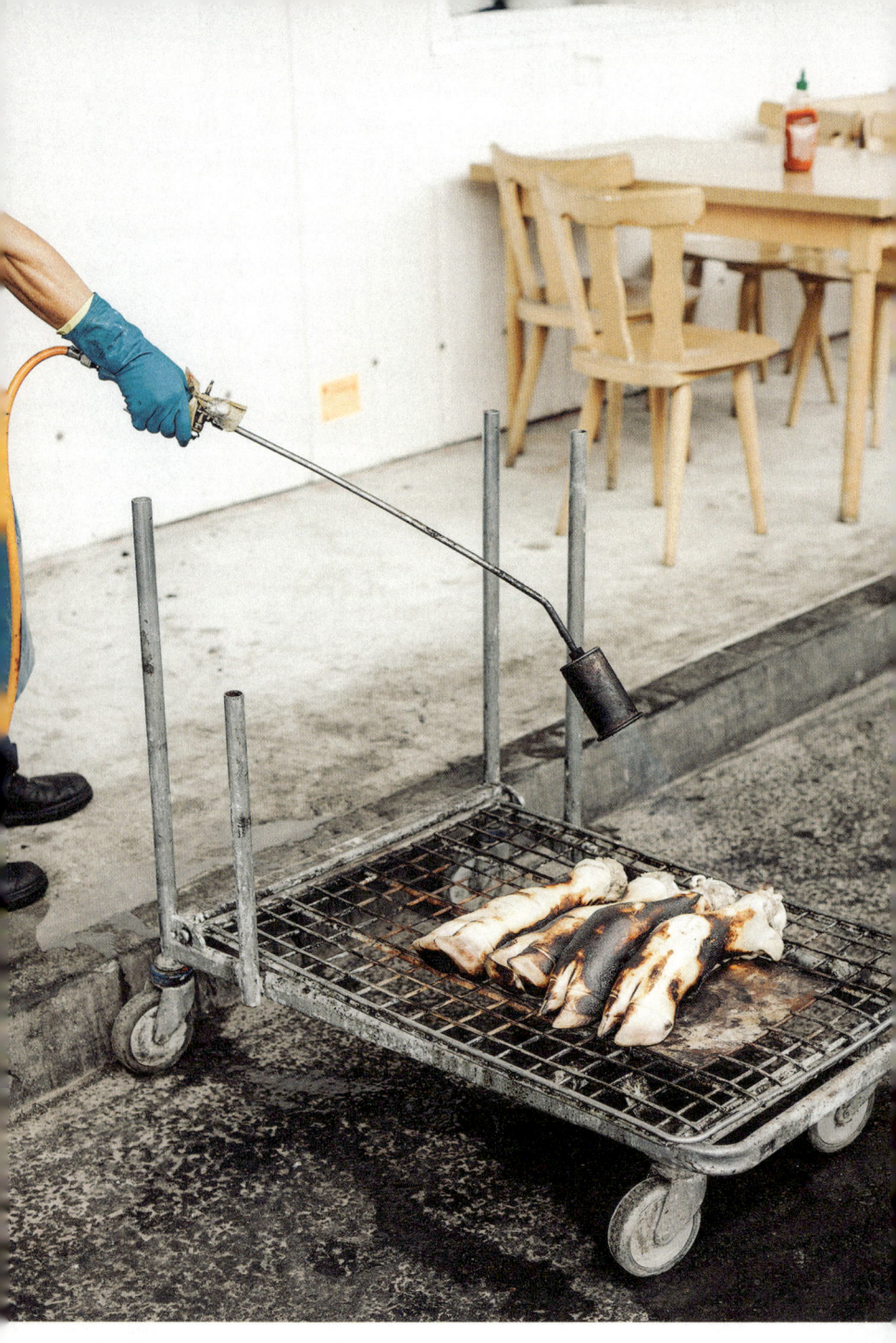

Fig. 31: Pigs' feet are grilled between the halls.

Abb. 31: Zwischen den Hallen werden Schweinefüße zubereitet.

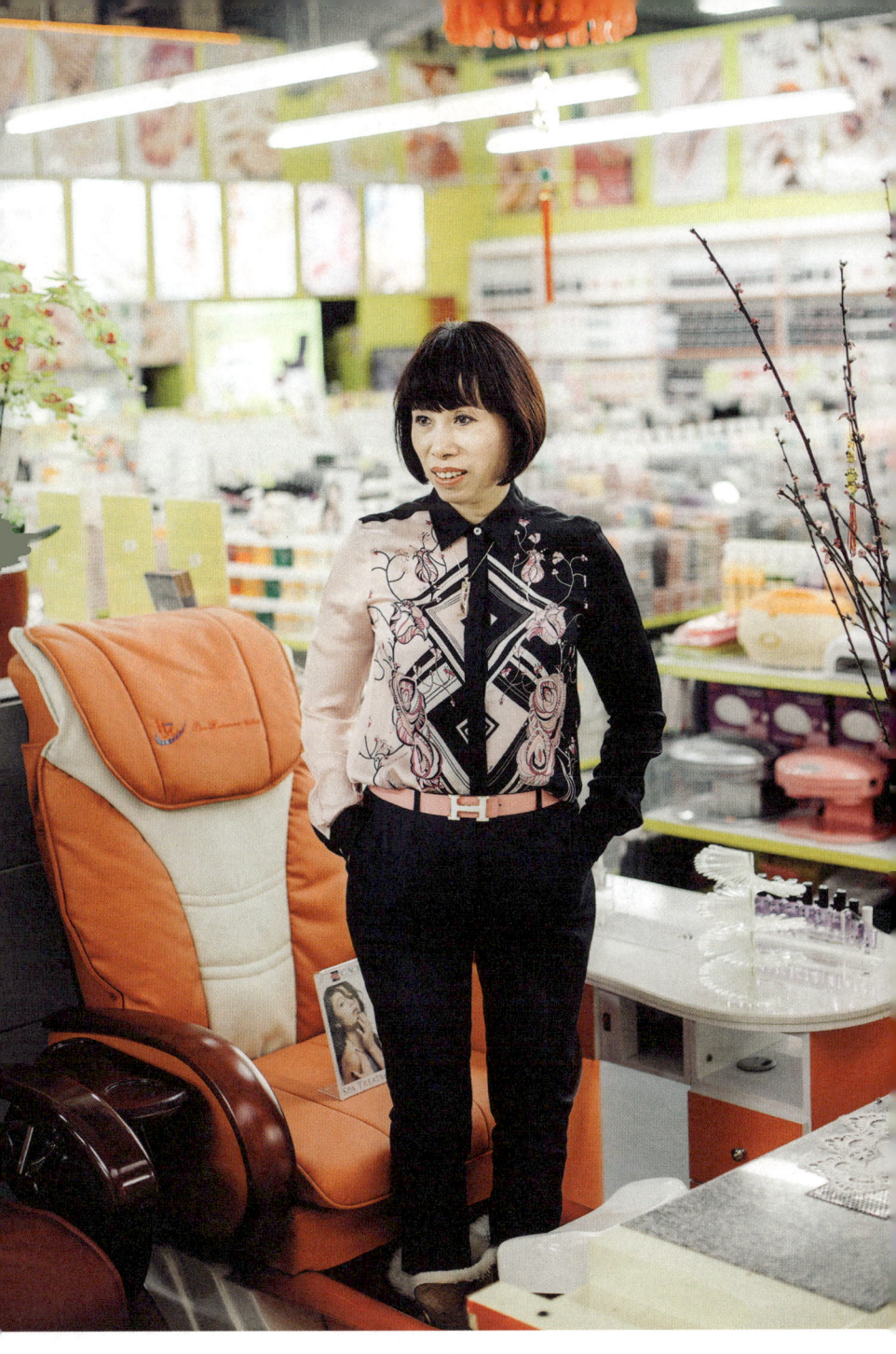

Fig. 32: Nguyen Thi Ha, wholesaler for nail studio supplies

Abb. 32: Miss Nguyen Thi Ha, Großhändlerin für Nagelstudiobedarf

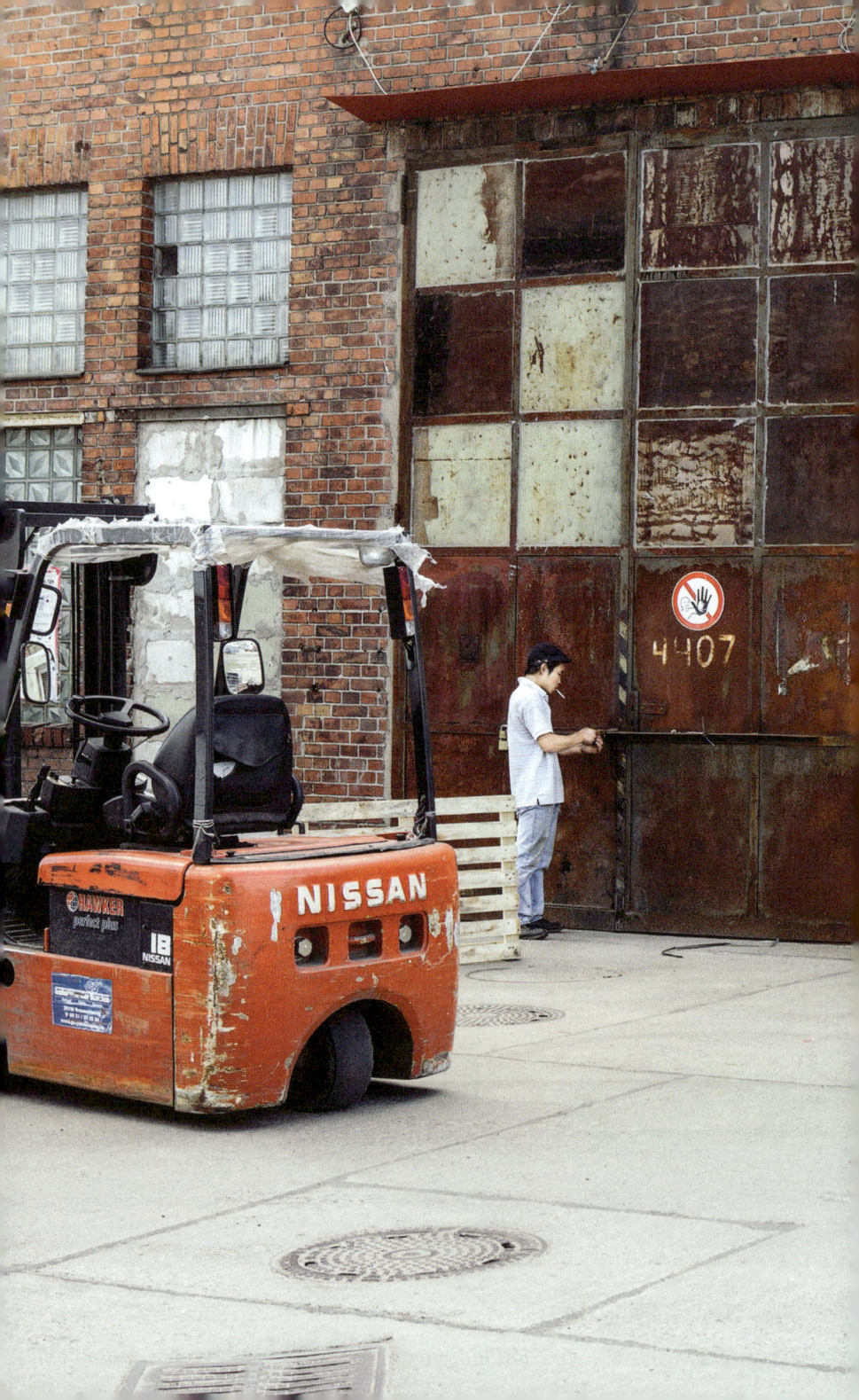

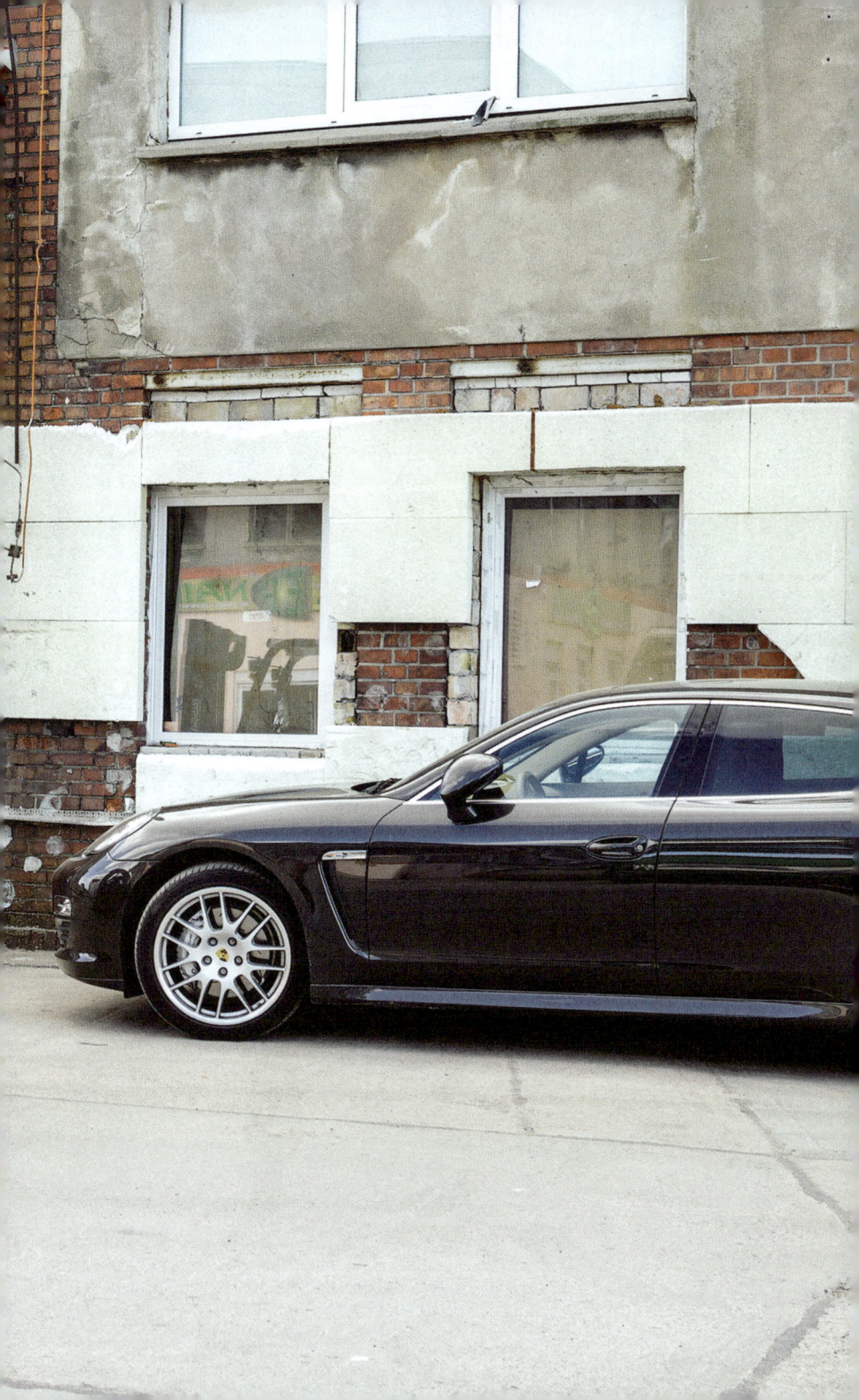

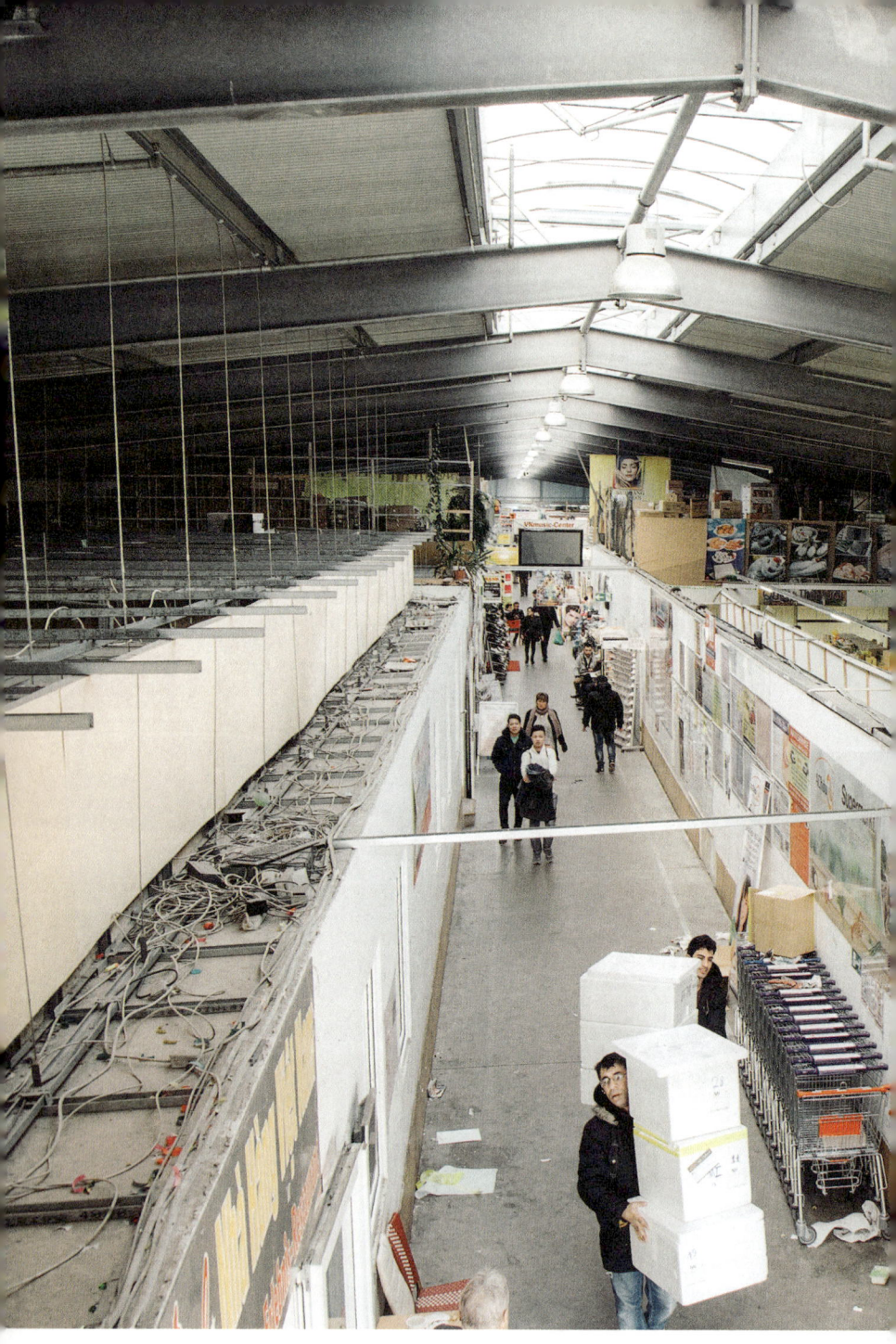

Fig. 34: The individual shops and aisles are separated from one another by simple partitions.

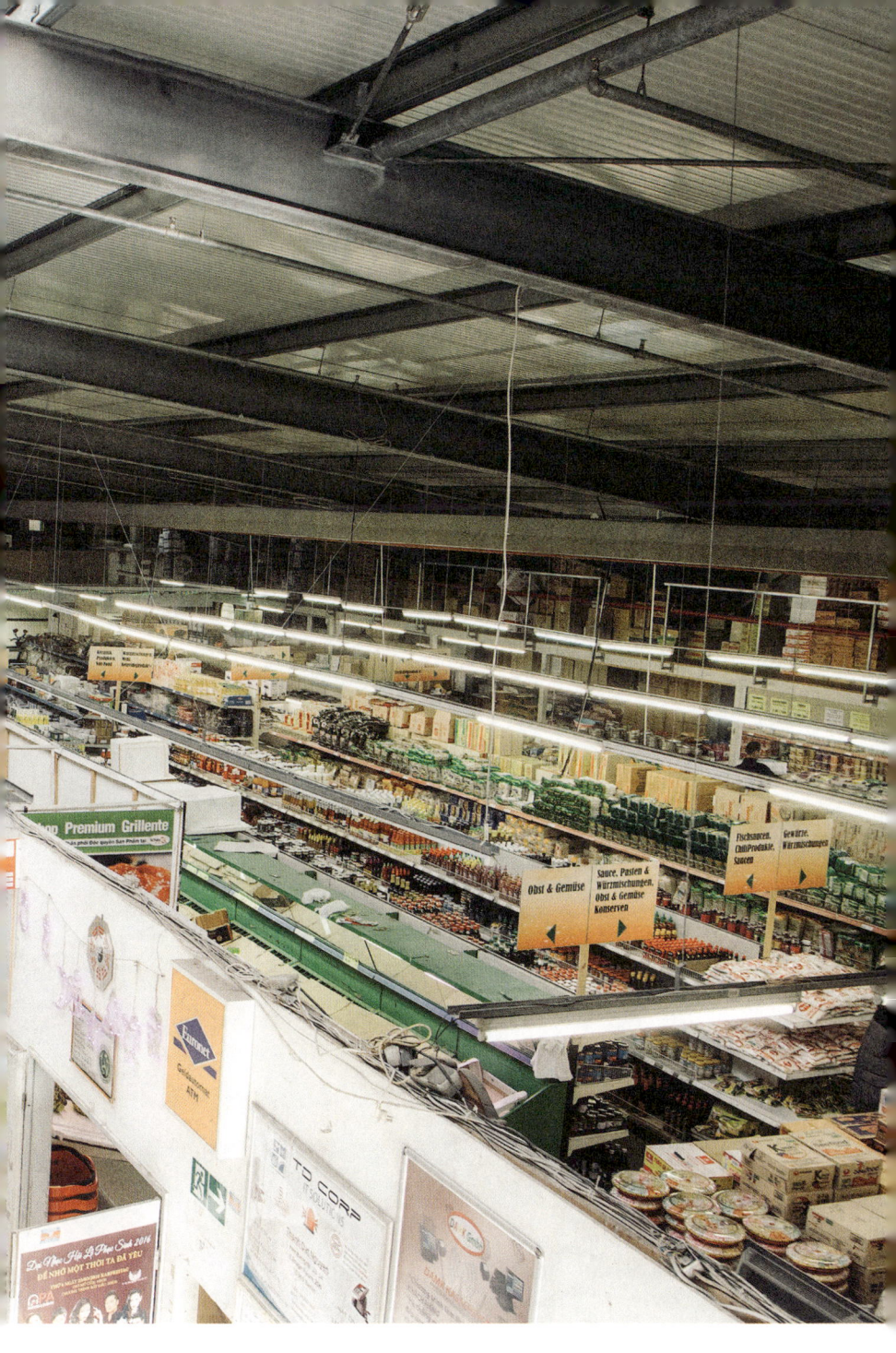

Abb. 34: Die einzelnen Geschäfte und Durchgänge sind durch einfache Trennwände unterteilt.

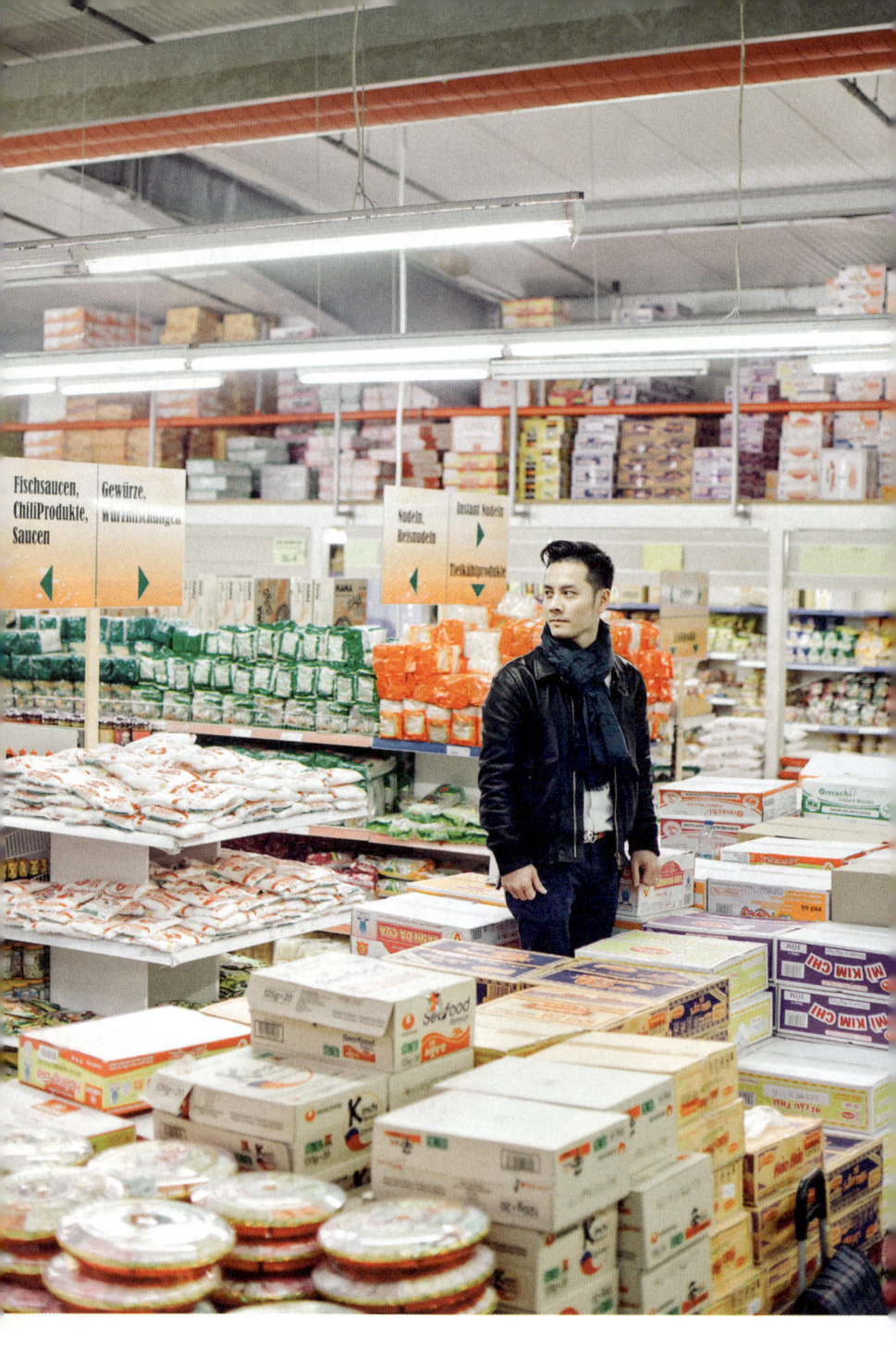

Fig. 35: Cu Huu Viet, owner of the A Chau 24 supermarket

Abb. 35: Cu Huu Viet, Besitzer des Supermarktes A Chau 24

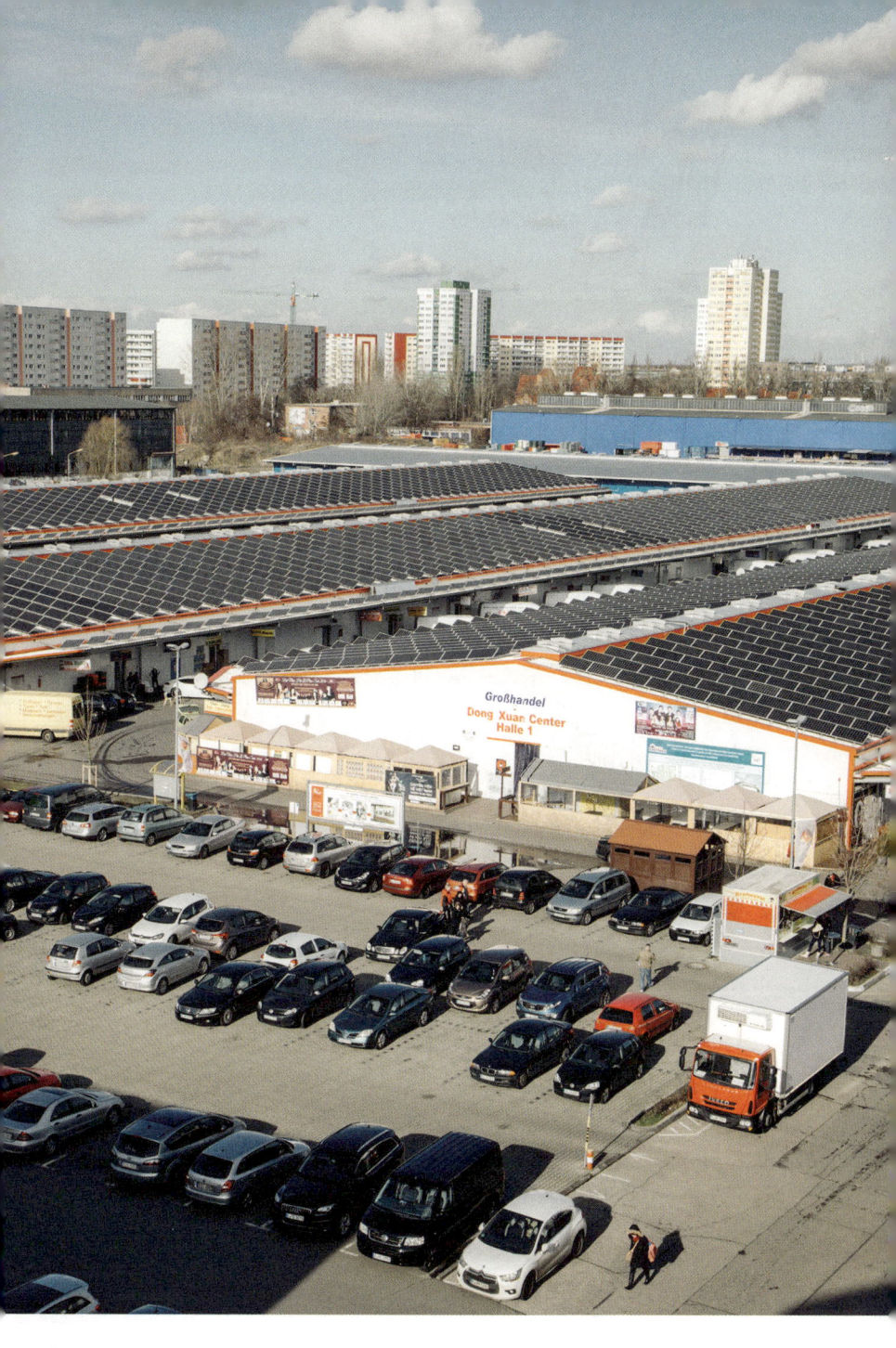

Fig. 36: The Dong Xuan Center now consists of eight halls.

Abb. 36: Das Dong Xuan Center besteht inzwischen aus acht Hallen.

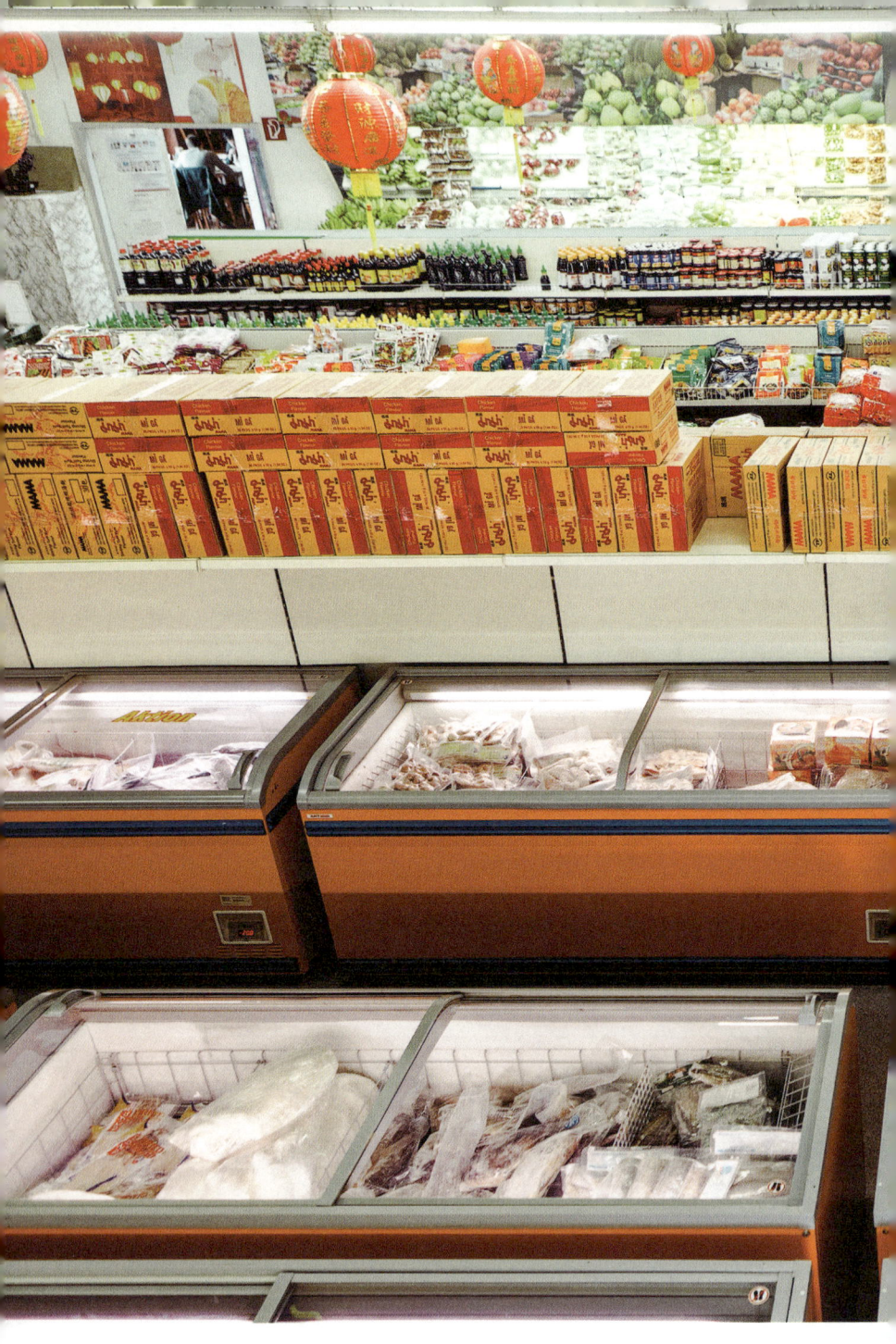

Fig. 37: The clear separation between wholesale and retail defined by German law hardly applies here.

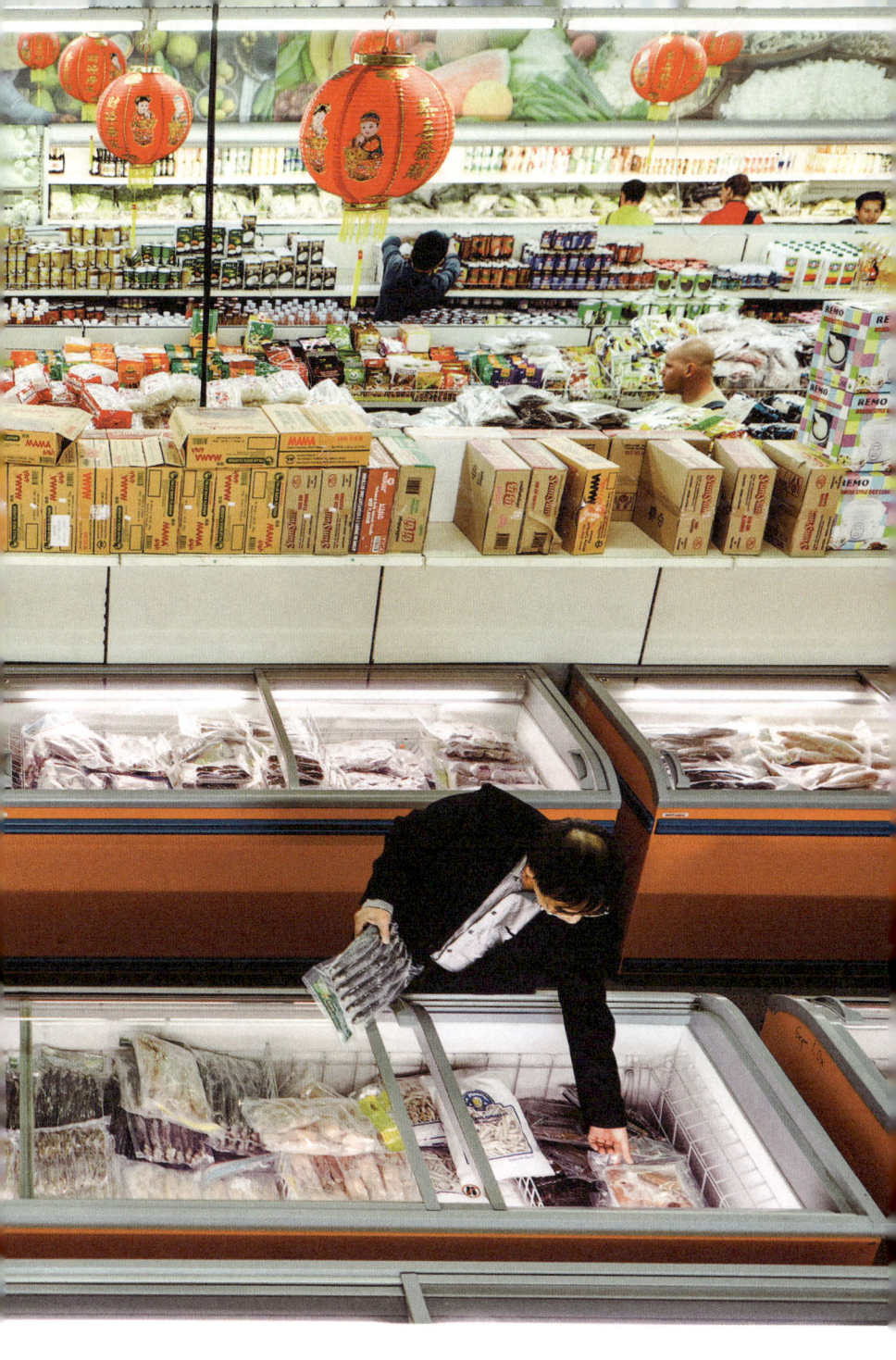

Abb. 37: In Deutschland gesetzlich klar definierte Abgrenzungen von Einzel- und Großhandel sind hier kaum anzuwenden.

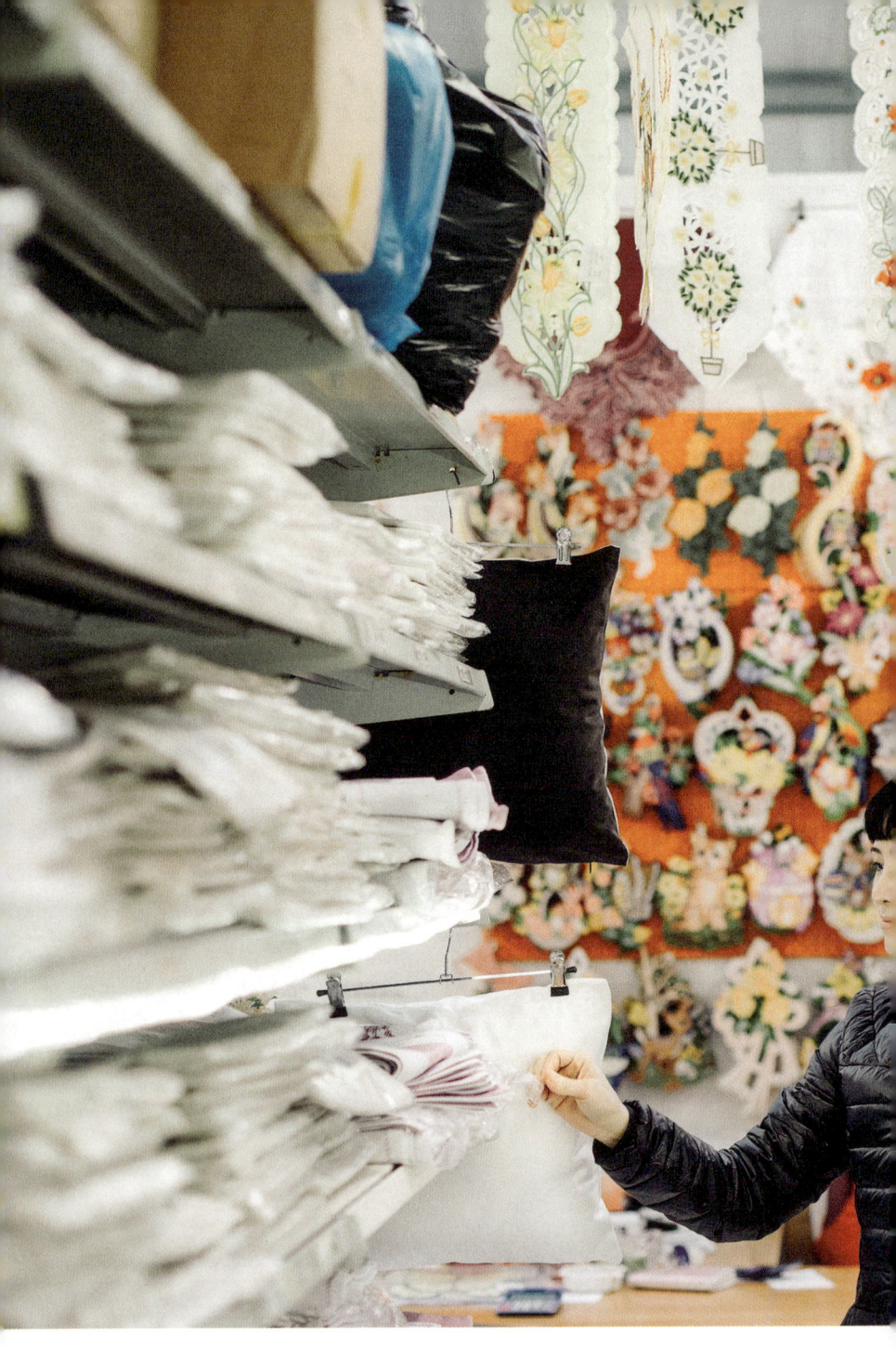

Fig. 38: Ngyuen Thi Thai Minh, owner of a shop for decorations shop

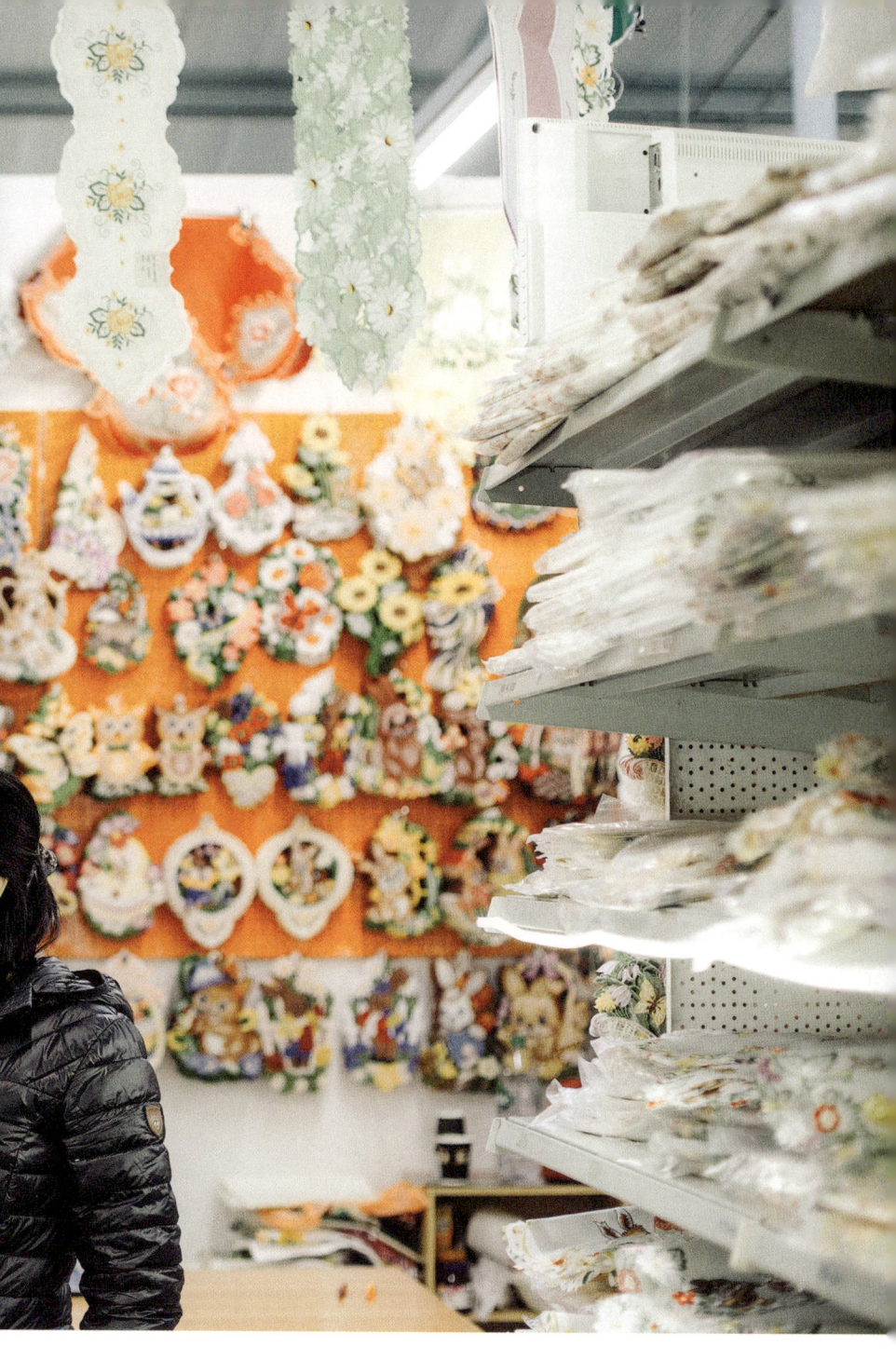

Abb. 38: Ngyuen Thi Thai Minh, Inhaberin eines Dekorations-artikelladens

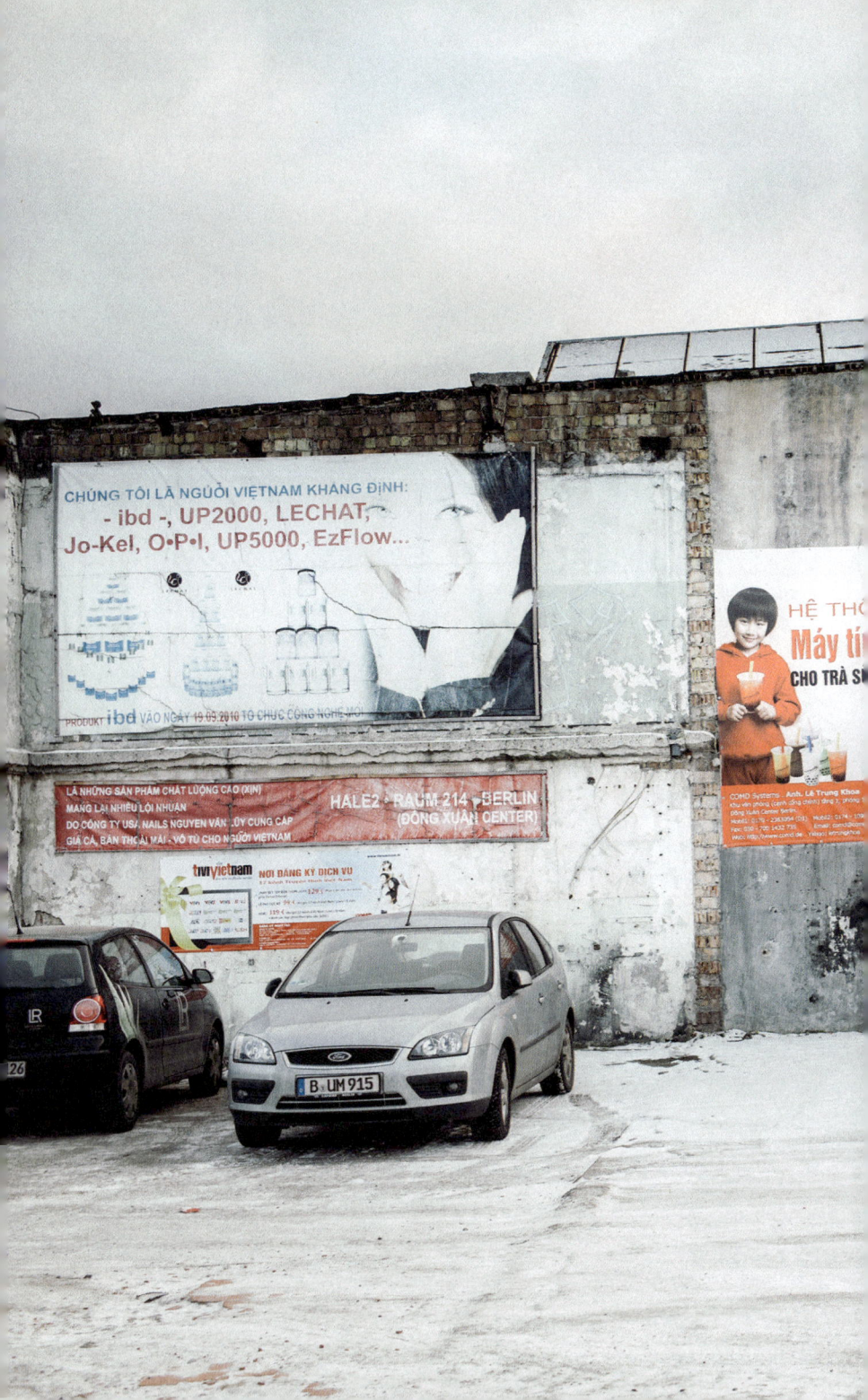

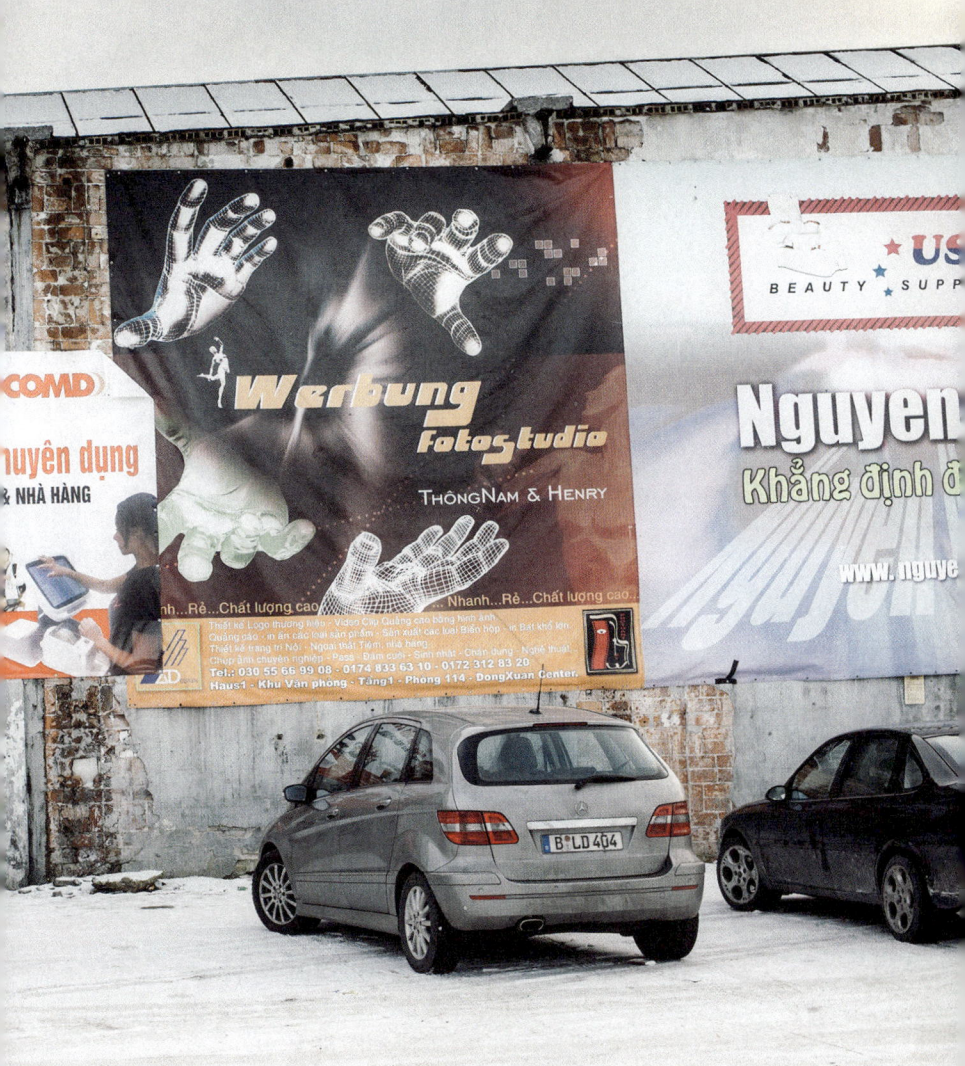

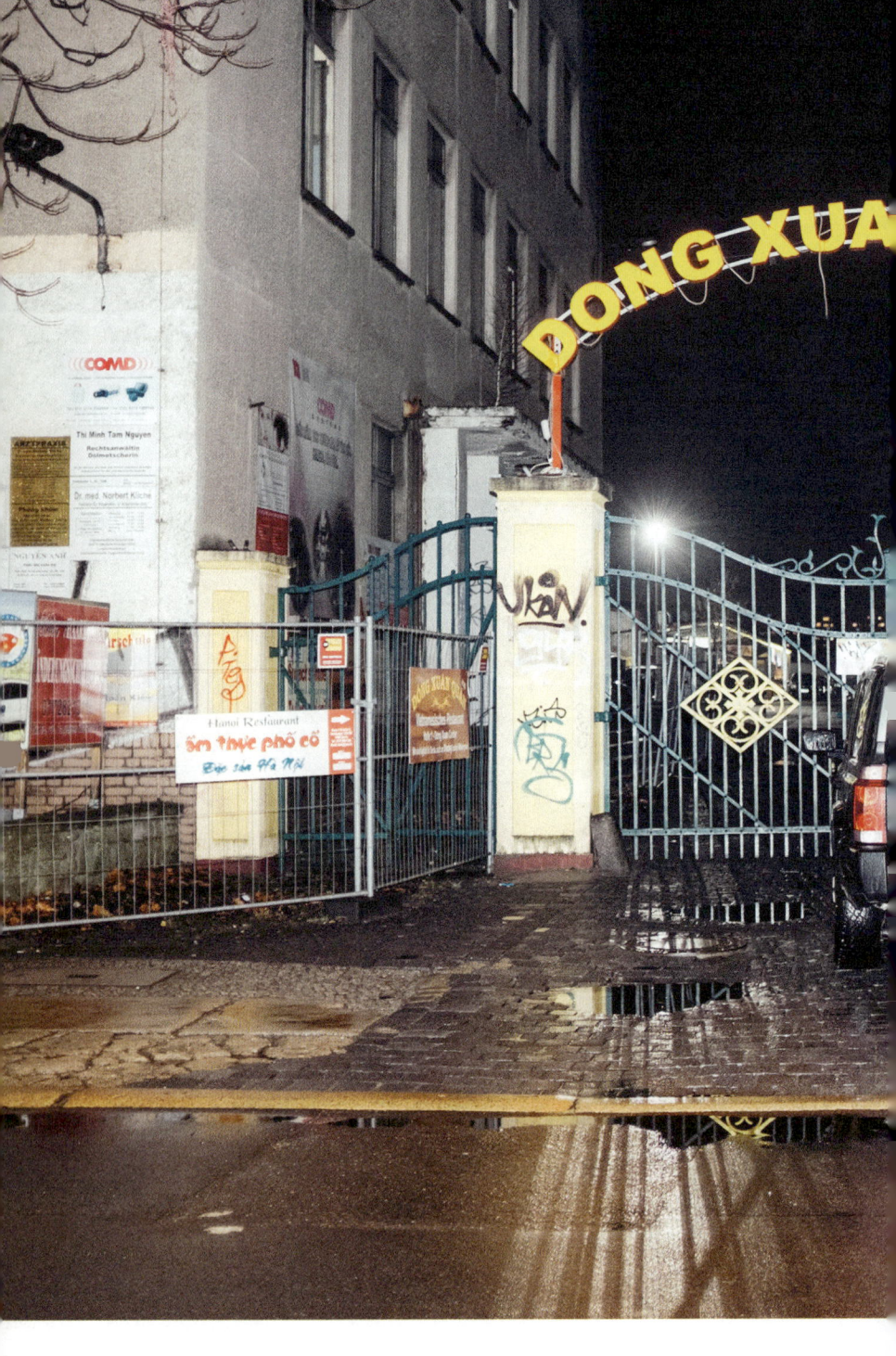

Fig. / Abb. 40: Dong Xuan Center in Berlin-Lichtenberg

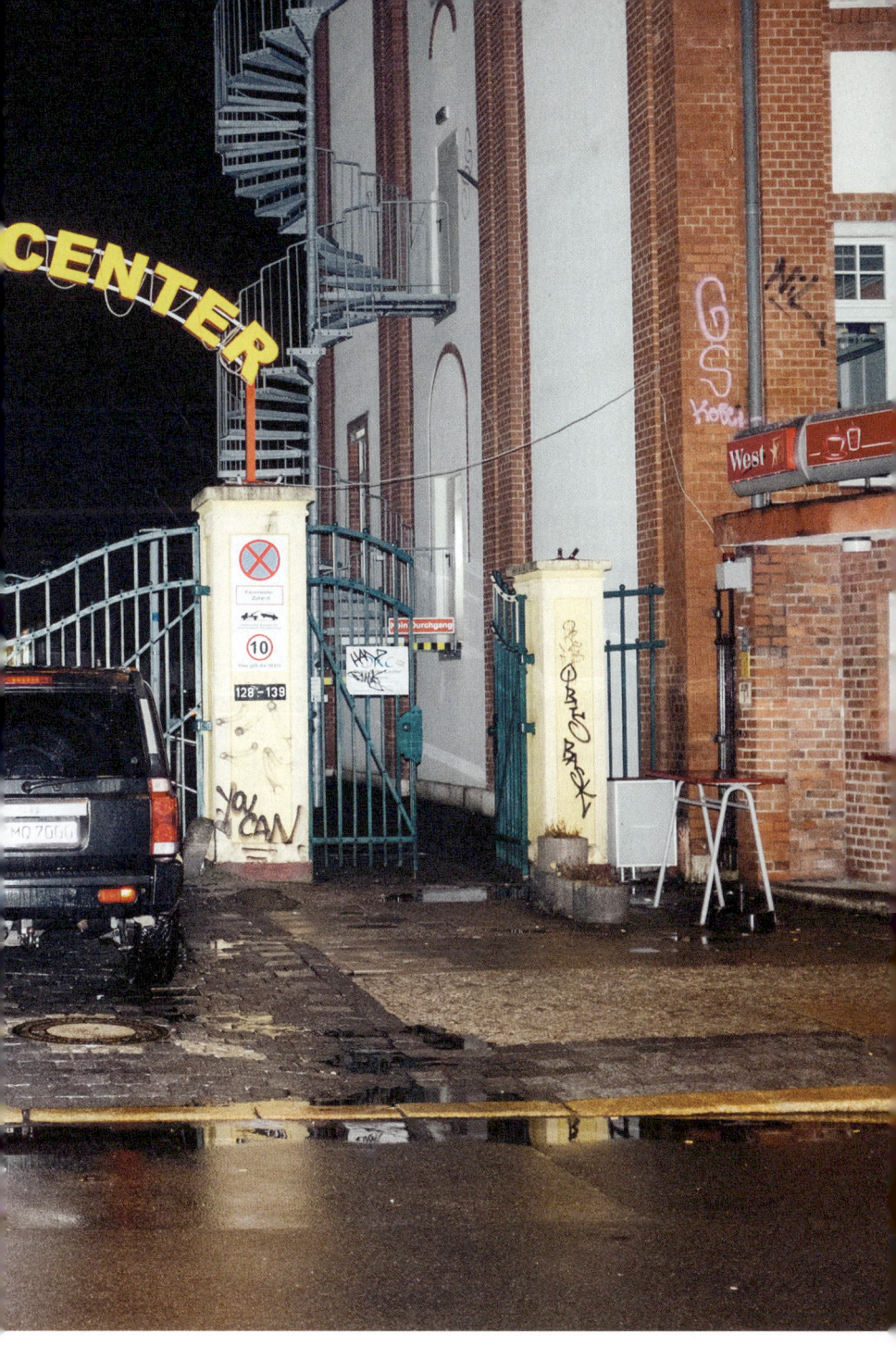

MR. HIEN HELPS

Marietta Schwarz

For some, the Dong Xuan Center in the Lichtenberg district of Berlin is a gateway for the Vietnamese mafia; for others, it is a port of call that enables immigrants to pursue a livelihood in their new home country. Whether the process of arrival has been successful will only become evident in the second generation. "Godspeed – good luck!" The red-gold pendants from the New Year's festival are still hanging from the branches in Tran Cong Than's restaurant. On New Year's Day the Vietnamese wish one another prosperity, success, and happiness. The red sachets contain coins or good wishes. "We have been fortunate," says Tran Cong Than while sipping his ginger tea with honey. After thirty years his German is still not fluent. But things have gone well for Mr. Than and his family in Germany—and not just in the past year. His oldest son is studying computer science, his daughter has just finished high school, and his youngest child is in fifth grade and is called Duc Anh, like his restaurant at the Dong Xuan Center, which he opened ten years ago right at the front of Hall 3.

The Dong Xuan Center is a huge trading center for goods and services of all kinds deep in east Berlin—a market similar to those found at the borders of Eastern Europe or in Asia. Predominantly Vietnamese traders stand between piles of jeans, cat-print polyester sweaters, and children's snowsuits. The window mannequins look rather the worse for wear after being transported. The saleswoman in the store brimming with plastic flowers is difficult to make out. Next door they repair smartphones and sell LED light chains. And then there is one hairdressing and beauty and nail salon after another. Or else restaurants like "Duc Anh."

Tran Cong Than is a popular go-to person for those who want to explore this place. Most of the two hundred and fifty traders in the halls are wary and uncommunicative, but Mr. Than likes to tell his story. He came to the GDR as a contract worker in 1987. "Mukran on Rügen Island," he says, that's where he worked at the port. When the wall came down two years later he lost his job and his status as a legal resident. In reunified Germany there was no place for GDR Vietnamese. Anyone wanting to stay had to somehow muddle through. Most did so as mobile traders. Tran Cong Than began selling clothes driving from market to market on his Simson "Schwalbe" moped until he could afford to buy a small car. Then he opened his first restaurant in the hinterland of Berlin and eventually one in the city. As the years went by Mr. Than stayed in Germany on sufferance, but was not paralyzedthat didn't stop him working. Only in 1997, after eight years, was he granted permanent residence like all the other Vietnamese contract workers. Many such stories can be found at the Dong Xuan Center.

The restaurant "Duc Anh" doesn't have a very welcoming atmosphere, but it is nonetheless a meeting point for the community. Vietnamese weddings are celebrated here on weekends and during the week, traders from the vicinity as well as the occasional hipster and tourist slurp their phở soup here. The eight market halls of the Dong Xuan Center seem to function like a small village—even for outsiders looking for something authentic? Tran Cong Than nods. "Yes, that's

HERR HIEN HILFT

Marietta Schwarz

Für die einen ist das Dong Xuan Center in Berlin-Lichtenberg das Einfallstor der Vietnamesenmafia, für die anderen ein Anlaufpunkt, der Migranten den Aufbau einer eigenen Existenz in der neuen Heimat ermöglicht. Ob das Ankommen wirklich glückt, zeigt sich erst in der zweiten Generation. „Viel Erfolg – viel Glück!" Bei Tran Cong Than im Restaurant hängen noch die rot-goldenen Anhänger vom Neujahrsfest an den Zweigen. Die Vietnamesen wünschen sich zum Neujahrstag vor allem Wohlstand, Erfolg und Glück. In den roten Tütchen befinden sich Geldstücke oder gute Wünsche. „Wir haben Glück gehabt", sagt Tran Cong Than, während er an seinem Ingwertee mit Honig nippt. Sein Deutsch ist nach dreißig Jahren immer noch holperig. Aber für ihn und seine Familie ist es ganz gut gelaufen in Deutschland, nicht nur im vergangenen Jahr. Der älteste Sohn studiert Informatik, die Tochter hat gerade Abitur gemacht, der Jüngste ist in der 5. Klasse und heißt Duc Anh, so wie sein Restaurant im Dong Xuan Center, das er vor zehn Jahren eröffnete, ganz vorne in Halle 3.

Das Dong Xuan Center ist ein riesiger Umschlagplatz für Waren und Dienstleistungen aller Art, tief im Osten von Berlin. Ein Markt, wie man ihn auch an den Grenzen Osteuropas oder in Asien findet. Händler, vorwiegend vietnamesische, stehen zwischen Jeanstürmen, Polyesterpullis mit Katzenaufdruck oder Kinderschneeanzügen. Die Schaufensterpuppen haben schon einige Transportschäden hinter sich. Eine Verkäuferin ist in ihrem vor Plastikblumen überbordenden Geschäft kaum zu sehen. Nebenan werden Smartphones repariert und LED-Leuchtketten verkauft. Und immer wieder Frisöre, Beauty- und Nagelstudios. Oder Restaurants wie das Duc Anh.

Tran Cong Than ist für diejenigen, die diesen Ort ergründen wollen, eine beliebte Anlaufadresse. Die meisten der zweihundertfünfzig Händler in den Hallen sind misstrauisch und verschlossen, er hingegen erzählt gerne seine Geschichte. Herr Than kam 1987 als Vertragsarbeiter in die DDR, „Mukran" sagt er, „Insel Rügen", dort arbeitete er im Hafen. Zwei Jahre später fiel die Mauer, er verlor seine Arbeit und seinen Aufenthaltsstatus. Im wiedervereinigten Deutschland war für DDR-Vietnamesen kein Platz vorgesehen. Wer bleiben wollte, musste sich irgendwie durchschlagen. Die meisten taten das als mobile Händler. Tran Cong Than wurde Kleiderverkäufer, fuhr mit seinem Moped, einer Simson „Schwalbe", von Markt zu Markt, bis er sich ein kleines Auto leisten konnte. Dann eröffnete er sein erstes Restaurant im Umland von Berlin, schließlich eines in der Stadt. So gingen die Jahre ins Land, Herr Than befand sich in Duldung, aber nicht in Starre. Erst 1997, nach acht Jahren, bekam er wie alle anderen vietnamesischen Vertragsarbeiter eine unbefristete Aufenthaltsgenehmigung. Im Dong Xuan Center hört man viele solcher Geschichten.

Das Restaurant Duc Anh ist nicht sehr gemütlich, aber ein Treffpunkt der Community. Am Wochenende werden vietnamesische Hochzeiten gefeiert, und unter der Woche schlürfen hier neben den Händlern aus der Nachbarschaft auch schon mal Hipster und Touristen ihre Phở-Suppe. Die acht Markthallen von Dong Xuan fungieren wohl wie ein kleines Dorf, auch für Fremde, die auf

right." These days he welcomes mostly German patrons, but he doesn't really care who comes. The major advantages of being a tradesperson here lie elsewhere: cheap rents, lots of walk-in customers, networks among the traders, and if someone is unable to pay the deposit, it is sometimes waived by the person who runs the center. "Mr. Hien helps," says Mr. Than.

Nguyen van Hien runs the market. He bought the site on Herzbergstrasse in 2003 and gradually developed it into a trading hub as well as a cultural center for his fellow Vietnamese. About a thousand people work here, many of them twelve to fifteen hours a day. They meet Vietnamese friends and celebrate here on weekends, including the major holiday ("Godspeed – good luck!"), the New Year's festival. The infrastructure allows new arrivals to start working almost immediately. Anyone who does not want to lease commercial space right away can tear the appropriate phone number from an announcement on the notice board: "Waitress wanted for Vietnamese restaurant" or "Cook wanted for Chinese restaurant."

Those who end up at the Dong Xuan Center are mostly people who have migrated from the central part of Vietnam as well as from China, India, and Pakistan to escape poverty. In many cases they are unqualified and have no knowledge of German, and some of them don't have a work or residence permit either. As a result, the 88,900m2 facility in Berlin-Lichtenberg has seen a shadow economy with lighter and darker gray areas establish itself. At the center you hear people saying things like: "Most of the people here are illegal" or "The rent is collected once a month." They say there are hardly any checks by the Berlin authorities. Representatives of the Vietnamese embassy, on the other hand, show up regularly. Outside observers have fewer qualms about calling a spade a spade: money laundering, contraband, human trafficking. You name it, you can find it all at the Dong Xuan Center—and the Vietnamese government has its finger in the pie too.

The responsible district councillor, Andreas Prüfer from the left-wing party "Die Linke," is unruffled by such accusations; he's heard it all before. Mr. Hien maintains close contacts with the Vietnamese, he says. Clearly there is "money in the system," but the Dong Xuan Center is a renowned business location and an example of a successful migrant economy: "Many people have managed to make the step up from illegality into regular employment." Hence Prüfer supports the project. "That used to be a field of rubble, with the wind blowing across the *plattenbau*: it was not a pretty sight," he remembers. "Dong Xuan" is Vietnamese for "Spring Meadow."

Nguyen van Hien is said to have invested ten million euros to transform the rubble field into an Asian-style mall. The premises on Herzbergstrasse are still a *plattenbau*-lined, drafty place in a run-down industrial area. But almost seven thousand people of Vietnamese descent live in the district, and the number is gradually increasing. The older people among them identify with Herzbergstrasse. Where the corrugated halls stand today, they used to work at VEB Elektrokohle, the state-owned manufacturer of graphite products in the GDR. So when Mr. Hien put up the first halls and began leasing commercial spaces, it acted as a magnet for many Vietnamese.

"We have always supported the settlement," says Andreas Prüfer. This is why the local district authorities deliberately turn a blind eye to certain legal issues,

der Suche nach Authentischem sind? Tran Cong Than nickt, „jaja", inzwischen begrüßt er mehrheitlich deutsche Gäste, aber eigentlich ist es ihm egal, wer kommt. Die großen Vorteile, hier Gewerbetreibender zu sein, liegen woanders: günstige Mieten, viel Laufkundschaft, Netzwerke unter den Händlern, und wer die Kaution nicht bezahlen könne, dem werde sie auch schon mal vom Betreiber erlassen. „Herr Hien hilft", sagt Herr Than.

Nguyen van Hien ist der Betreiber des Marktes. 2003 kaufte er das Gelände an der Herzbergstraße und entwickelte daraus nach und nach ein Handels-, aber auch ein kulturelles Zentrum für seine Landsleute. Rund tausend Menschen arbeiten hier, viele von ihnen zwölf bis fünfzehn Stunden am Tag, sie treffen vietnamesische Freunde und feiern hier am Wochenende, auch den höchsten Feiertag – „Viel Erfolg – viel Glück!" –, das Neujahrsfest. Die Infrastruktur ermöglicht Neuankömmlingen praktisch sofort den Start ins Erwerbsleben. Wer nicht gleich eine Gewerbefläche mieten will, reißt sich vom Aushang an der Pinnwand die passende Telefonnummer ab: „Kellnerin gesucht für vietnamesisches Restaurant" oder „Koch gesucht für Chinarestaurant".

Es sind vor allem Armutsmigranten aus dem mittleren Teil Vietnams, aber ebenso aus China, Indien und Pakistan, die im Dong Xuan Center landen. Oft nicht qualifiziert, ohne deutsche Sprachkenntnisse und teilweise auch ohne Arbeits- oder Aufenthaltserlaubnis. So hat sich auf den 88 900 Quadratmetern in Berlin-Lichtenberg auch ein System der Schattenwirtschaft etabliert, mit helleren oder dunkleren Grauzonen. Im Center hört man Sätze wie: „Die meisten hier sind illegal" oder „Die Miete wird monatlich abgeholt". Kontrollen durch die Berliner Ämter gebe es kaum. Vertreter der vietnamesischen Botschaft hingegen stünden regelmäßig auf der Matte. Beobachter draußen finden noch deutlichere Worte: Geldwäsche, Schmuggel, Menschenhandel. Im Dong Xuan Center gebe es nichts, was es nicht gebe – und die vietnamesische Regierung habe ihre Hände mit im Spiel.

Der zuständige Bezirksstadtrat Andreas Prüfer (Die Linke) reagiert gelassen, fast schon gelangweilt auf solche Vorwürfe. Herr Hien pflege gute Kontakte zur vietnamesischen Botschaft, da sei offensichtlich „Geld im System". Aber das Dong Xuan Center sei ein renommierter Wirtschaftsstandort und ein Beispiel für erfolgreiche migrantische Ökonomie: „Viele Menschen haben es aus der Illegalität in eine geordnete Beschäftigung geschafft." Deshalb unterstützt Prüfer das Projekt. „Das war vorher ein Ruinenfeld, der Wind strich über die Platte, es war kein schöner Anblick", erinnert er sich. Dong Xuan ist vietnamesisch und heißt übersetzt Frühlingswiese.

Zehn Millionen Euro soll Nguyen van Hien investiert haben, um das Ruinenfeld in eine Mall nach asiatischem Vorbild zu verwandeln. Das Gelände in der Herzbergstraße ist immer noch ein zugiger und von Plattenbauten gesäumter Flecken in einem heruntergekommenen Industriegebiet. Doch im Bezirk leben knapp siebentausend Vietnamesischstämmige, mit leicht steigender Tendenz. Für die Älteren unter ihnen ist die Herzbergstraße auch ein Identifikationspunkt. Wo jetzt die Wellblechhallen stehen, arbeiteten sie früher in der VEB Elektrokohle, dem Hersteller für Grafitprodukte in der DDR. Als Herr Hien die ersten Hallen errichtete und anfing Gewerbeflächen zu vermieten, wirkte das auf viele Vietnamesen wie ein Magnet. „Wir haben die Ansiedlung immer unterstützt", sagt Andreas Prüfer. In einigen rechtlichen Belangen schaut das örtliche Bezirksamt deshalb ganz bewusst

especially with regard to building regulations. The property is zoned commercial, which means that only wholesale business can be operated here and, in exceptional cases, services. But hardly anyone abides by this. Restaurants are re-declared "cafeterias" by the public order office. Hairdressers grow out of the official "hairdressing wholesale trade," which at some point stops selling hairdressers' chairs and puts customers in them instead. Strictly speaking, the operator's current project also violates the existing land-use plan: residential buildings are not allowed in the commercial zone, but Mr. Hien is putting up a "guest house" to accommodate visitors from all over the world. "We have to reassess this every time," says Andreas Prüfer.

The Dong Xuan Center has in the meantime grown to a total of eight halls, each fitted with solar panels on the roof. As you enter each hall through a small door like a garden shed and walk along the artificially lit aisles, you are surprised by the microcosm that opens up at the sales booths to the right and left. A feeling of suspicion arises as you start to wonder where the wholesale customers from Germany, Poland, and elsewhere in Europe who allegedly shop here are? What do the traders who criticize the center have to fear? Why do they ask to remain anonymous? Is there really still a market for thousands and thousands of small embroidered tablecloths? Does trading in plastic bags at least cover the rent? Under what conditions are the allegedly handmade artificial flower arrangements produced?

"Most businesses are sweatshops," says the cultural and political scientist Kien Nghi, Ha, confirming that the majority of traders work under precarious and even illegal conditions. The Dong Xuan Center is a starting point, but also the terminal point in the working life of the immigrants. Only very few find their way out of the cycle the operator of the center, Nguyen van Hien, has created and maintains. For those who do manage to do so, however, Herzbergstrasse really is a stepping stone into German society, according to Kien Nghi Ha. There are many perspectives at the Dong Xuan Center and, accordingly, many different truths as well.

Nguyen Thi Ha is one of the successful businesswomen at the center. She came to Germany to join her husband twenty-five years ago. Today she runs the allegedly largest market for nail salon supplies in Europe: "Nail Supply" occupying an area of $400m^2$. If it weren't for the pungent smell of solvent hanging in the air, you would think you had been beamed to Barbie Town here. And Mrs. Ha's own finger nails are a real eye-catcher. Twinkling on each nail is a small rhinestone Chanel logo. She is somewhat skeptical about her future here: the competition among the traders is fierce and at some point demand will be satisfied. Perhaps it would be better to set up business in a German shopping mall. This is why she goes to Germany's major fairs for beauty products, taking her twenty-one-year-old daughter, who is studying business communication, along with her: "I have the experience and she maintains contact with customers."

Outside in the parking lot the wind blows under a gray sky. The puddles are unpredictably deep. A Vietnamese driving school student is practicing parking. Down the street the windows of a former GDR House of Culture have been smashed. Tax consultants, insurance agents, and international trade and attorney's offices have set up shop in the landmarked entrance building next to it. If it were up to Nguyen van Hien, housing, schools, and daycare centers would go up

nicht so genau hin, vor allem was die Bauordnung betrifft. Das Gelände ist als Gewerbegebiet ausgewiesen, deshalb darf eigentlich nur Großhandel und in Ausnahmefällen Dienstleistung betrieben werden. Doch daran hält sich kaum jemand. Restaurants deklariert das Ordnungsamt in „Kantinen" um. Frisöre entstehen aus dem offiziellen „Frisörgroßhandel", der seine Stühle irgendwann nicht mehr verkauft, sondern Kunden darauf platziert. Auch das aktuelle Projekt des Betreibers müsste eigentlich gegen den bestehenden Bebauungsplan verstoßen: Wohnbauten sind im Gewerbegebiet untersagt, aber Herr Hien errichtet ein „Gästehaus", in dem Besucher aus aller Welt untergebracht werden können. „Wir wägen das jedes Mal neu ab", sagt Andreas Prüfer.

Auf insgesamt acht Hallen ist das Dong Xuan Center inzwischen angewachsen, jede mit Solarzellen auf dem Dach bestückt, und jede betritt man durch ein Türchen wie eine Gartenhütte, läuft die tageslichtlosen Gänge entlang und wundert sich über den Mikrokosmos, der sich bei den Händlern rechts und links auftut und das eigene Misstrauen schürt: Wo sind sie, die Großkunden aus Deutschland, Polen, von anderswo in Europa, die hier angeblich einkaufen? Was müssen die Händler fürchten, die sich kritisch über das Center äußern und darum bitten, anonym zu bleiben? Gibt es wirklich noch irgendwo einen Markt für Abertausende bestickte Tischdeckchen? Deckt der Handel mit Plastiktüten wenigstens die Miete? Unter welchen Bedingungen entstehen die angeblich handgemachten Kunstblumengestecke?

„Die meisten Geschäfte sind eine Knochenmühle", so der Kultur- und Politikwissenschaftler Kien Nghi Ha, und bestätigt: Der größte Teil der Händler arbeitet unter prekären oder sogar illegalisierten Bedingungen. Das Dong Xuan Center ist ein Start-, aber eben auch ein Endpunkt in der Erwerbsbiografie der Migranten. Die wenigsten finden aus dem Kreislauf wieder heraus, den der Betreiber Nguyen van Hien erschaffen hat und am Laufen hält. Für die aber, denen das gelingt, sagt Kien Nghi Ha, ist die Herzbergstraße dann wirklich das Sprungbrett in die deutsche Gesellschaft. Es gibt viele Perspektiven im Dong Xuan Center – und dementsprechend auch mehrere Wahrheiten.

Nguyen Thi Ha gehört zu den erfolgreichen Businessfrauen im Center. Vor fünfundzwanzig Jahren kam sie zu ihrem Mann nach Deutschland. Heute führt sie angeblich Europas größten Vertrieb von Nagelstudiobedarf. „Nail Supply" auf vierhundert Quadratmetern: Ohne die strenge Wolke aus Lösungsmittelgeruch würde man sich nach Barbie-Town gebeamt fühlen. Und Frau Has eigene Fingernägel sind ein echter Hingucker. Auf jedem einzelnen Nagel glitzert ein kleines Chanel-Logo aus Strass. Was ihre Zukunft hier betrifft, ist sie etwas skeptisch: Die Konkurrenz unter den Händlern ist groß, der Bedarf irgendwann gedeckt. Vielleicht wäre es besser, sich in einem deutschen Einkaufszentrum niederzulassen. Deshalb fährt sie auch zu den großen Beautymessen in Deutschland. Ihre einundzwanzigjährige Tochter, die Wirtschaftskommunikation studiert, nimmt sie mit: „Ich habe die Erfahrung, sie pflegt den Kundenkontakt."

Draußen auf dem Parkplatz bläst der Wind unter grauem Himmel. Die Pfützen sind unberechenbar tief. Eine vietnamesische Fahrschule probt mit dem Schüler das Einparken. Vorne an der Straße sind die Fenster eines ehemaligen DDR-Kulturhauses eingeschlagen. Im denkmalgeschützten Eingangsgebäude daneben haben sich Steuerberater, Versicherungsvertreter, Außenwirtschaftsbüros und Anwaltskanzleien angesiedelt. Wenn es nach dem Betreiber Nguyen van Hien

on the site as well as a library and an "integration center"—a real self-contained "Asia Town." For now the district authorities balk at this. "The operator would like to develop a neighborhood, but we want to preserve a commercial area," says Andreas Prüfer. As he puts it, Dong Xuan is an island, but an open one. Cultural scientist Kien Nghi Ha thinks it will take another generation to show how open the center is. In the United States you can watch the old Chinatowns turning into open-air museums, because the immigrants have moved up the social ladder and relocated to the suburbs. The tourist buses in front of the Dong Xuan Center may be a first sign that the process of musealization has begun in Berlin-Lichtenberg as well. At any rate, Mrs. Ha sees more of a future for her daughter at the major fairs for beauty products and in online retailing. And it seems unlikely that Mr. Than's well-educated children will still be running "Duc Anh" in the front of Hall 3 in a few years time. Then they will really be able to say: "We have been fortunate."

Marietta Schwarz

Born in Mainz in 1972. Studied architecture in Darmstadt. 2001–03: architecture critic and journalist in Berlin. 2003–04: traineeship at Deutschlandfunk/ Deutschlandradio Kultur. Since then, freelance editor, moderator, and author in the field of culture. Numerous radio features and special programs on architecture and urban development, including *Detroit – Motor City ohne Motoren* (2012); *Johannesburg – von Goldgräbern, Glückssuchern und ewig Verlorenen* (2014); most recently, *Le Corbusier – der Über-Architekt,* an all-day special feature on Deutschlandradio Kultur (2015).

ginge, würden auch noch Wohnungen, Schulen und Kitas auf dem Gelände entstehen, eine Bibliothek, ein „Integrationszentrum" – ein richtiges autarkes „Asiatown". Vorerst sperrt sich der Bezirk dagegen noch. „Der Betreiber möchte einen Stadtteil entwickeln, wir hingegen möchten ein Gewerbegebiet erhalten", sagt Andreas Prüfer. Dong Xuan sei eine Insel, aber eine offene. Wie offen, das wird sich wohl erst in der nächsten Migrantengeneration zeigen, glaubt der Kulturwissenschaftler Kien Nghi Ha. In den USA kann man beobachten, dass die alten Chinatowns zu Freilichtmuseen werden, weil die Migranten sozial aufgestiegen und in die Vororte gezogen sind. Die Touristenbusse vor dem Dong Xuan Center könnten ein erstes Anzeichen dafür liefern, dass der Prozess der Musealisierung in Berlin-Lichtenberg ebenfalls begonnen hat. Frau Ha jedenfalls sieht die Zukunft ihrer Tochter eher auf den großen Beautymessen und im Onlinehandel. Und ob die gut ausgebildeten Kinder von Herrn Than in einigen Jahren das „Duc Anh" vorne in Halle 3 noch betreiben werden, ist unwahrscheinlich. Für sie hieße es dann wirklich „Glück gehabt".

Marietta Schwarz
* 1972 in Mainz. Architekturstudium in Darmstadt. 2001–2003 Architekturkritikerin und Journalistin in Berlin. 2003/04 Volontariat beim Deutschlandfunk/Deutschlandradio Kultur, dort seither freie Redakteurin, Moderatorin und Autorin im Bereich Kultur. Zahlreiche Radiofeatures und Schwerpunktsendungen zu Architektur und Stadtentwicklung, u. a.: *Detroit – Motor City ohne Motoren*, 2012; *Johannesburg – von Goldgräbern, Glückssuchern und ewig Verlorenen*, 2014; zuletzt *Le Corbusier – der Über-Architekt*, Thementag im Deutschlandradio Kultur, 2015.

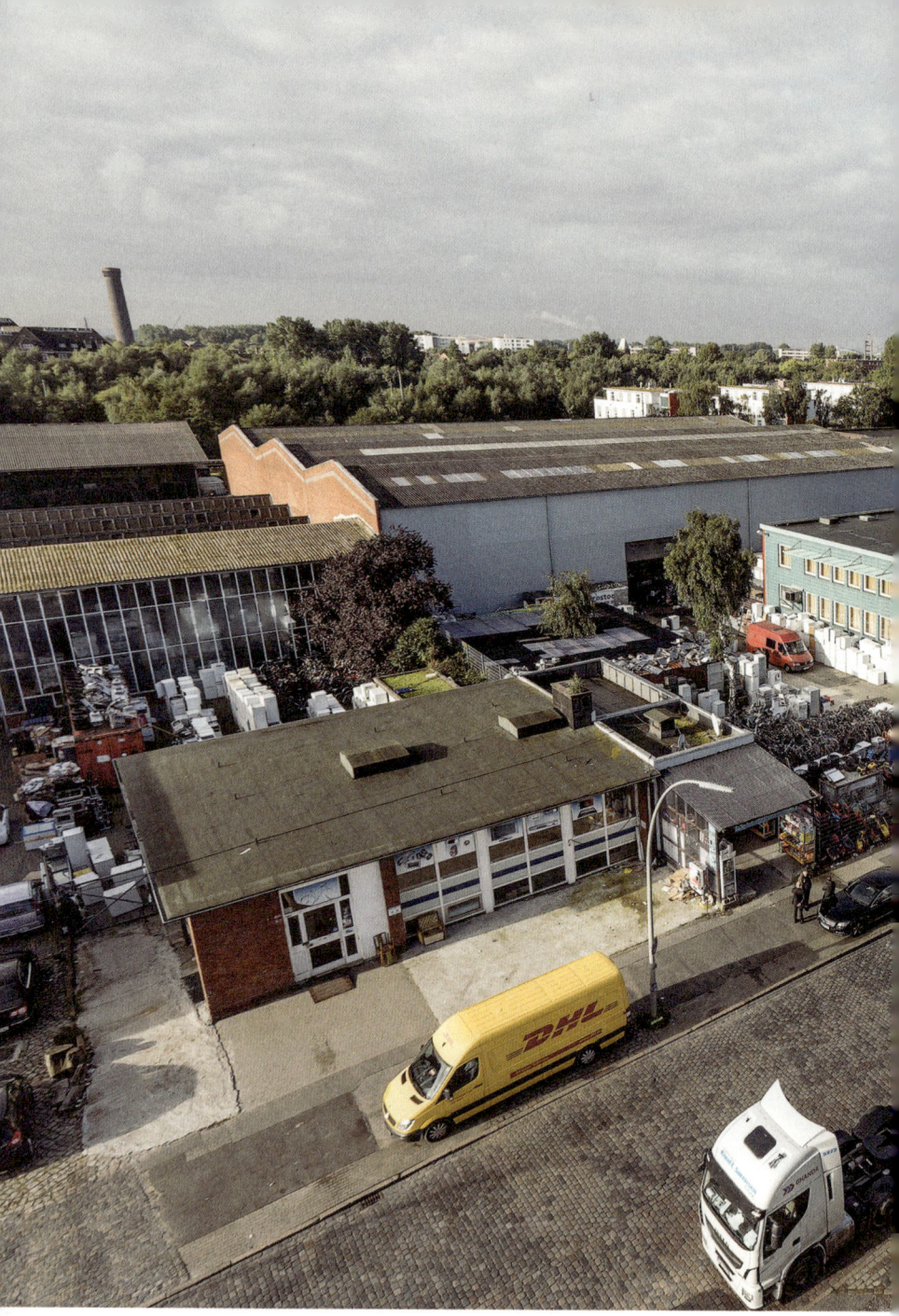

Fig. 41: Discarded goods without any further use in Germany are being collected on Billstrasse in Hamburg-Rothenburgsort, five kilometers South-East of the central station.

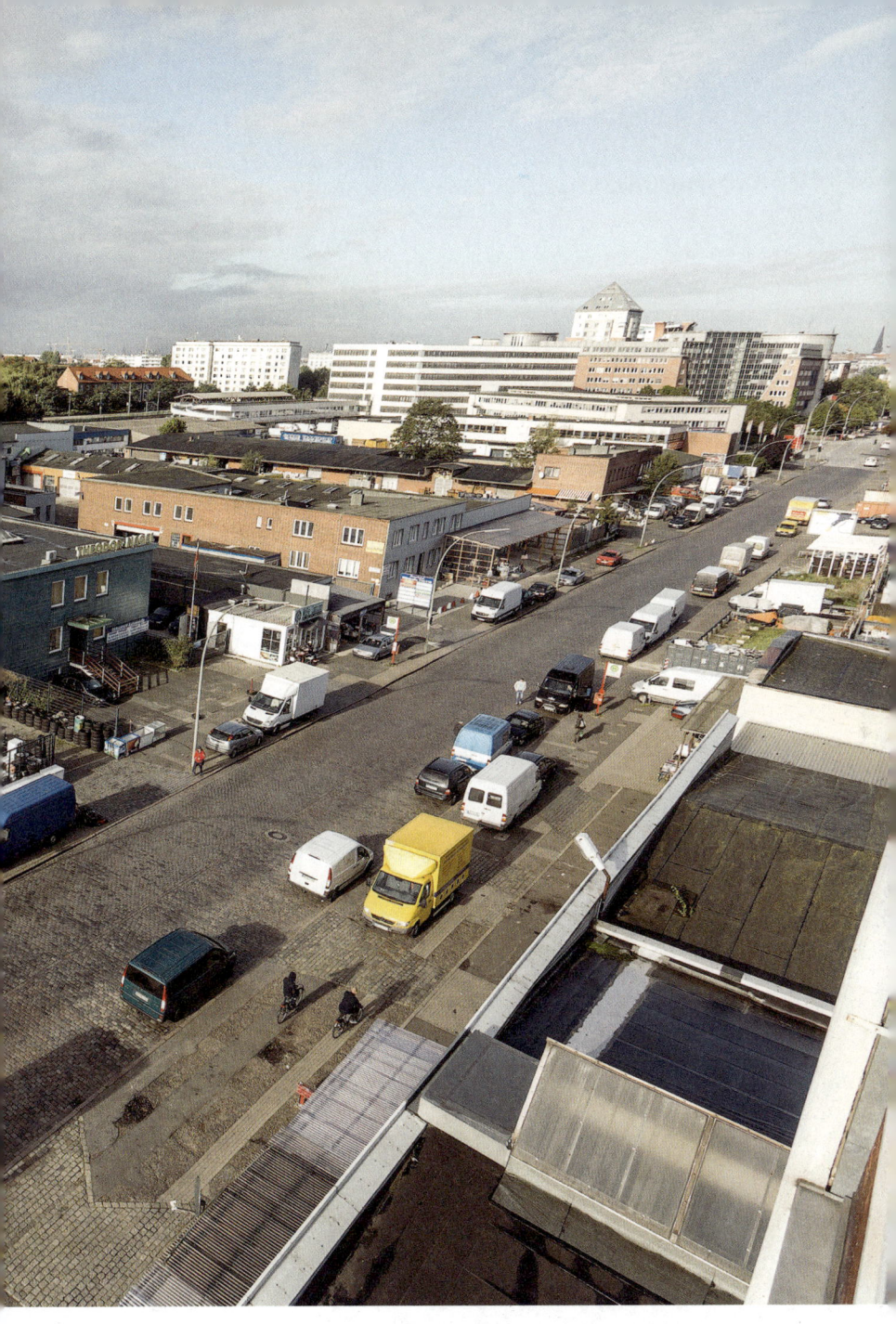

Abb. 41: Auf der Billstraße in Hamburg-Rothenburgsort, knapp fünf Kilometer südöstlich des Hauptbahnhofs, wird Schrott gesammelt, der in Deutschland keine Verwendung mehr findet.

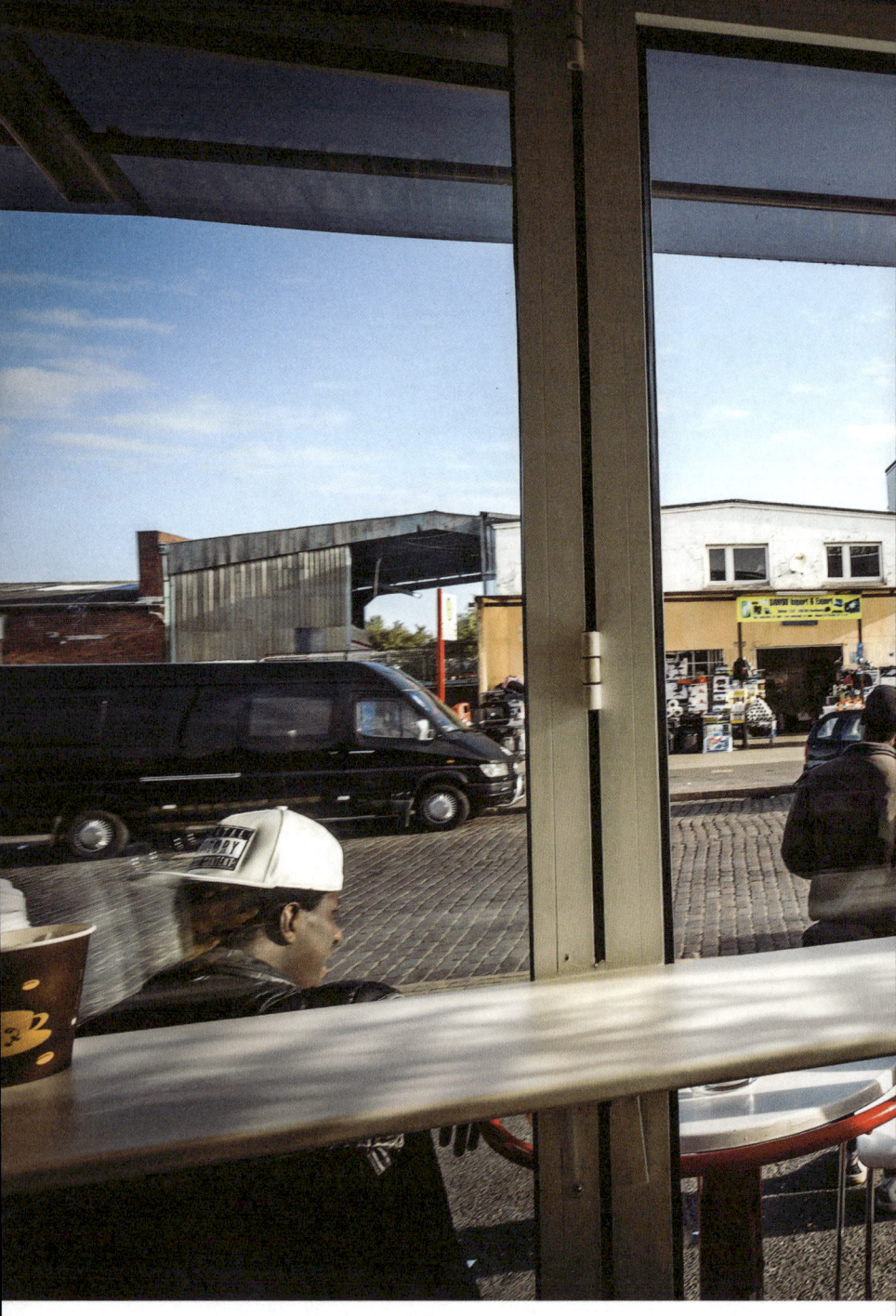

Fig. 42: Migrants without work permits are employed as day labo-rers in Hamburg's informal economy as carriers, packers, and loaders.

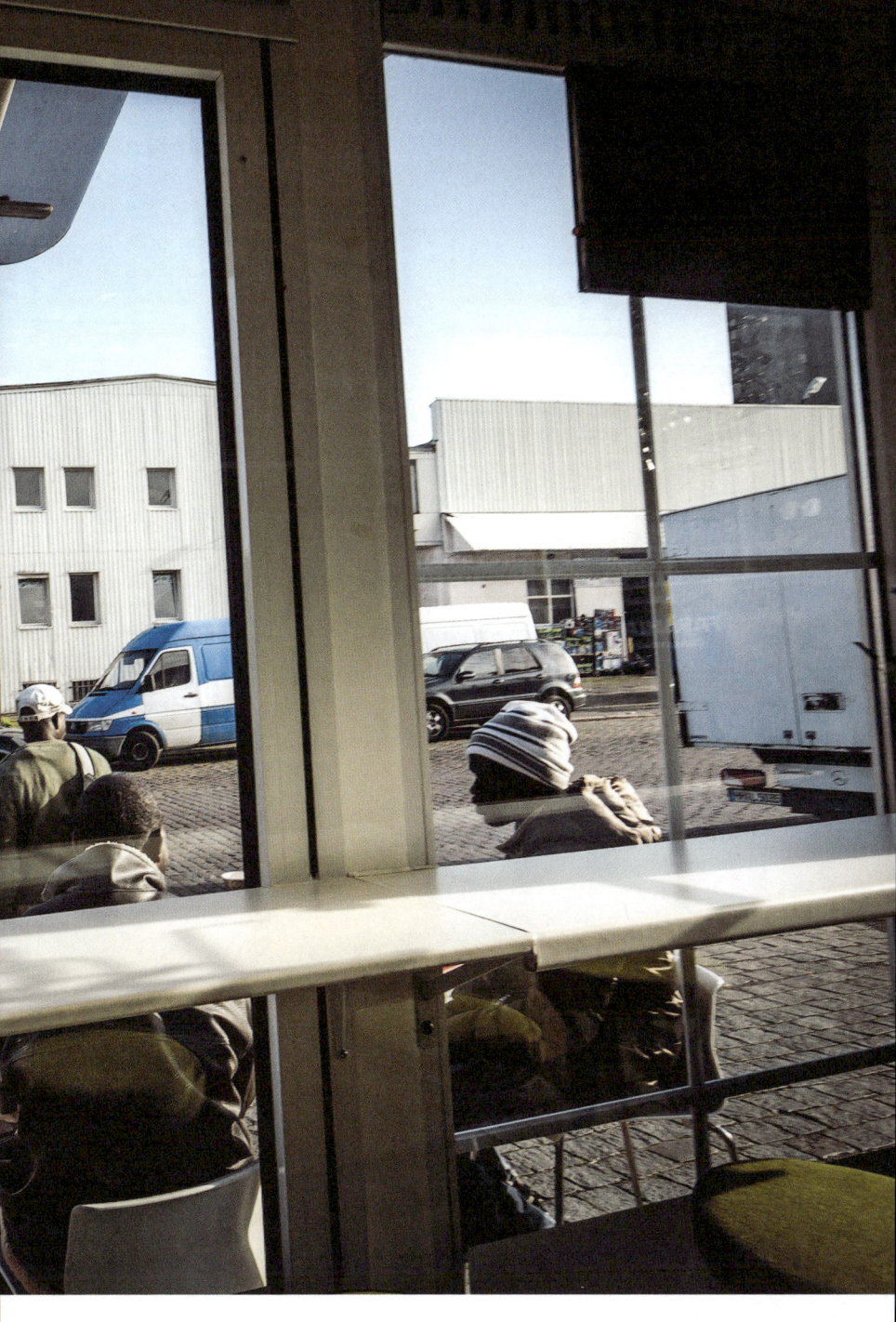

Abb. 42: Migranten ohne Arbeitserlaubnis finden hier Jobs als Tagelöhner in der Schattenwirtschaft. Tragen, verpacken, verladen.

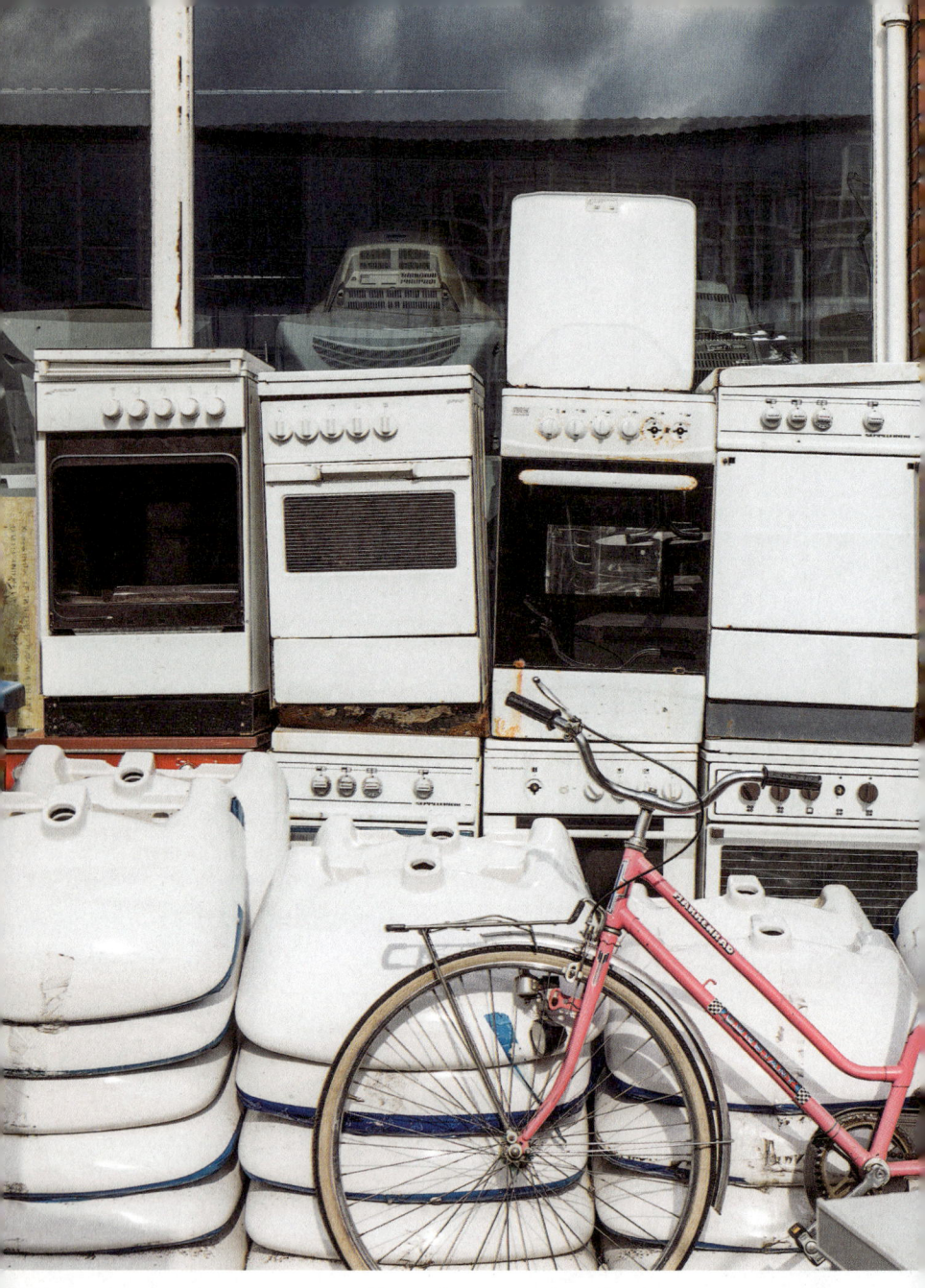

Fig. 43: On Billstrasse in Hamburg, traders buy used goods such as electrical appliances, cars, and bikes that no one in Germany wants.

Abb. 43: Händler auf der Billstraße in Hamburg kaufen gebrauchte Güter wie Elektrogeräte, Autos und Fahrräder, die in Deutschland keine Abnehmer mehr finden.

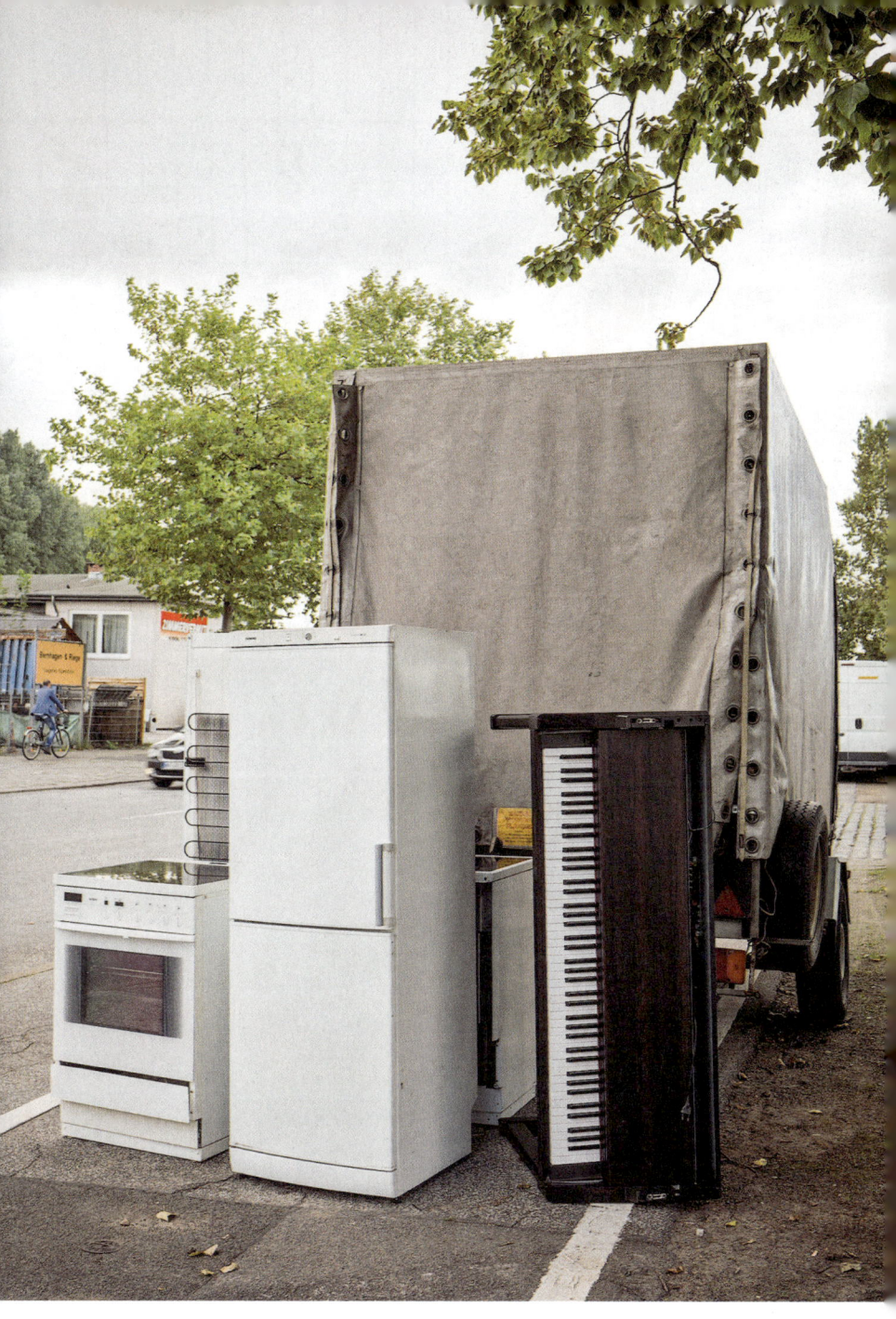

Fig. 44: Usually, the products are shipped to African countries.

Abb. 44: Containerweise werden die Waren meist in afrikanische Länder verschifft.

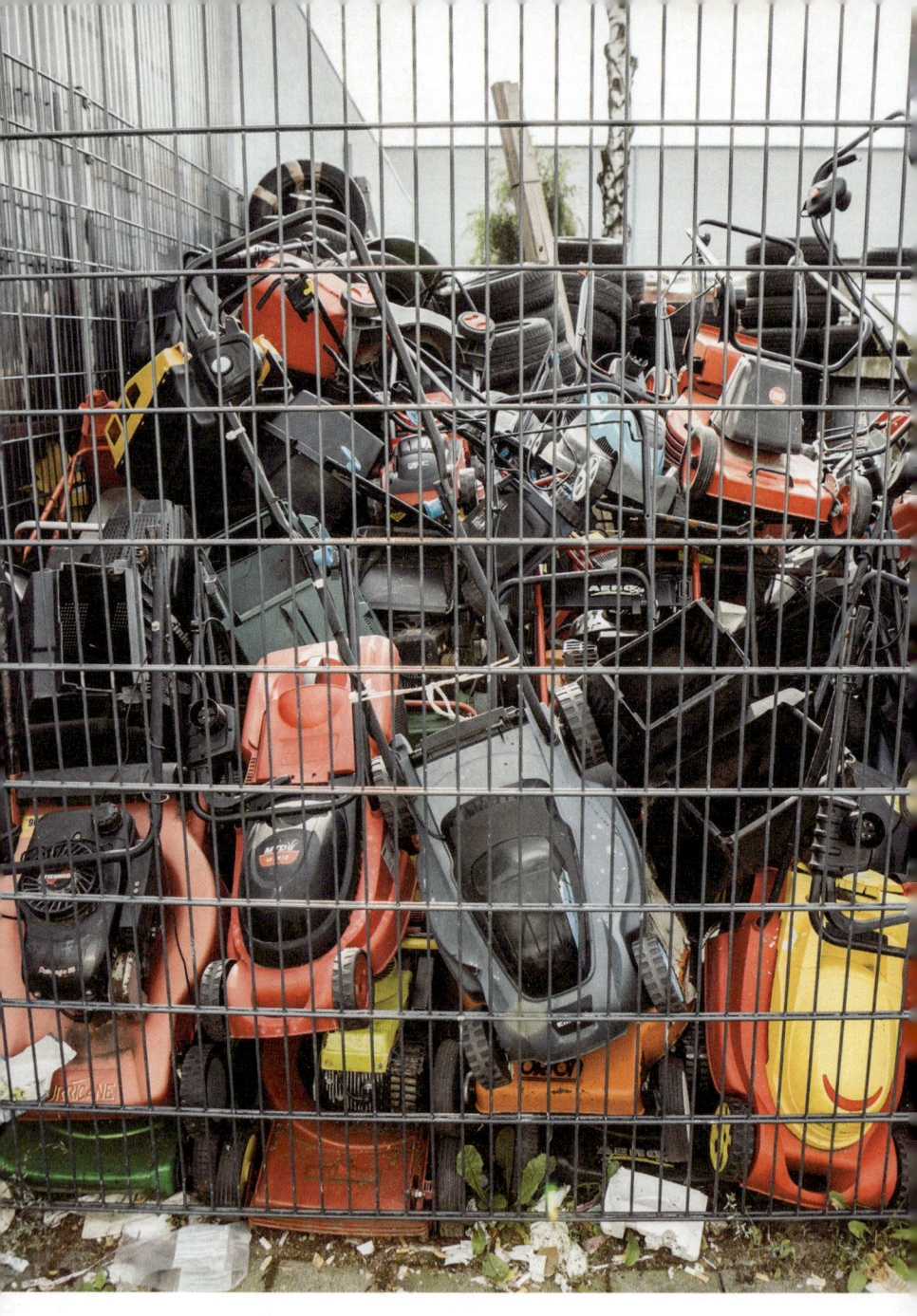

Fig. 45: There, mainly electrical waste is repaired, recycled, repurposed, and sold.

Abb. 45: Dort wird besonders der Elektroschrott weiterverwertet, repariert, umfunktioniert, weiterverkauft.

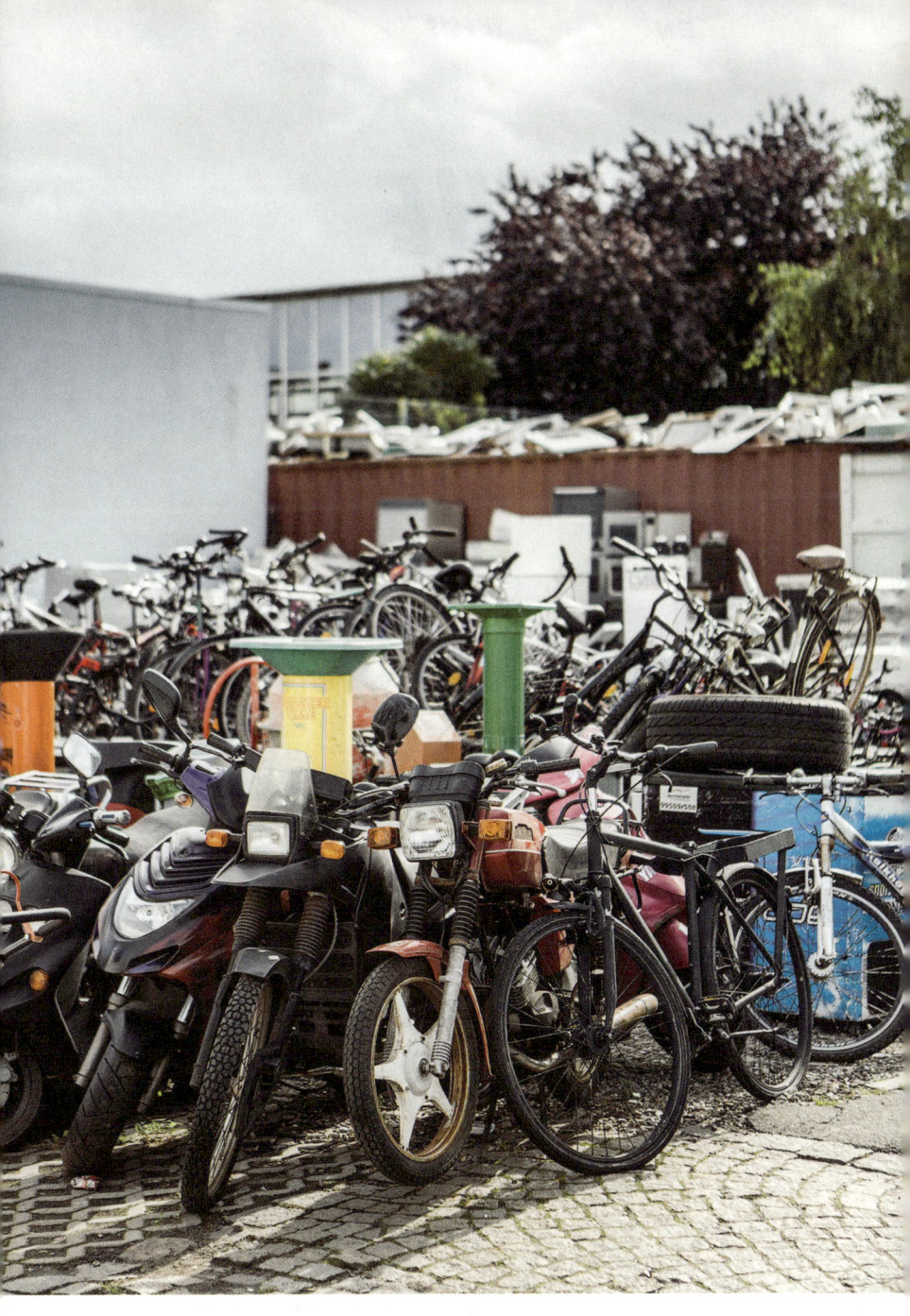

Fig. 46: What cannot be sold or processed ends up in local landfills.

Abb. 46: Was im Zielland nicht weiterverkauft oder -verarbeitet werden kann, landet dort auf den Müllkippen.

THE ARRIVAL CITY IS SELF-BUILT

STRICT HOUSING
CONSTRUCTION
REGULATIONS SHOULD
NOT BE ALLOWED
TO STAND IN THE WAY
OF MUCH-NEEDED
SELF-BUILT SOLUTIONS.

DIE ARRIVAL CITY IST SELBST GEBAUT

SELBSTHILFE
BEIM BAU VON WOHNRAUM
WÄRE NÖTIG UND DARF
NICHT DURCH ZU HOHE
ANFORDERUNGEN
VERHINDERT WERDEN.

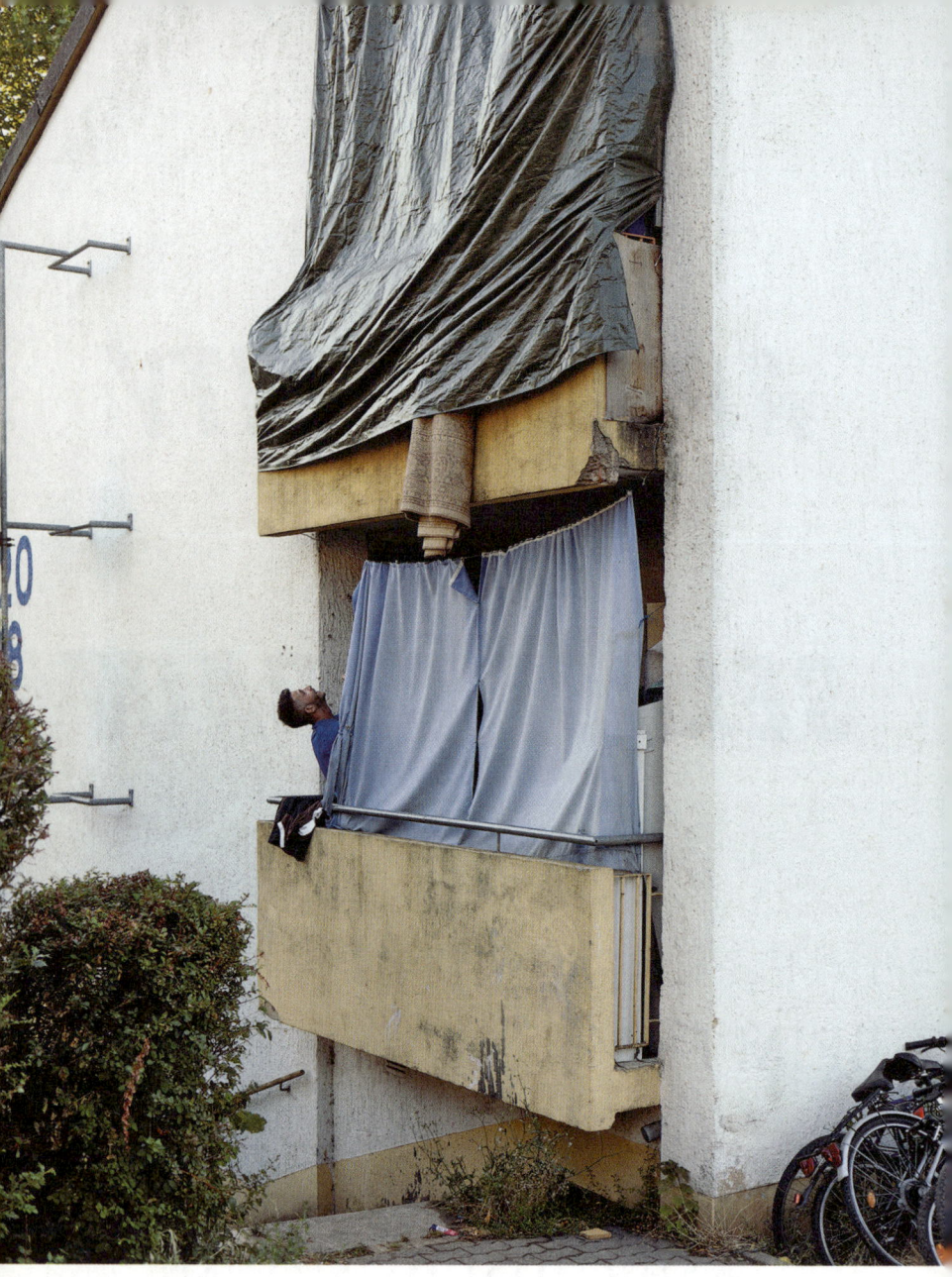

Fig. 47: The series *Duldung* by photographer Stefanie Zofia Schulz (2013) shows life in the reception center for asylum-seekers on the outskirts of the town of Lebach in Saarland.

Abb. 47: Die Serie *Duldung* der Fotografin Stefanie Zofia Schulz (2013) zeigt das Leben in der Landesaufnahmestelle für Asylsuchende am Rande der Kleinstadt Lebach im Saarland.

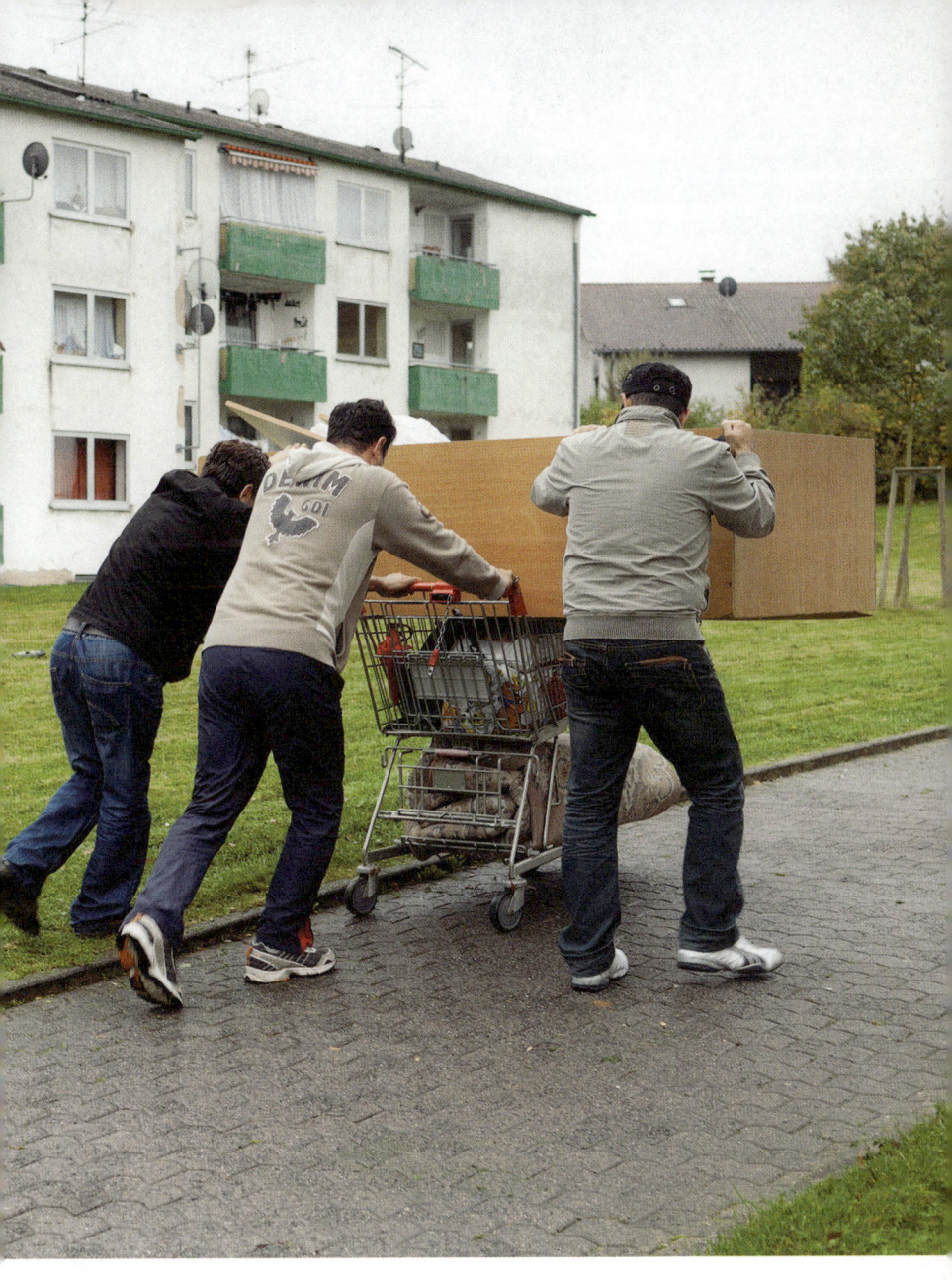

Fig. 48: Officially, refugees should not stay longer than one year before being assigned to a municipality. But some people spend significantly longer in the reception center.

Abb. 48: Offiziell sollen Flüchtlinge hier nicht länger als maximal ein Jahr bleiben, bis ihnen eine Kommune zugeteilt wird. Manche Menschen leben aber weitaus länger in der Erstaufnahmestelle.

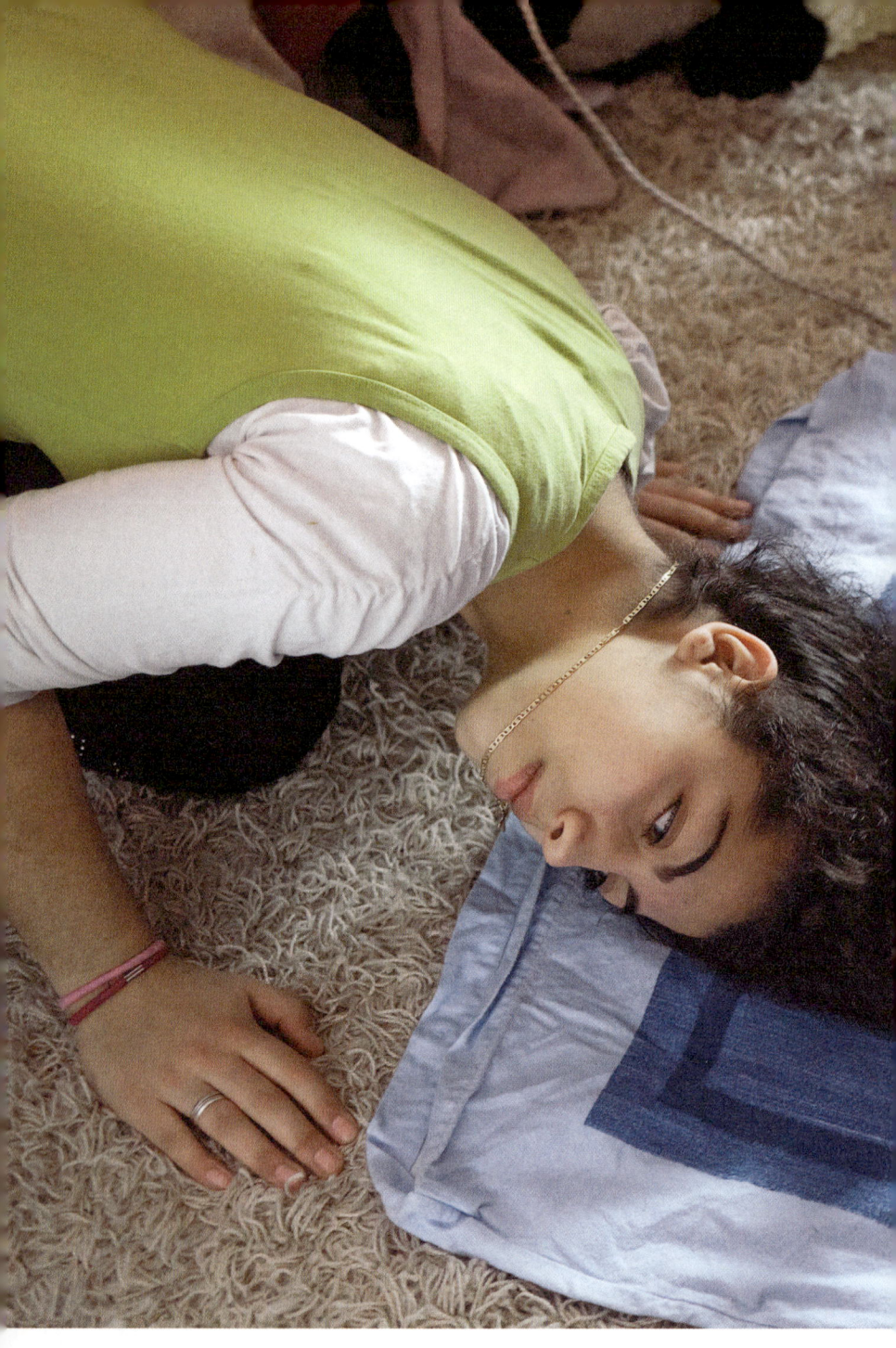

Fig. 49: For these adolescents it has become a home, which they have renovated and converted to suit their needs.

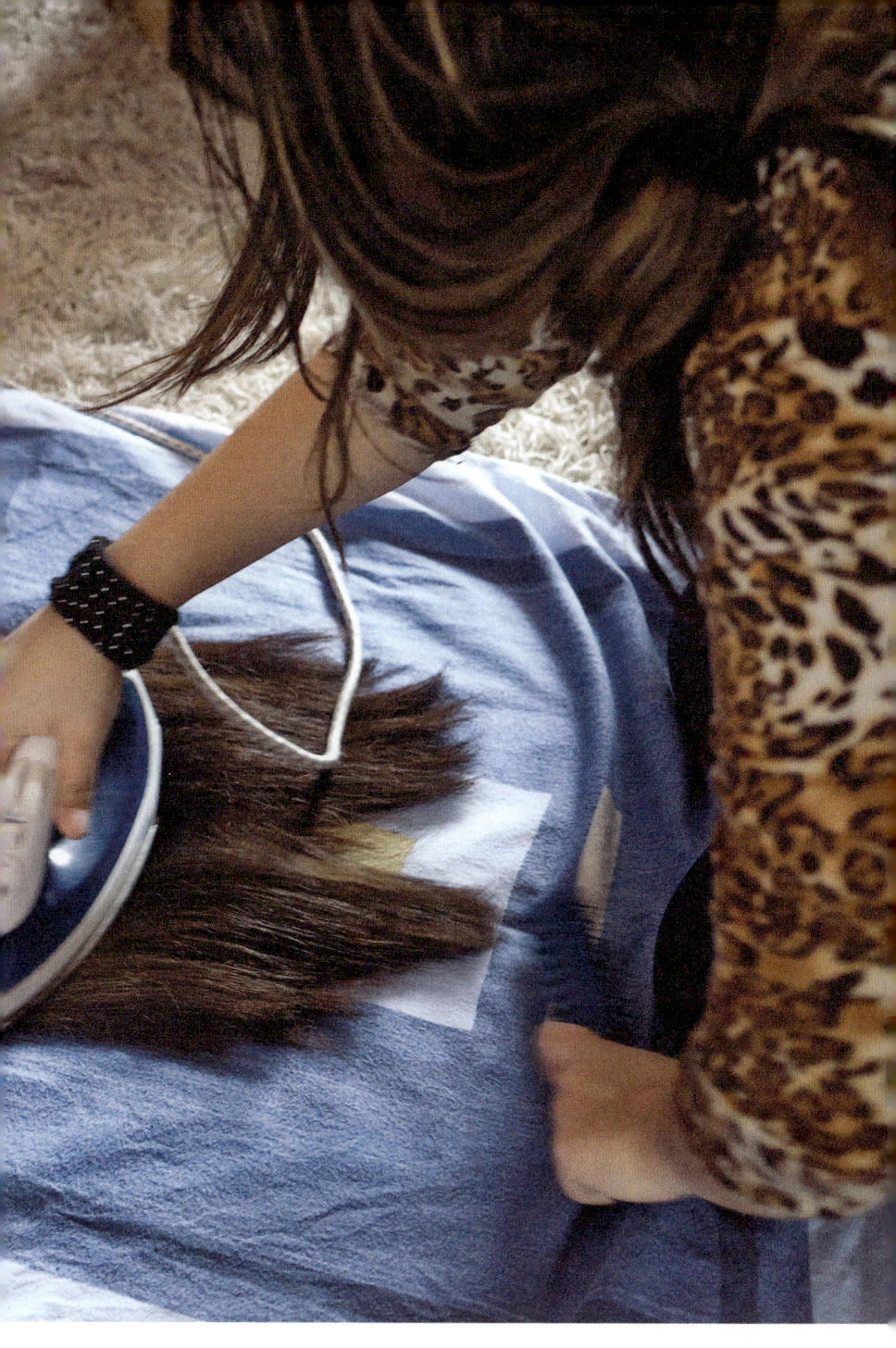

Abb. 49: Für die Jugendlichen ist es ein Zuhause geworden, das selbst (um)gebaut und an die individuellen Bedürfnisse angepasst wird.

NEW BUILDING IN FRANKFURT AM MAIN AND IQUIQUE

Peter Körner and Philipp Sturm

In 1925, when Ernst May arrived in Frankfurt to take up his position as new head of planning, he had already accumulated six years of experience in Wrocław, leading the building department of the *Wohnungsfürsorgegesellschaft* Schlesisches Heim—a social housing program. During the period of economic hardship following World War I, May had overseen a housing program in Lower and Upper Silesia to erect several estates, comprising over three thousand residential units, built in a stylized vernacular idiom.[1] In 1922, May took on an additional job as head of the construction department responsible for housing Silesian refugees, and there he developed, among other things, a so-called "self-help house": a low-cost wooden structure with a pitched roof and interior walls made of clay, which owners were able to build themselves. This prototype house, with sixty-five square meters of living area, was exhibited at trade fairs in Wrocław and Gotenburg.[2] Frankfurt too suffered poverty in the interwar years, and above all, a dire shortage of housing. This strengthened the political resolve to embark on large-scale expansion and in 1925, Mayor Ludwig Landmann—supported by the Social Democratic Party (SPD), the German Democratic Party (DDP), and the German Center Party—was able to grant Ernst May, his new head of city planning, extraordinary powers. In the course of May's *"Neues Frankfurt"* housing program—and within a very short period up to 1930—roughly twelve thousand residential units were constructed, in eight satellite estates on the city perimeter. The aim of the program was to build accommodation that could be rented for not more than 25 percent of a person's monthly income. In fact, in the initial phase, rents exceeded this by a large margin, leading the city to intervene in a number of ways in an attempt to bring them down. Alongside apartments for rent, row houses were also planned within a very modest budget, and for these, individuals were able to enter into part-ownership agreements.[3]

Typical apartment layouts were compressed, so that the standard seventy-five square meters for a three-room apartment was reduced to just sixty-five square meters. From 1929 onwards, growing economic pressure compelled the city to make further reductions. The "minimum subsistence dwelling" was not just a topic at the second CIAM Congress—which took place in Frankfurt in 1929—but became a reality with the erection of estates in Frankfurt-Praunheim and Westhausen. Here, so-called "transitional minimum subsistence dwellings" were built with two rooms and a floor area of forty square meters, for four occupants. In balcony-access accommodation, two adjacent apartments could then be joined together to form a larger unit, and the same principle applied to row houses, where apartments were located above one another. These subsistence dwellings, which were often occupied by six people, could only function with efficient standardized built-in furniture, such as sliding doors, foldaway beds, and tables on castors, all of which came with the apartments.[4]

Alongside reducing the size of apartments, the city set up public building companies and rationalized the building process by means of pre-fabrication. Workers in factories, located in the city's eastern docks and in a trade fair hall, produced

NEUES BAUEN IN FRANKFURT AM MAIN UND IQUIQUE

Peter Körner und Philipp Sturm

Als Ernst May 1925 als neuer Stadtbaurat nach Frankfurt am Main kam, lagen bereits sechs Jahre Erfahrung als Leiter der Bauabteilung der Wohnungsfürsorgegesellschaft Schlesisches Heim in Breslau hinter ihm. In Nieder- und Oberschlesien ließ er in der wirtschaftlichen Not der Nachkriegszeit Siedlungen mit mehr als dreitausend Wohnungen im typisierten Heimatstil errichten.[1] Zusätzlich übernahm May ab 1922 die Leitung der Bauabteilung der Schlesischen Flüchtlingsfürsorge und entwickelte dort unter anderem ein sogenanntes Selbsthilfe-Haus in preiswerter Holzkonstruktion mit Satteldach und Trennwänden aus Lehm, welches die Besitzer in Eigeninitiative bauen konnten. Dieses Musterhaus mit fünfundsechzig Quadratmetern Wohnfläche wurde auf Messen in Breslau und Gotenburg präsentiert.[2]

Auch in Frankfurt herrschte in der Zeit zwischen den Weltkriegen Armut und vor allem große Wohnungsnot. Daher war der politische Wille nach großzügigen Stadterweiterungen vorhanden, und Oberbürgermeister Ludwig Landmann – gestützt durch die DDP, die SPD und die Deutsche Zentrumspartei – konnte seinen neuen Stadtbaurat Ernst May 1925 mit außerordentlichen Machtbefugnissen ausstatten. Durch dessen Wohnungsbauprogramm „Neues Frankfurt" entstanden bis 1930 in kürzester Zeit circa zwölftausend Wohnungen in acht Siedlungen, die sich trabantenartig um die Stadt gruppierten. Ziel des Programms war die Errichtung von Wohnungen, deren Mietpreis fünfundzwanzig

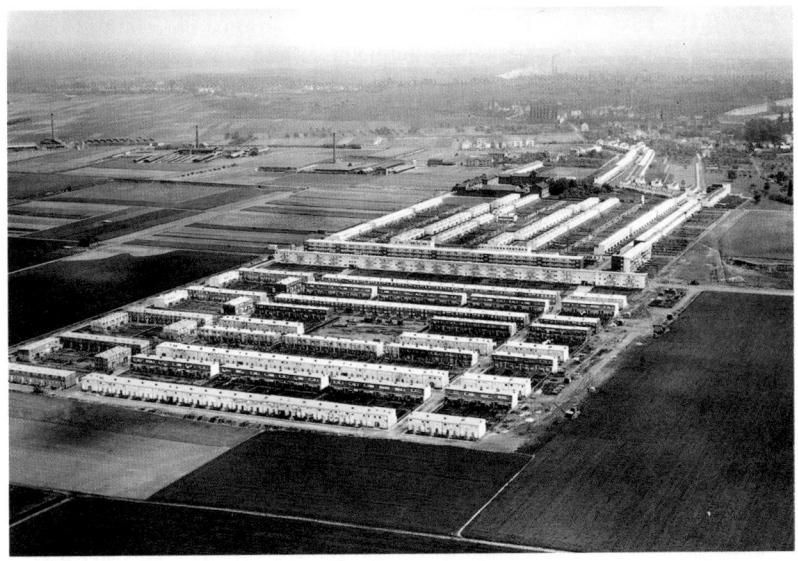

Fig. 50: Ernst May – Praunheim Estate in Frankfurt am Main (1929)
Abb. 50: Ernst May, Siedlung Praunheim in Frankfurt am Main (1929)

pre-fabricated components. Contiguous areas of land were acquired by the city authority's planning office. At that time the Weimar Constitution permitted land to be expropriated for housing projects, and usually even the mere threat of this meant that land could be purchased cheaply. One half of the building program

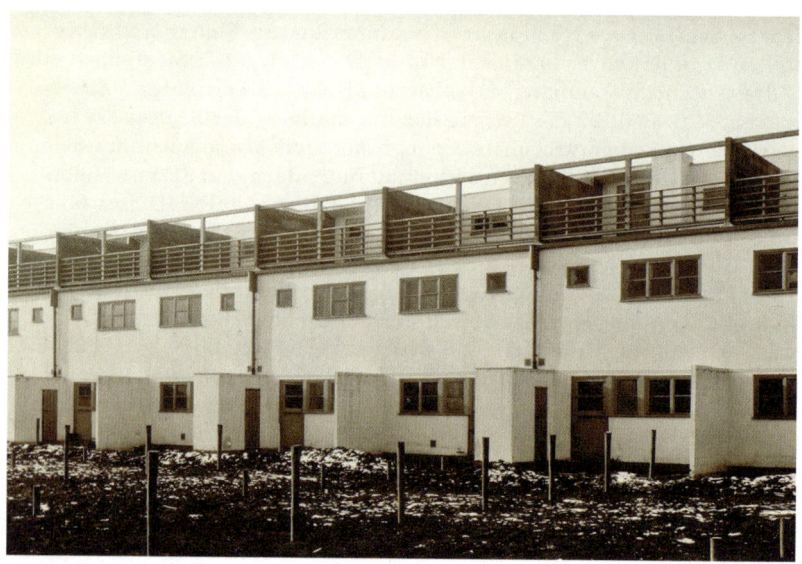

Fig. 51: Ernst May – Praunheim Estate in Frankfurt am Main (1929)
Abb. 51: Ernst May, Siedlung Praunheim in Frankfurt am Main (1929)

was financed through *Hauszinssteuer,* a kind of property tax, which had come into force in 1924. This was in effect compensation for devaluation and it applied to property that had been owned before 1918, for which—owing to hyperinflation in 1923—the owner had already paid off the entire mortgage. The other half of the program was financed through municipal savings bank loans and owner equity.[5] Today, the two-, and sometimes three-story single-family houses in Praunheim are, for the most part, owner-occupied. From the start they have been extended, both vertically and horizontally, to meet their owners' need for more space. Adding cheerful colors and the occasional flamboyant stylistic gesture, the owners have turned roof gardens into permanent living space, built extensions encroaching on allotment gardens, and constructed entrance porches on the street frontage. Since 2009, attempts have been made to harmonize the owners' interests with those of the city's building conservation department. A study[6] initiated by the planning department has put forward proposals on how to extend properties, for instance, by adding a two-story extension on the garden elevation, or an extension for an entrance hall plus WC on the street elevation, as well as offering suggestions for how owners might connect two adjacent houses. A neighborhood architect has been charged with ensuring that modernization measures and extensions are in

Prozent des Monatseinkommens nicht übersteigen sollten. Tatsächlich lagen die Mieten in der Anfangsphase jedoch weit darüber, weswegen die Kosten gedrückt werden mussten und die Stadt auf mehreren Feldern intervenierte. Neben den Mietswohnungen sollten auch die Reihenhäuser, die als Reichsheimstätten Eigentum der Bewohner waren, mit geringeren Mitteln errichtet werden.[3] Die typisierten Wohnungsgrundrisse wurden verkleinert, sodass die gängigen Dreizimmerwohnungen statt fünfundsiebzig nun nur noch fünfundsechzig Quadratmeter groß waren. Ab 1929 machte zunehmender wirtschaftlicher Druck weitere Reduzierungen notwendig. „Die Wohnung für das Existenzminimum" war nicht nur Thema des 2. CIAM-Kongresses, der 1929 in Frankfurt stattfand, sondern sie wurde mit den Siedlungen Frankfurt-Praunheim und Westhausen zur gebauten Realität. Errichtet wurden sogenannte Übergangskleinstwohnungen mit zwei Zimmern auf vierzig Quadratmetern für vier Personen. In Laubenganghäusern nebeneinander beziehungsweise in Reihenhäusern übereinander konnten zwei dieser Wohnungen später zu einer größeren zusammengelegt werden. Diese Kleinstwohnungen, in der oft mehr als sechs Personen lebten, funktionierten nur durch effiziente Standardmöblierungen wie Schiebetüren, Klappbetten oder Rolltische, die in den Wohnungen installiert wurden.[4] Neben der Verkleinerung der Wohnungsgrundrisse gründete die Stadt kommunale Baubetriebe und rationalisierte durch Vorfabrikation die Bauabläufe. In Fabriken am Osthafen und in einer Messehalle stellten Arbeiter Fertigteile für die Siedlungshäuser her. Der Grund und Boden für zusammenhängende Bauflächen wurde durch das städtische Liegenschaftsamt erworben. Die Weimarer Verfassung erlaubte damals Grundstücksenteignungen für den Wohnungsbau.

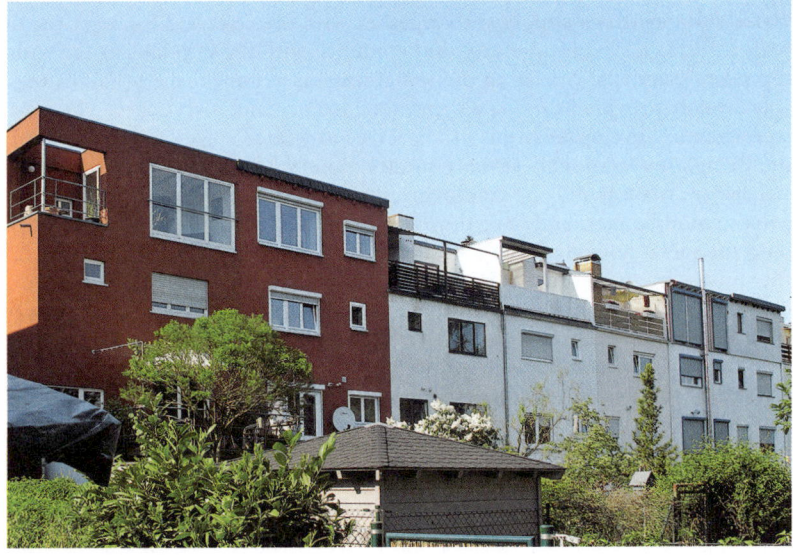

Fig. 52: Ernst May – Praunheim Estate in Frankfurt am Main (2011)
Abb. 52: Ernst May, Siedlung Praunheim in Frankfurt am Main (2011)

accordance with the original *"Neues Frankfurt"* design principles.
A conceptual analogy to Frankfurt's "minimum subsistence dwelling" can be found, some eighty years on, in community housing by the Chilean initiative *Elemental,* led by the architect Alejandro Aravena—2016 Pritzker Architecture Prize Laureate and director of the 15th Venice Architecture Biennale 2016. The Elemental group comprises architects, engineers, and social workers, and it receives funding and support from the Chilean oil concern Copec and the Pontificia Universidad Católica de Chile in Santiago. *Elemental* is endeavoring to alleviate the housing problem as well as improve living conditions for the Chilean poor. In 2002, Arevena took people by surprise with his innovative design for the Quinta Monroy community in the northern Chilean city of Iquique. The project was based on the PREVI settlement in Lima (1968–1975) and it is reminiscent of Álvaro Sizas' housing projects in Porto (1975–1977) and Évora (1977).
The community housing, located in the center of the city, is intended to replace the informal and, to a certain extent, illegally built accommodation, with a scheme that offers almost one hundred families a new, and extendable, home of their own. Even though the existing ramshackle accommodation was torn down and replaced, it was considered imperative to avoid relocating the occupants, so as to preserve the long-standing social structure of the community. Devolving the ownership of the newly built houses to their occupants in fact fostered this neighborly framework all the more. Even so, the government could offer only 7,500 US dollars per unit, a sum that had to cover not only the cost of the basic structure, but also the technical infrastructure, and the relatively high cost of the site too.
Alejandro Aravena confronted this low budget by designing half-completed two-storied row houses in reinforced concrete, with a residential unit of thirty-six square meters on each floor. The finished half of the house was provided with a water and electricity supply and, together with the concrete frame of the other half, it forms a structural entity that complies with the regulations for withstanding seismic activity. Access to the remaining—as yet unfinished—half of the house was already provided for, via a separate entrance and a staircase. The inhabitants were free to develop this space themselves at a later stage, effectively doubling the living area to roughly seventy square meters, at a cost of just under 1,000 US dollars.[7] It was only by employing such an inexpensive solution that the land prices could be met, and here they were three times the average price normally paid for social housing.[8] The pre-determined shape of the units precluded, from the outset, fragile, arbitrary extensions as well any overindulgent plans for subsequent infill. In place of the previous messy arrangement, the housing in Quinta Monroy was distributed uniformly, grouped around four courtyards. This arrangement gave rise to a neighborhood of roughly twenty-five families: a size considered ideal for an autonomously functioning unit.[9]
And having moved in, the occupants started to work on the second half of their house, each according to their means. The corresponding know-how was delivered via workshops, which *Elemental* supervised.[10] Today, almost all the units have been extended, each variously rendered and painted. Moreover, the neighbors collaborated to either plant, or pave over, the four shared courtyards. Improving this semi-public neighborhood space contributed to an overall appreciation in value, and Aravena claims that, within just five years to 2009, a single unit rose in value to 20,000 US dollars.[11] This increase inevitably resulted in firmly

Allein die Androhung reichte meist aus, um die Flächen kostengünstig zu erhalten. Die Finanzierung des Bauprogramms selbst wurde zur Hälfte durch die seit 1924 erhobene Hauszinssteuer bestritten. Diese war ein Geldentwertungsausgleich und erhob sich auf das vor 1918 entstandene Wohneigentum, welches durch die Hyperinflation 1923 vollständig entschuldet worden war. Die andere Hälfte wurde durch Darlehen der Stadtsparkasse und Eigenkapital finanziert.[5] Die zwei- und zum Teil dreigeschossigen Einfamilienhäuser in Praunheim sind zum überwiegenden Teil Eigentumshäuser. So fanden von Beginn an Erweiterungen in vertikalen und horizontalen Auf- und Ausbauten statt, um die Häuser dem wachsenden Flächenbedarf ihrer Bewohner anzupassen. Farbenfroh und zum Teil in spektakulärer Formensprache wandelten die Eigentümer Dachgärten zu festem Wohnraum um, setzten Anbauten in die Nutzgärten und stellten Eingangsvorbauten zur Straße. Seit 2009 wird versucht, zwischen den unterschiedlichen Interessen der Eigentümer und der Denkmalpflege zu vermitteln. In einer von der Bauaufsicht beauftragten Studie[6] werden Erweiterungsmöglichkeiten vorgeschlagen, wie ein zweigeschossiger Anbau zum Garten, ein Anbau für Eingang und WC zur Straße sowie das Zusammenlegen zweier Häuser. Ein Stadtteilarchitekt soll sicherstellen, dass Modernisierungen und Erweiterungen mit den ursprünglichen Gestaltungsprinzipien des „Neuen Frankfurt" übereinstimmen.

Konzeptionelle Parallelen zur Frankfurter Idee der „Wohnung für das Existenzminimum" finden sich ungefähr achtzig Jahre später in den Siedlungsbauten der chilenischen Initiative „Elemental" um den Architekten Alejandro Aravena, Pritzker-Preisträger 2016 und Direktor der 15. Architektur-Biennale 2016 in Venedig. Die Gruppe setzt sich zusammen aus Architekten, Ingenieuren und Sozialarbeitern und wird gefördert und unterstützt durch die chilenische Ölfirma Copec und die Pontificia Universidad Católica de Chile in Santiago. Das Bestreben von Elemental sind dabei die Linderung der Wohnungsnot sowie verbesserte Lebensbedingungen der armen chilenischen Bevölkerung.

Im Jahr 2002 überraschte Aravena mit seinem innovativen Entwurf für die Siedlung Quinta Monroy in der nordchilenischen Stadt Iquique. Das Projekt war angelehnt an die PREVI-Siedlung in Lima (1968–1975) und erinnert an Álvaro Sizas Siedlungen in Porto (1975–1977) und Évora (1977).

Die Siedlung im Stadtzentrum sollte informelle und teilweise illegal errichtete Unterkünfte ersetzen und fast hundert Familien ein neues, ausbaufähiges Eigenheim bieten. Obwohl die vorhandenen maroden Unterkünfte abgerissen und ersetzt wurden, sollte die Umsiedlung der Bewohner unter allen Umständen vermieden werden, um die gewachsenen sozialen Strukturen zu bewahren. Das nachbarschaftliche Gefüge wurde vielmehr gefördert, indem die Bewohner die neu gebauten Häuser als Eigentum übertragen bekamen. Für jede Wohneinheit konnte die Regierung allerdings lediglich siebentausendfünfhundert US-Dollar zur Verfügung stellen, womit nicht nur die Kosten für den Rohbau, sondern auch für die technische Infrastruktur und den relativ teuren Baugrund gedeckt werden mussten.

Diesem geringen Budget begegnete Alejandro Aravena mit dem Entwurf von halbfertigen Reihenhäusern aus Stahlbeton mit jeweils zwei übereinanderliegenden, sechsunddreißig Quadratmeter großen Wohneinheiten. Die bereits fertiggestellte Hälfte wurde mit eigener Wasser- und Stromversorgung ausgestattet und bot mit dem Konstruktionsrahmen der anderen Hälfte eine Struktur, die den

anchoring the occupants both there, where they resided, as well as within society. With this project, *Elemental* created a much-lauded prototype for social housing, and one that has traveled beyond Chile's borders. The Quinta Monroy design has, for example, been adapted in a modified form for a multitude of cities: Santiago,

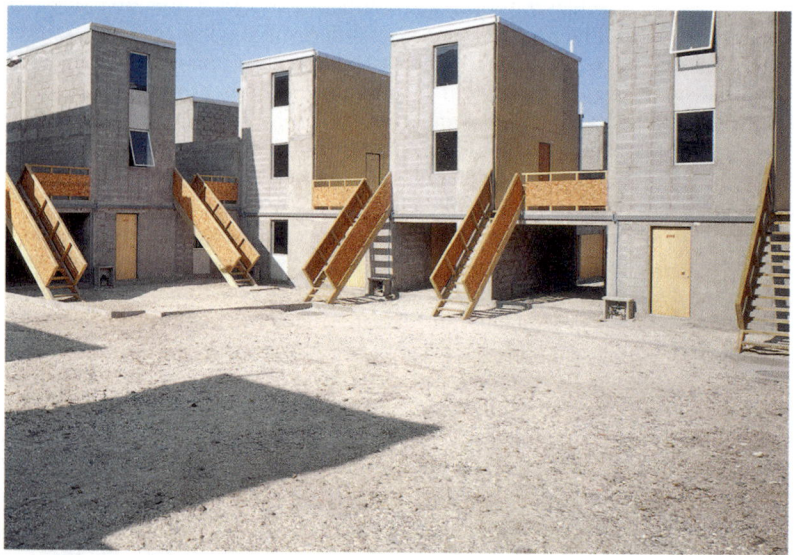

Fig. / Abb. 53: *Elemental* – Quinta Monroy in Iquique/Chile (2004)

Tocopilla, Antofagasta, Valparaíso, Renca, Temuco etc.[12] To date Chile has built over 2,000 units and a further 1,600 are already in the pipeline.[13] *Elemental* is involved in erecting further communities of this kind in Mexico, Brazil, and in the United States. Chile currently builds more than a third of all new housing as social housing.

In the context of the current housing problem and the lack of affordable accommodation in expanding German metropolitan areas such as Munich or Frankfurt, the self-help projects described above fail to offer solutions, but they do offer interesting food for thought in terms of their approach. Owing to high land prices in central locations, it is virtually impossible to build social housing there, and even on the periphery such prices make it very difficult. If, in spite of this, we are going to provide the urgently needed living space for low-earners and refugees, we must start to think and build innovatively and move away from old benchmarks and norms. By doing so, the cost of building could be reduced to approximately 1,000 euros/m² for a two-story building, and around 1,200 euros/m² for up to four stories. This amount will not be enough to build to passive house standards, but it does buy double-glazing. If we were to build with solid walls with a minimum depth of thirty-six centimeters, both render and insulation could

seismischen Anforderungen standhält. Für die Erschließung des noch auszubau-
enden Hausteils waren bereits ein individueller Zugang und eine eigene Treppe
vorhanden. Die Bewohner konnten diesen Teil in Eigeninitiative zu einem späteren Zeitpunkt ausbauen und so die Wohnfläche für knapp eintausend US-Dollar
auf etwa siebzig Quadratmeter verdoppeln.[7] Nur aufgrund dieses kostengünstigen Konzepts ließen sich die Grundstückspreise zahlen, die dreimal so hoch
waren wie der sonst für sozialen Wohnungsbau gezahlte Durchschnittswert.[8]
Die vorgegebene Form der Einheiten wirkte fragilen und wilden Anbauten sowie übermäßiger Nachverdichtung von vornherein entgegen. Statt der ehemals
formlosen Siedlungsstruktur wurden die Häuser in Quinta Monroy gleichmäßig
um vier Innenhöfe gruppiert. Dadurch entstanden Nachbarschaften mit einer
Größe von circa fünfundzwanzig Familien, die als ideal für eine funktionierende
Selbstverwaltung angesehen werden.[9]
So begannen die Bewohner nach ihrem Einzug und entsprechend ihrer finanziellen
Möglichkeiten mit dem Ausbau der zweiten Haushälfte. Das dafür nötige Know-how
bekamen sie in Workshops vermittelt, die von Elemental betreut wurden.[10] Heute
sind fast alle Einheiten erweitert, individuell verputzt und farbig gestrichen. Außerdem sind die vier gemeinsamen Höfe gemeinschaftlich bepflanzt oder gepflastert
worden. Die Aufwertung dieses halböffentlichen Nachbarschaftsraums trug dazu bei,
dass sich der Wert einer Wohneinheit laut Aravena innerhalb von nur fünf Jahren
bis 2009 auf zwanzigtausend US-Dollar erhöht hatte.[11] Dies führte unweigerlich zu
einer Etablierung der Bewohner vor Ort als auch in der Gesellschaft.
Damit hat Elemental einen viel beachteten Prototyp für den sozialen Wohnungsbau über die Grenzen von Chile hinaus geschaffen. So wurde der Entwurf für

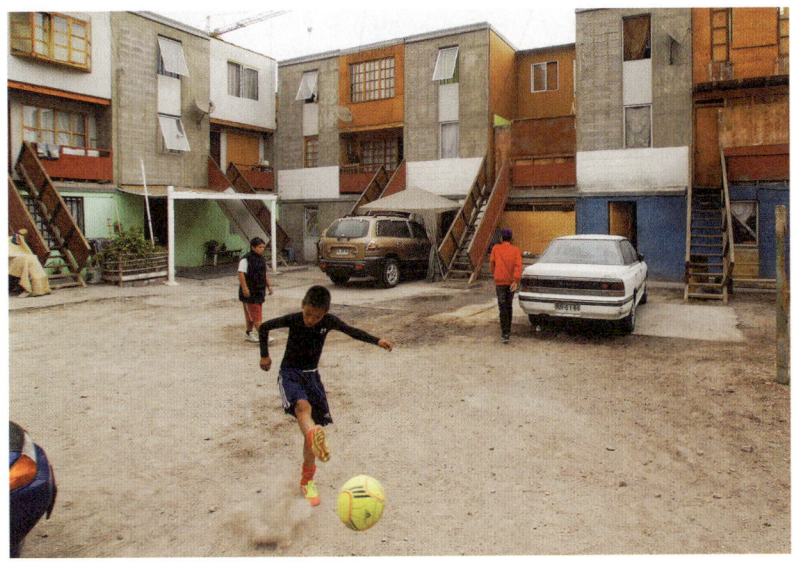

Fig / Abb. 54: *Elemental* – Quinta Monroy in Iquique/Chile (2006)

be done away with, producing further savings. And by reducing the extent of expensive detailing, future occupants, even unskilled ones—along the lines *Elemental* has demonstrated—would be able to participate in the building process as, for example, Praeger Richter Architects have shown with their extendable housing scheme in Berlin-Neukölln.

However, when trying to implement such schemes, existing obstacles—of both a political and bureaucratic nature—often stand in the way. If small local communities decide to build housing themselves, they first have to establish a housing company, which is often not practicable, either in terms of personnel or financially. Major cities like Frankfurt are confronted by a further problem. On the one hand, they are not permitted to operate their own housing construction companies—as was customary back in the *Neues Frankfurt* era—yet on the other, owing to the huge wave of refugees, they now find themselves having to erect temporary accommodation, consisting of shipping containers or makeshift tent camps.

Regardless of the extent to which current building regulations are relaxed, or amendments made to administrative procedures, it is not just benchmarks and architectural aesthetics that should be under debate. It is far more important—given the vast number of new buildings that have to be built—that we turn our minds to the problem of how to integrate this new housing and its occupants into the urban fabric. Because on no account will this new housing be temporary. We will be living both in and with these new buildings and their respective neighborhoods for decades to come.

1   See Ernst May's job application letter to the city administration, Frankfurt am Main, February 9, 1925, from: Institut für Stadtgeschichte Frankfurt am Main, Council meeting, personnel file, May 65099.

2   Jerzy Ilkosz, "Selbsthilfe-Haus, Messe Breslau," in Claudia Quiring, *Ernst May. 1886–1970* (Munich, 2011), p. 256.

3   Dietrich-Wilhelm Dreysse, *May-Siedlungen. Architekturführer durch acht Siedlungen des Neuen Frankfurt 1926–1930* (Frankfurt am Main, 1987), p. 4.

4   Ibid.

5   Ibid., pp. 4f.

6   dreysse-architekten, *Rahmenkonzept für die Siedlung Praunheim-West,* unpublished study (Frankfurt am Main, 2009).

7   Alejandro Aravena and Andrés Iacobelli, *Elemental: Incremental Housing and Participatory Design Manual* (Ostfildern, 2012), pp. 192f.

8   Ibid. p. 98.

9   Peter Körner and Philipp Sturm, "Elemental – Erweiterbares Wohnhausprojekt in Chile," in *Think Global, Build Social,* edited by Goethe-Institut (Munich, 2015), p. 67.

10 Aravena/Iacobelli 2012 (see footnote 7), pp. 122ff.

11 Ibid. p. 190.

12 Peter Cachola Schmal, "Aneignungsarchitektur," in ARCH+ 211/212 (Aachen, 2013), p. 127.

13 According to current information from the *Elemental* office, February 8, 2016.

Quinta Monroy in abgeänderter Form auf eine Vielzahl von Städten wie Santiago, Tocopilla, Antofagasta, Valparaíso, Renca, Temuco etc. übertragen.[12] Bis heute sind in Chile über zweitausend Einheiten entstanden und weitere eintausendsechshundert bereits in Planung.[13] Elemental errichtete weitere dieser Siedlungen in Städten in Mexiko, Brasilien und den USA. Heute entstehen in Chile über dreißig Prozent der neu gebauten Wohnhäuser im sozialen Wohnungsbau. In Bezug auf die aktuelle Wohnraumproblematik und den Mangel an bezahlbaren Wohnungen in wachsenden deutschen Metropolen wie München oder Frankfurt lassen sich aus den angeführten Selbsthilfebeispielen keine Lösungen, aber durchaus interessante Ansätze ableiten. Die hohen Grundstückspreise in zentralen Lagen machen das soziale Bauen dort nahezu unmöglich und erschweren es selbst in Randlagen. Um dennoch den dringend benötigten Wohnraum für gering verdienende Schichten und Flüchtlinge zu errichten, muss innovativ gedacht und gebaut sowie von bisherigen Standards und Normen abgerückt werden. Dadurch könnten die Baukosten auf circa eintausend Euro/m² bei einem zweigeschossigen und circa eintausendzweihundert Euro/m² für bis zu viergeschossige Gebäude erreicht werden. Diese Investitionen ermöglichen zwar keinen Passivhausstandard, reichen aber für beispielsweise doppelt verglaste Fenster aus. Beim Einsatz von massiven Mauern mit einer Stärke von mindestens sechsunddreißig Zentimetern könnte zudem auf Dämmung sowie Putz verzichtet werden, was eine zusätzliche Kostenminimierung bedeuten würde. Durch die Reduzierung von aufwendigen Details ließen sich auch ungelernte zukünftige Bewohner – nach Vorbild von Elemental – in den Bauprozess einbeziehen, wie beispielsweise bei dem Ausbauhaus von Praeger Richter Architekten in Berlin-Neukölln.

Erschwert werden diese Praktiken allerdings durch die vorhandenen Hürden in Politik und Verwaltung. Um eigene Wohnungen bauen zu können, müssten kleinere Gemeinden zuerst Wohnungsbaugesellschaften gründen, was personell und finanziell meist nicht möglich ist. Großstädte wie Frankfurt stehen vor einem weiteren Problem. Sie dürfen einerseits keine eigenen Baubetriebe für den Wohnungsbau unterhalten, wie es zur Zeit des „Neuen Frankfurt" üblich war; andererseits errichten sie nun aufgrund der großen Flüchtlingswelle eigene temporäre Container- und Zeltdörfer.

Ganz gleich, welche Lockerungen der geltenden Bauvorschriften und welche Novellierungen im Bereich der Verwaltung erfolgen, darf nicht allein über Standards und Ästhetik der Architektur diskutiert werden. Vielmehr muss bei der großen Zahl an notwendigen Neubauten die städtebauliche Integration der neuen Wohnungen und ihrer Bewohner solide bedacht werden. Denn der neue Wohnraum wird keinesfalls temporär sein. Wir werden Jahrzehnte in und mit den neuen Häusern und den dazugehörigen Stadtteilen leben.

1   Vgl. Bewerbungsschreiben von Ernst May an den Magistrat der Stadt Frankfurt am Main, 9.2.1925, aus: Institut für Stadtgeschichte Frankfurt am Main, Stadtverordneten-Versammlung, Personalakte May 65099.

2   Jerzy Ilkosz, „Selbsthilfe-Haus, Messe Breslau", in: Claudia Quiring, *Ernst May. 1886–1970*, München 2011, S. 256.

3   Dietrich-Wilhelm Dreysse, *May-Siedlungen. Architekturführer durch acht Siedlungen des Neuen Frankfurt 1926–1930*, Frankfurt am Main 1987, S. 4.

Peter Körner

Born in Frankfurt am Main in 1981. Studied interior architecture. Since 2010, independent curator at DAM in Frankfurt am Main. Co-curated or curated exhibitions include *Ernst May* (2011), *Think Global, Build Social!* (2013), *Internationaler Hochhaus Preis* (2014, 2016), *Galina Balaschowa* (2015), *Ferdinand Kramer* (2015–16).

Philipp Sturm

Born in Suhl, Thuringia, in 1976. Studied political science in Frankfurt am Main. Since 2008, independent curator at DAM, Frankfurt am Main. Co-curated and curated exhibitions include *Der Pavillon* (2009), *Ernst May* (2011), *Think Global, Build Social!* (2013), *Himmelstürmend – Hochhausstadt Frankfurt* (2014–15), and *Zukunft von gestern* (2016).

4 Ebd.
5 Ebd., S. 4f.
6 dreysse-architekten, Rahmenkonzept für die Siedlung Praunheim-West, unveröffentlichte Studie, Frankfurt am Main 2009.
7 Alejandro Aravena und Andrés Iacobelli, *Elemental: Incremental Housing and Participatory Design Manual,* Ostfildern 2012, S. 192f.
8 Ebd., S. 98.
9 Peter Körner und Philipp Sturm, „Elemental – Erweiterbares Wohnhausprojekt in Chile", in: *Think global, build social,* hrsg. von Goethe Institut, München 2015, S. 67.
10 Aravena/Iacobelli 2012 (wie Anm. 7), S. 122ff.
11 Ebd., S. 190.
12 Peter Cachola Schmal, „Aneignungsarchitektur", in: *ARCH+* 211/212, Aachen 2013, S. 127.
13 Laut aktueller Information aus dem Büro Elemental, 8.2.2016.

Peter Körner
* 1981 in Frankfurt am Main. Studium der Innenarchitektur. Seit 2010 freier Kurator am DAM, Frankfurt am Main. Ausstellungen als Co-Kurator oder Kurator u. a.: *Ernst May,* 2011; *Think Global, Build Social!,* 2013; *Internationaler Hochhaus Preis,* 2014, 2016; *Galina Balaschowa,* 2015; *Ferdinand Kramer,* 2015/16.

Philipp Sturm
* 1976 in Suhl. Studium der Politikwissenschaft Politikwissenschaft in Frankfurt am Main. Seit 2008 freier Kurator am DAM, Frankfurt am Main. Ausstellungen als Co-Kurator oder Kurator u. a.: *Der Pavillon,* 2009; *Ernst May,* 2011; *Think global, build social! Bauen für eine bessere Welt,* 2013; *Himmelstürmend – Hochhausstadt Frankfurt,* 2014/15; *Zukunft von gestern,* 2016

THE ARRIVAL CITY IS ON THE GROUND FLOOR

THE SUCCESS
OF A NEIGHBORHOOD IS
DETERMINED
BY THE AVAILABILITY
OF SMALL-SCALE SPACES
ON THE GROUND FLOOR.

DIE ARRIVAL CITY IST IM ERDGESCHOSS

OB KLEINTEILIGE
GESCHÄFTSRÄUME
IM ERDGESCHOSS
VERFÜGBAR SIND,
BESTIMMT DIE QUALITÄT DES
ÖFFENTLICHEN RAUMS.

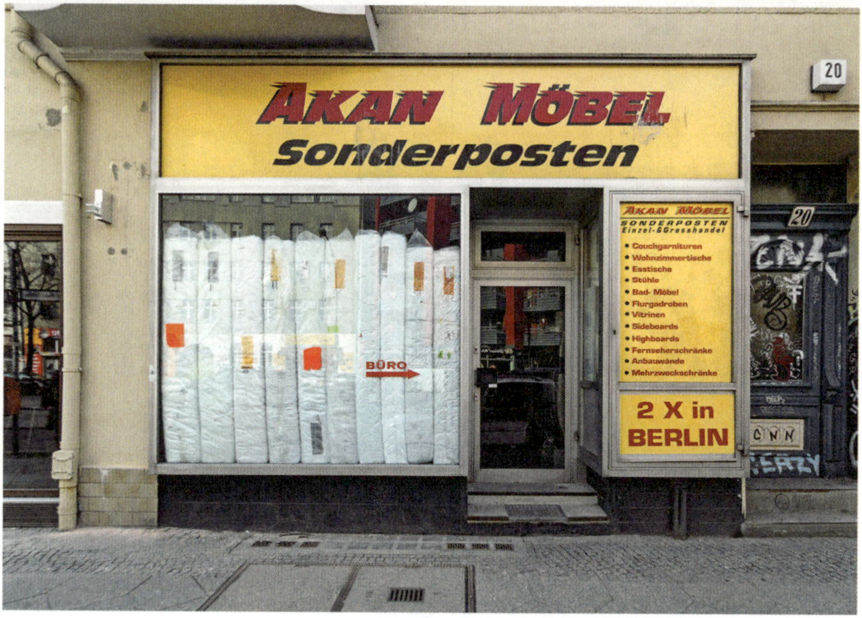

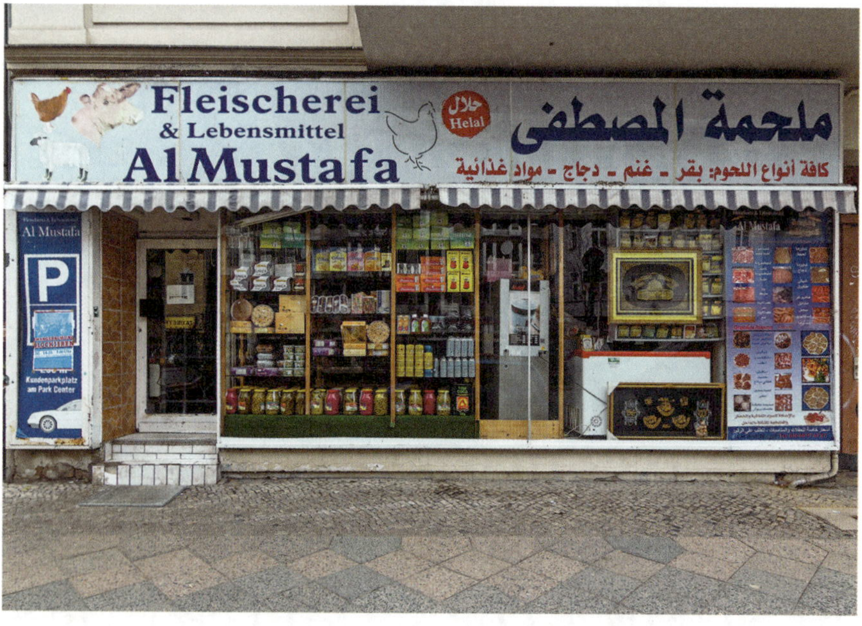

Figs. 55, 56, 57, 58: The series *Learning from Neukölln* by photographer Florian Thein (2013) shows various street-level scenes in Berlin-Neukölln.

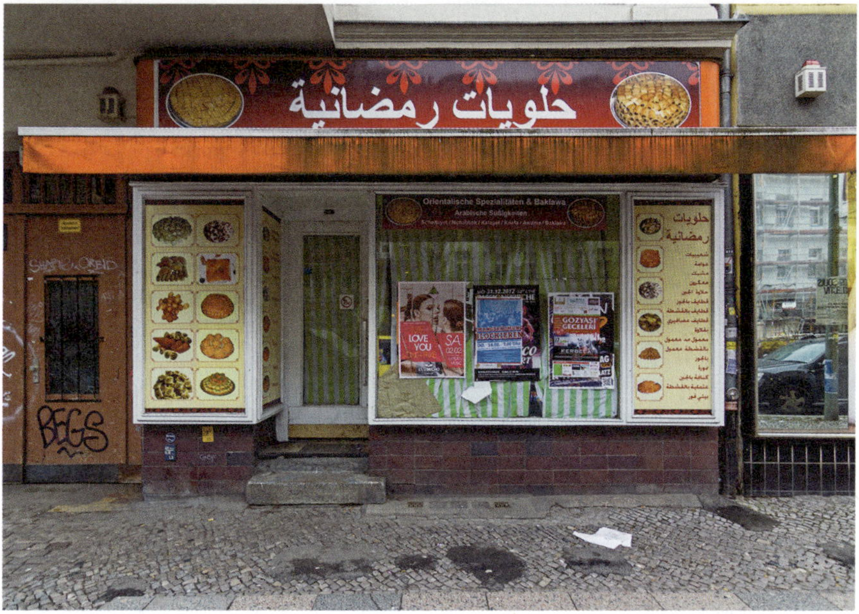

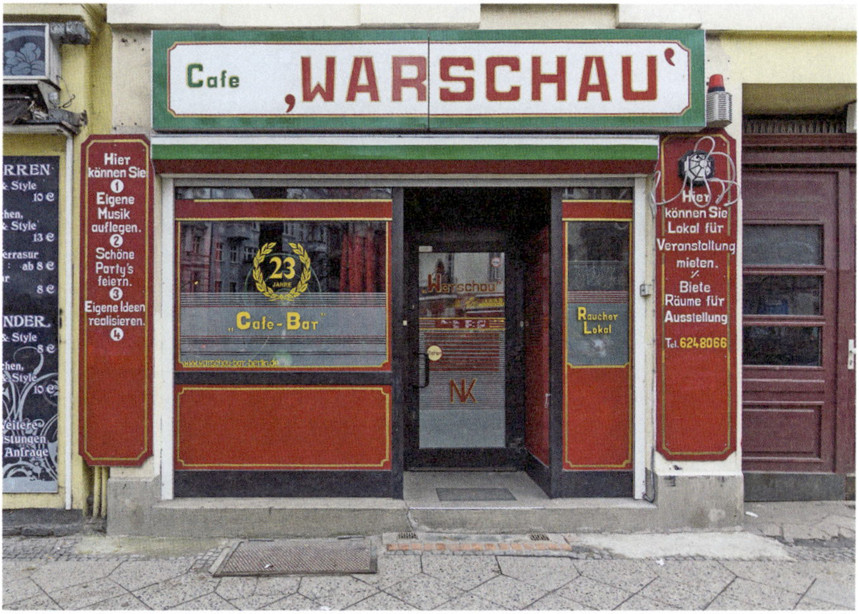

Abb. 55, 56, 57, 58: In der Serie *Learning from Neukölln* des Fotografen Florian Thein (2013) werden diverse Erdgeschosszonen in Berlin-Neukölln gezeigt.

THE ARRIVAL CITY IS FRAGMENTARILY AVAILABLE
Maren Harnack and Christian Holl

Self-Employed Migrants
Since the nineteen-seventies there has been a steady increase in the share of migrants among all self-employed workers in Germany.[1] And among migrants, too, the share of self-employed workers has increased. Self-employed migrant workers can be found mainly in retail, catering, fashion, in the hairdressing trade, and in advertising and photography. Since the nineteen-nineties, in particular, the increase has been considerably higher than among the native German population.[2] Explanations for this increase can be subsumed under three models: the niche model—being self-employed allows one to develop specific qualities and skills and to serve one's own community; the culture model—self-employment is very important in many countries of origin (in southern Europe the rate of self-employment is much higher than in Germany); and, finally, the response model—self-employment as a response to the increasing difficulty of finding other ways of earning a living on the job market.[3] All three models suggest that making spatial resources available for the development of a small-scale "ethnic economy" is extremely important.[4] After all, the vast majority of the self-employed, especially when they first start out, does not take up large areas and must try to keep financial risk to a minimum. Setting up one's own business should entail neither high initial investment nor high long-term debt.

Compartmentalized Gründerzeit Neighborhoods
This means that many new businesses locate in neighborhoods and municipalites where rents are relatively low and where migrants can draw on support from family and ethnic networks. These are often areas that are not particularly in demand. When the *gastarbeiter* (guest workers) arrived in the nineteen-sixties and seventies, these were the *Gründerzeit* districts (districts built in the second half of the nineteenth century) that were designated for large-scale redevelopment after World War II. The ruling classes of German majority society at that time were unwilling to live—let alone invest—in these districts. Migrants who found cheap housing in these districts were thus able to realize business ideas in small-scale commercial structures initially aimed at their own ethnic group—for instance, grocery stores or stores selling bridal wear or cosmetics (niche model). Depending on the specific circumstances, it was only natural for new businesses and companies to then favor such neighborhoods. Quite a few of them subsequently turned into ethnic businesses whose appeal extends far beyond the local setting and are eagerly patronized by other groups drawn by their colorfulness and diversity.[5] Ethnic economies are thus considered to contribute substantially to structural improvements and gentrification in especially disadvantaged neighborhoods. During this process, the markets for housing and commercial space continue to be interdependent, with networks playing a major role in both. In both cases investment at affordable prices promises a substantial contribution to securing a livelihood and can have a stabilizing effect.[6] If these developments are supported by both the local community and the municipality, they can be instrumental in countering the downward spiral feared in some neighborhoods.

176

DIE ARRIVAL CITY IST KLEINTEILIG VERFÜGBAR
Maren Harnack und Christian Holl

Migrantische Selbstständigkeit

Seit den 1970er-Jahren kann in Deutschland ein stetiger Anstieg des Anteils von Migranten an den Selbstständigen ausgemacht werden.[1] Und auch unter den Migranten ist der Anteil der Selbstständigen gewachsen. Migrantische Selbstständige sind vor allem in Handel und Gastronomie, in der Modebranche, in Friseurhandwerk, Werbung und Fotografie zu finden. Insbesondere seit den 1990er-Jahren ist der Anstieg deutlich höher als unter der deutschstämmigen Bevölkerung.[2] Die Erklärungen für diesen Anstieg lassen sich zu drei Modellen zusammenfassen: das der Nische – Selbstständigsein ermöglicht es, spezifische Qualitäten und Kompetenzen zu entfalten und die eigene Community zu bedienen –, das der Kultur – Selbstständigsein hat in vielen Herkunftsländern eine hohe Bedeutung, die Selbstständigenrate liegt in südeuropäischen Ländern weit über dem bundesdeutschen Wert – sowie das der Reaktion auf die zunehmenden Schwierigkeiten, auf dem Arbeitsmarkt eine andere Erwerbsmöglichkeit zu finden.[3] Alle drei Modelle legen es nahe, der kleinteiligen Verfügbarkeit räumlicher Ressourcen für die Entfaltung „ethnischer Ökonomie"[4] eine hohe Bedeutung zuzumessen. Denn der weitaus größte Teile dieser Selbstständigkeit nimmt vor allem in ihren Anfangsstadien keine große Flächen in Anspruch und muss danach trachten, das finanzielle Risiko gering zu halten. Der Gang in die Selbstständigkeit sollte weder hohe Anfangsinvestitionen nach sich ziehen noch eine hohe Dauerbelastung mit sich bringen.

Kleinteilige Gründerzeitquartiere

Daraus ergibt sich, dass sich viele der dabei entstehenden Geschäfte und Unternehmen in Quartieren und Orten ansiedeln, die ein vergleichsweise niedriges Mietniveau haben und in denen Migranten über das familiäre und ethnische Netzwerk Unterstützung in Anspruch nehmen können. Das sind häufig Gegenden, die nicht bevorzugt nachgefragt werden. Zur Zeit der Immigration der Gastarbeiter in den 1960er- und 1970er-Jahren waren dies die Gründerzeitquartiere, die nach dem Zweiten Weltkrieg für die zukünftige Flächensanierung vorgesehen waren. Hier wollten die tonangebenden Schichten der deutschen Mehrheitsgesellschaft damals nicht leben, geschweige denn investieren. Migranten, die hier günstigen Wohnraum gefunden hatten, konnten in den kleinteiligen Gewerbestrukturen, die diese Quartiere auch boten, nach dem Nischenmodell Geschäftsideen verwirklichen, die sich zunächst an ihre eigene ethnische Gruppe richteten, beispielsweise Lebensmittel, spezieller Hochzeitsbedarf oder Kosmetik. Es lag den spezifischen Umständen entsprechend nahe, dass auch später bevorzugt in diesem Umfeld neue Geschäfte und Unternehmen entstanden. Aus manchen dieser Quartiere sind daher in der Folge Zentren ethnisch geprägten Gewerbes geworden, die weit über den lokalen Rahmen hinaus wirken, deren Buntheit und Diversität heute aber auch von anderen Gruppen gerne konsumiert wird.[5]

Es wurde deswegen darauf aufmerksam gemacht, um dass ethnische Ökonomien einen substanziellen Beitrag dazu leisten können, gerade benachteiligte Quartiere strukturell zu verbessern und aufzuwerten. Wohn- und Gewerbeflächenmarkt

Even if the history of the *Gründerzeit* neighborhoods suggests this, it would be wrong to infer that the Arrival City is necessarily composed of neighborhoods like these. What used to primarily characterize them was low demand among the native population. Today, by contrast, they are often under high gentrification pressure and their commercial spaces are no longer available at low prices, because fancy bars and boutiques compete with the ethnic economy.[7] The focus should therefore be on other neighborhoods that offer similarly small-scale and low-priced spaces away from locations in high demand: for example, postwar housing estates that are nowadays considered rather unattractive and whose commercial spaces do not meet the needs either of the large chains or of specialized boutiques. Other commercial areas not originally compartmentalized in terms of their structure, which have wholly or partly fallen into disuse and which offer small-scale units, should also be considered.

If the factors that determine the point of entry for ethnic entrepreneurship are now taken seriously and detached from the widespread fixation on *Gründerzeit* neighborhoods, the conclusions drawn can also be applied to other forms of economic activity. Thus, it is equally important for the start-ups and enterprises of the creative industries so frequently wooed by economic funding programs to keep starting capital and long-term debt low. Here, too, there is usually little capital available and business ideas can only be tested for their marketability when start-up costs are not too high and failure does not spell economic ruin.

Informal Urbanism

In recent years there has been much talk in this context about the significance of "space pioneers" and autonomous space and project developers. As an element of informal urbanism their efforts have received increased attention, and at the same time discussions have taken place about how they can be used as a strategic planning instrument—among other reasons because they complement classic real estate development in meaningful ways.[8] A term often brought into play here is that of "interim use," yet the idea is precisely not to use spaces temporarily until a higher yield use can be found, but rather to use spaces without great economic pressure. In many markets this is, admittedly, only possible in the form of interim use. The aim for temporary users is likewise to be able to pursue and stabilize their particular business model, provided it proves to be profitable. Hence the importance assigned to interim use in the discourse is more an indication of the fundamental shortage of space that allows the pursuit of a livelihood beyond the usual, capital-intensive models.

Compartmentalization is a fundamentally important element that does not, however, necessarily emerge automatically, precisely because of the alleged incompatibility with the logic of real-estate investors.[9] As a result, the traditional image of the European city would at first glance appear perfect to generate the necessary qualities for an Arrival City.

The Misconception of the "European City"

However, an excessive focus on formal aspects and an emphasis on a highly localized historical model that emerged under very different circumstances fails to do justice to the model of the "European city." Paradoxically, only when this model fails do the anticipated opportunities actually open up. As Philipp Misselwitz puts

sind dabei nach wie vor voneinander abhängig – in beiden spielen die Netzwerke eine große Rolle, in beiden verspricht eine Investition zu bezahlbaren Preisen einen substanziellen Beitrag zur Existenzsicherung, und beide können eine stabilisierende Wirkung entfalten.[6] Werden diese Entwicklungen von kommunaler Seite sowohl innerhalb des Quartiers als auch auf gesamtstädtischer Ebene unterstützt, können sie wesentlich dabei helfen, der in manchen Quartieren befürchteten Abwärtsspirale entgegenzuwirken.

Auch wenn die Geschichte der Gründerzeitquartiere dies nahelegt, sollte man daraus nicht schließen, dass die Arrival City aus Quartieren wie denen der Gründerzeit bestehen muss. Diese Quartiere hat in früheren Zeiten vor allem anderen ausgezeichnet, dass sie von der einheimischen Bevölkerung kaum nachgefragt wurden. Heute sind sie hingegen vielfach einem hohen Aufwertungsdruck ausgesetzt, und ihre Gewerbeflächen sind nicht mehr günstig zu haben, weil schicke Bars und Boutiquen mit der ethnischen Ökonomie konkurrieren.[7] Man sollte daher andere Quartiere in den Blick nehmen, die ähnlich kleinteilige und günstig verfügbare Flächen abseits der stark nachgefragten Standorte bieten: beispielsweise Siedlungen der Nachkriegszeit, die heute als wenig attraktiv gelten und deren Gewerbeflächen weder den Anforderungen der großen Ketten noch denen spezialisierter Boutiquen entsprechen. Genauso kommen auch die nicht ursprünglich kleinteilig strukturierten Gewerbegebiete in Betracht, die ganz oder in Teilen brachfallen und sich kleinteilig aneignen lassen.

Nimmt man nun aber die Einstiegsdeterminanten für ethnisches Unternehmertum ernst und löst sie von der verbreiteten Fixierung auf Gründerzeitquartiere, lassen sich die Schlüsse, die daraus gezogen werden, auch auf andere Formen der Ökonomie anwenden. So ist es für Start-ups und die von der Wirtschaftsförderung häufig umworbenen Unternehmen der Kreativwirtschaft auf die gleiche Weise wichtig, Startkapital und Dauerbelastung niedrig zu halten. Auch hier gilt, dass meist wenig Kapital zur Verfügung steht und sich Geschäftsideen nur dann auf ihre Markttauglichkeit testen lassen, wenn die Einstiegskosten nicht zu hoch sind und ein Scheitern nicht den wirtschaftlichen Ruin bedeutet.

Informeller Urbanismus

In diesem Kontext wurde in den letzten Jahren vielfach die Bedeutung von „Raumpionieren" und selbstbestimmten Raum- und Projektentwicklern thematisiert. Als Element eines informellen Urbanismus erhalten ihre Bestrebungen höhere Aufmerksamkeit, es wird aber auch diskutiert, wie sie als strategisches Instrument der Planung genutzt werden könnten, unter anderem, weil sie die klassische Immobilienentwicklung sinnvoll ergänzen.[8] Oft wird dabei der Begriff der Zwischennutzung ins Spiel gebracht, doch geht es gerade nicht darum, Räume nur für vorübergehende Zeit zu nutzen, bis für sie eine renditeträchtigere Nutzung gefunden werden kann, sondern darum, Räume ohne hohen wirtschaftlichen Druck zu nutzen. Allerdings ist das auf vielen Märkten eben nur in der Form der Zwischennutzung möglich. Das Ziel ist auch für Zwischennutzer, ihr jeweiliges Geschäftsmodell, falls es sich als rentabel erweist, weiterverfolgen und verstetigen zu können. Die Bedeutung der Zwischennutzung im Diskurs ist also eher ein Hinweis auf den grundsätzlichen Mangel an Räumen, die den Aufbau einer wirtschaftlichen Existenz jenseits der üblichen, kapitalintensiven Modelle ermöglichen.

it: "The *Berlin Planwerk Innenstadt* [a new plan for Berlin's city center adopted in 1999] is a great example of how planning seemed to desperately cling to traditional certainties and models, while at the same time departing more and more from actual conditions in the city. This resulted in abandoned properties and stagnation. Temporary users, in turn, deftly took advantage of this for their own experiments."[10] It therefore makes sense to "abandon the romantic notion of the existing building stock as the European core city, especially if the aim is to assert the qualities associated with it."[11] There are, after all, many risks involved in fixating on the "European city." To begin with, the primarily aesthetically informed, phenotypical image gives rise to a mindset that makes the developments behind the façades all the more difficult to see and, as a result, also hampers reflection on those developments in the discourse.[12] The second risk is that the needs of migrants and their visibility in the city are accepted only if they fit a narrow concept of urbanity. On the contrary, one should also ask whether "an urban organization does not, in fact, need the 'non-urban' (housing complexes, workplace zones) quasi as a supplier of urban space."[13] Thirdly, such a fixation ignores not just the new qualities of informal makeshift solutions and additions practiced by temporary users, space pioneers, and creative milieus, but also the lifestyles and strategies that migrants in the cities of Europe have established for dealing with the hurdles placed in their way. These very lifestyles and strategies have, indeed, taken on a special significance. The pressure imposed on the individual to remain flexible and be less dependent on rigid rules and social norms—inter alia because fixating on stable professional life planning entails major risks—finds in migrant practices examples of possible ways to deal with the new challenges. This is why those practices have inscribed themselves—beyond their migrant-specific manifestation—in the everyday life of cities: "As criticized or idealized 'other,' [migrants] fulfil a central function in the (re-)definition of the urban."[14]

Small-Scale versus Large-Scale Structure

The compartmentalization we have been referring to can be deliberately created in a different form as well. For instance, the owner of the Sulzer-Areal in the Swiss city of Winterthur, still keen on making a profit after several failed marketing attempts, sold the complex in small units to bridge the time until redevelopment. This evolved into what has since become a mixed-use neighborhood that, despite the original large-scale structure, offers long-term spaces for small-scale businesses and retail. In the Brunnenviertel neighborhood of Berlin, the Degewo Group is selling its holdings from the nineteen-seventies specifically to self-employed workers, tradespeople, and start-ups that cannot pay the rents in the nearby Gesundbrunnen-Center, yet also have no reason to fear competition from there. In other places, too, it is possible to specifically work towards making small-scale spaces available on a long-term basis within existing structures—either by means of an organizational model that intelligently reorganizes the existing building stock or as a targeted expansion of existing structures where very few or no such small-scale spaces are to be found, as, for example, in hitherto monofunctionally organized areas. Even mobile forms of retail trade could take on a new significance that offsets the uncertainties of spatial developments.

In principle, large-scale structures fulfill—or have fulfilled—an equally important function in our cities as smaller structured spaces. Because existing cities are,

Dabei ist Kleinteiligkeit ein grundsätzlich wichtiges Element, das aber gerade wegen der vermeintlichen Unvereinbarkeit mit der Logik der auf dem Immobilienmarkt tätigen Investoren nicht notwendigerweise von selbst entsteht.[9] Es scheint daher zunächst, als sei das tradierte Bild der europäischen Stadt das ideale Leitbild, um die für eine Arrival City notwendigen Qualitäten zu erzeugen.

Das Missverständnis der „europäischen Stadt"

Aber gerade wenn man formale Aspekte in den Vordergrund rückt und sich zu eng an einem stark eingegrenzten historischen Vorbild orientiert, das unter ganz anderen Rahmenbedingungen entstand, wird man dem Leitbild „europäische Stadt" nicht gerecht. Paradoxerweise kann dann erst das Scheitern dieses Leitbilds die Chancen öffnen, die man sich von ihm eigentlich versprochen hatte. So formuliert Philipp Misselwitz: „Das Berliner Planwerk Innenstadt ist ein sehr gutes Beispiel dafür, wie die Planung sich verzweifelt an traditionelle Sicherheiten und Leitbilder zu klammern schien, sich aber immer mehr von den realen Bedingungen in der Stadt verabschiedete. Es entstanden Leerstand und Stagnation. Diese nutzten wiederum Zwischennutzer geschickt für ihre Experimente aus."[10] Es ist also durchaus sinnvoll, „sich von der romantischen Vorstellung des Bestandes als der europäischen Kernstadt zu lösen, gerade wenn man den damit assoziierten Qualitäten Geltung verschaffen möchte".[11] Denn die Fixierung auf die „europäische Stadt" birgt viele Gefahren: Hier erzeugt erstens das vornehmlich ästhetisch geprägte, phänotypische Bild eine Form der Orientierung, die die Entwicklungen hinter den Fassaden umso schwerer erkennbar macht und damit auch die Auseinandersetzung mit diesen Entwicklungen im Diskurs behindert.[12] Sie schließt zweitens die Gefahr ein, dass die Bedürfnisse von Migranten und deren Sichtbarkeit in der Stadt nur im Hinblick auf die Tauglichkeit für ein eng gefasstes Bild von Urbanität akzeptiert werden. Man sollte sich hingegen auch fragen, ob „eine städtische Organisation nicht das ‚Unstädtische' (Wohnsiedlungen, Arbeitsplatzgebiete) quasi als Zulieferer für den städtischen (urbanen) Raum braucht".[13] Drittens werden damit nicht nur die neuen Qualitäten von informellen Improvisationen und Ergänzungen ausgeblendet, die Zwischennutzer, Raumpioniere und kreative Milieus praktizieren, sondern auch die Lebensformen und Strategien, mit Zumutungen umzugehen, wie sie Migranten in den Städten Europas etabliert haben. Denn gerade diese Lebensformen und Strategien haben eine besondere Bedeutung bekommen. Der dem Individuum auferlegte Zwang, flexibel zu bleiben, weniger abhängig von starren Regeln und gesellschaftlichen Normen zu sein – unter anderem weil es ein hohes Risiko birgt, sich auf eine stabile berufliche Lebensplanung zu fixieren –, findet in den Praktiken der Migranten Vorbilder für einen möglichen Umgang mit den neuen Herausforderungen. Diese Praktiken haben sich deswegen auch über die migrantenspezifische Erscheinung hinaus in den Alltag der Städte eingeschrieben: „Als kritisierte oder idealisierte ‚Fremde' erfüllen sie eine zentrale Funktion für die (Neu-)Definition des Städtischen."[14]

Kleinteiligkeit versus Großstruktur

Die angesprochene Kleinteiligkeit lässt sich auch in anderer Form gezielt herstellen. Das Sulzer-Areal in Winterthur beispielsweise wurde nach mehreren gescheiterten Vermarktungsversuchen vom durchaus gewinnorientierten

among other things, overly defined by traditional large-scale structures, we cannot afford to focus in a lopsided manner on formalistic models of compartmentalization. The latter may meet with broad acceptance, but they limit the openness and the variety of options necessary for the adoption of economically weak uses. In the Arrival City, defending the marketable consensus of the European city is certainly not the task of urban planners and policymakers; their task is rather to keep open options whose value does not need to be aesthetically determined.

1 Caner Aver, "Migration, Ethnische Ökonomie und Stadtentwicklung," in *Information zur Raumentwicklung* 5 (2013), pp. 393–401, here p. 394.

2 Holger Floeting, "Selbständigkeit von Migranten und informelle Netzwerke als Ressource für die Stadtentwicklung," in Erol Yildiz and Birgit Mattausch (eds.), *Urban Recycling. Migration als Großstadt-Ressource* (Basel et al., 2009), pp. 52–62, here pp. 52f.

3 The niche, culture, and response models are discussed in detail in ibid., p. 55.

4 The term "ethnic economy" is used accordingly by Floeting (see footnote 2), p. 53: "'Ethnic economy' refers to [...] self-employed gainful activity of migrants and paid employment of migrants in businesses run by migrants and rooted in a specific migrant milieu."

5 Nils Grube and Gisela Welz, "Inszenierte Vielfalt. Kulturanalysen neuer Veranstaltungsformate," in *Zeitschrift für Volkskunde* 1 (2014), pp. 65–89.

6 Aver 2013 (see footnote 1), p. 397: "Ethnic infrastructure and social networks whose close proximity constitutes a stabilizing factor in the social context—particularly for many residents with little knowledge of German—is, in addition to the lower acquisition costs, an argument for investment in the neighborhood."

7 The literature on gentrification is almost boundless; for a synopsis see Loretta Lees et al., *Gentrification* (New York and London, 2008).

8 See, for example, Ulf Matthiesen et al., "Zur Bedeutung des Informellen in der Stadtplanung," in *Informationen zur Raumentwicklung* 2 (2014), pp. 85–95; Lisa Buttenberg et al. (eds.), *Raumunternehmen. Wie Nutzer Räume selbst entwickeln* (Berlin, 2014).

9 On this, see, for example, Andreas Feldtkeller, *Zur Alltagstauglichkeit unserer Städte* (Berlin and Tübingen, 2012); Bundesamt für Bauwesen und Raumordnung (ed.), *Nutzungsmischung im Städtebau*. Endbericht (Bonn, 2000) (= Werkstatt: Praxis 2000, 2).

10 Philipp Misselwitz, in Matthiesen et al. 2014 (see footnote 8), p. 87.

11 Angelus Eisinger, "Und nun auch noch Resilienz. Einige skeptische Gedanken zu einer modischen Denkfigur aus stadthistorischer Sicht," in *Informationen zur Raumentwicklung* 4 (2013), pp. 309–13, here p. 309.

12 "In fact, it could be argued that the dominance of the architectural discourse in Berlin has diverted public attention from what is actually happening"; Elisabeth Strom and John Mollenkopf, "Vom Reden und Handeln – Diskurs und Stadtentwicklung in New York und Berlin," in Walter Siebel (ed.), *Die europäische Stadt* (Frankfurt am Main, 2004), pp. 284–300, here pp. 297f.

13 Urs Kohlbrenner, "Warum die Parzelle als Baustein nicht ausreicht," in Michael Mönninger (ed.), *Stadtgesellschaft* (Frankfurt am Main, 1999), pp. 117–21, here p. 118.

14 Angela Stienen, "Einst die 'Bronx von Bern.' Die andere Logik sozialräumlicher Segregation," in Yildiz and Mattausch 2009 (see footnote 2), pp. 137–58.

Eigentümer in kleinen Einheiten vermietet, um die Zeit bis zur Neuentwicklung zu überbrücken. Daraus entwickelte sich ein inzwischen gemischt genutztes Quartier, das trotz der ursprünglichen Grobkörnigkeit auch dauerhaft Räume für kleinteiliges Gewerbe und Läden bietet. Im Berliner Brunnenviertel vermietet der Degewo-Konzern in seinen Beständen aus den 1970er-Jahre gezielt an Selbstständige, Gewerbetreibende und Start-ups, die im nahe gelegenen Gesundbrunnen-Center die Mieten nicht zahlen könnten, von dort aber auch keine Konkurrenz befürchten müssen. Auch an anderen Orten lässt sich gezielt darauf einwirken, dass in bestehenden Strukturen kleinteilig Räume langfristig verfügbar gemacht werden können: entweder durch ein organisatorisches Modell, das den Bestand intelligent reorganisiert, oder als gezielte Erweiterung bestehender Strukturen, wo – wie etwa in bislang monofunktional organisierten Gebieten – die kleinteiligen Flächen kaum zu finden sind oder ganz fehlen. Nicht zuletzt könnten mobile Formen von Gewerbe eine neue Bedeutung bekommen, die die Unsicherheiten räumlicher Entwicklungen auffangen.

Großstrukturen erfüllen in unseren Städten grundsätzlich eine ebenso wichtige Funktion wie kleinteilig strukturierte Räume – oder haben sie erfüllt. Die bestehenden Städte sind viel zu sehr auch von überkommenen Großstrukturen geprägt, als dass man es sich leisten könnte, sich einseitig auf formalistische Leitbilder der Kleinteiligkeit zu konzentrieren. Diese stoßen zwar auf breite Akzeptanz, schränken aber die Offenheit und Optionsvielfalt ein, die für die Aneignung von wirtschaftlich schwachen Nutzungen nötig ist. In der Arrival City ist es gerade nicht Aufgabe von Stadtplanung und Stadtpolitik, den marktgängigen Konsens der europäischen Stadt zu verteidigen, die Aufgabe ist es vielmehr, Optionen offenzuhalten, deren Wert sich nicht ästhetisch bestimmen lassen muss.

1   Caner Aver, „Migration, Ethnische Ökonomie und Stadtentwicklung", in: *Information zur Raumentwicklung,* 5, 2013, S. 393–401, hier S. 394.

2   Holger Floeting, „Selbständigkeit von Migranten und informelle Netzwerke als Ressource für die Stadtentwicklung", in: Erol Yildiz und Birgit Mattausch (Hrsg.), *Urban Recycling. Migration als Großstadt-Ressource,* Basel u. a. 2009, S. 52–62, hier S. 52f.

3   Nischenmodell, Kulturmodell und Reaktionsmodell sind ausführlich beschrieben ebd., S. 55.

4   Der Begriff ethnische Ökonomie wird entsprechend von Floeting, ebd., S. 53, verwendet: „Unter ‚ethnischer Ökonomie' wird [...] selbständige Erwerbstätigkeit von Migranten und abhängige Beschäftigung von Migranten in von Migranten geführten Betrieben verstanden, die in einem spezifischen Migrantenmilieu verwurzelt sind."

5   Nils Grube und Gisela Welz, „Inszenierte Vielfalt. Kulturanalysen neuer Veranstaltungsformate", in: *Zeitschrift für Volkskunde,* 1, 2014, S. 65–89.

6   Aver 2013 (wie Anm. 1), S. 397: „Ethnische Infrastruktur und soziale Netzwerke, deren unmittelbare Nähe insbesondere für viele Bewohner mit geringen Deutschkenntnissen eine stabilisierende Funktion im sozialen Kontext hat, ist neben den günstigeren Erwerbskosten ein Investitionsargument im Quartier."

7   Die Literatur zur Gentrifizierung ist nahezu uferlos; zusammenfassend siehe Loretta Lees u. a., *Gentrification,* New York und London 2008.

Maren Harnack

Born in Neumünster. Studied architecture, urban planning, and social sciences in Stuttgart, Delft, and London. Research Associate at Darmstadt University of Technology and at HafenCity University in Hamburg. In 2008, co-founded the office urbanorbit. In 2011, appointed Professor of Urban Planning at Frankfurt University of Applied Sciences. In 2012, published dissertation about social housing and gentrification in London. Fields of work: Post-war housing in Germany and Great-Britain.

Christian Holl

Born in Heilbronn. Studied architecture in Aachen, Stuttgart, and Florence. 1997–2004: editor of the German architecture periodical *db – deutsche bauzeitung*. Since 2003, teaching assignments at the Darmstadt University of Technology, University of Stuttgart, University of Kaiserslautern, and University of Wuppertal. 2005–10: Research Associate at the Institute of Urban Planning at the University of Stuttgart. Since 2008, member of the exhibition committee and curator of architekturgalerie am weißenhof in Stuttgart. Since 2010, Chief Executive of the Association of German Architects in Hesse.

8 Siehe beispielsweise: Ulf Matthiesen u. a., „Zur Bedeutung des Informellen in der Stadtplanung", in: *Informationen zur Raumentwicklung*, 2, 2014, S. 85–95; Lisa Buttenberg u. a. (Hrsg.), *Raumunternehmen. Wie Nutzer Räume selbst entwickeln*, Berlin 2014.

9 Siehe hierzu exemplarisch: Andreas Feldtkeller, *Zur Alltagstauglichkeit unserer Städte*, Berlin und Tübingen 2012; Bundesamt für Bauwesen und Raumordnung (Hrsg.), *Nutzungsmischung im Städtebau. Endbericht*, Bonn 2000 [= Werkstatt: Praxis 2000,2].

10 Philipp Misselwitz, in: Matthiesen u. a. 2014 (wie Anm. 8), S. 87.

11 Angelus Eisinger, „Und nun auch noch Resilienz. Einige skeptische Gedanken zu einer modischen Denkfigur aus stadthistorischer Sicht", in: *Informationen zur Raumentwicklung*, 4, 2013, S. 309–313, hier S. 309.

12 „Tatsächlich könnte man behaupten, dass die Dominanz des architektonischen Diskurses in Berlin die öffentliche Aufmerksamkeit vom eigentlichen Geschehen abgelenkt hat." Elisabeth Strom und John Mollenkopf, „Vom Reden und Handeln – Diskurs und Stadtentwicklung in New York und Berlin", in: Walter Siebel (Hrsg.), *Die europäische Stadt*, Frankfurt am Main 2004, S. 284–300, hier S. 297f.

13 Urs Kohlbrenner, Warum die Parzelle als Baustein nicht ausreicht", in: Michael Mönninger (Hrsg.), *Stadtgesellschaft*, Frankfurt am Main 1999, S. 117–121, hier S. 118.

14 Angela Stienen, „Einst die ,Bronx von Bern'. Die andere Logik sozialräumlicher Segregation", in: Yildiz/Mattausch 2009 (wie Anm. 2), S. 137–158.

Maren Harnack

Geboren in Neumünster. Studium der Architektur, Stadtplanung und Sozialwissenschaften in Stuttgart, Delft und London. Wissenschaftliche Mitarbeiterin an der TU Darmstadt und der HafenCity Universität in Hamburg. 2008 Mitgründerin des Büros urbanorbit. Seit 2011 Professorin für Städtebau an der Frankfurt University of Applied Sciences. 2012 Publikation ihrer Dissertation über sozialen Wohnungsbau und Gentrifizierung in London. Arbeitsschwerpunkt: Siedlungsbau der Nachkriegsmoderne.

Christian Holl

Geboren in Heilbronn. Studium der Architektur in Aachen, Stuttgart und Florenz. 1997–2004 Redakteur der *db – deutsche bauzeitung*. Seit 2003 Lehraufträge an der TH Darmstadt, Universität Stuttgart, Universität Kaiserslautern und Universität Wuppertal. 2005–2010 wissenschaftlicher Mitarbeiter am Städtebau-Institut der Universität Stuttgart. Seit 2008 Mitglied im Ausstellungsausschuss und Kurator der architekturgalerie am weißenhof, Stuttgart. Seit 2010 Geschäftsführer des BDA Hessen.

AMSTERDAM-SLOTERVAART
Anneke Bokern

Amsterdam has a clearly arranged urban structure. The urban core consists of the historic city center, which was built between the Middle Ages and the late seventeenth century, surrounded by a late nineteenth-century ring of urban development and another one from the nineteen-thirties. Then comes the beltway, which wraps itself around the concentric center like a cuff. Even today, this still constitutes the main mental and spatial barrier in the city's urban structure. Beyond it are city expansions from the postwar era, where more than a third of Amsterdam's population lives, although many do not regard them as part of the city. This has to do with the barrier-like character of the beltway and the fact that many postwar neighborhoods are like bedroom communities—but also with the fact that more than 50 percent of the people living in those neighborhoods have a migrant background.

The largest urban expansion outside of the "ring" or beltway is "Nieuw-West," which also includes the district of Slotervaart. Cornelis van Eesteren worked out the master plan for the new development to the west of the historic city center back in 1934, but it could only be realized after World War II. "Light, air, and space" was the motto for the new parts of the city, which were conceived as a modern antithesis to the narrow, dark historic center. Inside the "ring," Amsterdam consists of closed blocks of houses, but Nieuw-West was built with huge angular housing blocks set in extensive public green spaces. Moreover, there was a strict separation of functions in keeping with modern urban planning ideology, which is why the city expansion covering thirty-four square kilometers consists almost exclusively of residential buildings, combined with a few stores along the major streets. As former municipal housing officer J. J. van der Velde boasted in the nineteen-fifties: "It used to be that one would build a park in the city; now a city has been built in a park." Throughout Nieuw West two types of housing predominate: seventy- to eighty-square-meter apartments for middle-class families inside the multi-story housing blocks and in between a few forty-five-square-meter apartments for elderly and single persons in the form of small row houses. Initially, those were indeed the target groups that moved there. But in the nineteen-sixties, when labor migration from Morocco and Turkey began, the demographic structure gradually changed: more and more Dutch middle-class families moved away, often to the suburbs and the small towns in the surrounding region, and were replaced by immigrants. At first, mainly single men came as foreign workers to the Netherlands and lived in workers' boarding houses. From 1975 on, with the legalization of family reunification, the demand for larger, cheaper apartments grew. Many Moroccan families found what they were looking for in Amsterdam-West.[1] In the early nineteen-nineties, when a second wave of immigrants came from Morocco, Slotervaart and the neighboring districts really became Arrival Cities. From then on, many established Amsterdamers just regarded Slotervaart as synonymous with satellite dishes, headscarves, and gangs of loitering youths.

In the late nineteen-nineties the city and the housing associations, which owned almost 70 percent of the housing in Nieuw West, decided something had to be

AMSTERDAM-SLOTERVAART

Anneke Bokern

Amsterdam hat eine recht übersichtliche Stadtstruktur. Der Stadtkern besteht aus der historischen Innenstadt, die vom Mittelalter bis ins späte 17. Jahrhundert entstand, umgeben von einem Bebauungsring aus dem späten 19. Jahrhundert und einem weiteren Ring aus den 1930er-Jahren. Dann folgt der Autobahnring, der sich wie eine Manschette um die konzentrische Innenstadt legt und auch heute noch die bedeutendste mentale und räumliche Barriere in der Stadtstruktur bildet. Jenseits davon befinden sich Stadterweiterungen aus der Nachkriegszeit, in denen zwar mehr als ein Drittel der Amsterdamer wohnen, die jedoch von vielen nicht als Teil der Stadt empfunden werden. Das liegt am Barrierecharakter der Ringautobahn und am Schlafstadtcharakter vieler Nachkriegsviertel – aber auch daran, dass in diesen Gegenden über fünfzig Prozent der Einwohner einen Migrationshintergrund haben.

Die größte Stadterweiterung „buiten de ring" ist „Nieuw-West" („Neuer Westen"), zu dem auch das Viertel Slotervaart gehört. Schon 1934 entwickelte Cornelis van Eesteren den Masterplan für das Neubaugebiet westlich der Altstadt; realisiert werden konnte es jedoch erst nach dem Zweiten Weltkrieg. „Licht, Luft und Raum" lautete das Motto für die neuen Stadtteile, die als modernes Gegenbild zur engen, düsteren Altstadt konzipiert waren. Während Amsterdam innerhalb des Rings aus geschlossenen Häuserblöcken besteht, bebaute man den „Neuen Westen" mit winkelförmig angeordneten Zeilenbauten, die in weitläufige öffentliche Grünflächen eingebettet waren. Ganz im Sinne der modernen Stadtplanungsideologie wurde außerdem eine rigorose Funktionstrennung vorgenommen, weshalb die vierunddreißig Quadratkilometer große Stadterweiterung beinahe ausschließlich aus Wohnungsbauten besteht, kombiniert mit wenigen Geschäften entlang der Hauptstraßen. „Früher legte man einen Park in der Stadt an, nun baut man eine Stadt im Park", frohlockte in den 1950er-Jahren J. J. van der Velde, damals Gemeinderatsdelegierter für Wohnen.

In ganz Nieuw-West herrschten zwei Wohnungstypen vor: siebzig bis achtzig Quadratmeter große Wohnungen für Mittelstandsfamilien, die in den mehrgeschossigen Zeilenbauten untergebracht waren, und dazwischen einige etwa fünfundvierzig Quadratmeter große Wohnungen für Senioren und Alleinstehende in Form kleiner Reihenhäuser. Anfänglich waren es auch tatsächlich diese Zielgruppen, die dorthin zogen. Aber als in den 1960er-Jahren die Arbeitsmigration aus Marokko und der Türkei begann, veränderte sich die Bevölkerungsstruktur allmählich: Immer mehr niederländische Mittelklassefamilien zogen weg, vielfach in Vororte und Kleinstädte im Umland, und wurden von Migranten ersetzt. Anfänglich kamen vor allem alleinstehende Männer als Gastarbeiter in die Niederlande und wohnten in Arbeiterpensionen. Ab 1975 stieg mit der Legalisierung der Familienzusammenführung die Nachfrage nach größeren günstigen Wohnungen. Viele marokkanische Familien wurden in Amsterdam-West fündig.[1] Als in den frühen 1990er-Jahren eine zweite Zuzugswelle aus Marokko kam, wurden Slotervaart und die benachbarten Stadtviertel endgültig zu Ankunftsstädten. Für viele eingesessene Amsterdamer stand Slotervaart fortan nur noch für Satellitenschüsseln, Kopftücher und herumlungernde Jugendbanden.

done and initiated a long-term process of urban renewal for the whole of Amsterdam-West. The aim was both to attract more affluent residents and to make the neighborhoods more livable for their current residents. This was partly done through infill measures, but in many places also by demolishing existing building stock. In some neighborhoods 80 to 90 percent of the postwar residential buildings were taken down. Arguments in favor of demolition were that the existing housing supply was too uniform and that it had been constructed too quickly and too cheaply in the postwar era. Hence renovation or remodeling was not a financially viable solution. It was to be assumed, though, that the negative image of the buildings played a role as well, since the new target group of more well-heeled residents tended to avoid postwar buildings. Of course, the urban renewal approach has not remained without its critics. The architectural historian Roel Griffioen, for instance, describes it as a "massive top-down intervention that bespeaks the same belief in social engineering of which the housing developers of the nineteen-fifties are accused."[2]

Within Amsterdam-West, Slotervaart is an area with a particularly bad reputation. In 2003, the then district mayor, Henk Goettsch, referred to the district as a ghetto and warned that it would be a warzone in ten years if no action were taken. At the time, Moroccan gangs were engaging in street fights with the police and occasionally even liked to hang policeman dolls from trees. When the provocative filmmaker Theo van Gogh was murdered by a Muslim resident of Slotervaart a year later, the reputation of the city district was definitively ruined.

The reason why Slotervaart, more than other areas of Amsterdam-West, became a refuge for underprivileged migrants has to do with the originally large proportion of social housing, but presumably also with the rather unattractive urban planning conditions. A railroad embankment cuts across the elongated district from north to south and to the east it borders on the beltway. As a result, it is relatively close to the city center, but is fragmented by the infrastructure arteries. This is not something that can be remedied by replacing the old residential buildings with new ones, and fifteen years after the launch of urban regeneration the statistics still speak volumes: in 2015, 50 percent of the population had a migrant background, unemployment was 11 percent, and 24 percent of the children were growing up below the poverty line. In surveys 38 percent of the residents said they sometimes felt unsafe on the street and 27 percent indicated they experienced friction with residents from other cultures.[3]

Such statistics and survey results are in striking contrast with the paean that the Canadian journalist Doug Saunders, in his bestseller *Arrival City,* sings to urban renewal in Slotervaart, creating the impression that the process has already been brought to a successful conclusion. "Five years after the van Gogh slaying, Slotervaart had become a sea of construction cranes, diggers and wrecking balls. Gone was the neat, orderly plan. Gone were the quiet, meandering lanes. Gone were the green spaces between buildings. In their place were noisy, shop-filled market plazas, straight streets designed for vehicle and pedestrian traffic, and blocks of buildings, all in different plans and designs and heights."[4] This corresponds only partially with reality, however. Modernist urban construction still survives in large areas, as only some neighborhoods were rebuilt. And even in these you look in vain for noisy market places; instead, there are still many glum backs of buildings

Ende der 1990er-Jahre beschlossen die Stadt und die Wohnungsbaugesellschaften, in deren Besitz beinahe siebzig Prozent der Wohnungen in Nieuw-West waren, dass etwas geschehen musste und starteten einen langfristig angelegten Stadterneuerungsprozess in ganz Amsterdam-West. Ziel ist es, mehr wohlhabende Bewohner anzuziehen, aber auch, die Viertel lebenswerter für ihre jetzigen Bewohner zu machen. Zum Teil geschieht das durch Nachverdichtungsmaßnahmen, vielerorts aber auch durch den Abriss der bestehenden Bausubstanz. In manchen Nachbarschaften werden achtzig bis neunzig Prozent der Nachkriegswohnbauten beseitigt. Argument für den Abriss ist, dass der Wohnungsvorrat zu einförmig sei und in der Nachkriegszeit allzu schnell und billig gebaut worden sei, weshalb Sanierung oder Umbau sich nicht rentiere. Man darf jedoch vermuten, dass auch das negative Image der Gebäude eine Rolle spielt, denn die neue Zielgruppe der finanzkräftigeren Bewohner meidet Nachkriegswohnbauten. Der Stadterneuerungsansatz bleibt natürlich nicht ohne Kritik. So bezeichnet der Architekturhistoriker Roel Griffioen ihn als „kolossalen, von oben gesteuerten Eingriff, der von genau demselben Glauben an Social Engineering zeugt, den man den Wohnungsbauern der 1950er-Jahre vorwirft."[2]

Innerhalb von Amsterdam-West ist Slotervaart ein Gebiet mit besonders schlechtem Ruf. 2003 bezeichnete der damalige Bezirksbürgermeister Henk Goettsch den Stadtteil als Getto und warnte, dass er binnen zehn Jahren ein Kriegsgebiet wäre, wenn man nicht eingreife. Zu dieser Zeit lieferten sich marokkanische Banden Straßenschlachten mit der Polizei und knüpften auch gerne mal Polizistenpuppen an Bäumen auf. Als ein Jahr später der provokante Filmemacher Theo van Gogh von einem muslimischen Einwohner aus Slotervaart ermordet wurde, war der Ruf des Stadtviertels endgültig ruiniert.

Grund dafür, dass Slotervaart mehr noch als die anderen Gebiete in Amsterdam-West zum Auffangbecken für chancenarme Migranten wurde, ist der ursprünglich hohe Anteil an sozialen Mietwohnungen, aber vermutlich auch die wenig attraktive städtebauliche Ausgangslage. Das lang gestreckte Viertel wird von Nord nach Süd von einem Bahndamm durchschnitten und grenzt im Osten an den Autobahnring. Dadurch liegt es zwar vergleichsweise nahe an der Innenstadt, leidet aber unter seiner Fragmentierung durch die Infrastrukturtrassen. Mit dem Ersetzen alter durch neue Wohnbauten lässt sich dies nicht beheben, und fünfzehn Jahre nach Beginn der Stadterneuerung sprechen die Statistiken noch immer Bände: 2015 hatten fünfzig Prozent der Bewohner einen Migrationshintergrund, lag die Arbeitslosigkeit bei elf Prozent und wuchsen vierundzwanzig Prozent der Kinder unter der Armutsgrenze auf. In Umfragen sagten achtunddreißig Prozent der Bewohner, dass sie sich auf der Straße gelegentlich unsicher fühlen, und siebenundzwanzig Prozent gaben an, Spannungen mit Bewohnern zu erfahren, die aus einer anderen Kultur stammen.[3]

Solche Statistiken und Umfrageergebnisse stehen in auffälligem Kontrast zu dem Loblied, das der kanadische Journalist Doug Saunders in seinem Bestseller *Arrival City* auf die Stadterneuerung in Slotervaart singt und das den Eindruck erweckt, der Prozess sei bereits erfolgreich abgeschlossen. „Fünf Jahre nach dem Mord an van Gogh waren überall in Slotervaart Baukräne, Bagger und Abrissbirnen im Einsatz. Der hübsche, ordentliche Grundriss war Vergangenheit, ebenso wie die ruhigen, gewundenen Fußwege. Dasselbe galt für die Grünflächen zwischen Gebäuden. An ihrer Stelle sah man jetzt lärmige

and deserted street spaces without social control, which is mainly due to the fact that the district remains largely monofunctional.

The urban renewal strategy of recent years consisted mainly in replacing the huge housing blocks with apartments in perimeter development. An example is the Stadstuin Overtoom project with six closed building blocks currently under construction, with two of the blocks already completed. Within the blocks, social rental apartments are mixed with regular apartments and condos in accordance with established Dutch practice. The base of the blocks serves as a semi-subterranean parking garage, which also includes a fenced-in collective outdoor space for the residents. Many new buildings in Slotervaart function according to this model: they are "Gallic villages" in which the more affluent newcomers isolate themselves from the socially problematic neighborhood. You cannot even see the courtyards from the street anymore because of their elevated position. The blocks give public space the cold shoulder in the form of closed podium zones, and in this they are no different from the postwar buildings that preceded them, which had closed façades covering the ground floor with the tenants' storage spaces. The renewal over the past five years of the Delflandpleinbuurt, a neighborhood slightly further to the south, appears to be more successful in this regard. There the podium zones of the new perimeter construction consist of commercial premises. Owing not least to the unattractiveness of the existing shopping areas in Slotervaart, the stores in the Delflandpleinbuurt function well and, what is more, make for a livelier streetscape. They bring a bit of urgently needed mixed use into the bedroom community.

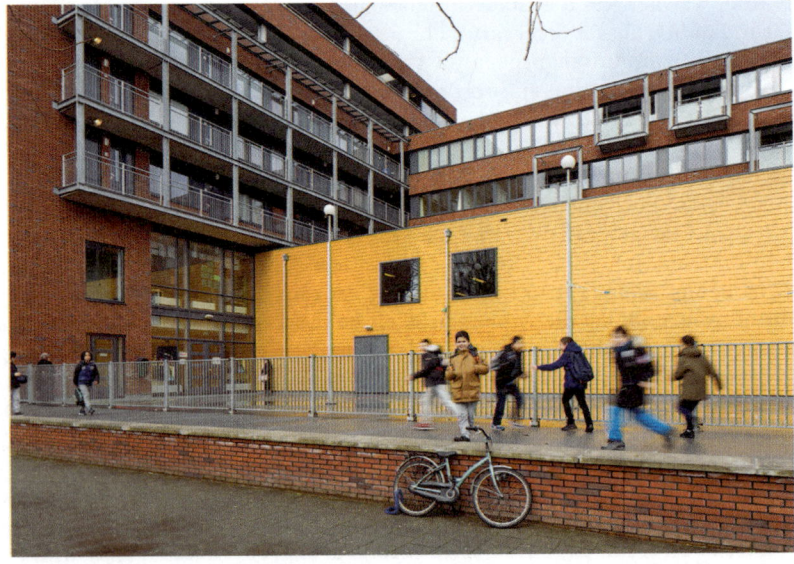

Fig. 59: El Kadisia School in Amsterdam-Slotervaart (GAJ Architecten)
Abb. 59: Die El Kadisia Schule in Amsterdam-Slotervaart (GAJ Architecten)

Marktplätze mit zahlreichen Geschäften, gerade, für den Fahrzeug- und Fußgängerverkehr geplante Straßen und Häuserblocks mit verschiedenen Grundrissen, Gestaltungsformen und Höhen."[4] Das entspricht jedoch nur bedingt der Wirklichkeit. Der modernistische Städtebau ist in weiten Teilen noch erhalten, nur manche Nachbarschaften wurden erneuert. Und auch dort sucht man lärmige Marktplätze vergeblich; stattdessen gibt es noch immer viele triste Rückseiten und menschenleere Straßenräume ohne soziale Kontrolle, was vor allem an der weitgehenden Monofunktionalität des Viertels liegt.

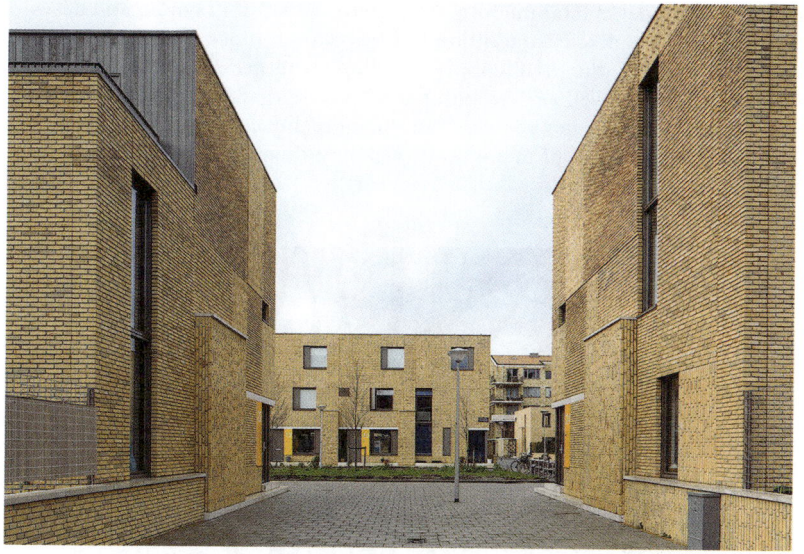

Fig. 60: The apartment blocks Overtoomse Veld in Amsterdam-Slotervaart
Abb. 60: Die Apartmentblocks Overtoomse Veld in Amsterdam-Slotervaart

Die Stadterneuerungsstrategie der letzten Jahre bestand hauptsächlich darin, die Zeilenbauten durch Geschosswohnungen in Blockrandbebauung zu ersetzen. So entsteht derzeit das Projekt Stadstuin Overtoom mit sechs geschlossenen Baublöcken, von denen zwei bereits fertiggestellt sind. In den Blöcken werden, nach in den Niederlanden gängiger Praxis, soziale Mietwohnungen mit freien Miet- und Eigentumswohnungen gemischt. Den Sockel der Blöcke bildet eine halb vertiefte Parkgarage, auf der sich ein eingezäunter kollektiver Außenraum für die Bewohner befindet. Nach diesem Modell funktionieren viele Neubauten in Slotervaart: Sie sind „gallische Dörfer", in denen sich die wohlhabenderen Zugezogenen von der sozial problematischen Nachbarschaft abschotten. Durch die erhöhte Position sind die Innenhöfe von der Straße aus nicht einmal mehr einsehbar. Dem öffentlichen Raum zeigen die Blöcke die kalte Schulter in Form von geschlossenen Sockelzonen – und unterscheiden sich darin nicht

Such residential buildings have been developed especially with the purpose of luring better-heeled and more ethnically diverse—i.e., Dutch—groups of residents to Slotervaart. But there are also projects that specifically target the current residents, half of whom are Muslim—some just with aesthetics, like the high rise with social rental apartments whose noise-mitigating side facing the highway consists of panels remotely reminiscent of Kilim rugs or the school building with Moorish-looking façade design; others also in functional ways. The most unconventional project in this regard is the Staalmanplein neighborhood whose urban development plan was the result of an intense participation process. It breaks altogether with the orthogonality of the surrounding postwar urban construction and, instead, has almost crystalline forms. The basic structure is open and accessible and functions are mixed: in addition to a residential block with seventy-one social rental apartments, the Staalmanplein includes another residential building with forty-one condos as well as a school, a kindergarten, and a mosque. Ten of the condos were sold to former renters from the neighborhood who belong to the second, better-off generation of immigrants. Keeping them in the neighborhood is considered essential for the success of Slotervaart.

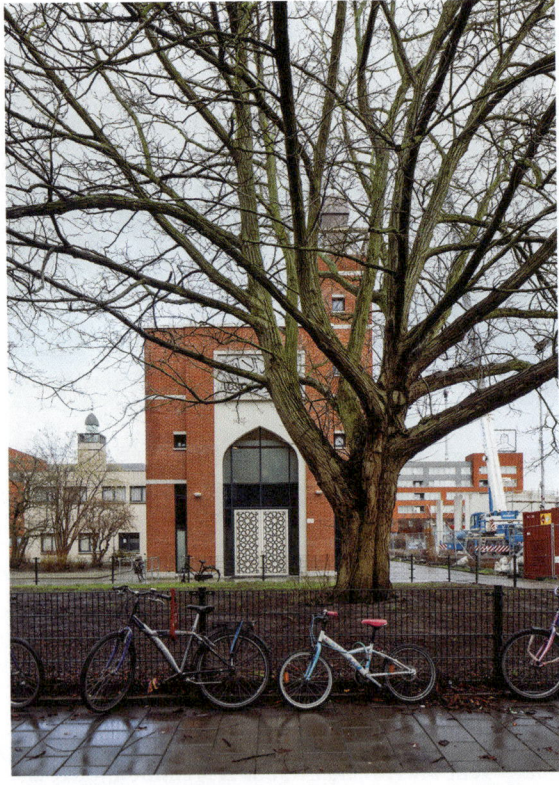

Fig. 61: El Ouma mosque in Amsterdam-Slotervaart (Bob Nieuweboer)
Abb. 61: Die El Ouma Moschee in Amsterdam-Slotervaart (Bob Nieuweboer)

von ihren Vorgängerbauten aus der Nachkriegszeit, hinter deren geschlossenen Erdgeschossfassaden die Mieterkeller untergebracht waren. Gelungener wirkt in dieser Hinsicht die in den letzten fünf Jahren realisierte Erneuerung der etwas weiter südlich gelegenen Delflandpleinbuurt, wo die Sockel der neuen Blockrandbebauung aus Geschäftsräumen bestehen. Unter anderem aufgrund der fehlenden Attraktivität der bestehenden Einkaufsgebiete in Slotervaart funktionieren diese Läden in Delflandpleinbuurt gut und bewirken obendrein ein belebteres Straßenbild. Sie bringen ein wenig der dringend benötigten funktionalen Durchmischung in die „Schlafstadt".

Solche Wohnungsbauten werden vor allem dafür entwickelt, finanzkräftigere und ethnisch diversere – sprich: niederländische – Bewohnergruppen nach Slotervaart zu locken. Es gibt jedoch auch Projekte, die sich gezielt an die jetzigen, zur Hälfte muslimischen Bewohner wenden. Manche nur mit ästhetischen Mitteln – wie etwa ein Hochhaus mit Sozialwohnungen, dessen zur Autobahn gewandte Lärmschutzfassade aus Paneelen besteht, die entfernt an Kelimteppiche erinnern, oder ein Schulbau mit maurisch anmutender Fassadengestaltung –, andere auch in funktionaler Hinsicht. Das unkonventionellste Projekt ist in diesem Sinne das Staalmanplein-Viertel, dessen Städtebauplan aus einem intensiven Partizipationsprozess hervorging. Er bricht völlig mit der Orthogonalität des umliegenden Nachkriegsstädtebaus und besitzt stattdessen beinahe kristalline Formen. Die Grundstruktur ist offen und zugänglich, die Funktionen sind gemischt: Neben einer Wohnzeile mit einundsiebzig Sozialwohnungen gehören zum Staalmanplein ein weiterer Wohnungsbau mit einundvierzig Eigentumswohnungen sowie eine Schule, ein Kindergarten und eine Moschee. Zehn der Eigentumswohnungen wurden an ehemalige Mieter aus der Nachbarschaft verkauft, die zur zweiten, besser verdienenden Generation der Immigranten gehören. Sie an das Viertel zu binden, gilt als grundlegend für den Erfolg von Slotervaart.

Auch bei diesem Projekt kollidieren an einigen Stellen niederländisches und muslimisches Wohnverständnis, wenn zum Beispiel ebenerdige Sozialwohnungen eine doppelt hohe Glasfront haben, die die marokkanischen Bewohner sofort mit blickdichten Gardinen verhängen. Eine der grundlegenden Fragen bei der Stadterneuerung ist dementsprechend, ob man für die Zielgruppe planen oder eher erwarten sollte, dass sie sich an niederländische Gepflogenheiten anpasst. Als eine Wohnungsbaugesellschaft 2012 im nahen Bos en Lommer Wohnungen komplett nach muslimischen Gewohnheiten umbaute – unter anderem mit einem Bad mit zusätzlichen Wasseranschlüssen für rituelle Waschungen und einer besonders großen Küche als Aufenthaltsraum für Frauen –, ging ein Aufschrei durch die niederländischen Medien.[5]

Ausschlaggebend für den Erfolg von Slotervaart ist letztlich vor allem das Verhältnis der Wohnungen zum öffentlichen Raum, gepaart mit sozialer und funktionaler Durchmischung. Nach der Wirtschaftskrise, die die Stadterneuerung beinahe fünf Jahre lang lahmgelegt hat, sind nun jedoch vor allem Wohnblöcke mit kleinen Apartments für Studenten und junge Berufstätige in Planung, finanziert von ausländischen Investoren. Das bringt soziale Durchmischung, macht das Viertel aber zum Durchlauferhitzer. Um mit anderen Projekten nicht in „Social Engineering" zu verfallen, muss, wie auch Doug Saunders schreibt, zwischen all den neuen Wohnblöcken Raum für spontane Entwicklungen und

In this project, too, Dutch and Muslim living concepts collide on some points, for instance, when Moroccan residents immediately cover the ground-level social rental apartments with a double-height glass front with opaque curtains. Accordingly, one of the basic questions in urban renewal is whether to plan for the target group or rather wait for them to adapt to Dutch ways. When a housing association completely redid apartments based on Muslim habits in nearby Bos en Lommer in 2012—by providing, among other things, a bath with additional water connections for ritual washing and an especially large kitchen as a common room for women—there was an outcry in the Dutch media.[5]

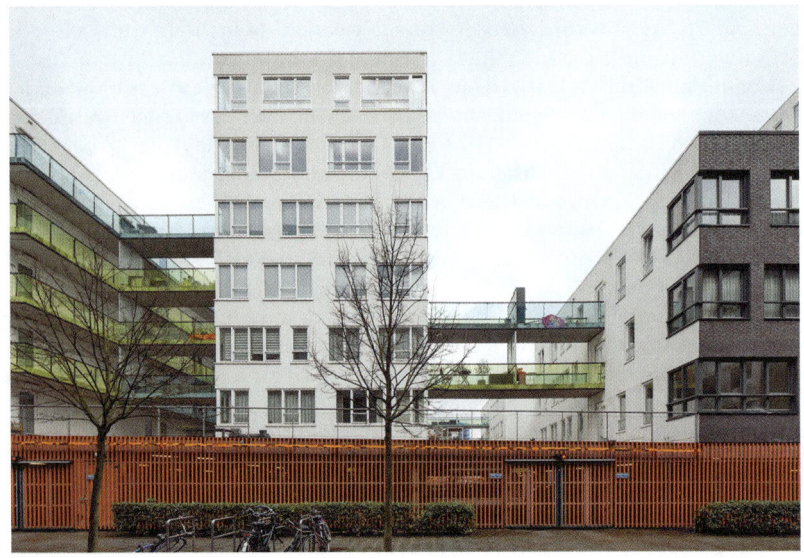

Fig. 62: The apartment blocks De Meester in Amsterdam-Slotervaart (SeArch)
Abb. 62: Die Apartmentblocks De Meester in Amsterdam-Slotervaart (SeArch)

Ultimately, critical for the success of Slotervaart is the way housing relates to public space, combined with a social and functional mix. Yet what is being planned now, after the economic crisis that paralyzed urban renewal for almost five years, are primarily housing blocks with small apartments for students and young professionals, funded by foreign investors. While this does contribute to a social mix, it also creates a transient living environment. In order not to revert to social engineering with other projects, space has to remain between all the new housing blocks for spontaneous developments and bottom-up initiatives, as Doug Saunders also writes.[6] This is already happening, though on a rather small scale: in the middle of Slotervaart, for instance, there is an old school building that now houses a café and artist studios, and behind Staalmanplein there is a housing block with so-called *klushuizen* or "do-it-yourself houses." The apartments in the rundown postwar building have been sold for a mere 650 euros per square meter,

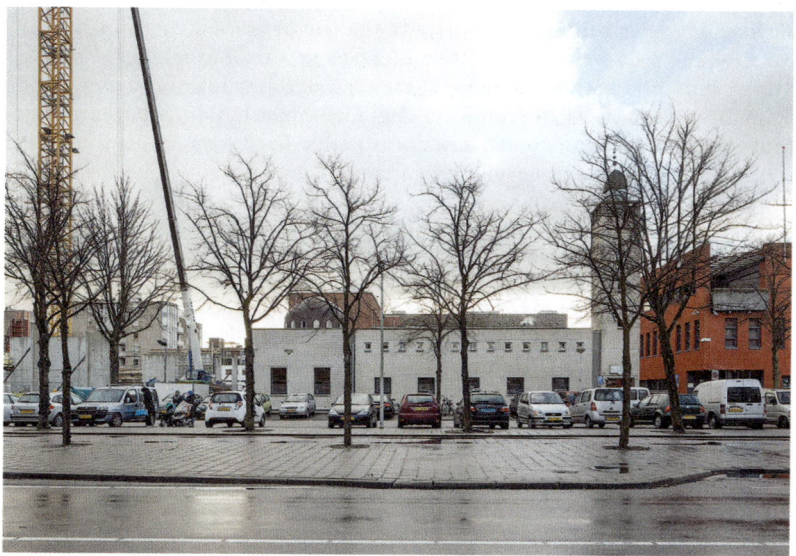

Fig. 63: The El Ouma Mosque in Amsterdam-Slotervaart (Bob Nieuweboer)
Abb. 63: Die El Ouma Moschee in Amsterdam-Slotervaart (Bob Nieuweboer)

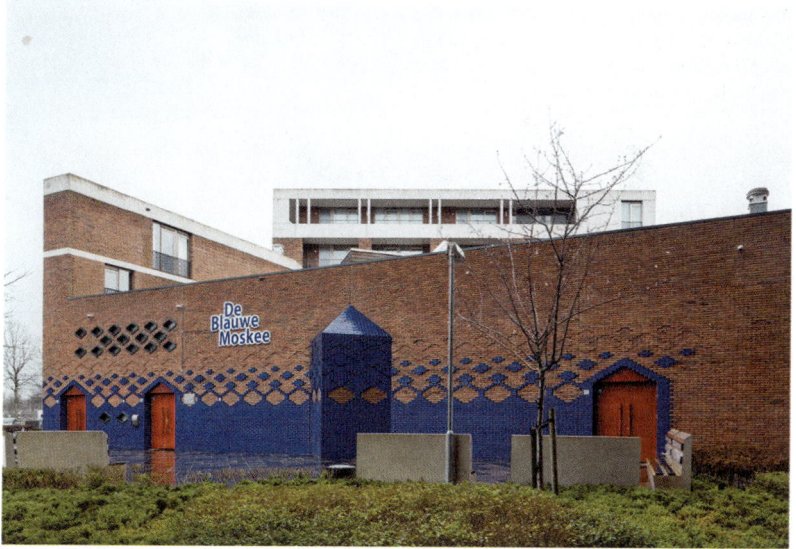

Fig. 64: The Blue Mosque, Staalmanpleinbuurt in Amsterdam-Slotervaart
Abb. 64: Die Blaue Moschee, Staalmanpleinbuurt in Amsterdam-Slotervaart

even though the regular square-meter price in the neighborhood is somewhere between 2,500 and 3,000 euros. The condition was that the buyers would bring the apartments up to at least an average energy standard through renovation and live in them for two years. The result is an upgraded older building that attracts a different target group to Slotervaart, without isolating itself from its surroundings or declaring van Eesteren's modernist urban construction an out-and-out failure.

1   Helma Hellinga, *Onrust in park en stad. Stedelijke vernieuwing in de Amsterdamse Westelijke Tuinsteden* (Amsterdam, 2005), p. 61.
2   Roel Griffioen, "Het laatste restje publieke ruimte," in *Historisch Erfgoed* 196 (2012), pp. 311–322.
3   Gemeente Amsterdam (ed.), Gebiedsanalyse 2015: Slotervaart, Stadsdeel Nieuw-West; https://www.amsterdam.nl/publish/pages/714034/gebiedsanalyse_slotervaart_2015.pdf (accessed February 17, 2016).
4   Doug Saunders, *Arrival City: How the Largest Migration in History Is Reshaping Our World* (London, 2010). p. 293.
5   See Marc Kruyswijk, "Woningen speciaal voor moslims in Amsterdam: mannenruimte en eigen tv-schotel," in *Het Parool,* November 24, 2012. http://www.parool.nl/parool/nl/6/WONEN/article/detail/3353160/2012/11/24/Woningen-speciaal-voor-moslims-in-Amsterdam-mannenruimte-en-eigen-tv-schotel.dhtml (accessed February 17, 2016).
6   Saunders 2010 (see footnote 4), pp. 298f.

Anneke Bokern
Born in Frankfurt am Main in 1971. Studied art history at Freie Universität Berlin. Since 2000, has lived and worked in Amsterdam as a freelance architecture and design journalist, writing for publications such as *Bauwelt, Domus Deutschland, Topos, db – deutsche bauzeitung, Uncube Magazine, Häuser,* and *Mare.* Since 2004, has organized guided architecture tours in the Netherlands under the name "architour."

Bottom-up-Initiativen bleiben.[6] Das geschieht bereits, allerdings nur in recht kleinem Maßstab: So liegt mitten in Slotervaart eine alte Schule, die nun ein Café und Künstlerateliers beherbergt, und steht hinter dem Staalmanplein ein Zeilenbau mit sogenannten *klushuizen*, „Bastelwohnungen".

Die Wohnungen in dem heruntergekommenen Nachkriegsbau wurden für nur sechshundertfünfzig Euro pro Quadratmeter verkauft, obwohl der Quadratmeterpreis in der Gegend normalerweise zwischen zweitausendfünfhundert und dreitausend Euro liegt. Bedingung war, dass die Käufer sie durch Renovierung mindestens auf einen durchschnittlichen energetischen Standard brachten und zwei Jahre lang selbst darin wohnten. Das Resultat ist ein aufgewerteter Altbau, der eine andere Zielgruppe nach Slotervaart lockt, ohne sich von der Umgebung abzuschotten oder von Eesterens modernistischen Städtebau pauschal für gescheitert zu erklären.

1   Helma Hellinga, Onrust in park en stad. *Stedelijke vernieuwing in de Amsterdamse Westelijke Tuinsteden,* Amsterdam 2005, S. 61.
2   Roel Griffioen, „Het laatste restje publieke ruimte", in: *Historisch Erfgoed,* 196, 2012, S. 311–322.
3   Gemeente Amsterdam (Hrsg.), Gebiedsanalyse 2015: Slotervaart, Stadsdeel Nieuw-West; https://www.amsterdam.nl/publish/pages/714034/gebiedsanalyse_slotervaart_2015.pdf (letzter Zugriff: 17.2.2016).
4   Doug Saunders, *Arrival City. Über alle Grenzen hinweg ziehen Millionen Menschen vom Land in die Städte. Von ihnen hängt unsere Zukunft ab,* München 2011, S. 477.
5   Siehe Marc Kruyswijk, „Woningen speciaal voor moslims in Amsterdam: mannenruimte en eigen tv-schotel", in: *Het Parool,* 24.11.2012; http://www.parool.nl/parool/nl/6/WONEN/article/detail/3353160/2012/11/24/Woningen-speciaal-voor-moslims-in-Amsterdam-mannenruimte-en-eigen-tv-schotel.dhtml (letzter Zugriff: 17.2.2016).
6   Saunders 2011 (wie Anm. 4), S. 486f.

Anneke Bokern
* 1971 in Frankfurt am Main. Studium der Kunstgeschichte an der Freien Universität Berlin. Seit 2000 lebt sie als freie Architektur- und Designjournalistin in Amsterdam und schreibt u. a. für *Bauwelt, Domus Deutschland, Topos, db – deutsche bauzeitung, Uncube Magazine, Häuser* und *Mare.* Seit 2004 organisiert sie unter dem Namen "architour" Architekturführungen in den Niederlanden.

THE ARRIVAL CITY IS A NETWORK OF IMMIGRANTS

ETHNICALLY HOMOGENOUS DISTRICTS ENABLE COMMUNITY NETWORKS.

DIE ARRIVAL CITY IST EIN NETZWERK VON EINWANDERERN

KEINE ANGST
VOR ETHNISCH
HOMOGENEN VIERTELN:
SIE ERMÖGLICHEN
NETZWERKE.

THE ARRIVAL CITY IS AN IMMIGRANT NETWORK

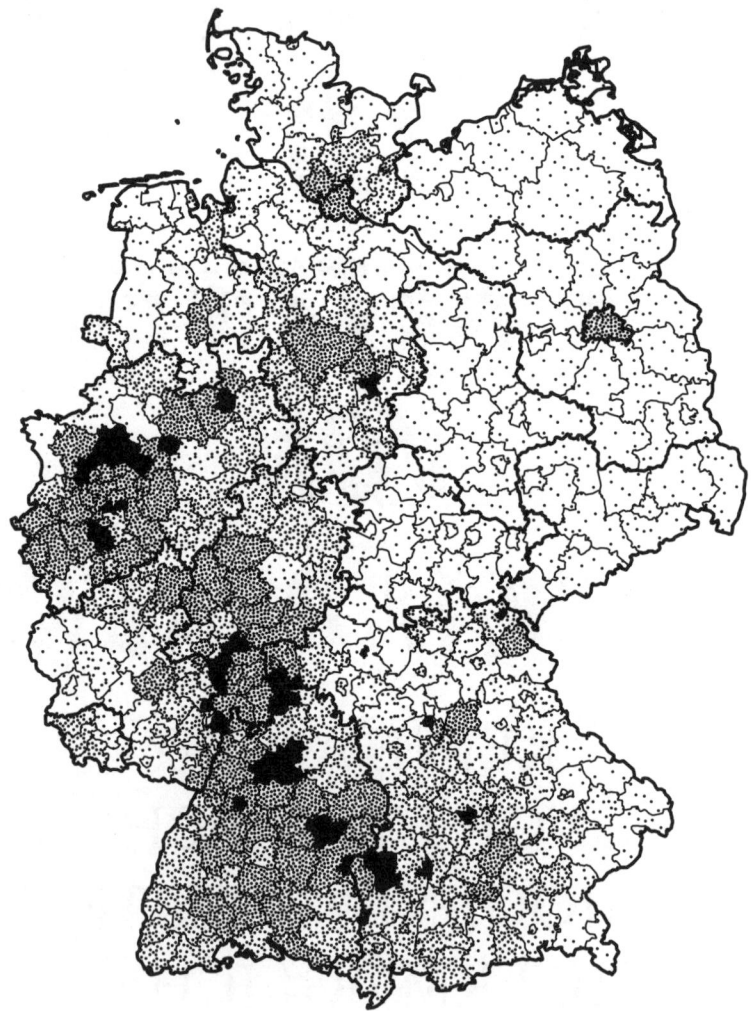

People of Turkish nationality per 1000 residents (total population) 2010

Personen mit türkischer Staatsangehörigkeit je 1000 Einwohner (Gesamtbevölkerung) 2010

- < 5
- 5 – < 10
- 10 – < 20
- 20 – < 40
- ≥ 40

© Bundesinstitut für Bau-, Stadt- und Raumforschung, 2012

Figs. 65, 66: Migrants of the same origin gather in particular regions.

DIE ARRIVAL CITY IST EIN NETZWERK VON EINWANDERERN

People of Polish nationality per 1000 residents (total population) 2010

Personen mit polnischer Staatsangehörigkeit je 1000 Einwohner (Gesamtbevölkerung) 2010

< 1.25

1,25 – < 2,5

2,5 – < 5,0

5,0 – < 10

≥ 10

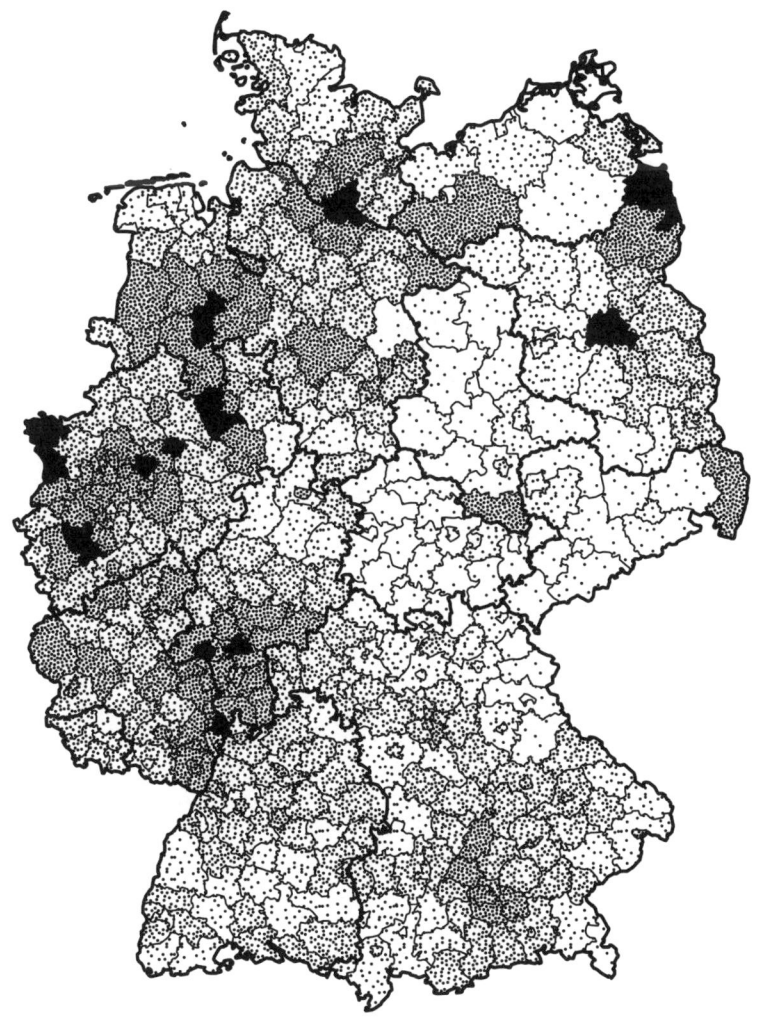

Abb. 65, 66: Migranten einer Herkunft konzentrieren sich in bestimmten Regionen.

THE ARRIVAL CITY IS AN IMMIGRANT NETWORK

Proportion of Vietnamese migrants among Berlin's total population

Anteil der vietnamesischen Migranten an der Gesamtbevölkerung von Berlin

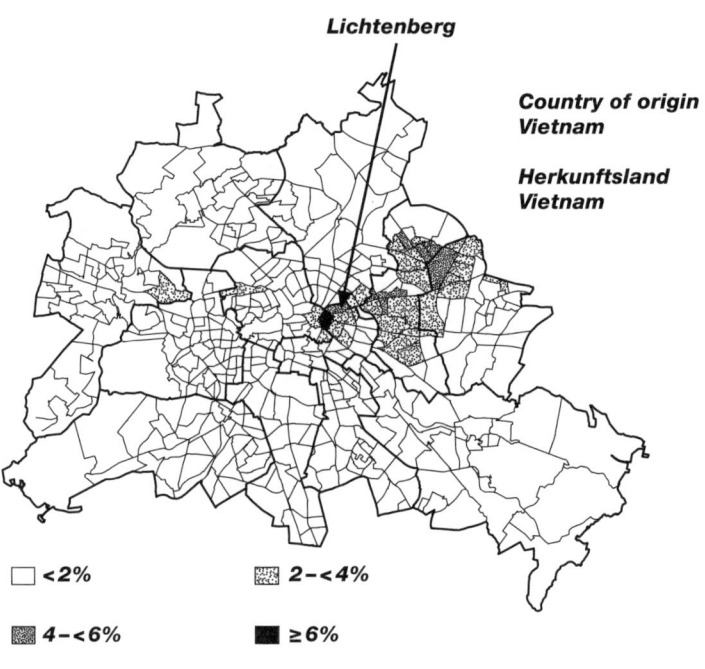

Lichtenberg

Country of origin Vietnam

Herkunftsland Vietnam

☐ <2%   ⠿ 2–<4%

▨ 4–<6%   ■ ≥6%

Einwohnerregister, Stand: 31.12.2015 © Amt für Statistik Berlin-Brandenburg

Figs. 67, 68: Clusters of Vietnamese migrants in Berlin-Lichtenberg (compared with Turkish migrants in Berlin-Kreuzberg and Neukölln)

DIE ARRIVAL CITY IST EIN NETZWERK VON EINWANDERERN

Proportion of Turkish migrants among Berlin's total population

Anteil der türkischen Migranten an der Gesamtbevölkerung von Berlin

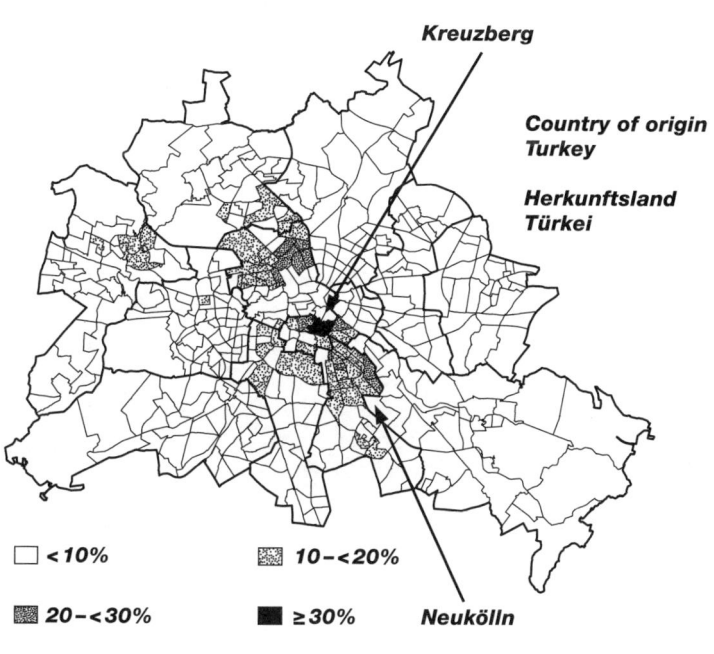

Kreuzberg

Country of origin Turkey

Herkunftsland Türkei

□ <10%   ▨ 10–<20%

▥ 20–<30%   ■ ≥30%   *Neukölln*

Einwohnerregister, Stand: 31.12.2015 © Amt für Statistik Berlin-Brandenburg

Abb. 67, 68: Konzentration von vietnamesischen Migranten in Berlin-Lichtenberg (vgl. türkische Migranten in Berlin-Kreuzberg und Neukölln)

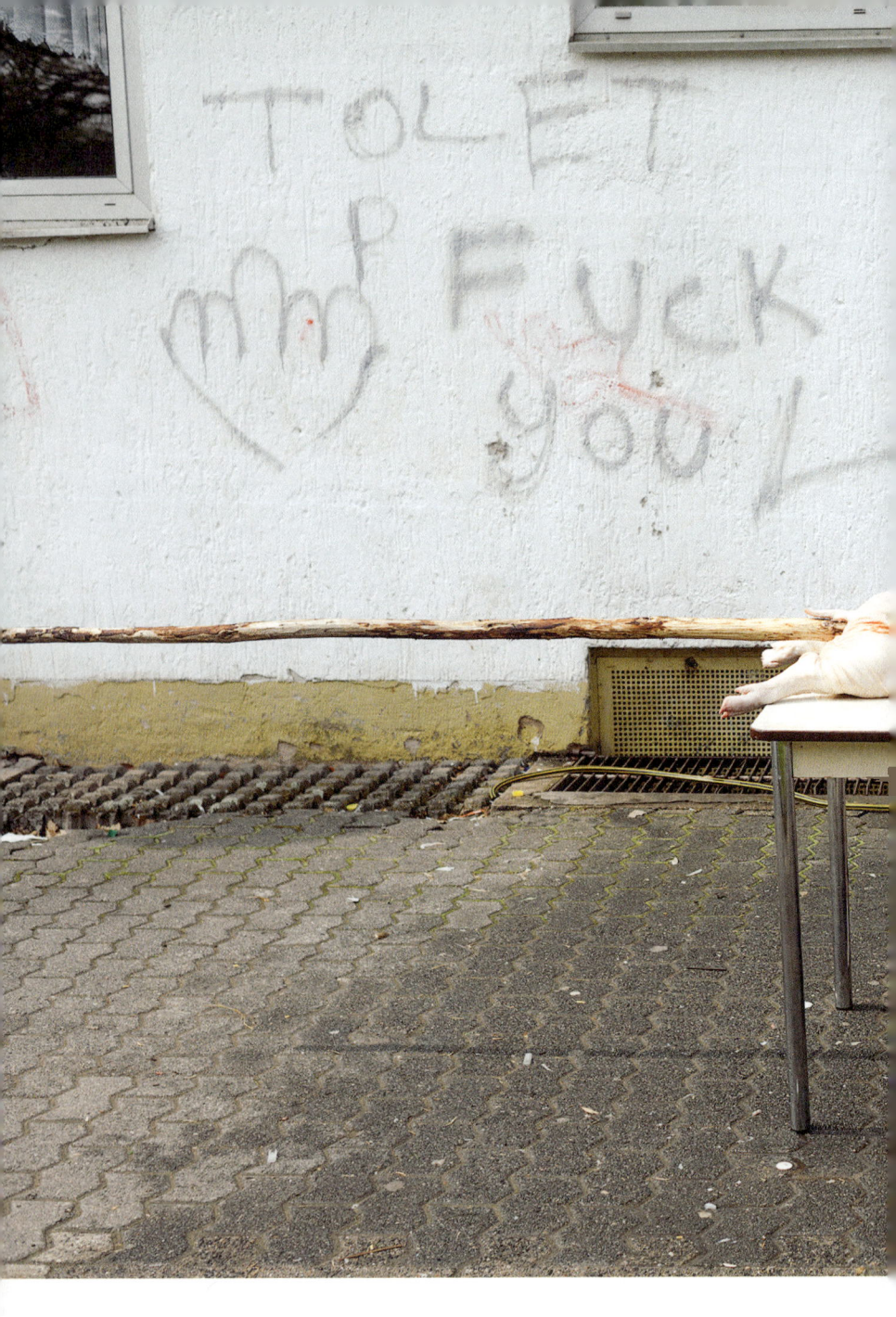

Fig. 69: Scene during preparations for Orthodox Easter. For the most important day in the Christian year the Roma in a German refugee camp have ordered a piglet from the local butcher.

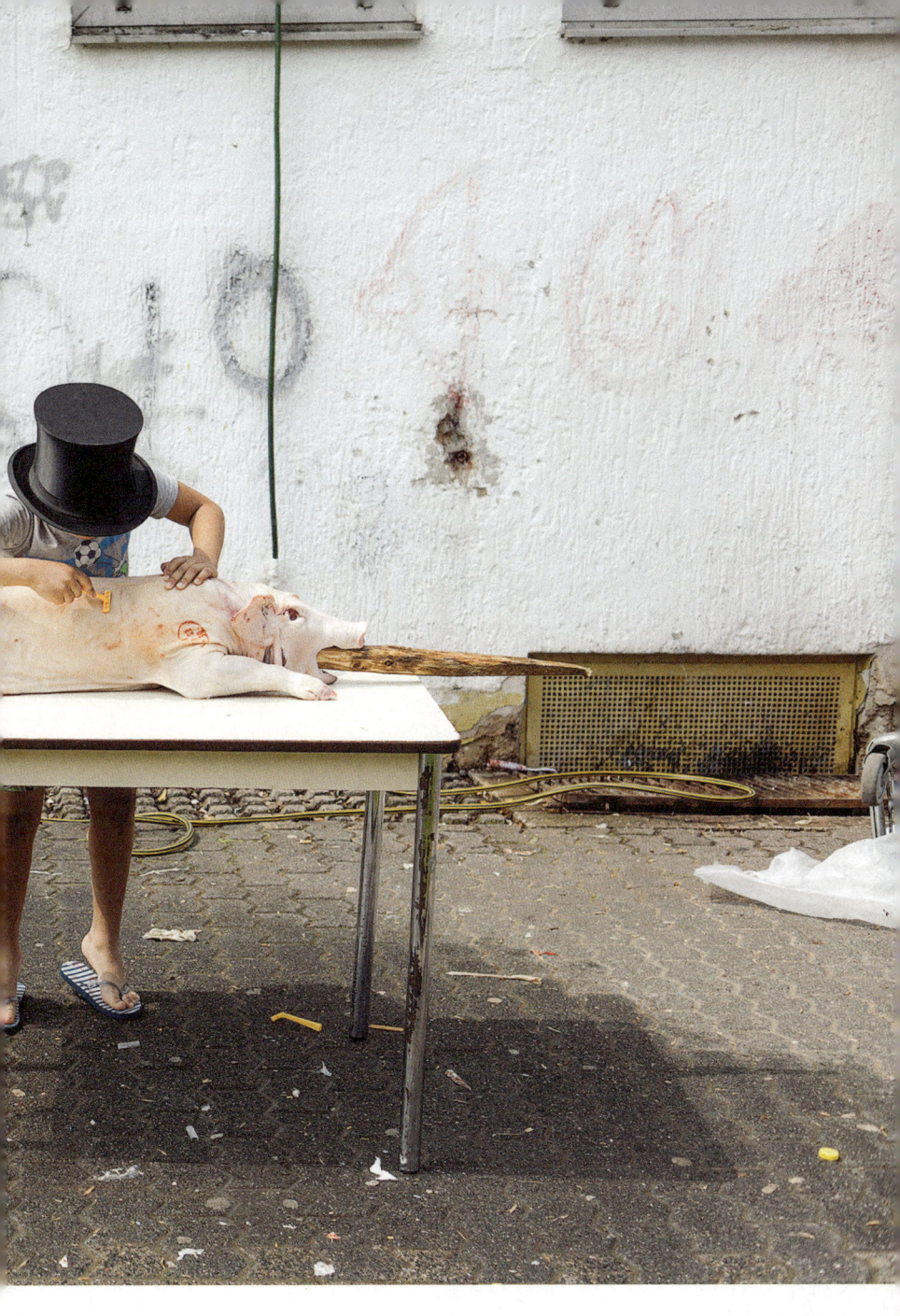

Abb. 69: Während der Vorbereitungen des orthodoxen Osterfestes. Zum wichtigsten Tag des christlichen Glaubens bestellten die Roma in einer deutschen Asylunterkunft ein Ferkel beim ortsansässigen Metzger.

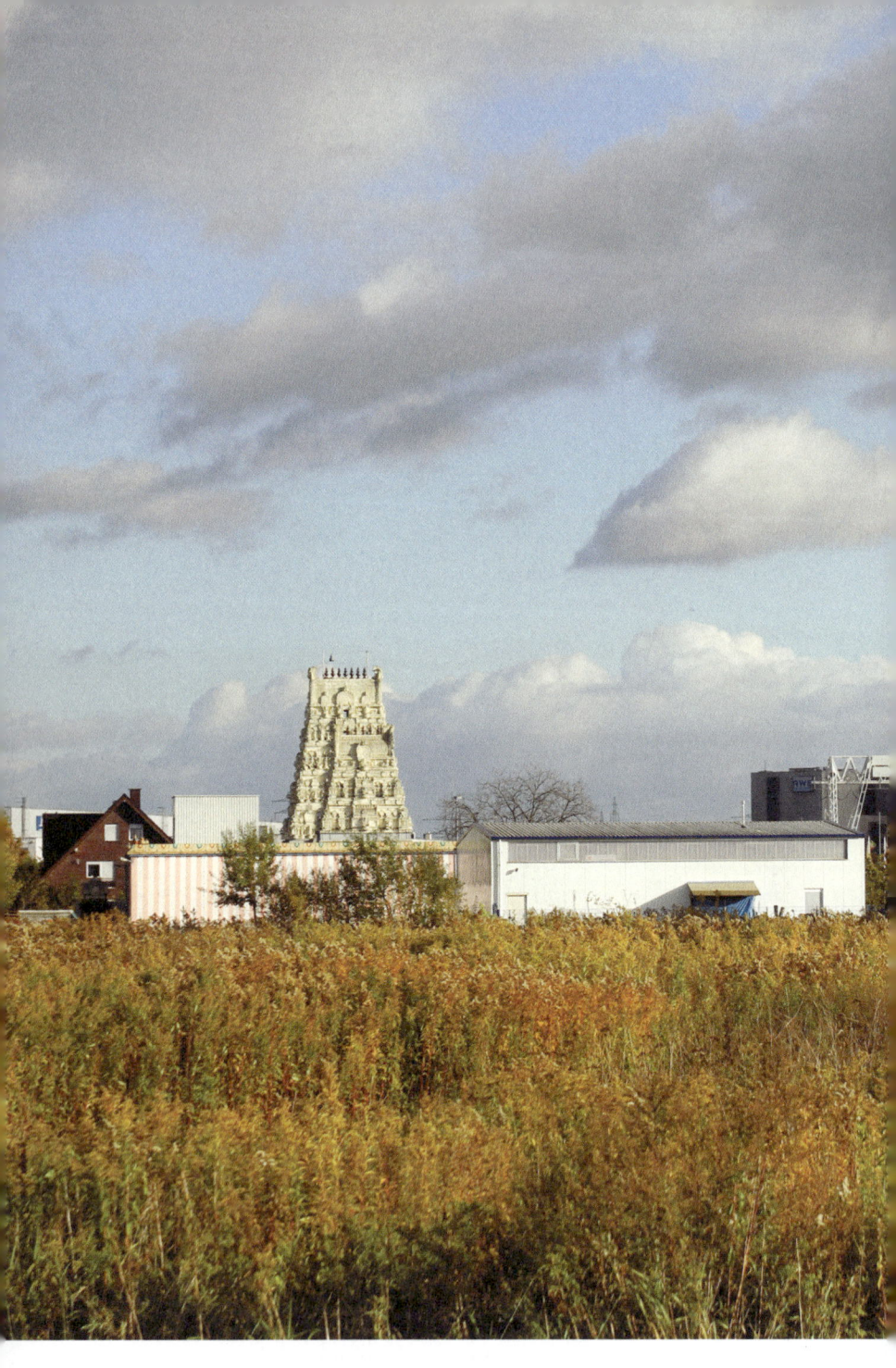

Fig. 70: Europe's largest Hindu temple is situated in the industrial area of the city of Hamm.

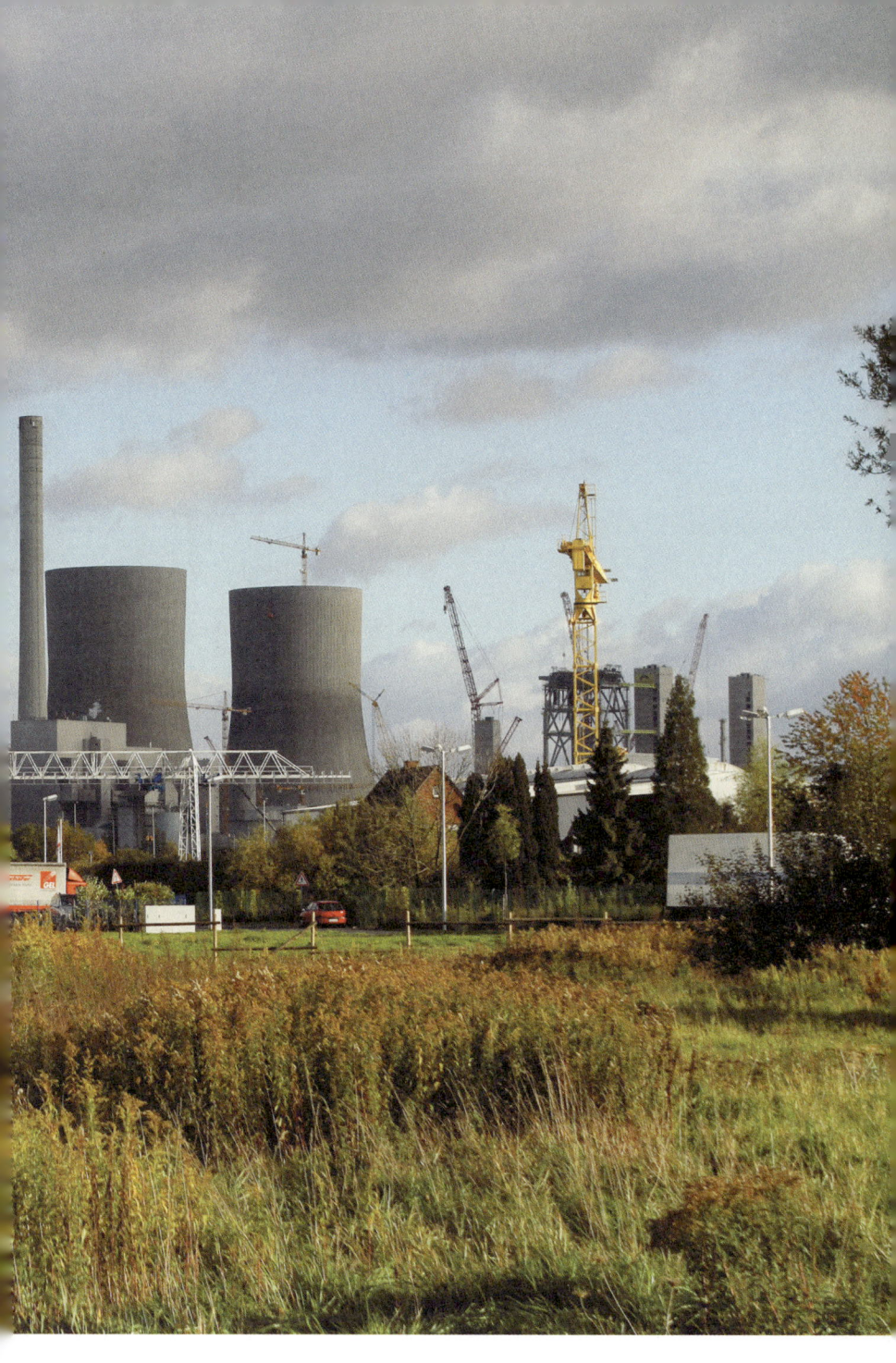

Abb. 70: Der größte hinduistische Tempel Europas liegt in einem Gewerbegebiet der nordrhein-westfälischen Stadt Hamm.

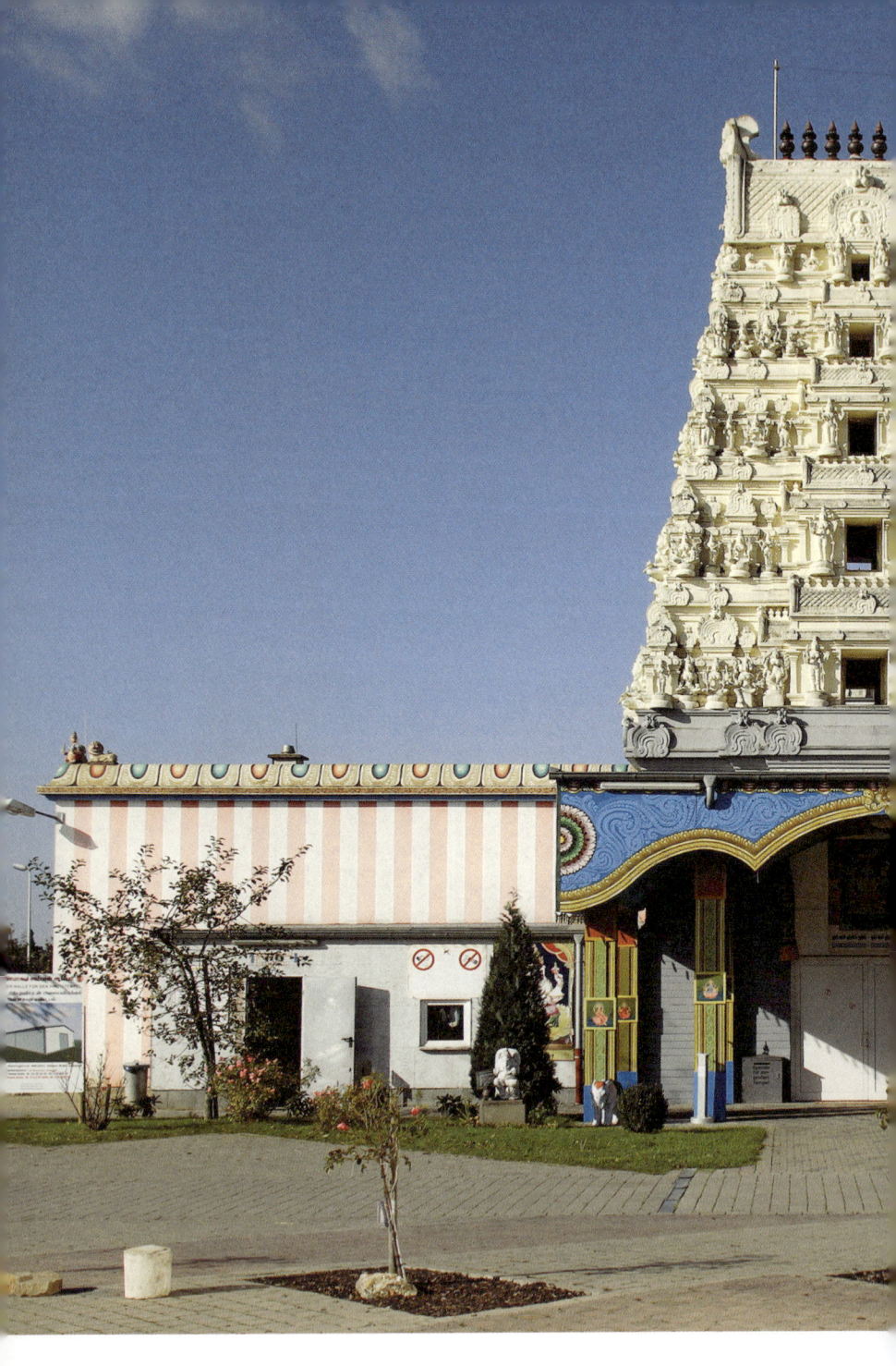

Fig. 71: Sri Kamadchi Ampal Temple in Hamm

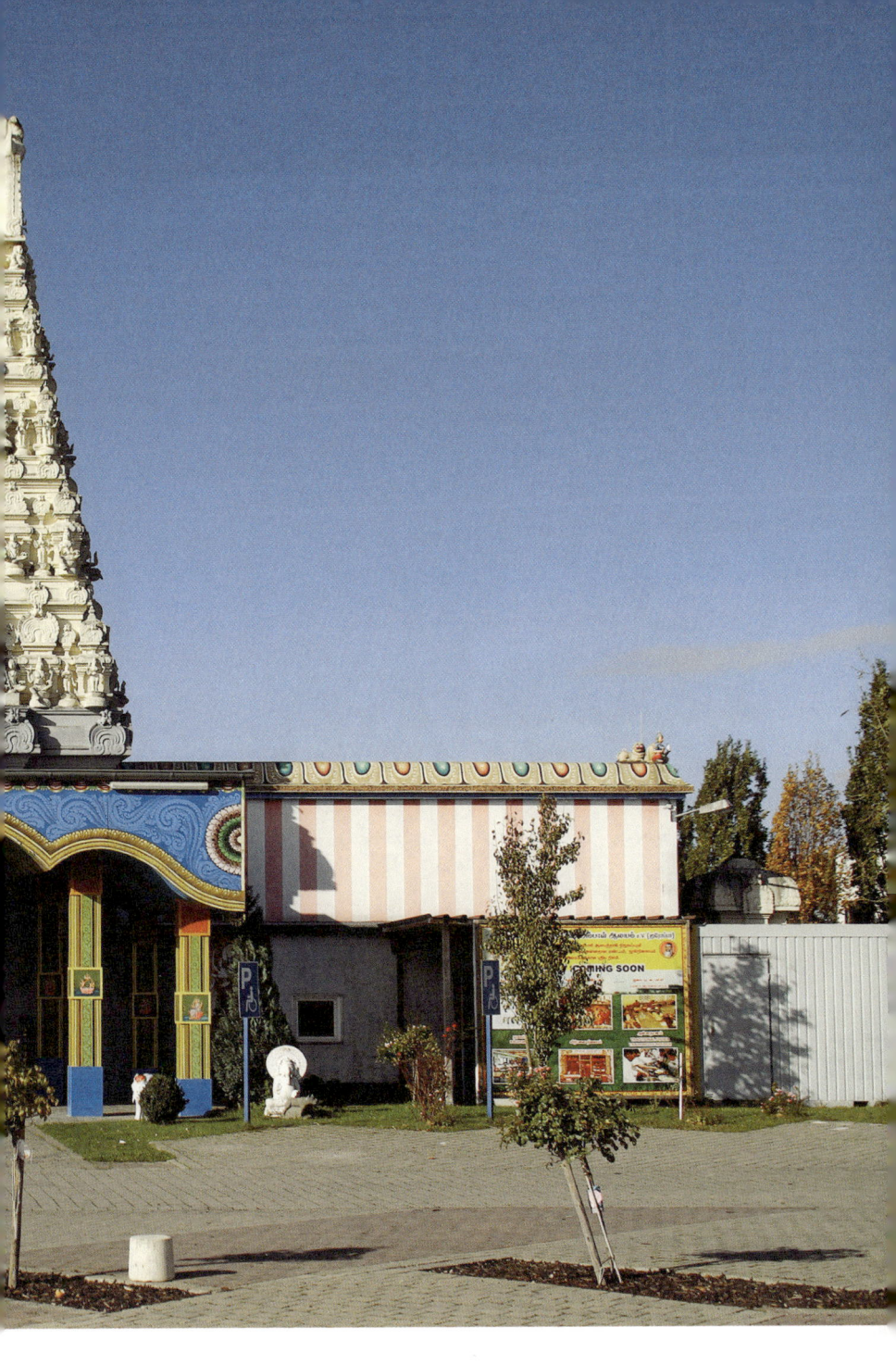

Abb. 71: Sri-Kamadchi-Ampal-Tempel in Hamm

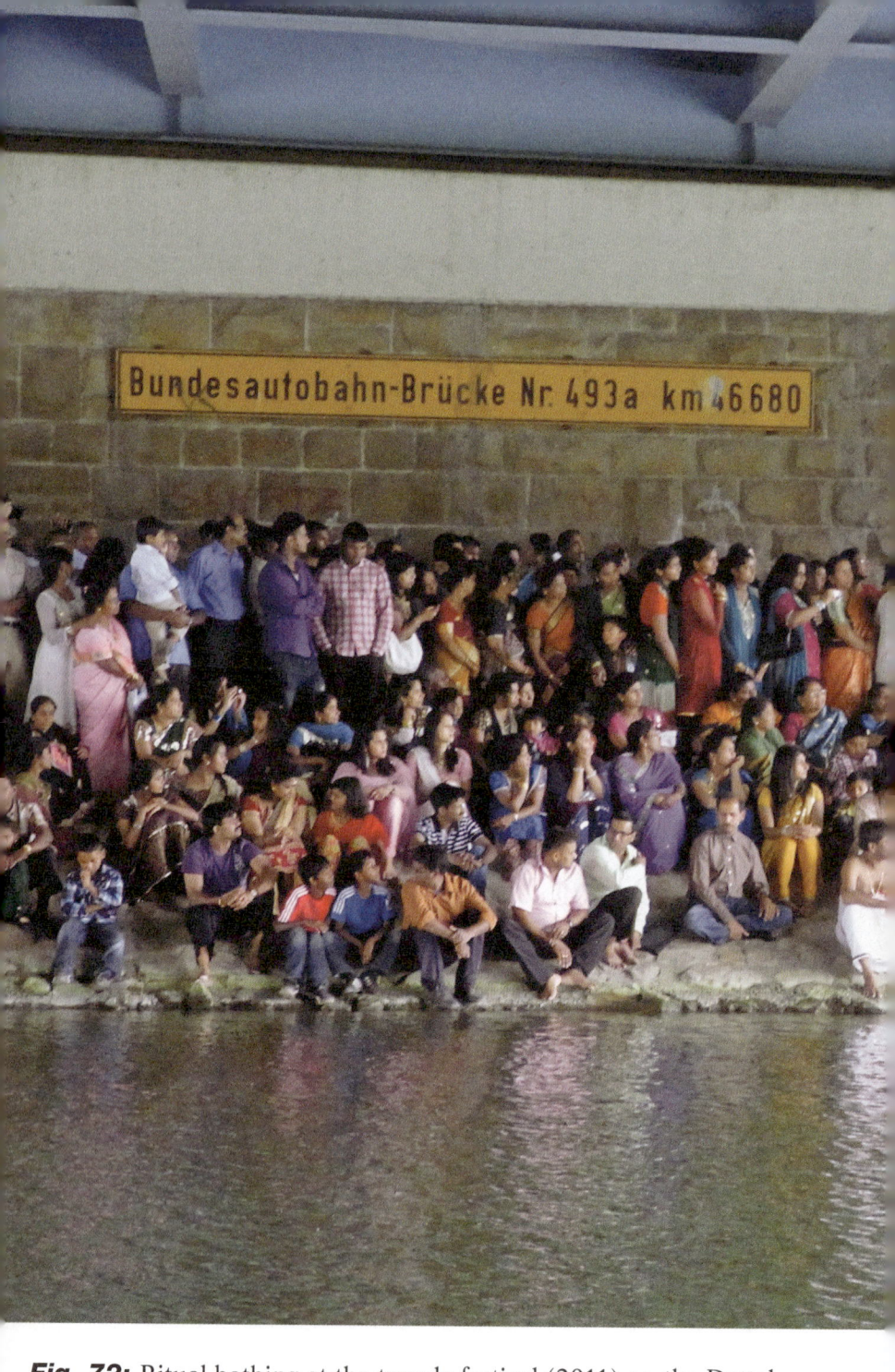

Fig. 72: Ritual bathing at the temple festival (2011) on the Datteln-Hamm Canal under the freeway bridge

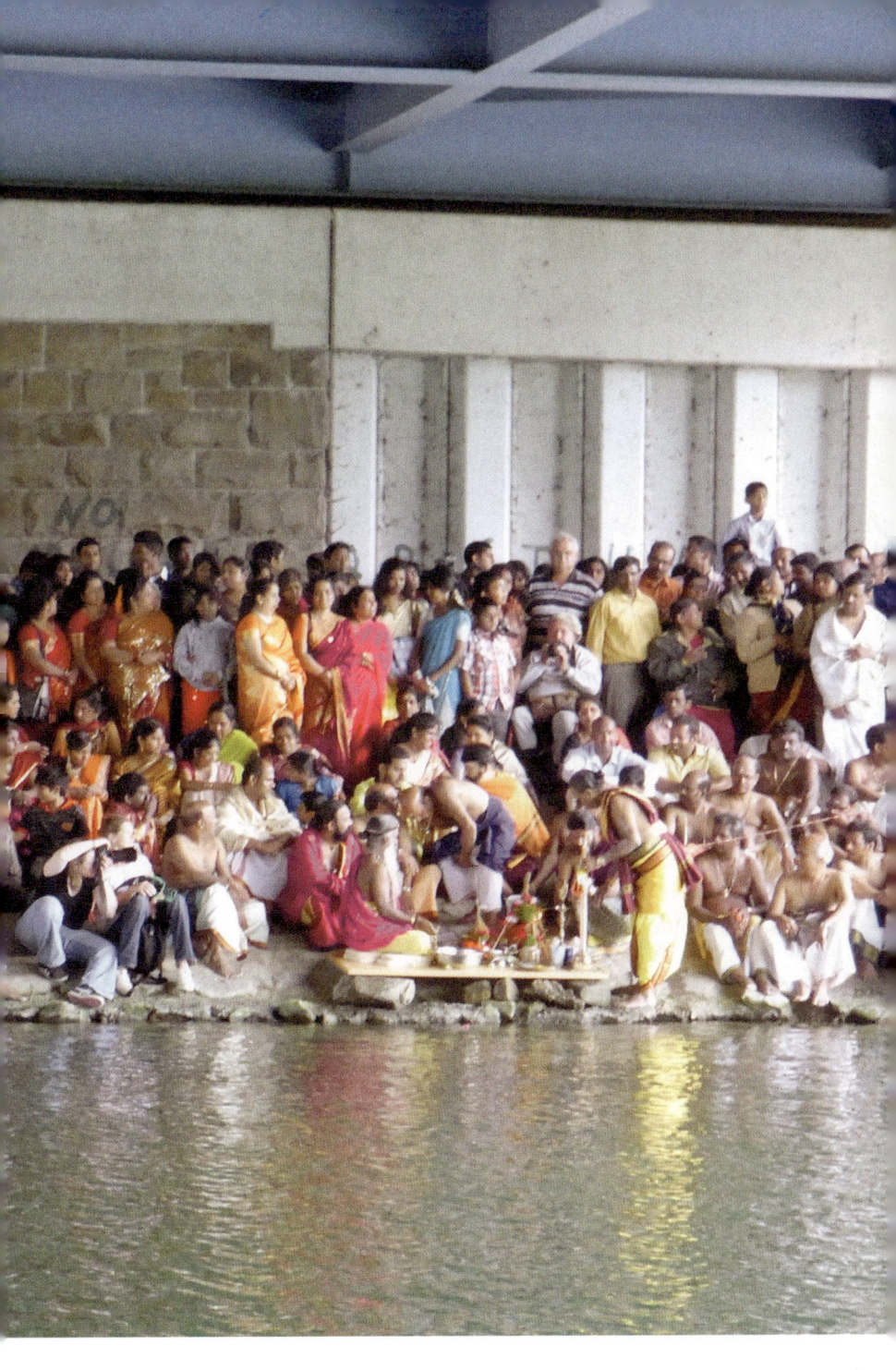

Abb. 72: Rituelle Waschung beim Tempelfest (2011) am Datteln-Hamm-Kanal unter der Autobahnbrücke

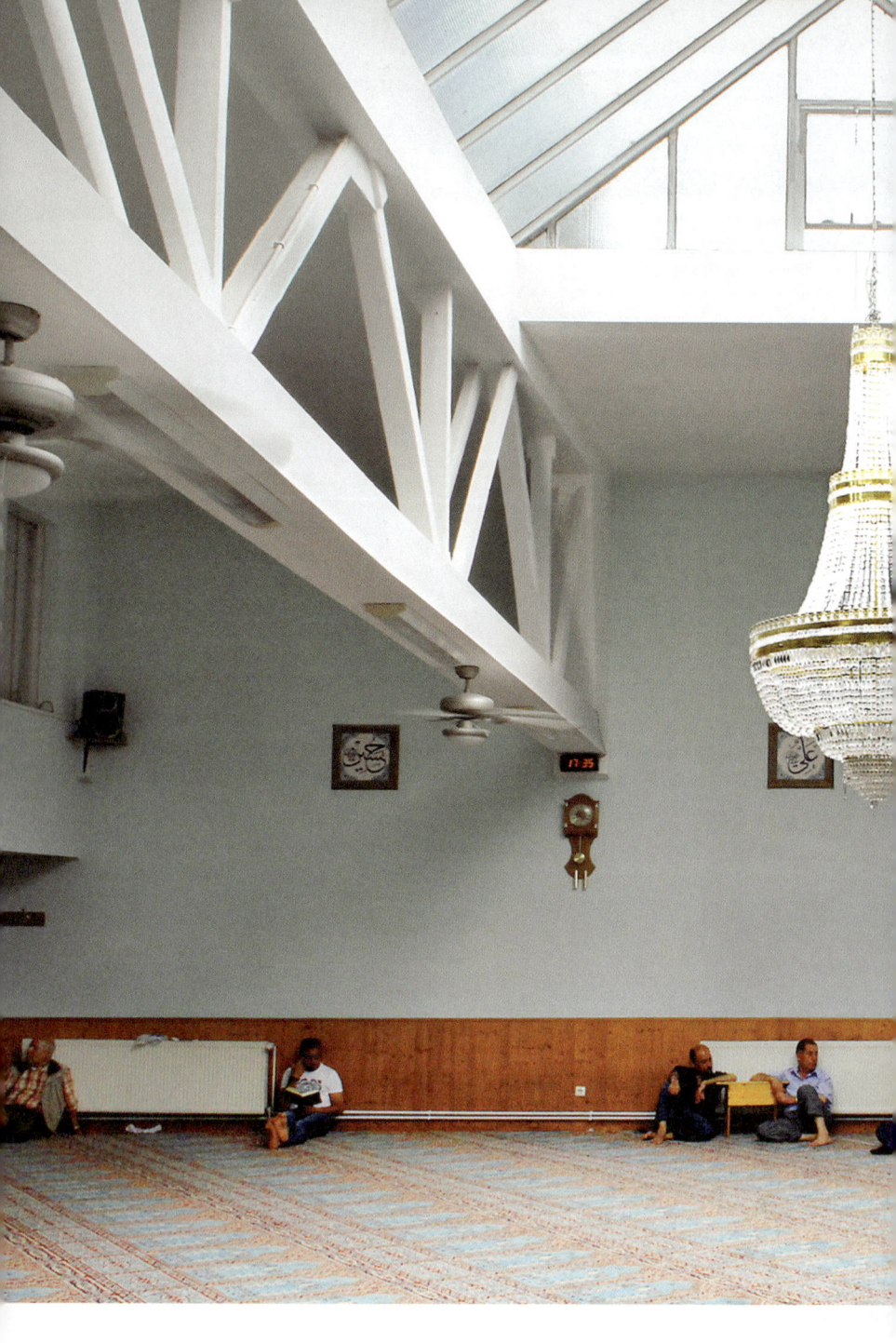

Fig. 73: The Mevlana mosque on Sandgasse in Offenbach, located in a former carpentry, is the center of a growing Turkish community network.

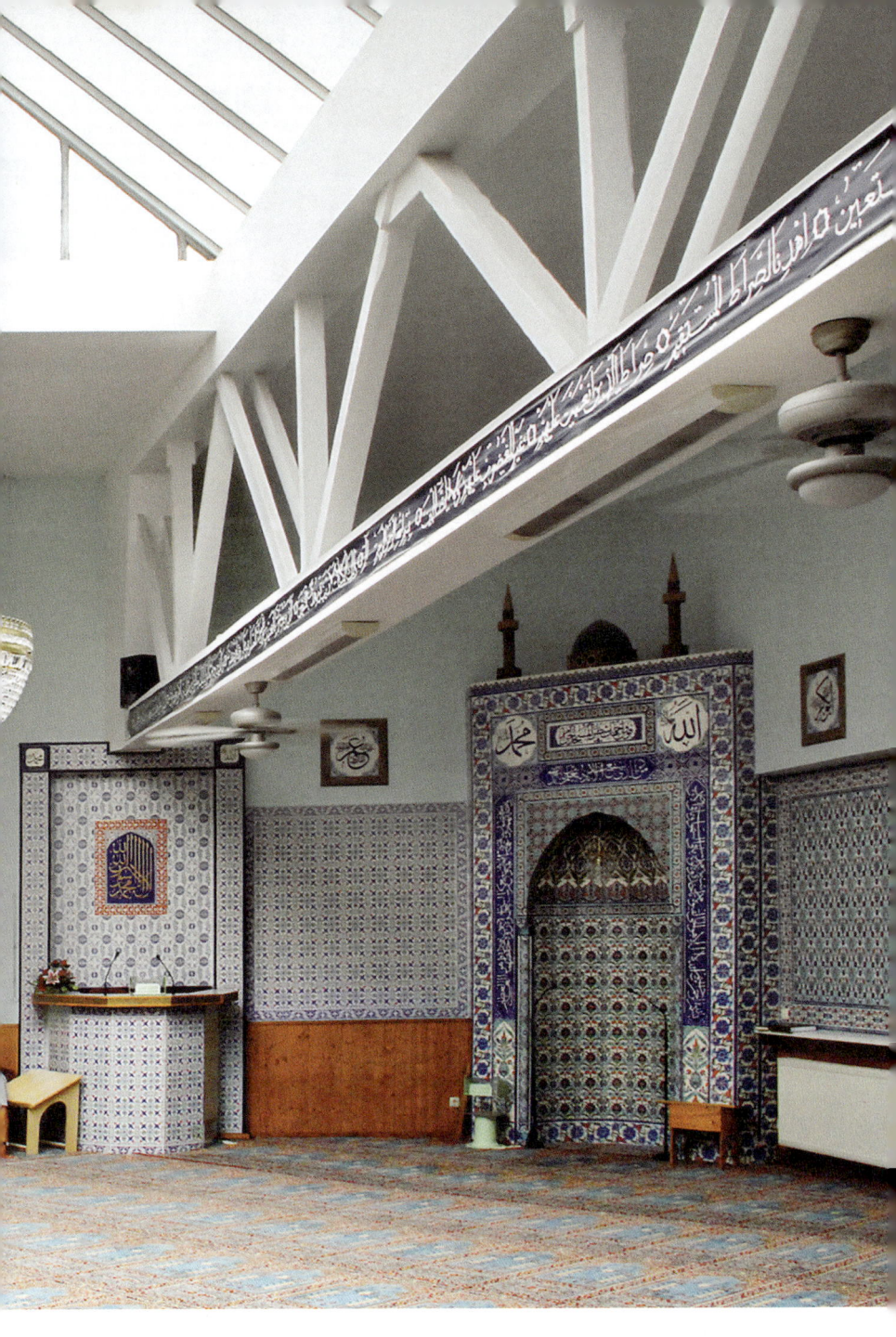

Abb. 73: Die Mevlana-Moschee in der Sandgasse in Offenbach ist das Zentrum eines wachsenden türkischen Netzwerks. Sie befindet sich in einer ehemaligen Schreinerei.

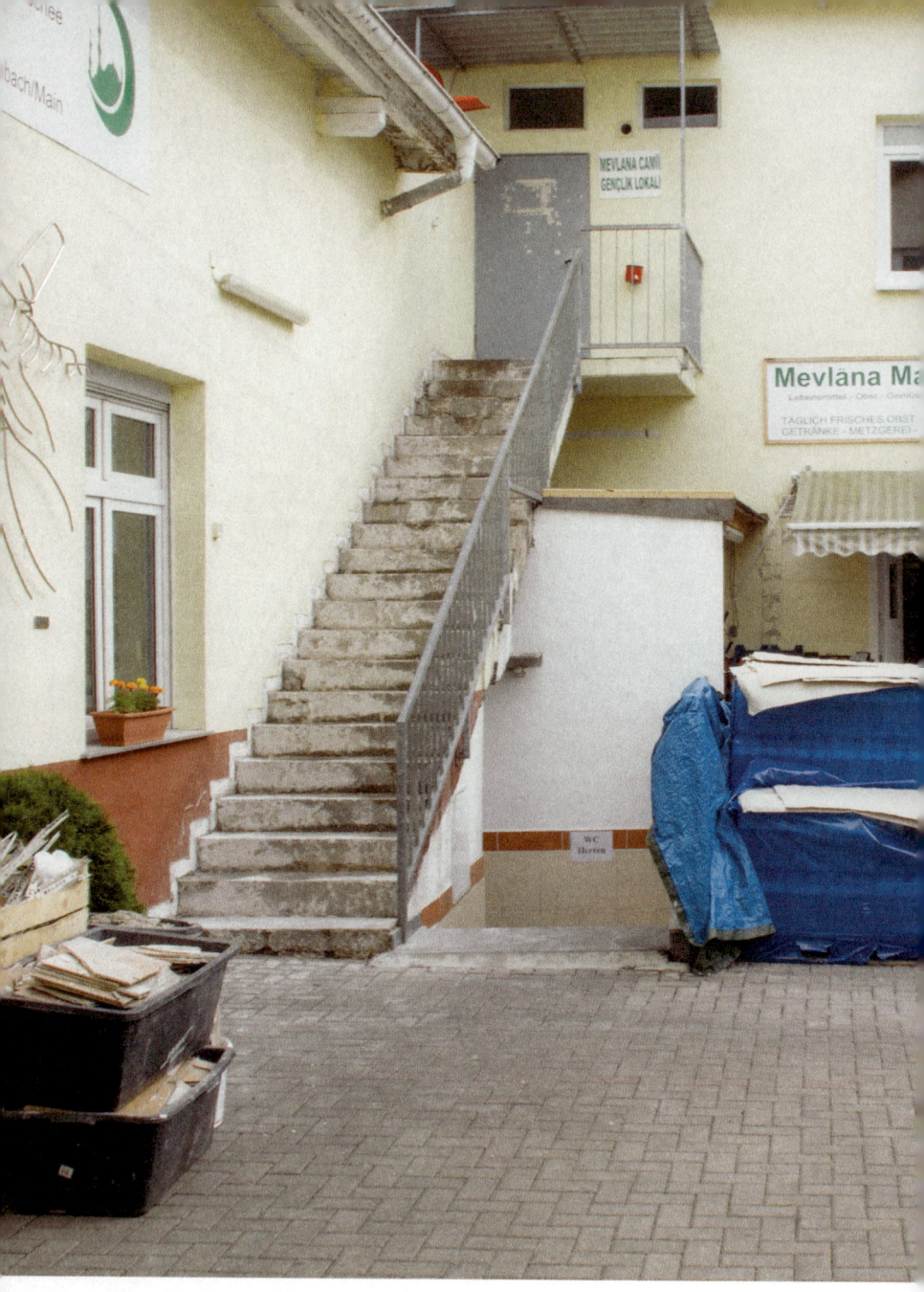

Fig. 74: Turkish bakeries, a travel agency, a greengrocer as well as a branch of Western Union have been established in close proximity to the mosque. The local migrants are seen as "economic pioneers" who have revived the neighborhood with their economic activity without the intervention of the official planning authorities.

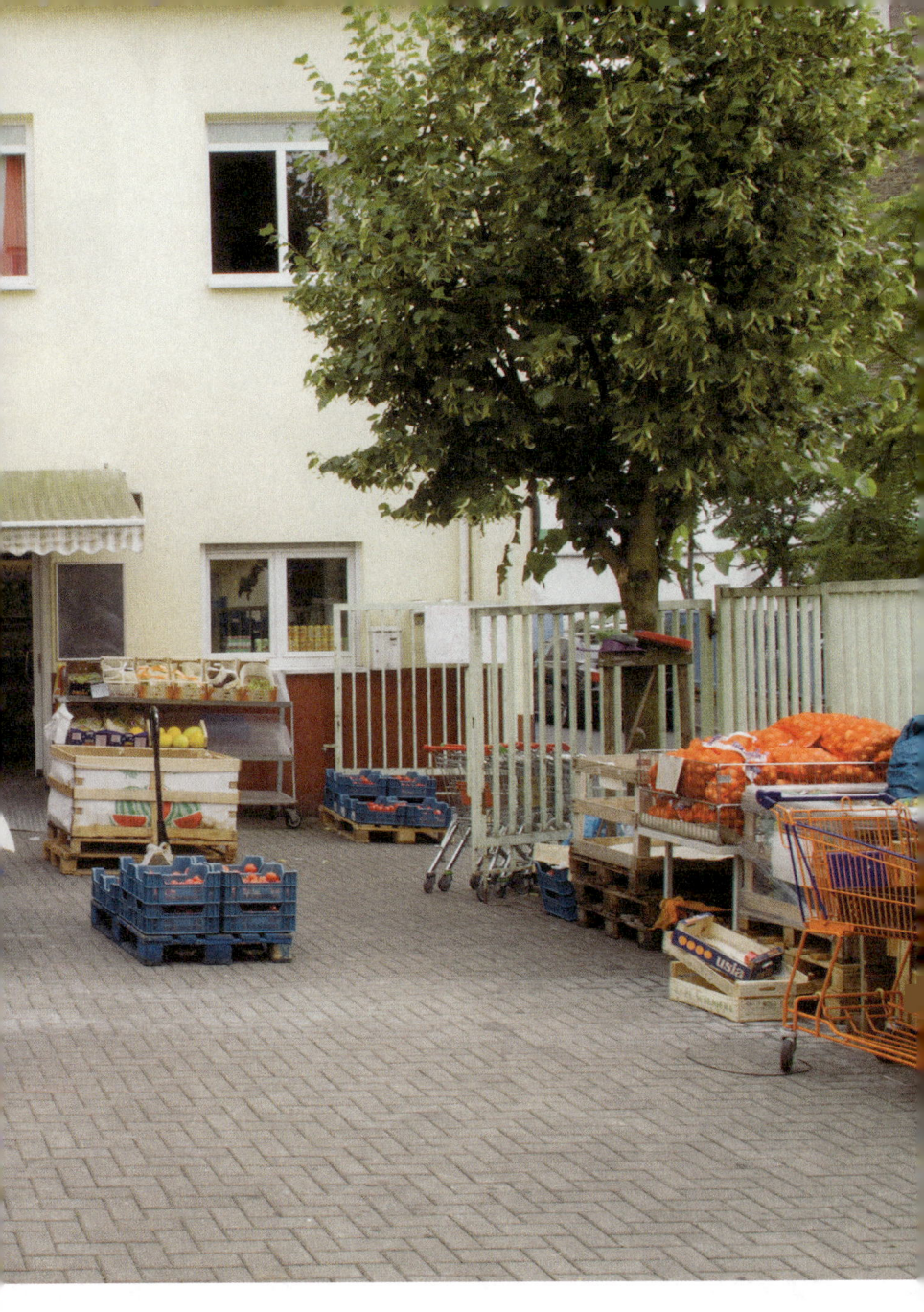

Abb. 74: In unmittelbarer Nähe siedelten sich ein türkischer Bäcker, ein Reisebüro, ein Obst- und Gemüsehandel sowie eine Filiale der Western Union an. Die Migranten wirken hier als „wirtschaftliche Pioniere", die das Viertel ohne Zutun der offiziellen Stadtplanung neu beleben.

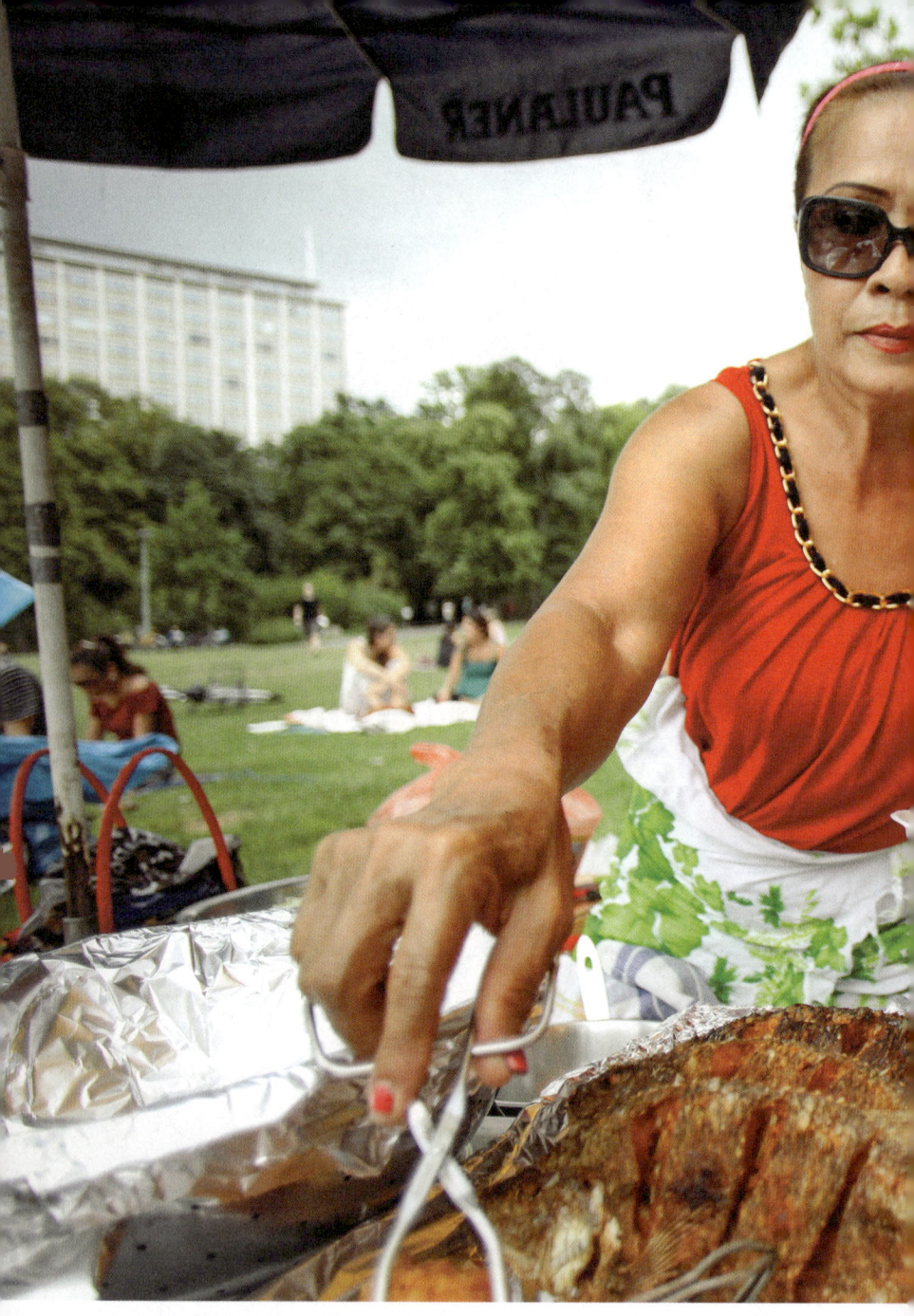

Fig. 75: The "Thaiwiese" (Thai meadow) in Preussen Park in Wilmersdorf is a popular place to gather for members of the Thai community in Berlin. There, the Asian diaspora meets up for meals, to make contacts, and to speak in their mother tongue.

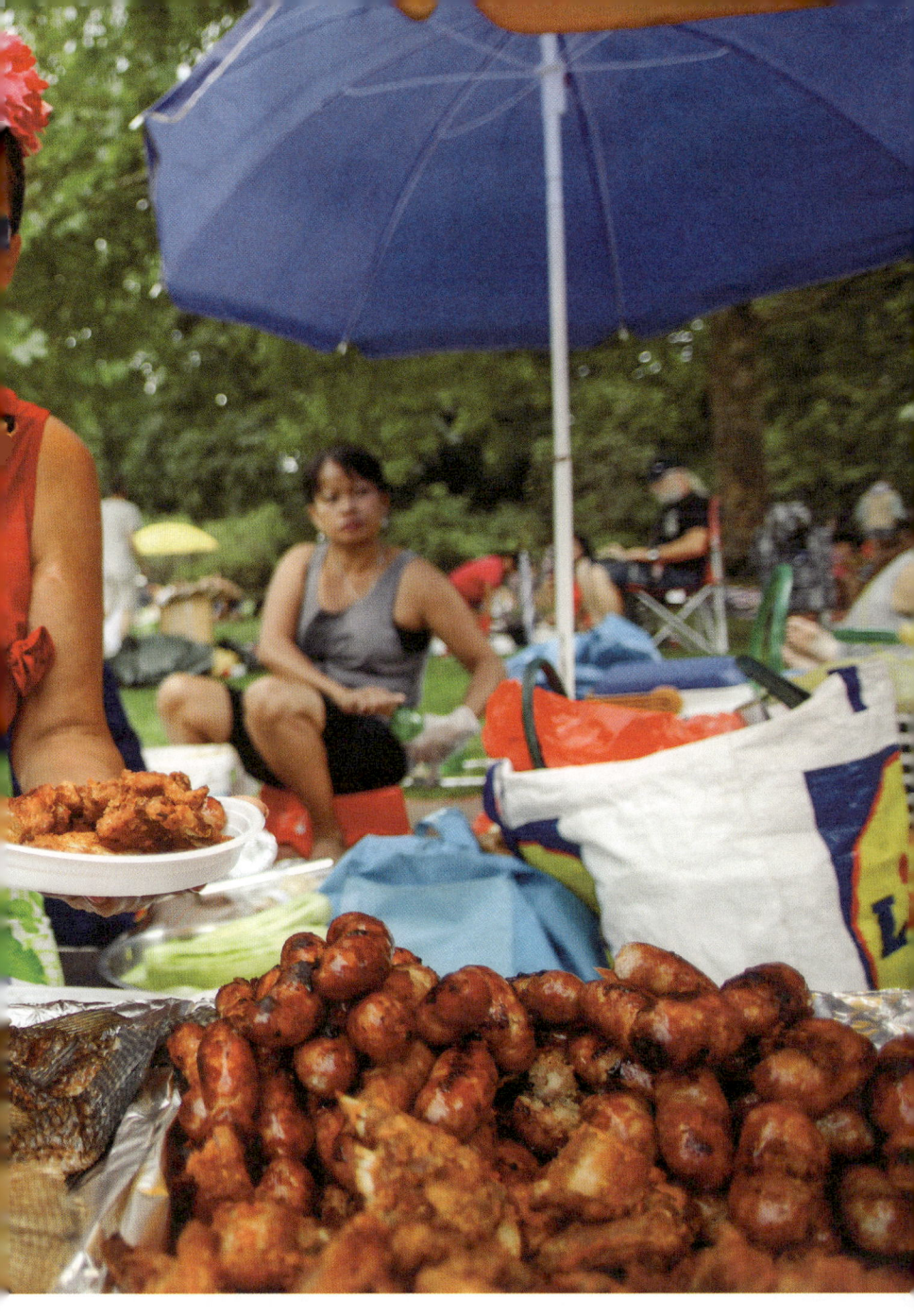

Abb. 75: Die „Thaiwiese" im Preußenpark in Wilmersdorf ist ein beliebter Treffpunkt der thailändischen Gemeinde in Berlin. Die asiatische Diaspora trifft sich zum Essen, um Kontakte zu knüpfen und in der Muttersprache zu reden.

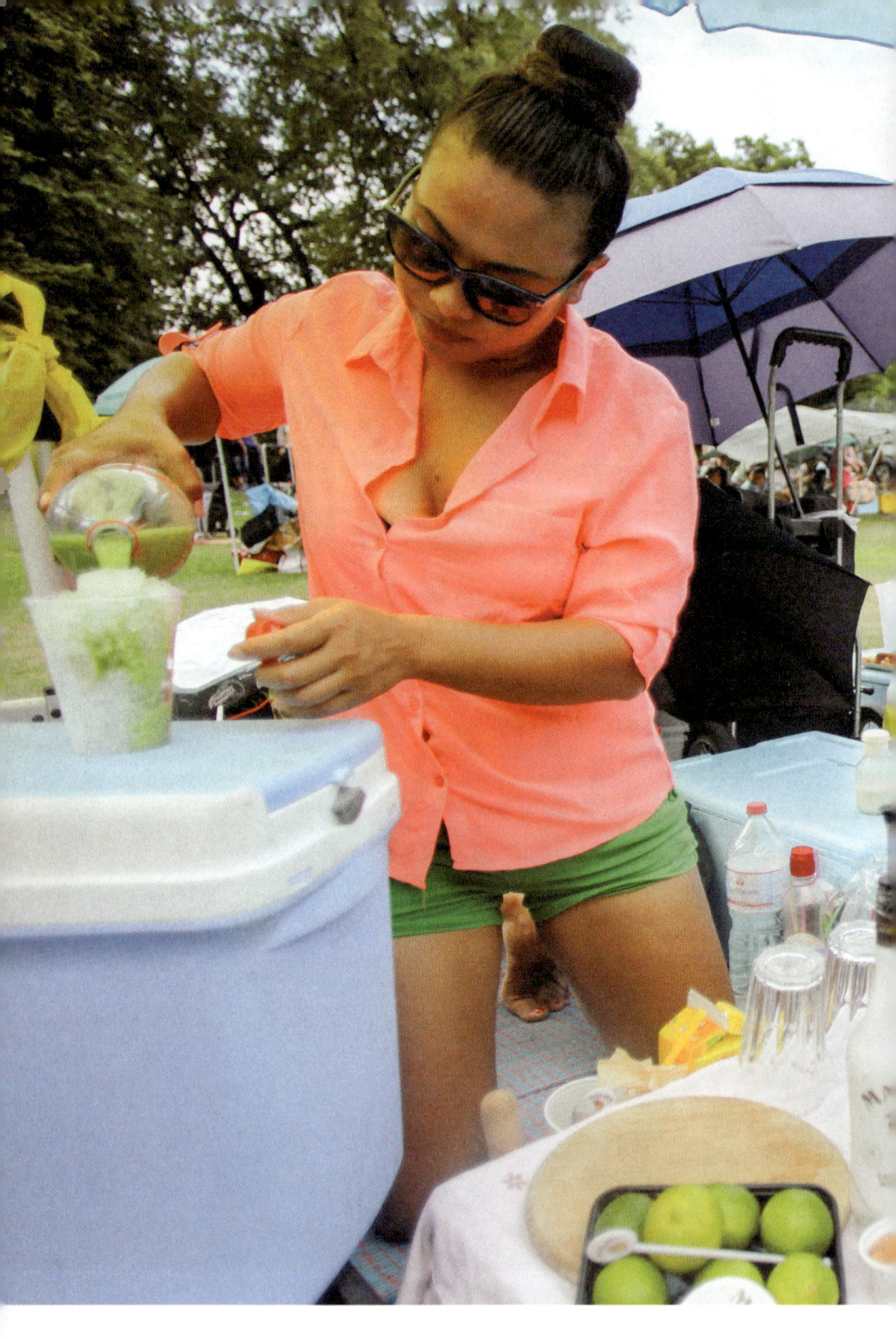

Fig. 76: Asian specialties are sold cheaply at small stands. They have become famous throughout the city.

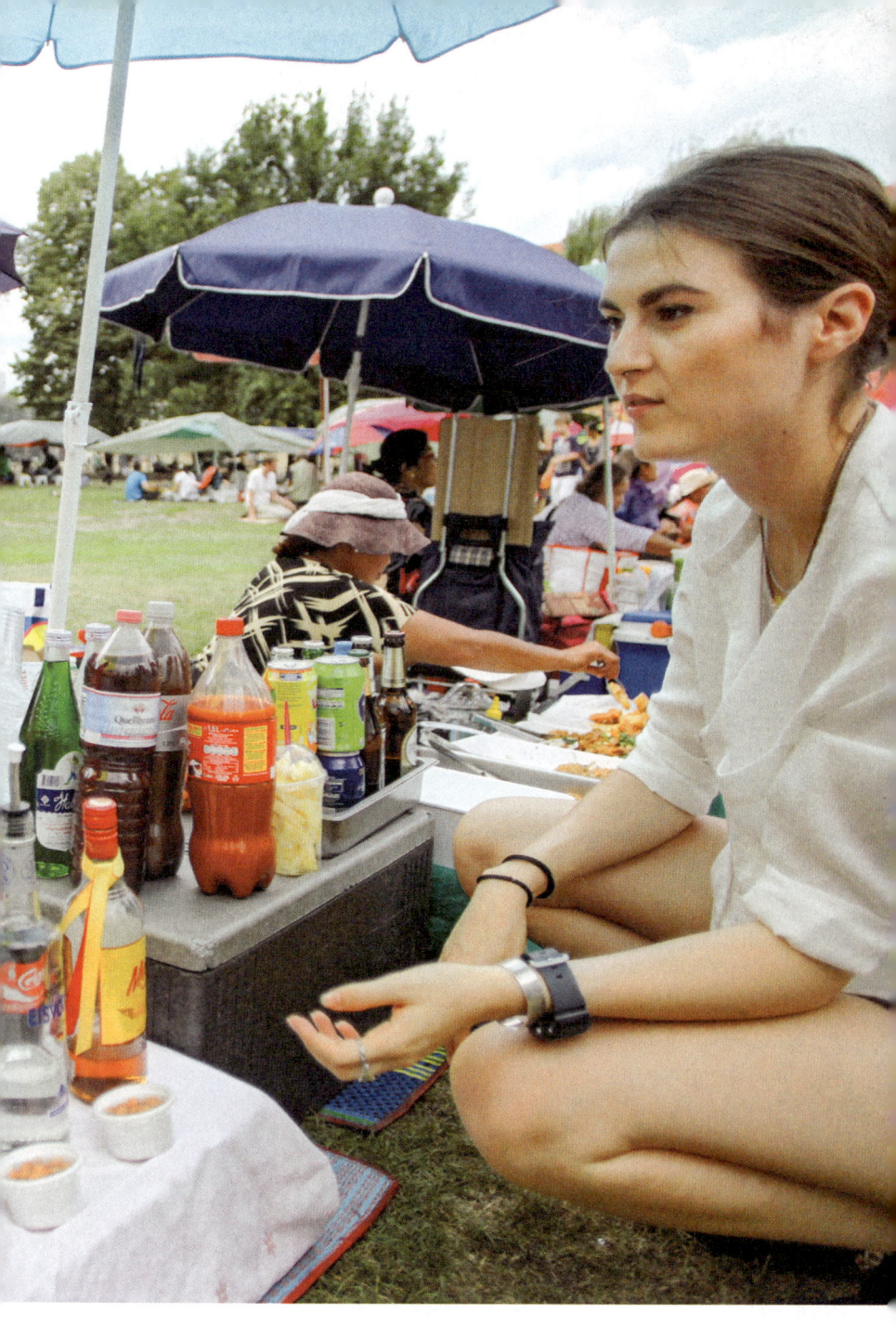

Abb. 76: An kleinen Imbissen werden asiatische Spezialitäten für wenig Geld angeboten, die mittlerweile in der ganzen Stadt bekannt sind.

IMMIGRANT NEIGHBORHOODS:
AN ESSENTIAL STEP TOWARDS INTEGRATION

Walter Siebel

No Mandatory Residence!

The suggestion made by Sigmar Gabriel, German vice chancellor and chairman of the Social Democratic Party of Germany (SDP), to impose mandatory residence on asylum seekers is not a solution, because it will aggravate the problem of integration, but it does touch on a problem that needs to be addressed. Gabriel's intention is to prevent ghettos of foreigners forming. In 2016, Hamburg is planning four settlements to house a total of four thousand refugees. Like any other city, Hamburg does not want to create ghettos, and yet, in common with other major German cities, it just cannot find enough land on which to build more mixed accommodation shared with Germans. So whether intentionally or by force of circumstance, refugees in such specially constructed settlements would remain isolated both from Germans and from their integrated compatriots—a scenario that might merit the label "a planned ghetto."

Unfortunate stopgap measures are currently hard to avoid. As a rule, accommodation for refugees tends to be located outside the economically flourishing conurbations: in rural areas, in the former industrial regions of the Ruhr and the Saar, and in the new federal states (as former East Germany is known)—in other words, economically weak regions. Yet there the labor market is less able to absorb workers, and training opportunities are meager. Any mandatory residence would confine immigrants to these regions, i.e. precisely to places where their prospects of integration are particularly bleak.

Integration through Segregation

At the same time, Germans who have lost out owing to economic restructuring are also concentrated in the economically deprived regions. Losers are rarely in a position, or even willing, to be open and tolerant towards foreigners. On the contrary, they look for scapegoats, and here, immigrants and refugees fit the bill. Furthermore, socially disadvantaged Germans and non-integrated immigrants often find themselves co-existing in under-privileged neighborhoods, which in their eyes offer daily proof that they are leading a marginal existence on the fringes of urban society. Hardly surprising, then, that such neighborhoods do not offer much hope for successful integration, but tend instead to be the scenes of violent, aggressive conflict. Under normal circumstances people would try to steer clear of such conflicts by moving to a place where the neighbors are more like them: a phenomenon known as "voluntary segregation." This is why the most socially cohesive neighborhoods are made up of households that enjoy the most freedom of choice on the housing market. By sorting different groups into different areas, the segregated city transmutes social distance into spatial distance, thereby defusing the potential for conflict. But segregation is not just a mechanism for avoiding conflict. Immigrants tend to move to areas where they can be close to compatriots who have been living there for some time: migration researchers call this phenomenon "chain migration." Germans arriving in America, too, first moved into "Little Germany" on the Lower East Side of New York City. Immigrant neighbor-

EINWANDERUNGSQUARTIERE: NOTWENDIGE STUFEN IM PROZESS DER INTEGRATION

Walter Siebel

Keine Residenzpflicht!

Der Vorschlag des deutschen Vizekanzlers und SPD-Chefs Sigmar Gabriel, Asylbewerbern eine Residenzpflicht aufzuerlegen, ist keine Lösung und zielt doch auf ein Problem, das angegangen werden muss. Er ist keine Lösung, weil er die Probleme der Integration noch weiter verschärfen wird. Gabriel will mit seinem Vorschlag Gettos von Ausländern verhindern. Hamburg plant im Jahr 2016 vier Siedlungen, in denen insgesamt viertausend Flüchtlinge untergebracht werden sollen. Hamburg will wie jede andere Stadt keine Gettos bauen. Doch die Stadt findet – wie viele andere Großstädte in Deutschland – nur nicht genügend Flächen für eine mit Deutschen stärker gemischte Unterbringung. Doch ob gewollt oder erzwungen: Die Flüchtlinge blieben in den für sie extra errichteten Siedlungen isoliert von Deutschen sowie von bereits integrierten Landsleuten. Es würden Situationen geschaffen, die dazu einladen, von geplanten Gettos zu sprechen.

Unglückliche Notlösungen sind gegenwärtig schwer zu vermeiden. Freier Wohnraum für die Unterbringung von Flüchtlingen findet sich vor allem außerhalb der prosperierenden Ballungsräume: in ländlichen Gebieten, in den altindustriellen Regionen an Ruhr und Saar und in den neuen Bundesländern, also in strukturschwachen Regionen. Allerdings sind dort die Arbeitsmärkte weniger aufnahmefähig und die Bildungskapazitäten unzureichend. Eine Residenzpflicht würde die Zuwanderer in diesen Regionen festhalten, also dort, wo ihre Integrationschancen besonders schlecht sind.

Integration durch Segregation

Zugleich konzentrieren sich in den strukturschwachen Regionen auch die deutschen Verlierer des ökonomischen Strukturwandels. Verlierer sind selten in der Lage oder auch nur willens, offen und tolerant auf Fremde zuzugehen. Im Gegenteil, sie suchen Sündenböcke. Zuwanderer und Flüchtlinge eignen sich für diese Rolle. Nachbarschaften zwischen deutschen Verlierern und nicht integrierten Zuwanderern stellen sich obendrein häufig in heruntergekommenen Wohnvierteln her, die ihren Bewohnern tagtäglich vor Augen führen, dass sie am Rand der Stadtgesellschaft leben. So ist es kein Wunder, wenn diese Viertel nicht Orte gelingender Integration werden, sondern Schauplätze heftiger, aggressiver Konflikte. Normalerweise versucht man solchen Konflikten im buchstäblichen Sinne aus dem Weg zu gehen, indem man dorthin umzieht, wo die Nachbarn besser zu einem passen: das Phänomen der „freiwilligen Segregation". Deshalb findet man die sozial homogensten Nachbarschaften gerade unter den Haushalten, die die größten Wahlmöglichkeiten auf dem Wohnungsmarkt haben. Indem die segregierte Stadt verschiedene Gruppen in verschiedene Wohngebiete sortiert, übersetzt sie soziale Distanz in räumliche Distanz und entschärft so die Konflikte zwischen ihnen.

Aber Segregation ist nicht nur ein Mechanismus zur Vermeidung von Konflikten. Zuwanderer ziehen regelmäßig dorthin, wo sie in Nachbarschaft zu schon länger hier lebenden Landsleuten unterkommen: ein Phänomen, das in der

221

hoods are a phenomenon that all immigrant cities share. This voluntary segregation offers considerable advantages, particularly for new immigrants. Those who are not yet integrated into the labor market or the state's social assistance schemes depend on informal networks they can call upon for help. Such networks evolve more easily among people who share a similar way of life. Within these ethnic colonies, the new immigrants can begin to find out more about their new and strange surroundings, and they can expect to find material help, protection from isolation, or even just people who speak the same language and with whom they can communicate. These—spatially separated—microcosms, where various ethnic groups are concentrated, act as a buffer zone between the individual immigrant and the host society: a welcome reminder of home on foreign soil.

The immigrant city is typically made up of a mosaic of different ways of life that touch on each other, but do not mix: Little Italy, China Town, Little Germany etc. Segregation represents a necessary and inevitable step towards integration. The city, with its patchwork of diverse microcosms, offers these kind of transitional spaces where the shock of migration is mitigated.

But then again, a segregated milieu is always in danger of becoming a trap. The larger the social group, the more the community is cut off from the host society's education, economic, and political systems as well as from consumer markets. Moreover, the easier it is to access their home country's mass media, the greater the danger that people will withdraw into their own narrow and oppressive world. If an ethnic group's spatial segregation is then overlaid with discrimination, unemployment, and deprival of political rights, it is hardly surprising to find people reacting by withdrawing into their own narrow, insular worlds. This in turn hampers their chances of success within the systems of the host society. At the end of this process of negative interaction lies permanent marginalization.

Ghettos in Germany?

So far, however, we have no grounds whatsoever to talk about ghettos or parallel societies in Germany. To date, this is still a theoretical and empirically unjustified exaggeration of the situation. Exaggerated in the sense that in international comparative research we talk about ethnic neighborhoods only when an ethnic group accounts for at least 40 percent of the population. This is not true of any German city. In Germany, it is normal to have ethnically mixed neighborhoods with a German majority. Where migrants are in the majority, which is rarely the case, it is also an ethnically mixed neighborhood. Moreover, talk of ghettos dramatizes the situation dangerously, since such labels are not without consequences: the German middle class and the better placed migrants move away from neighborhoods that have been stigmatized in this way. As a result, schools experience an increase in the proportion of children from educationally deprived families, purchasing power recedes, goods and services become restricted, banks become cautious about lending, modernization and maintenance are neglected, and the whole neighborhood becomes run-down. All this results in more and more households moving away as soon as they can afford mobility. This process happens very rapidly at times when the housing market is stable. It takes place largely unnoticed by local authorities and is almost impossible to control, since it comes about through private households making decisions of their own volition. What remain are neighborhoods where socially deprived Germans and non-integrated immi-

Migrationsforschung als „Kettenwanderung" bezeichnet wird. Auch die Deutschen sind in Amerika erst einmal nach „Little Germany" – in die Lower East Side von New York City – gezogen. Einwanderungsquartiere sind ein Phänomen aller Einwanderungsstädte. Freiwillige Segregation hat wichtige Vorteile gerade für neu Zugewanderte. Zuwanderer, die noch nicht in den Markt und in sozialstaatliche Netze integriert sind, brauchen informelle Hilfsnetze. Solche Netze bilden sich leichter unter Menschen mit ähnlichen Lebensweisen. Die neu Zugewanderten finden in den ethnischen Kolonien erste Informationen über die neue und fremde Umgebung, materielle Hilfen, Schutz vor Isolation oder auch nur Menschen, die dieselbe Sprache sprechen und mit denen sie sich verständigen können. Die räumlich getrennten kleinen Welten, in denen sich die verschiedenen Einwanderergruppen konzentrieren, bilden einen Puffer zwischen dem eingewanderten Individuum und der Aufnahmegesellschaft, einen Brückenkopf vertrauter Heimat in der Fremde. Typisch für Einwanderungsstädte ist ein Mosaik kleiner Lebenswelten, die einander berühren, aber sich nicht durchmischen: Little Italy, China Town, Little Germany usw. Segregation ist eine notwendige und unvermeidbare Stufe im Prozess der Integration. Die Stadt als Mosaik verschiedener Lebenswelten bietet jene Räume des Übergangs, in denen der Schock der Migration gemildert wird.

Allerdings sind segregierte Milieus immer auch in Gefahr, zu Fallen zu werden. Je größer die soziale Gruppe, je mehr sie aus den Systemen Bildung, Markt, Politik sowie aus den Konsumgütermärkten ausgegrenzt wird und je leichter der Zugang zu Massenmedien ihres Herkunftslandes ist, desto höher ist die Gefahr des Rückzugs in eine enge und repressive eigene Welt. Wenn die räumliche Segregation einer ethnischen Gruppe sich mit Diskriminierung, Arbeitslosigkeit und politischer Rechtlosigkeit überlagert, dann ist es nicht verwunderlich, wenn die Betroffenen darauf mit Rückzug in eine eigene, enge und abgeschottete Welt reagieren. Dies wiederum behindert ihre Chancen auf Erfolg in den Systemen der Aufnahmegesellschaft. Am Ende eines solchen Prozesses negativer Wechselwirkungen stünde dauerhafte Ausgrenzung.

Gettos in Deutschland?

Doch bislang ist die Rede von Gettos oder Parallelgesellschaften in Deutschland keineswegs gerechtfertigt. Das ist immer noch eine theoretisch und empirisch unbegründete Zuspitzung der Situation. Unbegründet, denn in der international vergleichenden Forschung wird von einem ethnisch geprägten Viertel erst dann gesprochen, wenn der Anteil einer Ethnie an der Bevölkerung mindestens vierzig Prozent beträgt. Das ist in keiner deutschen Stadt der Fall. Normalität sind in Deutschland ethnisch gemischte Viertel mit einer deutschen Mehrheit. Wo die Migranten die Mehrheit bilden, was selten der Fall ist, handelt es sich um ethnisch gemischte Viertel. Die Rede von Gettos ist obendrein eine gefährliche Dramatisierung, denn solche Etiketten bleiben nicht folgenlos: Die deutsche Mittelschicht und die erfolgreichen Migranten ziehen aus derart stigmatisierten Vierteln fort. In der Folge steigt in den Schulen der Anteil von Kindern aus bildungsfernen Familien, die Kaufkraft geht zurück, das Güter- und Dienstleistungsangebot wird eingeschränkt, die Banken werden zurückhaltend bei der Kreditvergabe, Modernisierung und Instandhaltung werden unterlassen, das Gebiet verkommt auch äußerlich. All das veranlasst weitere Haushalte

grants are compelled to live side by side—and this creates an inherently highly volatile mix.

Fears without Borders

Nevertheless, Gabriel's proposal addresses a problem we ought to take seriously, namely, the Germans' fear of becoming a minority in their own country. The label "foreigner ghetto" fuels this fear. So far there are not many neighborhoods where immigrants are in the majority, but this is likely to change in some places in the future. For some years now, people with a migrant background have accounted for 40 percent of the population in Stuttgart and Frankfurt—and for children this figure is 60 percent. And sometimes situations arise that are limited to a particular space or period of time, or else certain institutions are dominated by immigrants: this was the case at Cologne's central station on New Year's Eve 2015, and it is often so in inner-city classrooms. Here, empirical evidence appears to prove that the locals' fear of no longer "ruling the roost" is not unfounded. Another—not entirely unjustified—worry is that the presence of refugees will result in a further deterioration of their already precarious situation. On the labor and housing markets refugees rarely compete for high-powered jobs or expensive accommodation; instead, if they do compete, it is in those same segments that low-income local households rely on. Moreover, refugees barely feature in the day-to-day lives of the more affluent, so if the middle and upper social strata were asked to contribute—at least financially—towards the costs of integration, with a "solidarity payment to aid refugees," it would not be just a matter of sound fiscal policy but also signify a more equitable sharing of the overall burden.

However, the images currently being disseminated by the media of waves of refugees streaming across borders stir up far deeper fears. Borders are like the two faces of Janus. They restrict, they curb liberties, but they also provide protection and security. The lifting of a border sends contradictory signals. On the one hand, it symbolizes liberation, but it also arouses deep fears of loss of control and the breakdown of all order and security. This could also help to explain why animosity towards refugees is so pronounced in the new federal states. East Germany's borders used to guarantee people a life that was in many respects restrictive yet in many ways safe too. For those who lived their lives according to the obligatory degree of political conformity, life was predictable. There was no need to worry about either job loss or eviction. With the fall of the Berlin Wall in 1989, the sense of being immune to the risks and uncertainties of a capitalist and liberal society disintegrated. The images of refugees streaming in has once again awakened an existential sense of insecurity similar to what many East German citizens experienced post-1989—hence their fearful anger when faced with waves of refugees. To calm such fears, what we need is not isolationism but a perceptible means by which borders, be they national or European, can be effectively protected if necessary. And what we need above all is an effective integration policy.

Integration Policy

Integration is a process that cuts both ways, and one that makes extraordinary demands on the host society, just as it does on immigrants. Society needs to ensure that immigrants are given just the same opportunities as locals to engage in political, social, and economic life. It is imperative that migrants make an effort

fortzuziehen, sofern sie sich Mobilität leisten können. Diese Prozesse verlaufen bei entspannten Wohnungsmärkten sehr schnell, sie vollziehen sich unterhalb der Wahrnehmungsschwelle kommunaler Verwaltungen und sie sind kaum steuerbar, weil sie auf den freiwilligen Entscheidungen privater Haushalte beruhen. Zurück bleiben erzwungene Nachbarschaften der deutschen Verlierer mit den nicht integrierten Zuwanderern – mithin eine höchst konfliktträchtige Mischung.

Ängste ohne Grenzen

Trotzdem zielt der Vorschlag Gabriels auf ein ernst zu nehmendes Problem: die Angst der Deutschen, im eigenen Land in die Minderheit zu geraten. Das „Ausländergetto" ist eine Chiffre für diese Angst. Es gibt noch nicht viele Stadtviertel, in denen Zuwanderer die Mehrheit stellen, aber das wird in Zukunft nicht mehr überall so bleiben. In Stuttgart und Frankfurt stellen Menschen mit Migrationshintergrund schon seit einigen Jahren dreiundvierzig bzw. fünfzig Prozent der Bevölkerung, bei den Kindern sechzig Prozent. Und schon heute gibt es räumlich und zeitlich begrenzte Situationen und bestimmte Institutionen, die von Zuwanderern dominiert sind: Das war so in der Silvesternacht 2015 am Kölner Hauptbahnhof. Auf einer ganz anderen Ebene ist dies aber auch häufig der Fall in den Klassen innerstädtischer Schulen. Darin findet die Angst der Einheimischen, nicht mehr Herr im eigenen Haus zu sein, ihre scheinbar empirische Bestätigung.

Auch die Angst, dass durch die Flüchtlinge die eigene ohnehin schon prekäre Situation zusätzlich erschwert würde, ist nicht unbegründet. Flüchtlinge konkurrieren selten um hochqualifizierte Arbeitsplätze und teure Wohnungen. Wenn sie als Konkurrenten auf den Arbeits- und Wohnungsmärkten auftreten, dann in den Segmenten, auf die die ökonomisch schwächeren Haushalte der Einheimischen angewiesen sind. Im Alltag der Wohlsituierten kommen Flüchtlinge kaum vor. Es wäre nicht nur eine Sache solider Haushaltspolitik, sondern auch einer gerechteren Lastenverteilung, wenn die Mittel- und Oberschichten über einen „Solidarbeitrag Flüchtlingshilfe" wenigstens finanziell an den Lasten der Integration beteiligt würden.

Die Bilder, die die Medien zurzeit vom Strom der Flüchtlinge über die Grenzen liefern, rühren jedoch noch an weit tieferen Ängsten. Grenzen haben ein Janusgesicht. Sie engen ein, sie beschränken Freiheiten, aber sie gewähren auch Schutz und Sicherheit. Die Aufhebung einer Grenze ist ein Akt von widersprüchlicher Symbolik. Er ist Befreiung, aber er kann auch tiefe Ängste wecken: vor Kontrollverlust und dem Zusammenbruch aller Ordnung und Sicherheit. Das könnte auch zur Erklärung beitragen, weshalb der Hass auf Flüchtlinge in den neuen Bundesländern besonders ausgeprägt ist. Die Grenzanlagen der DDR gewährleisteten ein in vieler Hinsicht beengtes, aber auch in vieler Hinsicht sicheres Leben. Wer die nötigen politischen Anpassungsleistungen erbrachte, dessen Leben verlief in berechenbaren Bahnen. Er musste weder befürchten, dass er seinen Arbeitsplatz verlieren noch dass ihm die Wohnung gekündigt würde. Mit dem Fall der Mauer 1989 fiel auch der Schutz vor den Risiken und Unsicherheiten einer kapitalistischen und liberal verfassten Gesellschaft. Die Bilder von den hereinströmenden Flüchtlingen rufen die existenziellen Verunsicherungen wieder wach, die viele Bürger der DDR nach 1989 erleben mussten – daher ihre angstvolle Wut angesichts der Flüchtlingsströme. Um solche Ängste zu

too. Landing a good job calls for more than just the right qualifications and proficiency in German; among other things, it demands a disciplined work ethic and an acceptance of the authority of women. Engaging in politics is not only a matter of exercising a civil right, it also means playing by the—democratic—rules, as well as adhering to the principle of the separation of religion, economics, science, and politics. In this sense there is indeed a "mainstream culture" into which immigrants need to be assimilated, at least to a certain degree. If not, they risk being permanently marginalized. And this process of adjustment involves internalizing information ranging from the Protestant (work) ethic to the German constitution and the Highway Code. Unfortunately, the economic and cultural prerequisites for successful integration are inextricably bound up with one another. One cannot expect immigrants to invest in their children's education if the labor market does not honor this. Conversely, the labor market cannot absorb people who have not acquired the necessary job qualifications or accepted social norms. Integration is directed two ways: not only at immigrants, but also at the locals who feel threatened by exclusion.

Immigrant integration is only one particularly distinct facet of the more general problem of integration in urban societies. Integration is a long-term task. It takes time, and with each newly arrived immigrant, it starts again from scratch. It requires protected transitional spaces, like those offered by immigrant neighborhoods. It relies on trusting in the state's monopoly on the use of force and its power to control borders. But above all, it requires a capacity to deal with the objective and subjective difficulties of migration in a reasonably civilized manner. We should foster a climate in which we recognize that there will be inevitable annoyances and conflicts surrounding integration and—rather than attempt to talk them down—we should exercise tolerance. This would be the most valuable contribution we could make to integration policy.

Walter Siebel
Born in 1938. Studied mechanical engineering, economics, and sociology in Aachen, Cologne, Bonn, Frankfurt, and New York. 1975–2004: Professor of Sociology at the University of Oldenburg. 1989–1995: Scientific Director of the International Building Exhibition (IBA) Emscher-Park. 1991–92: Fellow at the Institute of Cultural Sciences in Essen. 1995: Fritz Schumacher Award; 2004: Schader Award. Recent publications include *Polarisierte Städte* (2013, together with Martin Kronauer) and *Die Kultur der Stadt* (2015).

beruhigen, braucht es keine Abschottung, aber doch die erkennbare Fähigkeit, die Grenzen, seien es nationale oder europäische, wenn nötig effektiv schützen zu können. Vor allem aber ist eine wirksame Politik der Integration vonnöten.

Integrationspolitik

Integration ist ein zweiseitiger Prozess, welcher der aufnehmenden Gesellschaft wie den Zugewanderten außeralltägliche Leistungen abverlangt. Die Gesellschaft muss den Zugewanderten vergleichbare Chancen politischer, sozialer und ökonomischer Teilnahme eröffnen wie den Einheimischen. Anstrengungen aufseiten der Zuwanderer sind ebenso unabdingbar. Um eine attraktive Position auf dem Arbeitsmarkt zu ergattern, ist mehr nötig als fachliche Qualifikationen und die Beherrschung der deutschen Sprache; dazu zählen zum Beispiel auch Arbeitsdisziplin und die Anerkennung weiblicher Autoritäten. Die Teilnahme am politischen Prozess setzt nicht nur Staatsbürgerrechte voraus, sondern auch die Anerkennung demokratischer Spielregeln sowie der Prinzipien der Trennung von Religion, Wirtschaft, Wissenschaft und Politik. Insofern gibt es durchaus eine „Leitkultur", die Anpassung verlangt, bei Strafe dauerhafter Ausgrenzung. Und diese Anpassungsleistungen reichen von der Verinnerlichung der protestantischen Ethik über das Grundgesetz bis zur Straßenverkehrsordnung. Fatalerweise bedingen sich die strukturellen und kulturellen Voraussetzungen gelingender Integration wechselseitig. Man kann von den Zuwanderern nicht erwarten, in die Bildung ihrer Kinder zu investieren, wenn der Arbeitsmarkt das nicht honoriert. Umgekehrt kann der Arbeitsmarkt sie nicht aufnehmen, wenn die Subjekte nicht die notwendigen beruflichen Qualifikationen und normativen Orientierungen erworben haben.

Integration hat zwei Adressaten: neben den Zuwanderern ebenso die von Ausgrenzung bedrohten Einheimischen. Die Integration der Zuwanderer ist nur eine besonders sichtbare Facette des allgemeinen Problems der Integration von Stadtgesellschaften. Integration ist eine Daueraufgabe. Sie braucht Zeit und sie beginnt mit jedem Zuwanderer aufs Neue. Sie benötigt geschützte Räume des Übergangs, wie sie Einwanderungsquartiere bieten können. Sie setzt auch das gesicherte Vertrauen in das Gewaltmonopol des Staates und in seine Macht, die Grenzen zu kontrollieren, voraus. Vor allem jedoch braucht sie die Fähigkeit, mit den objektiven und subjektiven Schwierigkeiten der Migration halbwegs zivil umzugehen. Die Einsicht in die unvermeidlichen Ärgernisse und Konflikte der Integration zu fördern, statt sie kleinzureden, und mit der Einsicht auch die Fähigkeit, sie zu ertragen, das wäre die wichtigste Leistung der Integrationspolitik.

Walter Siebel

* 1938. Studium des Maschinenbaus, der Volkswirtschaftslehre sowie der Soziologie in Aachen, Köln, Bonn, Frankfurt und New York. 1975–2004 Professor für Soziologie an der Universität Oldenburg. 1989–1995 wissenschaftlicher Direktor der IBA Emscher-Park. 1991/92 Fellow am Kulturwissenschaftlichen Institut Essen. 1995 Fritz-Schumacher-Preis, 2004 Schader-Preis. Aktuelle Publikationen u. a.: *Polarisierte Städte* (2013, zusammen mit Martin Kronauer); *Die Kultur der Stadt,* (2015).

THE ARRIVAL CITY NEEDS THE BEST SCHOOLS

THE WORST
NEIGHBORHOODS
DEMAND
THE VERY BEST SCHOOLS
TO EDUCATE LOCAL
CHILDREN.

DIE ARRIVAL CITY BRAUCHT DIE BESTEN SCHULEN

DIE BESTEN SCHULEN
SOLLTEN
IN DEN SCHLECHTESTEN
VIERTELN SEIN,
UM DIE KINDER
ZU QUALIFIZIEREN.

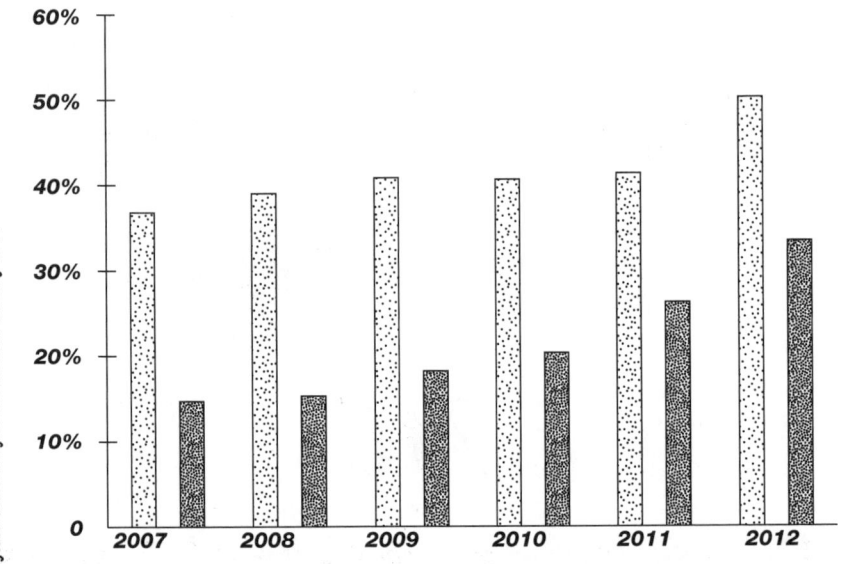

Rate of high school graduation in Berlin in total
Abiturientenquote der Stadt Berlin gesamt

Rate of high school graduation in Berlin among foreigners
Abiturientenquote der Stadt Berlin unter Ausländern

Quelle: © Statistisches Amt des Landes Berlin, ZEFIR, eigenen Berechnungen. Bertelsmann Stiftung 2014

Fig. 77: The percentage of foreign high-school graduates is continuously rising. Yet a significant gap to German graduates remains.

Abb. 77: Die Abiturientenquoten ausländischer Schulabgänger steigen kontinuierlich. Ein beträchtlicher Unterschied zu deutschen Schulabgängern bleibt.

DIE ARRIVAL CITY BRAUCHT DIE BESTEN SCHULEN

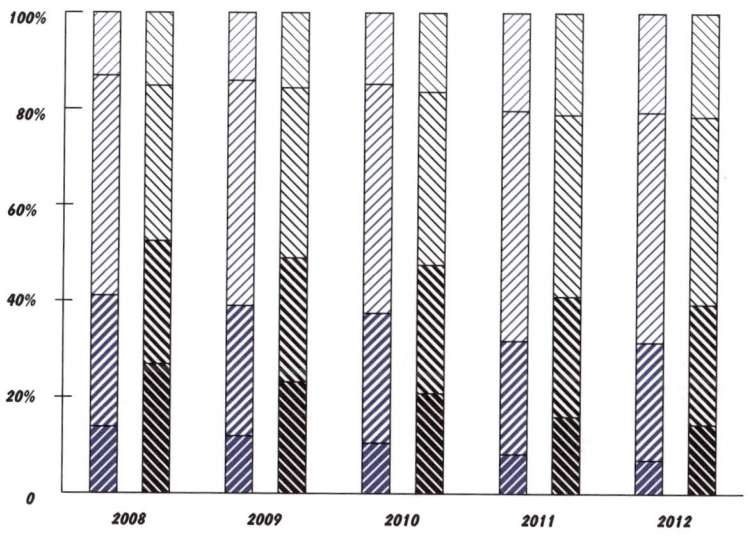

Students and secondary school types (2008–2012)
Schüler und Schulformen in der Sekundarstufe (2008–2012)

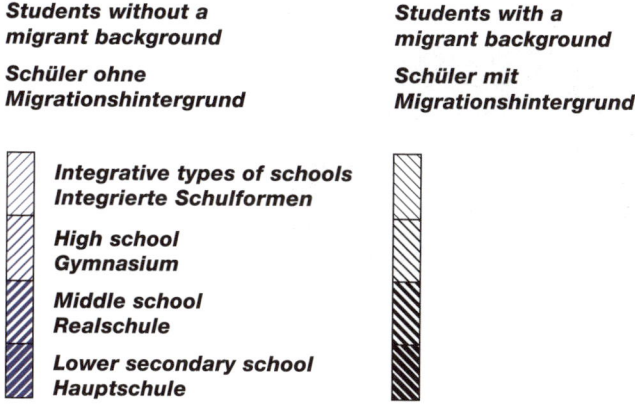

Quelle: Sachverständigenrat deutscher Stiftungen für Integration und Migration, Jahresgutachten 2014, S. 101

Fig. 78: The gap between German high-school graduates and graduates among first- and second-generation immigrants remains significant.

Abb. 78: Der Unterschied zwischen Schulabgängern mit und ohne Migrationshintergrund bleibt gewaltig.

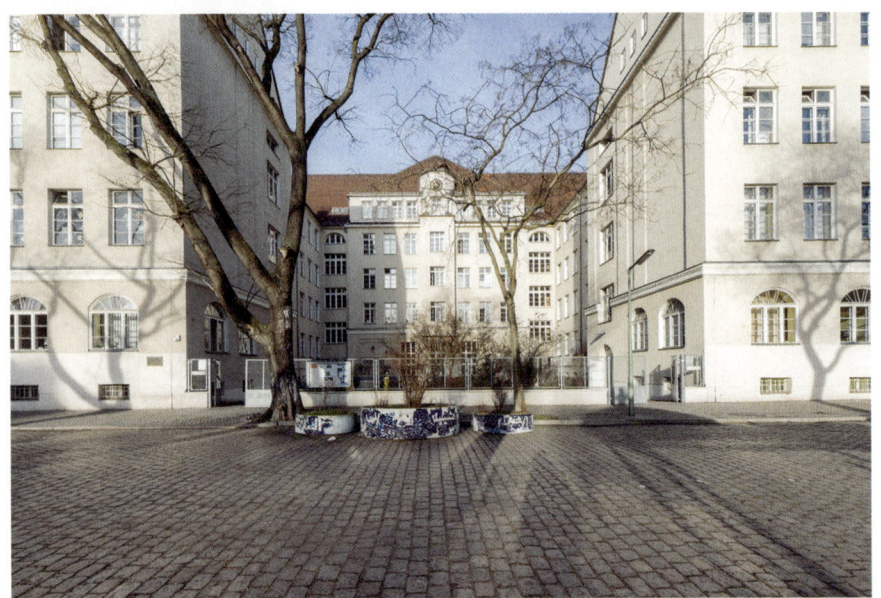

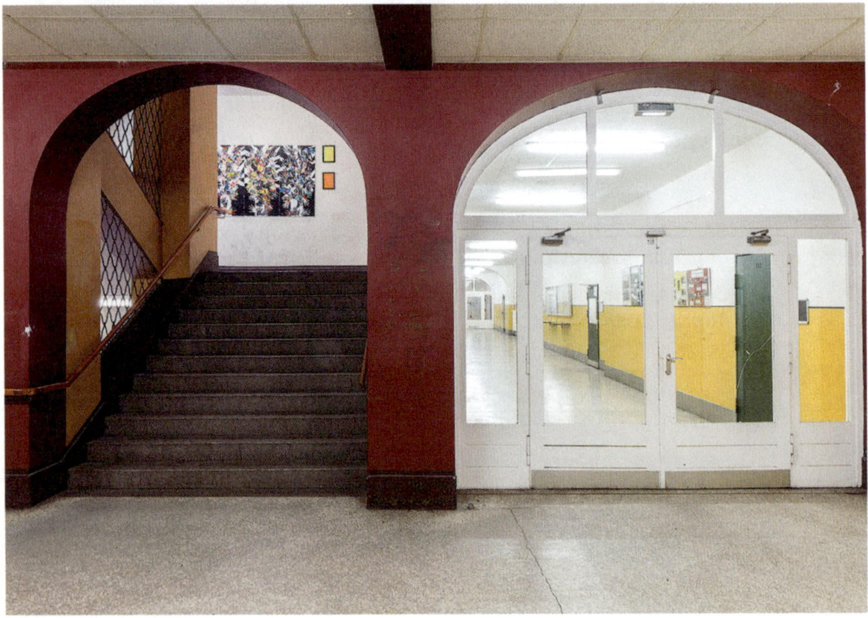

Figs. 79, 80, 81, 82: On the Rütli campus students can take courses in Turkish and Arabic—voluntarily and in addition to school. The certificates they receive for this are palpable evidence that they have left behind the "double semilingualism" common in their social milieu.

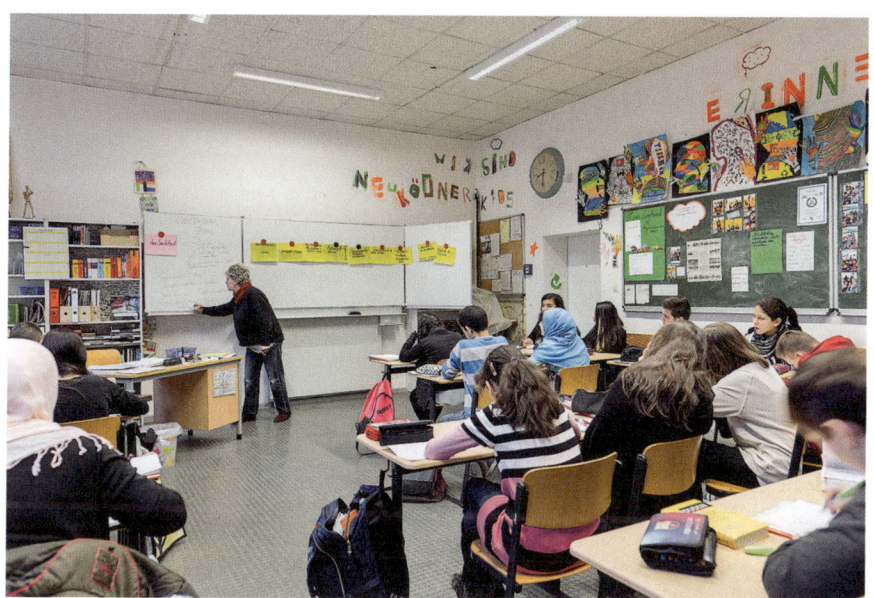

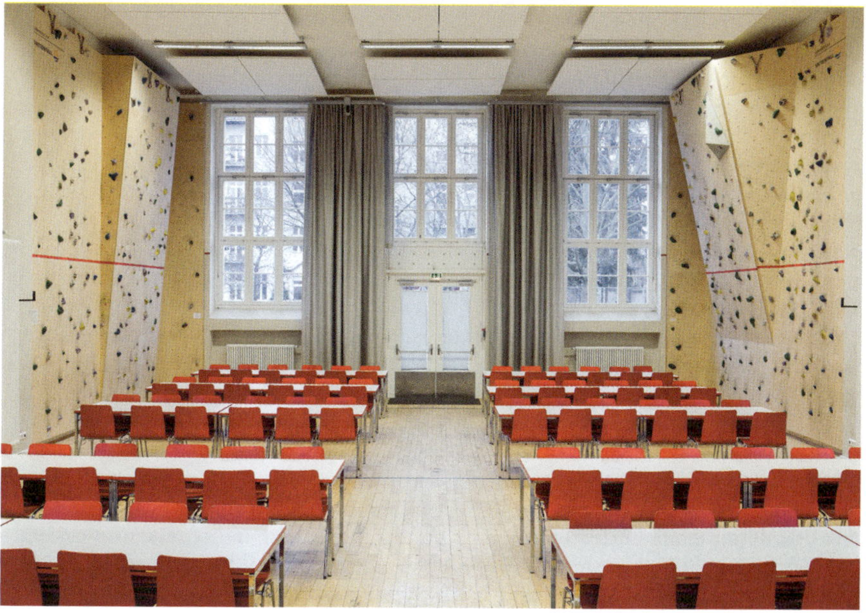

Abb. 79, 80, 81, 82: Die Rütli-Schüler können – freiwillig und zusätzlich zur Schule – auf dem Campus Kurse in Türkisch und Arabisch belegen, ein Zertifikat dafür erhalten und sich so nachweisbar von der in ihrem sozialen Milieu üblichen „doppelten Halbsprachigkeit" entfernen.

THE "BAD RÜTLI" AND WHAT HAPPENED THEREAFTER
Mechthild Küpper

Ask teachers at the Rütli high school, which had just gained scandalous notoriety, whether the name meant anything special, and all you got was uncomprehending looks. At that time, other Berlin schools were busy working on a set of guiding principles; they had become more open, introducing reading mentors, for instance; and they were trying to establish a relationship with their local neighborhood and to develop a distinctive profile. The staff of the Rütli school on Rütli-Strasse in the Neukölln district of Berlin, however, wrote a letter in February 2006 that became known as the *Brandbrief,* or "damning letter." After being passed around Berlin like a hot potato for a month without any effect, it hit the headlines of the Berlin daily *Tagesspiegel* like a bombshell. Not a single graduate of the Rütli school received an apprenticeship that year.

If teachers were graded, many of the Rütli teachers would often have failed the year even prior to the scandal. For their letter was an admission of complete educational failure, a denunciation of the students entrusted to their care, and a document of utter cluelessness on the part of people who should have been standing in front of the class as professionals. Many Rütli students refused to learn and showed "contempt for their fellow human beings," their teachers wrote; many teachers were so afraid of them that they did not dare enter the classrooms without a cell phone. No support was to be expected from the parents: "In most families our students are the only ones who get up in the morning. How are we supposed to explain to them that it is nevertheless important to attend school and get a qualification? All they think about is how to get hold of the newest cell phone and how to make sure their outfit is just right, so they won't be ridiculed or excluded. For them school is an arena in which to fight for attention. The worst culprits become role models. School offers them no positive models. They never venture outside their peer group and don't know anyone of their age who lives any differently. *Hauptschule* [a type of school offering lower secondary education] isolates them; they feel segregated and behave accordingly." The text was approved unanimously without any abstentions. The Rütli teachers' plea to abolish the *Hauptschule* was later fulfilled. Yet that did not save the Rütli school. What saved it was the scandal in the spring of 2006.

At the time, the short street in the Reuter-Kiez neighborhood of Neukölln became a parade ground for camera teams, photographers, and journalists from all over. The teenagers knew exactly what their teachers thought of them and played their roles as delinquents perfectly, sporting hoodies, engaging in big talk, and asking the journalists how they should pose for the cameras. Rütli had turned into an operetta. A boy who had just lost his milk teeth played the part of the most evil gangster very cutely, boasting: "I am the Godfather of Neukölln!"

Quite a few things came to light: management positions at the school had remained unfilled for a long time. After the former principal, Brigitte Pick, who had come to the school in 1970, initially fell sick, then took early retirement she wrote a curious book titled *Kopfschüsse. Wer Pisa nicht versteht, muss mit Rütli rechnen* (Shots in the Head: Anyone Who Fails to Understand Pisa Must Reckon with Rütli). Rumor had it that during recess she would watch the the students milling around the schoolyard from her large corner office on the second floor

DIE „SCHLIMME RÜTLI" UND WAS DANACH PASSIERTE

Mechthild Küpper

Wer Lehrerinnen der damals gerade als Skandalschule berüchtigt gewordenen Rütli-Schule fragte, ob es denn mit deren Namen eine Bewandtnis habe, erntete verständnislose Blicke. Andere Berliner Schulen arbeiteten seinerzeit durchaus an einem Leitbild, sie hatten sich geöffnet, etwa für Lesepaten, versuchten sich zu ihrer Nachbarschaft in ein Verhältnis zu setzen, ein Profil zu erarbeiten, das sie von anderen unterscheiden konnte. Das Kollegium der Rütli-Schule an der Rütli-Straße in Berlin-Neukölln aber verfasste im Februar 2006 einen Brief. Der „Brandbrief", wie er seither heißt, spukte einen Monat folgenlos durch Berlin. Dann landete er im *Tagesspiegel* und schlug ein. Kein einziger Absolvent der Rütli-Schule bekam in diesem Jahr eine Ausbildungsstelle.

Wenn Lehrer Zensuren bekämen, wären die Rütli-Lehrer schon in den Jahren zuvor oft nicht versetzt worden. Denn ihr Brief war ein pädagogischer Offenbarungseid, eine Denunziation der ihnen anvertrauten Schüler, ein Ausweis heilloser Ratlosigkeit bei denen, die als Profis in der Schule stehen sollten. Viele Rütli-Schüler, so schrieben ihre Lehrer, lehnten das Lernen ab und verhielten sich „menschenverachtend", viele Lehrer trauten sich aus Angst vor ihnen nur mit einem Telefon in der Tasche vor ihre Klassen, von den Eltern sei keine Unterstützung zu erwarten: „In den meisten Familien sind unsere Schüler die Einzigen, die morgens aufstehen. Wie sollen wir ihnen erklären, dass es trotzdem wichtig ist, in der Schule zu sein und einen Abschluss anzustreben? Sie sind vor allem damit beschäftigt, sich das neueste Handy zu organisieren, ihr Outfit so zu gestalten, dass sie nicht verlacht werden, damit sie dazugehören. Schule ist für sie auch Schauplatz und Machtkampf um Anerkennung. Der Intensivtäter wird zum Vorbild. Es gibt für sie in der Schule keine positiven Vorbilder. Sie sind unter sich und lernen Jugendliche, die anders leben, gar nicht kennen. Hauptschule isoliert sie, sie fühlen sich ausgesondert und benehmen sich entsprechend." Der Text wurde ohne Gegenstimmen und Enthaltungen beschlossen. Der Wunsch der Rütli-Lehrer, die Hauptschule doch bitte abzuschaffen, ging später in Erfüllung. Doch das war nicht die Rettung für die Rütli-Schule. Als Rettung erwies sich der Skandal im Frühjahr 2006.

Damals wurde die kurze Straße im Neuköllner Reuterkiez ein Aufmarschfeld für Kamerateams, Fotografen und Journalisten von überall her. Die Jugendlichen wussten genau, wie ihre Lehrer über sie dachten, und spielten ihre Rolle als Bösewichte perfekt. Kapuzenpullover, markige Sprüche, Fragen nach den erwünschten Posen: Rütli war zur Operette geworden. Ein Junge, der gerade erst seine Milchzähne verloren hatte, spielte den schlimmen Gangster ganz allerliebst: „Ich bin der Pate von Neukölln!"

Es kam so einiges raus in diesen Tagen. Leitungsstellen an dieser Schule waren lange vakant geblieben. Die Direktorin Brigitte Pick, die 1970 an die Schule gekommen war, wurde erst krank, ließ sich dann pensionieren und schrieb sodann ein seltsames Buch: Kopfschüsse. Wer Pisa nicht versteht, muss mit Rütli rechnen. Sie soll, wurde erzählt, in ihrem großen Eckbüro in der Beletage das Treiben der Schüler auf dem Pausenhof beobachtet haben und, falls es aus dem Ruder lief, sich mit dem Megaphon durch das offene Fenster eingemischt haben. Im Vorwort

and, if things got out of hand, intervene through the open window using a megaphone. In the preface to her book she approvingly quoted the former councillor in charge of education and subsequent federal chairman of the German Education and Science Workers' Union (GEW), Erich Frister: "School will not really change until the workers have armed themselves." Although she considers workers an "obsolete residue class," Pick agreed with Frister: "School will really only change when the victims grow tired of their role."

At the Rütli school it was primarily the teachers that saw themselves as victims. According to them, their school had become a poor school long before the scandal. That sounds entirely plausible in Berlin, where the city-state is responsible for the teachers and the city districts for the school buildings. As a result, much just goes down the tubes, while those responsible pass the buck.

Yet the Rütli scandal did offend the pride of some responsible politicians. The then district mayor, Heinz Buschkowsky, who knows how to use a scandal as a way to make things happen, hatched a plan to use the Rütli school to show how things could be done differently and put his full weight behind a concept to establish a "Campus Rütli." Since 2007, a political steering committee has monitored the process, meeting twice a year at Neukölln's city hall. Berlin's then State Senator for Education, Klaus Böger, did not share his teachers' take on the situation either. Before the Berlin House of Representatives he promised to finally make things better even in difficult neighborhoods and difficult schools, saying, "These are our children," after all.

The beautiful 1908/09 building, designed by the former head of Berlin's municipal planning office Reinhold Kiehl, housed two schools: the Rütli *Hauptschule* on the left and the Heinrich Heine *Realschule* (a vocational secondary school) on the right. After the Rütli students had performed their media stunt, Heine students went on record as saying that if the two schools were merged, they would immediately look for a different school; after all, they still had some goals in life. Even today the principal, Cordula Heckmann, urges people not to take talk about the "wall" between the two schools literally. However, friendly relations with their neighbors were not something the Rütli school cultivated—neither with neighbors in general and most certainly not with the school next door.

The Rütli school not only kept its name, indicating a solidly founded commitment to reform, but even conferred it on the Heine school and the neighboring Franz Schubert elementary school. At the time, a print shop produced "Rütli" T-shirts and shopping bags. A formerly "dirty word" now became a brand name: "Campus Rütli.". In an area occupying almost 50,000 square meters, a new social space for about five thousand local residents was to be created, a space in which the children of Arab and Turkish newcomers to Berlin would have a fair chance.

In 2008, the three schools were among the first *Gemeinschaftsschulen* (a kind of comprehensive school) in Berlin. The Rütli school quickly became the envy of the neighborhood, but only because of the money linked to the project at the time, says Cordula Heckmann. Otherwise, as a "focus school" it simply received more subsidies than schools in settled neighborhoods for a number of years—just like any other school in a similar situation. Yet what Rütli campus managed to achieve had very little to do with money.

By the end of the project, 32 million euros will have been pumped into the Rütli campus. The first installment was used to renovate the five science rooms on the

ihres Buches zitierte sie zustimmend den früheren Neuköllner Bildungsstadtrat und späteren Bundesvorsitzenden der Gewerkschaft Erziehung und Wissenschaft (GEW) Erich Frister: „Die Schule wird sich tatsächlich erst dann verändern, wenn sich die Arbeiter bewaffnet haben." Zwar hält Pick die Arbeiter für eine „obsolete Restklasse", doch stimmt sie Frister zu: „Schule wird sich erst dann wirklich ändern, wenn die Opfer ihrer Rolle überdrüssig werden." Als Opfer der Schule sahen sich in der Rütli-Schule vor allem die Lehrer. Ihre Schule war schon lange vor dem Skandal eine schlechte Schule gewesen. Das ist in Berlin problemlos möglich, denn das Land ist für die Lehrer zuständig und die Bezirke für die Schulgebäude. So verwahrlost vieles vor sich hin, während die Verantwortung hin- und hergeschoben wird.
Doch der Rütli-Skandal ging einigen verantwortlichen Politikern an die Ehre. Der damalige Bezirksbürgermeister Heinz Buschkowsky, der den Skandal als Methode zu nutzen versteht, etwas zu erreichen, machte sich den Plan zu eigen, an der Rütli-Schule zu zeigen, dass es anders geht: Er unterstützte mit voller Kraft das Konzept, den „Campus Rütli" zu gründen. Im Rathaus Neukölln trifft sich seit 2007 zweimal im Jahr eine politische Steuerungsrunde, die den Prozess begleitet. Auch der seinerzeitige Bildungssenator Klaus Böger teilte die Analyse seiner Beamten nicht. Vor dem Abgeordnetenhaus übernahm er die Verantwortung dafür, auch in schwierigen Quartieren und ihren Bildungseinrichtungen endlich einiges besser zu machen: „Es sind unsere Kinder."
Das schöne Gebäude des Stadtbaurats Reinhold Kiehl von 1908/09 beherbergte zwei Schulen, links die Rütli-Hauptschule, rechts die Heinrich-Heine-Realschule. Als die Rütli-Schüler zu Medienstars wurden, gaben Heine-Schüler zu Protokoll: Wenn diese beiden Schulen fusionieren müssten, würden sie sich sofort eine andere Schule suchen, sie hätten schließlich noch was vor im Leben. Noch heute mahnt Cordula Heckmann, die Direktorin, die Wendung von der „Mauer" zwischen den Schulen bitte nicht wörtlich zu nehmen. Aber freundliche Nachbarschaft wurde in der Rütli-Schule nicht gepflegt, nicht zur Nachbarschaft im Allgemeinen und schon gar nicht zur Nachbarschule im Besonderen.
Ihren Namen behielt die Rütli-Schule, was von solide fundiertem Reformwillen zeugt. Sie übertrug den Namen sogar auf die Heine-Schule und die benachbarte Franz-Schubert-Grundschule. Eine Druckwerkstatt stellte damals „Rütli"-T-Shirts und Einkaufstaschen her. Aus einem Schmähwort wurde ein Markenname: Campus Rütli hieß das Unterfangen. Auf fünfzigtausend Quadratmetern soll für etwa fünftausend Anwohner ein neuer Sozialraum entstehen, ein Raum, in dem die Kinder von arabischen und türkischen Neu-Berlinern eine faire Chance erhalten können. Die drei Schulen gehörten 2008 zu den ersten Gemeinschaftsschulen Berlins. Wenn der Neid auf die Rütli-Schule, der in der Nachbarschaft rasch aufkam, überhaupt eine Grundlage besitze, dann sei es das Geld, das damals mit diesem Modellprojekt verbunden war, sagt Cordula Heckmann. Ansonsten erhält sie – wie alle anderen in solcher Lage – als „Brennpunktschule" seit einigen Jahren mehr Zuschüsse als Schulen in gediegener Nachbarschaft. Doch was auf dem Campus Rütli gelungen ist, hat allenfalls in zweiter Linie mit Geld zu tun. Am Ende werden zweiunddreißig Millionen Euro in den Campus Rütli geflossen sein. Die erste Investition war die Sanierung der fünf naturwissenschaftlichen Räume oben im Schulgebäude. Dann wurde die Mensa ausgebaut, sogar mit – gesponserten – Kletterwänden. Der erste Neubau auf dem Campus war Ende

top floor of the school building. Then the canteen was enlarged and even furnished with—sponsored—climbing walls. The first new building on the campus was the 2,500-square-meter *Quartiershalle* completed at the end of 2012 with seating for eight hundred people and a lobby that can be used for exhibitions. Costing six million euros obtained from multiple sources, the hall is used for physical education, work study associations, school concerts, clubs, and tournaments. When Michael Müller first met with the three large Berlin citizens' platforms half a year after taking office as mayor of Berlin, he came to the *Quartiershalle* on the Rütli campus. The view of the cleared area between Kiehl's dignified school building and the new hall will make the hearts of those familiar with the area beat faster: finally, the allotment holders and car repair shop owners that had used the site cheaply for decades have vacated the area and the major construction projects can begin: new classrooms for the elementary school grades 1 through 6, school workshops (wood, metal, sewing, cooking), a vocational workshop, a community center with a parents' center, an educational workshop, a neighborhood coordination office, a youth welfare office, a dentistry service, an adult education center, and the administration of the Rütli campus, as well as a considerably expanded canteen. "Building is about showing that we care," says Cordula Heckmann, "showing that we care about students and teachers." All three buildings will be constructed at the same time; the elementary school around the corner will be vacated at a later date. The canteen is sorely needed, as the Rütli campus is a compulsory all-day school with almost nine hundred students. "More space always makes for a more relaxed atmosphere," Heckmann notes. Yet until the Rütli campus looks the way it was planned to look, many of its users will have to endure cramped conditions again. Since the Rütli teachers exposed their students to scandal ten years ago, conditions have changed radically. Initially driven mainly by scandalmongers, the public attention they received made the students realise they were "representatives of their school" as well as of where they came from, Heckmann says when asked about the graceful demeanor the students often display at school events. Heckmann, whose educational principle is that "children need to know that they are seen in terms of their strengths; then it is possible to talk to them about things that could be better," taught in the middle-class district of Dahlem for sixteen years. Another lady from Dahlem, Christina Rau, the widow of former Federal President Johannes Rau, is a—very active—patroness of the Rütli campus. She counts Heckmann among the "key success factors" of her school. In the meantime, many students have left the Rütli school with a high-school diploma. The label "non-German language of origin" is often a stigma and a burden in the German education system, but on the Rütli campus students can take courses in Turkish and Arabic—voluntarily and in addition to school. The certificates they receive for this are palpable evidence that they have left behind what Heckmann calls the "double semilingualism" common in their social milieu. This year the initiative *"Ein Quadratkilometer Bildung"* (One Square Kilometer of Education), which had been limited to a ten-year period, is set to expire in its current form. But the Freudenberg and Groeben Foundations will remain active at the Rütli campus. The "founder families," as the patrons are called, are present, but they keep a low profile. Is the Rütli story a model for other schools in long-neglected and rundown neighborhoods? Cordula Heckmann sees no general panacea for schools on the long road from scandal to success. Each school, is different, she says, and must find its own way.

2012 die Quartiershalle: zweitausendfünfhundert Quadratmeter Nutzfläche, achthundert Sitzplätze, ein für Ausstellungen nutzbares Foyer. Sechs Millionen Euro kamen aus mehreren Quellen, genutzt wird die Halle für Sportunterricht, Arbeitsgemeinschaften, für Schulkonzerte, Vereine und Turniere. Als Michael Müller sich ein halbes Jahr nach seinem Amtsantritt als Regierender Bürgermeister von Berlin zum ersten Mal mit den drei großen Berliner Bürgerplattformen traf, kam er in die Quartiershalle auf dem Campus Rütli.

Kennern wird das Herz springen, wenn sie über die plane Fläche zwischen Kiehls ehrwürdigem Schulgebäude und der neuen Halle blicken: Endlich haben die Kleingärtner und Autowerkstattbesitzer, die das Gelände jahrzehntelang billig genutzt hatten, das Terrain geräumt, und die großen Bauvorhaben können beginnen: neue Räume für die Grundschulklassen 1 bis 6, schulische Werkstätten (Holz, Metall, Nähen, Kochen) und eine Berufswerkstatt, ein Stadtteilzentrum mit Elternzentrum, Pädagogischer Werkstatt, Stadtteilkoordination, Jugendamt, zahnärztlichem Dienst, Volkshochschule und Verwaltungsleitung des Campus Rütli sowie eine kräftige Erweiterung der Mensa. „Bauen ist Wertschätzung", sagt Cordula Heckmann, Wertschätzung für Schüler und für Lehrer. Gebaut werden alle drei Gebäude zugleich, die Grundschule um die Ecke wird später geräumt, die Mensa wird dringend gebraucht, Campus Rütli ist eine gebundene Ganztagsschule mit fast neunhundert Schülern. „Raum entspannt immer", so Heckmann. Doch bis der Campus Rütli so aussieht, wie er geplant wurde, müssen viele seiner Nutzer noch einmal zusammenrücken.

Seit die Rütli-Lehrer vor zehn Jahren ihre Schüler dem Skandal preisgaben, haben sich die Verhältnisse grundlegend geändert. Die Aufmerksamkeit der Öffentlichkeit, die zunächst vor allem von Skandalgier getrieben war, habe den Schülern klargemacht, dass sie „Repräsentanten ihrer Schule" und auch ihrer Herkunft sind, sagt Heckmann, wenn sie auf die graziöse Art angesprochen wird, mit der die Schüler oft bei den Events an der Schule auftreten. „Kinder müssen wissen, dass sie in ihren Stärken gesehen werden, dann kann man mit ihnen auch über das reden, was justiert werden könnte": Das ist ihr pädagogisches Programm. Cordula Heckmann hat sechzehn Jahre lang im bürgerlichen Dahlem als Lehrerin gearbeitet. Eine andere Dame aus Dahlem, Christina Rau, die Witwe des Bundespräsidenten Johannes Rau, ist – eine sehr aktive – Schirmherrin des Campus Rütli. Sie zählt Heckmann zu den „Gelingensbedingungen" ihrer Schule. Inzwischen haben etliche Abiturienten die Rütli-Schule verlassen. „Nichtdeutsche Herkunftssprache", das ist im deutschen Bildungswesen häufig ein Stigma und eine Last. Die Rütli-Schüler können – freiwillig und zusätzlich zur Schule – auf dem Campus Kurse in Türkisch und Arabisch belegen, ein Zertifikat dafür erhalten und sich so nachweisbar von der in ihrem sozialen Milieu üblichen „doppelten Halbsprachigkeit", wie Heckmann das nennt, entfernen.
In diesem Jahr endet das auf zehn Jahre befristete Engagement „Ein Quadratkilometer Bildung" in der gegenwärtigen Form. Doch werden Freudenberg- und Groeben-Stiftung am Campus Rütli aktiv bleiben. Die „Stifterfamilien", wie die Mäzene genannt werden, sind präsent, aber nicht dominant. Ist die Rütli-Geschichte ein Modell für andere Schulen in schwierigen Quartieren, die lange vernachlässigt wurden und herunterkamen? Cordula Heckmann sieht kein Patentrezept in dem langen Weg vom Skandal zum Erfolg: Jede Schule sei anders, jede müsse ihren Weg finden.

Some voices have recently claimed that the Rütli campus has been given a boost by the gentrification of the entire district. Indeed, teachers and educators at the two daycare centers on the campus have realised for quite some time that the days when students and teachers were leaving Rütli school in their droves are over. As Heckmann reports, 40 percent of the children in the first four grades now come from families that clearly value education. At first the school was very proud to have instilled so much confidence in parents that they were willing to send their children to join classes made up exclusively of children of Turkish or Arab descent. But now it is the other parents the school is trying to please. For under no circumstances should their children be driven off the Rütli campus. Heckmann says she visits the parents' café—intended to help immigrant parents' fulfill their educational ambitions for their children in a suitable way—as often as she can. She explains that the café makes contact between the school principal and parents easier and more informal. But old-fashioned visits to students' homes have also yielded positive results.

The Rütli school seems to have been saved. Provided no major mishaps occur during construction—which, as we know, can sometimes happen in Berlin—the Rütli campus will be able to celebrate the fifteenth anniversary of the *Brandbrief* in good shape.

What has the big city of Berlin learned from the Rütli scandal? Raed Saleh, who left the West Bank with his family as a child and moved to "Spandau near Berlin," met wonderful teachers there, got his high-school diploma, and became an entrepreneur. Today, he is chairman of the SPD parliamentary group in the Berlin House of Representatives. He made sure that focus schools received better equipment and he will also make sure that all educational programs in Berlin are free. He knows that the harder the students—and their parents—have it in life, the better the school needs to be.

The parents from the Berlin district of Wedding who realized a few years ago that their children were not heading for success at the local schools and who fervently sought to establish a "citizens' school" supported by the neighborhood were eventually forced to give up. They had advanced their cause jointly with the Wedding/Moabit citizen platform, but their proposals were rejected by the education authority. The latter offered a school—albeit a notoriously bad one—for this purpose but was not willing to allow the parents to decide on its future teachers. The embarrassingly high school dropout rate in poor neighborhoods does not seem to have created a scandal in the Berlin city administration. In Wedding others took pity and founded a private school called "Quinoa." Their aim was to bring about a "noticeable change in the educational landscape. Germany urgently needs new school concepts to create more equal opportunities."

Mechthild Küpper
Born in Beverungen an der Weser in 1954. Studied history and German language and literature at Freie Universität Berlin. Writes for the Berlin dailies *tageszeitung* and *Tagesspiegel*, the weekly *Wochenpost*, and the *Süddeutsche Zeitung*. Since 1999, Berlin correspondent of the *Frankfurter Allgemeine Zeitung*; since 2004, also for the State of Brandenburg; since 2005, also responsible for coverage of the left-wing party.

Es sei die Gentrifizierung des gesamten Bezirks, die seit einigen Jahren dem Campus Rütli Rückenwind gebe, heißt es in Berlin neuerdings. Und in der Tat nehmen Lehrer und Erzieher der zwei Kitas auf dem Campus seit geraumer Zeit wahr, dass die Zeiten vorbei sind, in denen Rütli unter Schüler- und Lehrerflucht zu leiden hatte: Nun stammten schon vierzig Prozent der Kinder in den ersten vier Klassen aus „bildungsaffinen" Familien, berichtet die Direktorin. Zunächst sei man sehr stolz darauf gewesen, so viel Vertrauen bei den Eltern geweckt zu haben, dass sie ihre Kinder in Klassen schicken mochten, in denen ausschließlich türkisch- oder arabischstämmige Kinder saßen. Doch nun müsse man sich umso stärker um die anderen Eltern bemühen. Denn deren Kinder sollten keinesfalls vom Campus Rütli vertrieben werden. Sie besuche so oft wie möglich das Elterncafé, das migrantischen Eltern helfen soll, den Wunsch nach Bildungserfolg für ihre Kinder auf angemessene Art zu erfüllen. Dort sei der Kontakt zwischen Amtsträgerin und Eltern leichter, ungezwungener. Auch die altmodischen Hausbesuche bei Eltern zeigten gute Effekte.

Die Rütli-Schule scheint gerettet. Wenn nicht – was in Berlin bekanntlich mal vorkommt – größere Missgeschicke beim Bauen passieren, wird man auf dem Campus Rütli den fünfzehnten Jahrestag des Brandbriefes in guter Verfassung feiern können.

Was hat die große Stadt Berlin aus dem Rütli-Skandal gelernt? Raed Saleh, der als Kind mit seiner Familie aus dem Westjordanland nach „Spandau bei Berlin" emigrierte, traf dort wunderbare Lehrer, machte Abitur, wurde Unternehmer – und ist inzwischen Vorsitzender der SPD-Fraktion im Berliner Abgeordnetenhaus. Er hat durchgesetzt, dass Brennpunktschulen eine bessere Ausstattung erhalten, und wird durchsetzen, dass alle Bildungsangebote in Berlin gebührenfrei werden. Er weiß, dass Schulen umso besser sein sollten, je schwerer es die Schüler – und ihre Eltern – im Leben haben.

Die Eltern aus dem Stadtteil Wedding, die vor einigen Jahren feststellten, dass ihre Kinder an den dortigen Schulen keine guten Chancen bekommen, und die sich mit Inbrunst um die Gründung einer von der Nachbarschaft getragenen „Bürgerschule" bemühten, mussten schließlich aufgeben. Sie hatten ihr Anliegen gemeinsam mit der Bürgerplattform Wedding/Moabit vorangetrieben, scheiterten jedoch an der Bildungsverwaltung. Die bot zwar eine – wenn auch berüchtigt schlechte – Schule an, gestattete aber nicht, dass die Eltern entscheiden durften, wer an ihr künftig unterrichten sollte. Die beschämend hohe Zahl von Schulabbrechern in den Quartieren, in denen arme Leute wohnen, scheint in der Berliner Verwaltung keinen Skandal hervorzurufen. In Wedding erbarmten sich andere und gründeten eine Privatschule: „Quinoa" heißt sie. Ihr Ziel, sagen die Gründer, sei „eine spürbare Veränderung der Bildungslandschaft. Deutschland braucht dringend neue, chancengerechtere Schulkonzepte."

Mechthild Küpper
* 1954 in Beverungen an der Weser. Studium der Geschichte und der Germanistik an der Freien Universität Berlin. Redakteurin bei der *Berliner Tageszeitung*, dem Berliner *Tagesspiegel*, der *Wochenpost* und der *Süddeutschen Zeitung*. Seit 1999 Korrespondentin der *Frankfurter Allgemeinen Zeitung* für Berlin, seit 2004 auch für das Land Brandenburg; seit 2005 auch für die Berichterstattung über die Linkspartei zuständig.

OFFENBACH
IS
ALMOST
ALL RIGHT

OFFENBACH IST GANZ OKAY

OFFENBACH IS ALMOST ALL RIGHT

Residents in Offenbach by country of origin (percentage)
Herkunftsländer von Einwohnern der Stadt Offenbach in Prozent

Bevölkerungsfortschreibung Stadt Offenbach, Stand: 30.09.2015 © Stadt Offenbach, Amt 81

Germany 64%
Deutschland 64%

Poland 3.6%
Polen 3,6%

Bulgaria 2.7%
Bulgarien 2,7%

Serbia 1.2%
Serbien 1,2%

Portugal 0.7%
Portugal 0,7%

Afghanistan 0.5%
Afghanistan 0,5%

Turkey 4.8%
Türkei 4,8%

Rumania 3%
Rumänien 3%

Croatia 2.1%
Kroatien 2,1%

Morocco 0.9%
Marokko 0,9%

Pakistan 0.6%
Pakistan 0,6%

Others 6.9%
Andere 6,9%

Greece 3.7%
Griechenland 3,7%

Italy 3%
Italien 3%

Bosnia and Herzegovina 1%
Bosnien u. Herzegowina 1%

Serbia and Montenegro 0.8%
Serbien u. Montenegro 0,8%

Spain 0.6%
Spanien 0,6%

Fig. 83: "Offenbach isn't a ghetto, it's just 'different'." (Kai Vöckler)

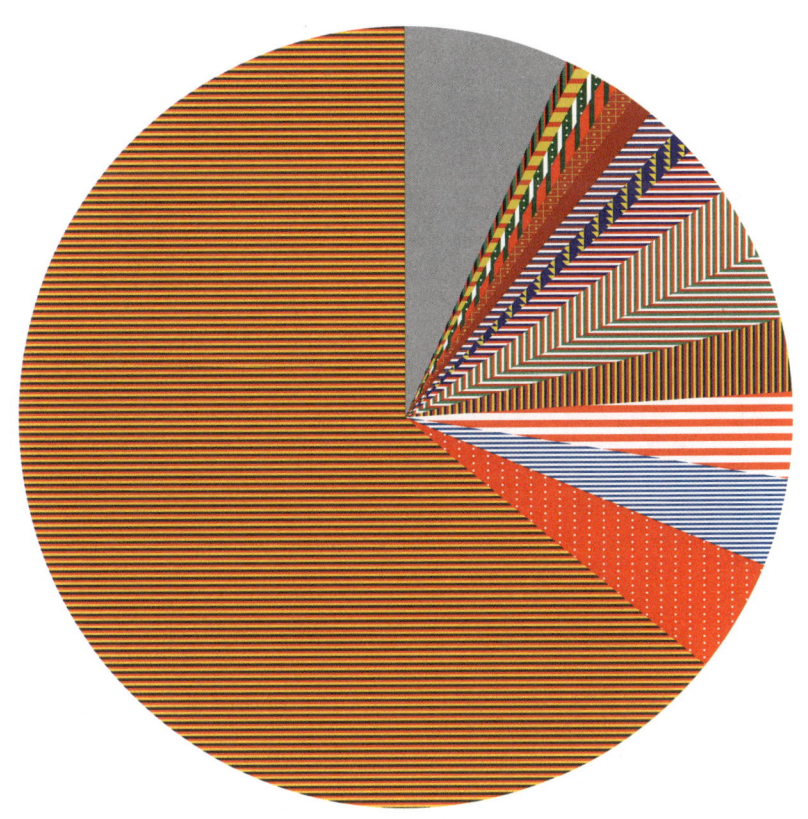

Abb. 83: „Offenbach ist kein Getto, es ist ‚anders'." (Kai Vöckler)

OFFENBACH IS ALMOST ALL RIGHT

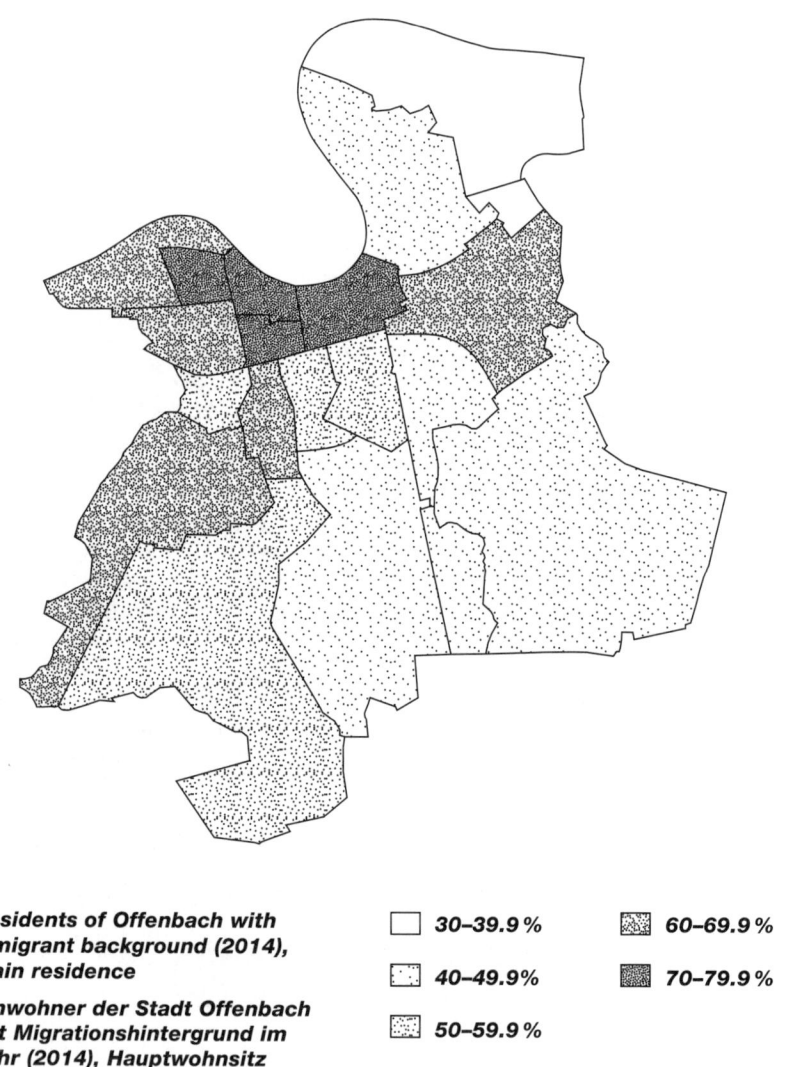

Residents of Offenbach with a migrant background (2014), main residence

Einwohner der Stadt Offenbach mit Migrationshintergrund im Jahr (2014), Hauptwohnsitz

- ☐ 30–39.9 %
- ☐ 40–49.9 %
- ☐ 50–59.9 %
- ☐ 60–69.9 %
- ☐ 70–79.9 %

Melderegister Stadt Offenbach, Stand: 31.12.2014 © MigraPro / Eigene Berechnung Statistiken und Wahlen

Fig. 84: The inner-city districts Offenbach-Nordend and Mathildenviertel are home to the majority of first- and second-generation immigrants in the city.

Abb 84: Im innerstädtischen Offenbach-Nordend und im Mathildenviertel konzentrieren sich die meisten Einwohner mit Migrationshintergrund.

OFFENBACH IST GANZ OKAY

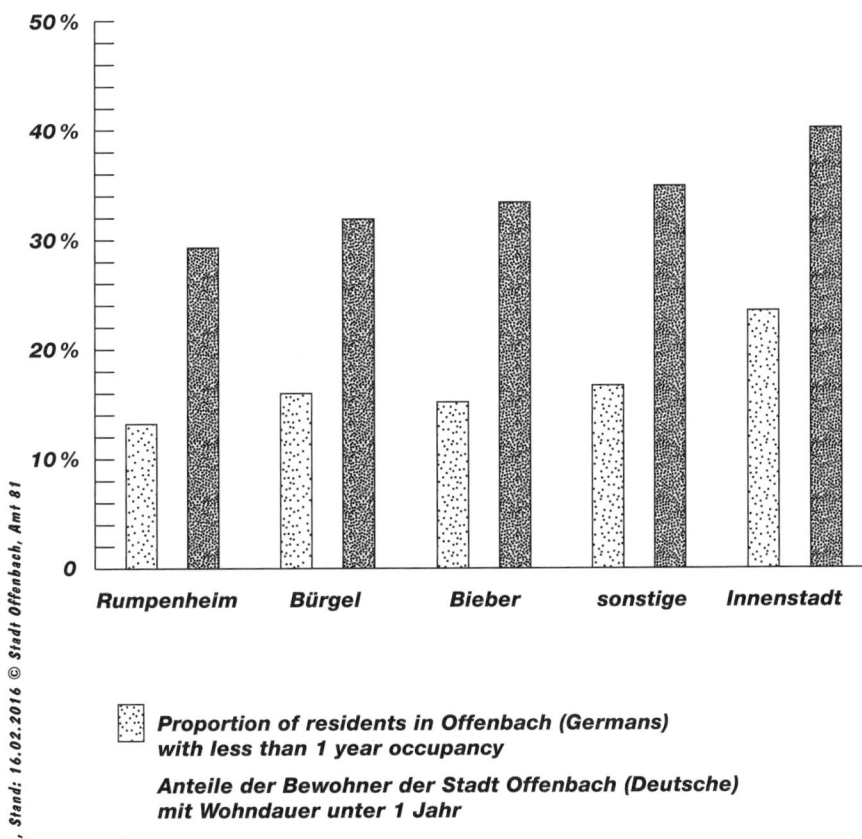

Fig. 85: High turnover of migrants in Offenbach

Abb. 85: Unter Migranten in Offenbach herrscht eine hohe Fluktuation.

INTERVIEW: MATTHIAS SCHULZE-BÖING

In conversation with Kai Vöckler

Kai Vöckler (KV): Herr Schulze-Böing, you are head of the Office of Employment Opportunities, Statistics, and Integration of the City of Offenbach. Offenbach is Germany's most international city: 58.4 percent of residents have a migrant background, which either means they come from outside Germany or have at least one parent born outside Germany. How do you explain this?

Matthias Schulze-Böing (MSB): Offenbach has a long tradition of immigration. Back in the seventeenth century, for example, the Huguenots immigrated from France and in the nineteenth century immigrants arrived here from other parts of Germany and from eastern Europe, at that time in connection with industrialization. And in the postwar period the migrant workers arrived. Offenbach was a highly industrial city and the large industrial companies needed a workforce. In those days, the Federal Republic set up a recruitment scheme that stretched from southern Europe all the way to Turkey. Immigration continues to characterize the city even today. But one shouldn't look at Offenbach in isolation. It functions as an "arrival destination" at the center of the Frankfurt/Rhein-Main area, a global metropolitan region with a high proportion of immigrants and a very diverse and international population.

KV: Who comes to Offenbach?

MSB: "Everyone," so to speak. One hundred and fifty-two nations are represented in our population, and people come from a wide geographical area. Former migrant workers still make up the largest individual national groups, mainly Turks, Italians, and Greeks. Over the last ten to fifteen years other national groups have begun to arrive from the new EU member states in eastern and southeastern Europe, but also from Asia, North Africa, and other parts of the world. The current situation unfolding with the displacement of refugees is not yet reflected in the population structure. We are already very curious to see what effect this emerging development will have on the region and our city.

KV: Since immigration statistics are based on nationality, does this not obscure the specific disparities within the immigrant groups; aren't there social differences, in other words?

MSB: Unfortunately, we lack statistics at the local level that differentiate between immigration status and social stratification. This is for technical and legal reasons. But we do know that foreigners in general are at a much greater risk of falling into poverty. There is certainly a correlation between the high proportion of immigrants in the city and the considerably above-average number of people with a low income.
There is a wide diversity within the immigrant population. In the recently immigrated groups from southeast Europe we note a significantly higher proportion

INTERVIEW: MATTHIAS SCHULZE-BÖING

Im Gespräch mit Kai Vöckler

Kai Vöckler (KV): Herr Schulze-Böing, Sie sind Leiter des Amts für Arbeits-förderung, Statistik und Integration der Stadt Offenbach. Offenbach ist die internationalste Stadt Deutschlands: 58,4 Prozent der Einwohner haben einen Migrationshintergrund, das heißt, sie sind zugewandert oder haben zumindest ein Elternteil, welches außerhalb Deutschlands geboren wurde. Wie lässt sich dies erklären?

Matthias Schulze-Böing (MSB): Offenbach hat eine lange Tradition der Immigration. Schon im 17. Jahrhundert wanderten beispielsweise die Hugenotten aus Frankreich zu, im 19. Jahrhundert kam die Immigration aus anderen Teilen Deutschlands, aus Osteuropa, damals schon im Zusammenhang mit der Industrialisierung. Und in der Nachkriegszeit dann die Gastarbeitereinwanderung. Offenbach war eine stark indus-triell geprägte Stadt mit großen Industrieunternehmen, die Arbeitskräfte suchten. Die Bundesrepublik hat damals Anwerbeaktionen in Südeuropa bis in die Türkei hinein durchgeführt. Zuwanderung prägt die Stadt bis heute. Dabei sollte man Offenbach nicht isoliert betrachten. Funktional ist die Stadt ein „Ankunftsbezirk" im Zentrum von Frankfurt/Rhein-Main, einer globalen Metropolregion mit einem ho-hen Immigrationsanteil und einer sehr vielfältigen und internationalen Bevölkerung.

KV: Wer kommt nach Offenbach?

MSB: „Alle Welt", wenn man so will. In der Bevölkerung sind einhundertzwei-undfünfzig Nationen vertreten, die Herkunft der Menschen ist breit gestreut. Die Nationalitäten der ehemaligen Gastarbeiter stellen immer noch die größten Einzelgruppen, hauptsächlich Türken, Italiener und Griechen. In den letzten zehn bis fünfzehn Jahren sind dann andere Gruppen aus den neuen EU-Mit-gliedstaaten in Ost- und Südosteuropa, aber auch aus Asien, Nordafrika und anderen Teilen der Welt hinzugekommen. Die aktuelle Entwicklung der Flucht-bewegungen spiegelt sich im Augenblick in der Bevölkerungsstruktur noch nicht wider. Wir sind sehr gespannt, welche Auswirkungen diese sich gerade abzeich-nende Entwicklung auf die Region und unsere Stadt haben wird.

KV: Verdeckt die Erfassung der Zuwanderung nach Nationalitäten nicht die besonderen Unterschiede in den Zuwanderergruppen beziehungsweise gibt es da nicht soziale Unterschiede?

MSB: Auf lokaler Ebene liegt leider keine Statistik vor, die nach Zuwanderungs-status und nach sozialen Schichtungen differenziert. Das hat technische und rechtliche Gründe. Wir wissen aber, dass Ausländer generell ein deutlich höhe-res Armutsrisiko haben. Es existiert ganz sicher ein Zusammenhang zwischen dem hohen Immigrantenanteil der Stadt und dem überdurchschnittlich hohen Anteil von Menschen mit niedrigem Einkommen. Innerhalb der Zuwanderer gibt es eine große Vielfalt. Von den in der letzten Zeit zugewanderten Gruppen aus Südosteuropa stellen wir beispielsweise bei den

of professionally qualified Romanians, for example, than Bulgarians. Romanians have an easier time of it in the labor market, often achieving good professional positions equivalent to those they had back home. Bulgarians, however, are more frequently employed performing very simple tasks, increasingly many of them are out of work and need more targeted help. Bulgarians also represent a larger proportion of those receiving basic social security provision for job seekers (SGB II), either because they are unemployed or because their low earnings need to be supplemented.

KV: Has this changed with the passing of time? How about the second and third generations?

MSB: Within the "older" groups of immigrants from southern Europe and Turkey, a growing number of people, mostly from the second and third generations, are going on to higher education. There has been a large rise in the number of Turkish students attending high school, and many more of them are now going to university. Nonetheless, there is still a lot of room for improvement. As we now know from the PISA study conducted by the Organization for Economic Cooperation and Development (OECD), the German education system tends to reinforce existing social inequalities. If, in the long term, we want to improve labor market and social opportunities for immigrants, this is where we need to start.

KV: Offenbach is the city with the highest unemployment rate in Hesse and a very high level of child poverty, even though it is located in the middle of the prosperous Frankfurt/Rhein-Main metropolitan region. What are the reasons for this and to what extent are these linked to migration?

MSB: This also stems from the structural change that has taken place in industry, similar to what we have experienced in many regions of Germany. A percentage of the population was employed performing simple tasks and cannot immediately be integrated into the new sectors. Structural change has a lasting effect on the labor market and on social structures too. This is the challenge facing local government and local labor market policies.
The migrant population comprises a higher ratio of people who run an above-average risk of falling into poverty. Nationwide, the proportion of people with a migrant background and a statistical risk of poverty—in other words, people whose income level pushes them close to the poverty threshold—is over 27 percent, whereas in the population without a migration background this figure is about 12 percent. This means that if we have a higher proportion of migrants here, ultimately the risk of poverty increases overall.
In Germany, the most important social security benefit for the unemployed and for people with a very low income is the *SGB II*, which covers "passive" maintenance costs as well as providing "active" services relating to job placement, training, and employment. All these services are provided by our local Job Center. Owing to its social structure, Offenbach has a relatively high share of people receiving SGB II services. What is interesting is that, at 2.2 persons, the average size of households where several people are drawing *SGB II* in Of-

Rumänen einen erheblich höheren Anteil von beruflich gut qualifizierten Menschen fest als bei den Bulgaren. Rumänen tun sich deshalb am Arbeitsmarkt leichter, erreichen häufiger gute berufliche Positionen, nahe denen im Herkunftsland. Bulgaren hingegen sind häufiger in sehr einfachen Tätigkeiten beschäftigt, vermehrt auch ohne Arbeit und müssen intensiver gefördert werden. Auch im sozialen Sicherungssystem der Grundsicherung für Arbeitsuchende nach dem Sozialgesetzbuch II (SGB II) sind Bulgaren inzwischen stärker vertreten, weil sie arbeitslos sind oder weil ein niedriges Erwerbseinkommen aufgestockt werden muss.

KV: Ändert sich das im Laufe der Zeit? Wie steht es mit der zweiten und dritten Generation?

MSB: Bei den „älteren" Gruppen der Zuwanderer aus den südeuropäischen Ländern und der Türkei findet sich ein wachsender Teil von Menschen, meistens aus der zweiten und dritten Generation, die Bildungskarrieren machen. Es gibt einen stark steigenden Anteil von Gymnasiasten bei den Türken, die inzwischen auch beim Universitätsstudium deutlich aufgeholt haben. Dennoch bleibt noch viel Raum für weitere Verbesserungen. Wie wir spätestens seit den PISA-Studien der Organisation für wirtschaftliche Zusammenarbeit und Entwicklung (OECD) wissen, neigt das deutsche Bildungssystem dazu, vorhandene soziale Ungleichheiten zu verstärken. Wenn die Chancen von Immigranten im Arbeitsmarkt und in der Gesellschaft nachhaltig verbessert werden sollen, muss vor allem hier angesetzt werden.

KV: Offenbach ist die Stadt, die die höchste Arbeitslosenquote in Hessen und eine sehr hohe Kinderarmut hat, obwohl sie sich mitten in der wirtschaftlich prosperierenden Metropolregion Frankfurt/Rhein-Main befindet. Was sind die Gründe hierfür und inwieweit hängt das mit der Migration zusammen?

MSB: Das ist auch Erbe des industriellen Strukturwandels, wie wir ihn in vielen Regionen Deutschlands erlebt haben. Es gibt einen Anteil der Bevölkerung, der in einfachen Tätigkeiten eingesetzt war und nicht so schnell in neue Branchen eingefädelt werden kann. Auf dem Arbeitsmarkt und in der Sozialstruktur hat der Strukturwandel eine lange Nachwirkung. Das ist die Herausforderung für die lokale Arbeitsmarktpolitik und die Kommune.

Die Migrationsbevölkerung enthält eine höhere Quote von Menschen, die ein überdurchschnittliches Armutsrisiko tragen. Bundesweit liegt der Anteil von Menschen mit Migrationshintergrund und einem statistischen Armutsrisiko – Personen also, die vom Einkommen her in der Nähe der Armutsschwelle leben – bei über siebenundzwanzig Prozent, in der Bevölkerung ohne Migrationshintergrund bei etwa zwölf Prozent. Das bedeutet, wenn wir hier einen höheren Anteil Migranten haben, ist letzten Endes das Armutsrisiko insgesamt größer. In Deutschland ist das bedeutendste soziale Sicherungssystem für Arbeitslose und Menschen mit sehr niedrigem Einkommen das Sozialgesetzbuch II, das sowohl „passive" Unterhaltsleistungen als auch „aktive" Leistungen für Arbeitsvermittlung, Qualifizierung und Beschäftigung enthält. All diese Leistungen

fenbach (either families or individuals), is the highest in Germany. This reflects the high proportion of large immigrant families. It is important to note that 28 percent of those covered by the Job Center are in gainful employment: they do have a job, but earn too little to cover their living expenses in our region, with its high rents.

KV: Where would you say integration succeeds and where less so, particularly in a situation such as this in Offenbach?

MSB: There are factors that contribute and those that hinder. Certainly one positive factor is what one might describe as "cultural proximity." Immigrants from Europe are closer to the host communities. One often observes that, after one or two generations in the host community, they assimilate its cultural norms, both good and bad. They are no longer identified as immigrants in everyday situations. People that come from Islamic countries have a greater "cultural distance." But this does not mean that in one case it functions "well" and in another "badly."

By what yardstick do we measure successful integration? Here, in local government, we should at least keep in mind clear and objective criteria, such as integration within the labor market. Here Turks, for example, face a significantly higher rate of unemployment and poverty than Spaniards or Poles. This has to do with previous educational attainment, with family and ethnic networks, but partly also with their attitude towards work, as well as its obligations and norms. We need to dissect this carefully and avoid false generalizations.

Even factors such as the way of life within the neighborhood may inhibit or promote integration. For example, we look at whether people of different nationalities and origins simply coexist or really live together in their neighborhoods. Do people speak to each other? Do they visit one another other or reciprocate invitations to children's birthday parties? Do they support one another? Moreover, do they join forces in representing their interests? All of this echoes successful integration. We establish frameworks for this, for example by providing places where people can meet locally, and through social work, joint action, and neighborhood management.

KV: Migrants seek out their family networks and therefore tend to gravitate towards cities. Migrant neighborhoods with a high proportion of foreigners then start to emerge. To what extent are these neighborhoods a temporary phenomenon, perhaps bridging the way to helping migrants feel they have arrived in the host society? Or do they create an impasse whereby immigrants distance themselves from the social majority to such an extent that they have problems integrating?

MSB: This clustering of immigrants is an ambivalent issue. On the one hand, clusters provide protection, an opportunity to speak to people who share the same language and culture, to tap into networks, and to start to anchor oneself in the arrival society. On the other hand, ethnic clusters may also result in an impasse. Homogeneous ethnic milieus can also be "upwardly mobile" if, for example, education is highly valued and a factor in gaining recognition and status

werden in unserem kommunalen Jobcenter gebündelt erbracht. Aufgrund seiner Sozialstruktur hat Offenbach eine relativ hohe SGB-II-Quote. Interessant ist, dass die durchschnittliche Größe der „Bedarfsgemeinschaften" (das können Familien oder Einzelpersonen sein) in Offenbach mit 2,2 Personen die höchste in Deutschland ist. Darin spiegelt sich der hohe Anteil von großen Immigrantenfamilien. Wichtig ist, dass rund achtundzwanzig Prozent der vom Jobcenter versorgten Menschen erwerbstätig sind, also einen Job haben, damit aber ein zu niedriges Einkommen erwirtschaften, um den Lebensunterhalt in unserer Region mit hohen Mieten zu decken.

KV: Wo, würden Sie sagen, gelingt die Integration gut und wo weniger gut, gerade in einer Situation wie hier in Offenbach?

MSB: Es gibt fördernde und behindernde Faktoren. Ein positiver Faktor ist sicher so etwas wie „kulturelle Nähe". Die Immigranten aus Europa haben eine geringere Distanz zur Aufnahmegesellschaft. Man kann häufig beobachten, dass diese nach ein bis zwei Generationen in der Normalität der Aufnahmegesellschaft aufgehen, mit all den guten und schlechten Seiten, die das haben mag. Sie sind im Alltag nicht mehr als Immigranten zu identifizieren. Eine größere „kulturelle Distanz" haben zum Beispiel Menschen aus islamischen Ländern. Das heißt aber nicht, dass es bei den einen „gut", bei den anderen „schlecht" funktioniert.
Was ist der Maßstab für gelingende Integration? Hier sollten wir uns zumindest als Kommune an klare und objektivierbare Kriterien halten, etwa die Integration in den Arbeitsmarkt. Hier haben Türken zum Beispiel eine deutliche höhere Arbeitslosen- und Armutsquote als Spanier oder Polen. Das hat mit Bildungsvoraussetzungen, mit den familiären und ethnischen Netzwerken, teilweise aber auch mit der Haltung zur Arbeitsgesellschaft sowie deren Anforderungen und Normen zu tun. Man sollte hier genau hinschauen und falsche Verallgemeinerungen vermeiden.
Auch die Lebenssituationen in den Stadtquartieren können hemmende oder fördernde Faktoren für die Integration sein. Wir schauen uns zum Beispiel an, ob Menschen unterschiedlicher Nationalität und Herkunft in den Nachbarschaften nebeneinanderher oder wirklich zusammen leben. Sprechen die Menschen miteinander? Besuchen sie sich beziehungsweise gibt es gegenseitige Besuche bei Kindergeburtstagen? Unterstützen sie sich? Und: Vertreten sie ihre Interessen gemeinsam? All das ist Ausdruck gelingender Integration. Wir schaffen dafür Rahmenbedingungen, zum Beispiel durch Begegnungsstätten in den Quartieren, soziale Arbeit, gemeinsame Aktionen und Quartiersmanagement.

KV: Zuwanderer suchen ihre familiären Netzwerke und gehen deswegen zumeist in die Städte. Dort entstehen Migrantenviertel mit einem hohen Anteil an Ausländern. Inwieweit sind diese Viertel eine Übergangsstation, eine Brücke zur Gesellschaft, indem sie den Zuwanderern helfen, in der Aufnahmegesellschaft anzukommen? Oder werden sie zu einer Sackgasse, da sich die Zuwanderer von der Mehrheitsgesellschaft separieren und dadurch Schwierigkeiten mit der Integration haben?

MSB: Diese Clusterbildung von Immigranten ist ambivalent zu sehen. Auf der einen Seite bieten Cluster Schutz, die Möglichkeit, mit Menschen der gleichen

within the group, as is the case for many migrants from Asia. However, homogeneous milieus can also be obstructive if, for fear of becoming a social outcast, they lead people to isolate themselves or to curb their educational ambitions and career aspirations. Feeling rooted in your own environment may subjectively offer protection, but in the long term it can be dangerous. If you can manage everything you need to do in Turkish—shopping, making social contacts, and all other matters—there is no incentive to learn German or to make further acquaintances and friends beyond your own small circle. Then you fall into the segregation trap. Your job opportunities are poor, a large part of the labor market is inaccessible, and ultimately you experience a growing sense of alienation and distance from the host society. Sometimes this means real parallel societies, which those in the host society perceive as threatening.

The blame does not necessarily lie with individuals. People will try to manage life as best they can and they will make use of all the apparent advantages of living in a familiar group of people who have had similar experiences and conform to group norms and follow the same practices. But this can lead to a vicious circle of self-exclusion that cuts off opportunities, and reinforces marginalization. We in local government want to stop this happening.

The American sociologist Robert Putnam differentiates between two types of social capital: bonding and bridging. Bonding social capital relates to groups and is particularistic; bridging social capital establishes a common ground, even where social and cultural differences exist. This helps not just individuals, but society as a whole. In Offenbach we want to establish bridging social capital and to maintain it.

And in our intense discussions with migrant self-help organizations in the city, we have now reached a consensus that we want to reduce the sense of alienation, to encourage people to find common ground and avoid isolation. The aim has to be to participate in German society to the greatest possible degree. The prerequisite for this is the ability to speak German; participating in education, the labor market, and the social life of the community are other important components.

So we regard segregation as a challenge. As we see it, a good social mix is the best guarantee that people will develop their full potential, take advantage of the opportunities that come their way, and feel less alienated, and that urban society will achieve an equilibrium. We are therefore pursuing this goal in urban development and housing, but also in our social and labor market policies.

KV: Is it social mix you are talking about here?

MSB: Social mix and ethnic mix are two sides of the same coin. We have a very heterogeneous migrant structure in Offenbach. As I already mentioned, over one hundred and fifty nationalities live in the city, and fortunately no particular groups dominate the demographic picture. To a foreigner, another foreigner is also a foreigner. This is exactly the point at which you realize that in order to communicate, you need a common denominator. Usually this means speaking German to each other. And we regard this essentially as beneficial. The high degree of diversity here is almost certainly one of the reasons that we don't experience certain kinds of problems that one knows from Berlin and other cities.

Sprache und Kultur zu sprechen, Netzwerke zu nutzen und sich in der Ankunftsgesellschaft erst einmal zu verankern. Auf der anderen Seite können ethnische Cluster auch zur Sackgasse werden. Homogene ethnische Milieus können „nach oben" ziehen, wenn dort zum Beispiel Bildungserfolg hoch bewertet wird und ein Faktor bei der Gewinnung von Anerkennung und Status in der eigenen Gruppe ist, wie etwa bei vielen Migranten aus Asien. Homogene Milieus können aber auch behindern, wenn sie zur Abschottung führen oder Bildungs- und Aufstiegsambitionen bremsen, weil man die Entfremdung von der eigenen Gruppe befürchtet. Im Milieu verhaftet zu sein, mag subjektiv Schutz gewähren, kann langfristig aber zur Gefahr werden. Wenn man mit Türkisch sein ganzen Leben bewältigen kann, den Einkauf, soziale Kontakte und alle möglichen anderen Angelegenheiten, dann gibt es keinen Anreiz Deutsch zu lernen oder Bekanntschaften und Freundschaften auch außerhalb des eigenen Dunstkreises zu knüpfen. Dann steckt man in der Segregationsfalle. Man hat schlechte Jobchancen, ein großer Teil des Arbeitsmarktes ist gar nicht zugänglich, und letztendlich wird das Leben von Fremdheit und Distanz zur Aufnahmegesellschaft geprägt. Mitunter ist von regelrechten Parallelgesellschaften zu sprechen, die von den Menschen der Aufnahmegesellschaft als bedrohlich wahrgenommen werden.

Dem Einzelnen ist daraus nicht unbedingt ein Vorwurf zu machen. Er oder sie versucht sich so gut es geht im Leben einzurichten und nutzt dabei die vermeintlichen Vorteile des Lebens in einer vertrauten Gruppe mit ähnlichen Erfahrungen, Normen und Gewohnheiten. Aber es kann ein Teufelskreis der Selbstausgrenzung entstehen, der Lebenschancen abschneidet und Ausgrenzung zementiert. Dem wollen wir als Kommune entgegenwirken.

Der amerikanische Soziologe Robert Putnam hat trennendes und verbindendes soziales Kapital unterschieden. Das trennende ist gruppenbezogen und partikular; das verbindende schafft Gemeinsamkeiten auch bei sozialen und kulturellen Unterschieden. Es nutzt nicht nur einigen Menschen, sondern der Gesellschaft insgesamt. In Offenbach wollen wir das verbindende soziale Kapital schaffen und erhalten. Auch in unserem intensiven Austausch mit den Migrantenselbstorganisationen der Stadt haben wir mittlerweile einen Konsens, dass wir Fremdheit abbauen, Gemeinsamkeiten fördern und Abschottung verhindern wollen. Das Ziel muss sein, eine möglichst große Teilhabe an der deutschen Gesellschaft zu realisieren. Die Beherrschung der deutschen Sprache ist dafür die Grundvoraussetzung; die Teilhabe an Bildung, Arbeit und dem sozialen Leben in der Kommune sind weitere wichtige Elemente.

Wir sehen Segregation deshalb als Herausforderung. Eine gute soziale Mischung ist aus unserer Sicht die beste Gewähr, dass sich die Menschen gut entfalten und ihre Chancen nutzen können, dass Fremdheit abgebaut wird und die Stadtgesellschaft in Balance kommt. Deshalb verfolgen wir das Ziel in der Stadtentwicklung, im Wohnungsbau, aber auch in der Sozial- und Arbeitsmarktpolitik.

KV: Sie sprechen hier eine soziale Durchmischung an?

MSB: Soziale Durchmischung und ethnische Durchmischung sind zwei Seiten einer Medaille. Wir haben in Offenbach eine sehr heterogene Migrantenstruktur. Wie bereits gesagt leben über einhundertfünfzig Nationalitäten in der Stadt, und glücklicherweise dominieren in der Bevölkerungsstruktur keine bestimmten

KV: What can local government do to help integration?

MSB: In local government in Offenbach there is practically no aspect of our work that doesn't involve integration and migration in some form or another. We as administrators have to be clear that our services mainly impact people with a migrant background. We are trying to respond to this by increasing the proportion of people with a migrant background working in the administration. The intercultural competence of staff is also an equally important issue. Furthermore, we need to actively reach out to migrant groups in the community. The four pillars of our local government strategy are work, education, neighborhood development, and a purposeful and serious discussion with the predominantly migrant civil society. And in each of these areas there is a lot to be accomplished, but also great potential to make an impact. What is important is that all our policies are well coordinated and part of an integrated strategy.

KV: There's a theory that the worst neighborhoods need the best schools. That's because the quality of schools is central in encouraging a young generation with children to stay in particular neighborhoods or even to move there.

MSB: We in Offenbach would immediately subscribe to this hypothesis. There are schools that are heavily burdened by local conditions. In several schools 80 percent of students do not have German as their mother tongue. For many parents, this is a critical factor. That is why—within the limited scope of our severely restricted local government finances—we have invested so much in schools, in particular over the last ten years, both in buildings and in educational programs. Here, the most crucial aspects concern collaborating with education stakeholders, strengthening pre-school education, and easing the transition within the education system, as well as between school and work. In Germany education policy is decided by each federal state, while local government is responsible for shaping the educational environment, for example by employing social workers in schools, providing funding for training, and working in the local neighborhood. While we have made good progress with this in recent years, we still have major tasks ahead of us.

KV: One might say that Offenbach represents a paragon of local government; it has the highest ratio of migrants and—in spite of difficulties—it has made a success of integration. The German rapper Aykut Anhan, better known as *"Haftbefehl"* ("Detention Order"), was born in Offenbach. In interviews he likes to talk—no doubt also to help promote sales—about how dreadful Offenbach is, and about the aggressive atmosphere that prevails there. This conveys the common stereotypical message that cities with a high ratio of immigrants are particularly dangerous. Is this true?

MSB: He's had his own experiences, I can't really pass judgment on that. Of course, Offenbach has its rough edges, so do some parts of Frankfurt. Life in a vibrant city is not like a walk in the Black Forest. But Offenbach offers a creative environment in which people like *Haftbefehl* can launch their artistic

Gruppen. Für den Ausländer ist der andere Ausländer ja auch ein Ausländer. Das ist genau der Punkt, an dem man merkt, dass man sich auf einen gemeinsamen Nenner verständigen muss. In der Regel heißt das, auf Deutsch miteinander zu sprechen. Und das halten wir grundsätzlich für förderlich. Diese hohe Diversität ist sicher eine Erklärung dafür, dass wir hier bestimmte Probleme, die man aus Berlin oder aus anderen Städten kennt, so nicht haben.

KV: Was kann die Kommune für die Integration tun?

MSB: In der Kommunalverwaltung in Offenbach gibt es im Grunde kein Thema, das nicht mit den Themen Integration und Migration zu tun hat. Als Verwaltung müssen wir uns darauf einstellen, dass unsere Dienstleistungen zu großen Teilen Menschen mit Migrationshintergrund betreffen. Wir versuchen darauf zu reagieren, indem wir den Anteil von Menschen mit Migrationshintergrund auch in der Stadtverwaltung erhöhen. Interkulturelle Kompetenz bei den Mitarbeitern ist ebenfalls ein wichtiges Thema. Weiterhin wichtig ist ein aktives Zugehen auf die migrantischen Gruppen in der Bevölkerung. Die vier Pfeiler unserer kommunalen Strategie sind Arbeit, Bildung, Quartiersentwicklung und ein bewusstes, ernsthaftes Auseinandersetzen mit der migrantisch geprägten Zivilgesellschaft. Und in jedem dieser Bereiche gibt es viel zu tun, aber auch viel Wirkungspotenzial. Wichtig ist, dass die Politikbereiche gut aufeinander abgestimmt sind und Teil einer integrierten Strategie werden.

KV: Es gibt die These, dass die besten Schulen in den schlechtesten Vierteln sein müssen. Weil die Qualität der Schulen wesentlich ist, um eine junge Generation mit Kindern anzusprechen, in diesen Vierteln zu bleiben oder sogar hinzuziehen.

MSB: Diese These würden wir in Offenbach sofort unterschreiben. Es gibt Schulen, die von ihren Umfeldbedingungen stark belastet sind. Einzelne Schulen verzeichnen achtzig Prozent Schüler, bei denen Deutsch nicht die Muttersprache ist. Für viele Eltern ist das ein kritischer Faktor. Wir haben deshalb mit den begrenzten Möglichkeiten einer finanziell stark eingeschränkten Kommune gerade in den letzten zehn Jahren viel in den Schulbereich investiert, sowohl baulich wie in die inhaltliche Entwicklung. Kooperation der Bildungsakteure, Stärkung der vorschulischen Erziehung, die gute Gestaltung von Übergängen im Bildungssystem sowie zwischen Schule und Beruf sind dabei die wichtigsten Felder. Der Lehrbetrieb in den Schulen ist in Deutschland Sache der Länder, das Umfeld gestalten die Kommunen, zum Beispiel durch Schulsozialarbeit, Ausbildungsförderung und Quartiersarbeit. Dabei sind wir in den letzten Jahren gut vorangekommen, haben auch noch sehr große Aufgaben vor uns.

KV: Man könnte sagen, Offenbach ist eigentlich eine Vorzeigekommune, hat den höchsten Anteil von Migranten und schafft – bei allen Problemen – eine erfolgreiche Integration. Der Deutsch-Rapper Aykut Anhan, besser bekannt als „Haftbefehl", ist gebürtiger Offenbacher. Er spricht gerne, sicherlich auch aus marktstrategischen Gründen, in Interviews davon, wie schlimm Offenbach sei und was für eine aggressive Atmosphäre dort herr-

careers. And when artists have critical things to say about the city and environment they grew up in—that's fine too. They are free to dramatize, and to exaggerate as well. But if you look at the facts, there is nothing that warrants the statements *Haftbefehl* makes. Offenbach's crime rate is not abnormally high. We rank among the lower third of all sixty-nine German cities, at roughly the same level as Bonn and Stuttgart, neither of which are exactly "controversial" cities. In fact Offenbach's record in solving crimes is one of the best in Germany.

KV: With their concentration of migrants inner city areas have a specific urban texture, often with mixed-use buildings that offer niches for firms run by migrants. These areas have a high-density of occupation and allow a high degree of social interaction. Rents are cheap compared with Frankfurt as well as the more middle-class areas of Offenbach. Do you also regard all this as an important prerequisite for integration?

MSB: As far as rents are concerned, they are approximately 20 percent lower than in Frankfurt, but are still considerably higher than rents in the surrounding areas. So this is definitely not the main reason why Offenbach is becoming increasingly attractive. For people wanting to live at the heart of the region, Offenbach certainly offers an interesting alternative to Frankfurt.
Today, Offenbach's urban structure still reflects its industrial and artisanal heritage. This also contributes to the city's potential. On many sites, housing and commerce co-exist in close proximity. It can also present a problem, for instance with high densities and in some cases low-quality buildings and owners who don't invest enough in the maintenance of their properties. But these kinds of urban textures also offer huge opportunities for a productive kind of density, with creative ways of combining living and working and new small-scale economic structures, for start-ups and freelancers as well. And particularly for immigrants, these situations offer the opportunity to build up a livelihood. We are trying to develop areas of the city center with this kind of potential and to maintain the close proximity of commercial and residential uses. Offenbach actively encourages entrepreneurs, and the city has the largest number of start-ups in Germany. Many of these initiators are immigrants, some of whom have launched very successful companies.

KV: Doug Saunders writes in his book *Arrival City* that statistics don't tell us anything about an individual's biography and therefore nothing either about the transformations that take place in districts marked by poverty. For many immigrants these places are, in effect, just an interim stop, since all those who can afford to do so, move out again.

MSB: To investigate this from a statistical point of view, one would need to gather considerably more data about how people have lived over the course of their lives. In other words, although we can't express this in exact numbers, we have a lot of qualitative knowledge based on individual cases. We are aware of studies carried out in problematic districts in Germany that confirm the dynamic trend that Saunders highlights. In terms of generating new opportunities for the inhabitants of such neighborhoods, those that are well run are, one might

sche. Das befördert das gängige Vorurteil, dass Städte mit hohem Migrantenanteil besonders gefährlich seien. Stimmt das?

MSB: Er hat seine Erfahrungen gemacht, das kann ich nicht beurteilen. Natürlich erlebt man in Offenbach wie auch in Frankfurt an mancher Stelle ein etwas raueres Klima. Lebendige Städte sind nun mal keine Schwarzwaldidylle. Aber Offenbach bietet ein kreatives Umfeld, in dem Künstlerkarrieren wie die von Haftbefehl entstehen können. Wenn Künstler sich kritisch mit der Stadt und dem Milieu, in dem sie aufgewachsen sind, auseinandersetzen, ist das auch gut. Sie haben die Freiheit zur Zuspitzung, auch zur Übertreibung. Wenn man auf die Fakten sieht, gibt es aber für das Statement von Haftbefehl keine Grundlage. Die Kriminalitätsrate ist in Offenbach keineswegs auffällig hoch. Wir sind im Ranking am unteren Ende des ersten Drittels von allen neunundsechzig deutschen Großstädten, etwa auf der Höhe von Bonn und Stuttgart, beides nicht gerade „Aufregerstädte". Die Aufklärungsrate bei Delikten ist sogar eine der besten in Deutschland.

KV: Die Innenstadtquartiere mit ihrer Konzentration an Migranten haben eine spezifische Baustruktur, oftmals mit Mischnutzungen, die auch Nischen bieten für migrantische Unternehmen. Sie haben eine hohe Belegungsdichte und ermöglichen eine hohe soziale Interaktion. Die Mieten sind günstig, verglichen mit Frankfurt oder den bürgerlichen Vierteln Offenbachs. Würden Sie das auch als wichtige Voraussetzungen für die Integration sehen?

MSB: Was die Mieten betrifft, liegen sie ungefähr zwanzig Prozent unter dem Frankfurter Niveau, aber immer noch deutlich über dem Niveau im Umland. Von daher ist es sicher nicht in erster Linie der günstige Mietpreis, der Offenbach zunehmend attraktiv macht. Bundesweit gehören wir eher zu den Städten mit einem hohen Mietniveau. Für Menschen, die im Kern der Region leben wollen, ist Offenbach auf jeden Fall eine interessante Alternative zu Frankfurt. Städtebaulich ist Offenbach bis heute von der Vergangenheit als Industrie- und Handwerkerstadt geprägt. Das macht einen Teil des Potenzials dieser Stadt aus. Auf vielen Grundstücken sind Wohnen und Gewerbe auf engem Raum verbunden. Das hat belastende Momente, etwa eine hohe Verdichtung, zum Teil schlechte Bauqualität, zum Teil auch Eigentümer, die nicht das Nötige in ihre Immobilie investieren. Aber eine solche Baustruktur bietet auch große Chancen für produktive Dichte, kreative Verbindungen von Wohnen und Arbeiten und neue kleinteilige Wirtschaftsstrukturen, auch für Gründer und Selbstständige. Gerade für Immigranten bieten sich dadurch Möglichkeiten, eine eigene wirtschaftliche Existenz aufzubauen. Wir versuchen deshalb diese Bereiche der Innenstadt mit Blick auf die genannten Potenziale zu entwickeln und den engen Zusammenhang von Gewerbe und Wohnen zu erhalten. Offenbach fördert Unternehmensgründer und ist die Stadt in Deutschland mit der größten Gründungsintensität. Viele der Gründer sind Migranten mit zum Teil sehr erfolgreichen eigenen Unternehmen.

KV: Doug Saunders schreibt in seinem Buch *Arrival City* davon, dass die Statistik nicht die Biografien der Menschen und damit nicht die Dynamik von Armutsvierteln erfasse. Diese Quartiere seien eben nur eine

say, highly productive. But it's precisely these more successful people who then move on to less problematic neighborhoods and cities, while others move in, so you have to start all over again. Urban development means having to learn to live with something of a Sisyphus syndrome, particularly when working in cities that have a high rate of migration. Cities are, as the sociologist Wilhelm Heitmeyer once put it, "integration machines" and—if they function well—they also generate opportunities.

But here one comes up against the problem of the discrepancy between (social) investment and return. Arrival Cities necessarily incur considerable costs during the initial integration phase. When later on in the integration process society begins to profit from this, it is often not the localities where people first arrived, nor the Arrival Cities that ultimately reap the benefits. Here, to stay with economic terminology, "windfall profits" accrue; profits where there has been no previous investment, while other cities invest in people and the "social capital" of society without achieving an adequate return. Currently this trend is clearly evident in the Frankfurt/Rhein-Main area. That is the reason why we are calling for more effective ways of compensating Offenbach for what it has achieved. As an arrival destination in the region, we have accomplished a great deal. We are, however, largely left to fend for ourselves when it comes to covering the expenditure for our successful endeavors. This is why we would like society as a whole to show more awareness of what these Arrival Cities achieve, and a greater willingness to reward specific achievements, or to create an environment in which integration and arrival are considered the responsibility of a fully united community.

This is not just about fiscal issues, but also about giving credit where credit is due. It is not only administrative bodies that contribute to a fully functioning Arrival City. In actual fact it is the population as a whole: the schoolteachers, pre-school teachers, law enforcers, and whoever else is involved. And here I believe we as a society still have a lot to learn.

Matthias Schulze-Böing

Born in 1954. Studied sociology, economics, and philosophy in Frankfurt. Ph.D. at Freie Universität Berlin. Since 1995, director of the Office for Employment, Statistics, and Integration as well as EU Liaison Officer of the City of Offenbach. Since 2005, member of the European Social Network, Brighton, Great Britain. Since 2007, spokesman of the German Federal Job Center Network (Federal Association of Job Center Directors SGB II). Since 2012, additionally director of MainArbeit, the municipal Job Center Offenbach.

Durchgangsstation für viele Zuwanderer, denn alle, die es sich leisten können, ziehen dort wieder weg.

MSB: Um das statistisch zu erfassen, bräuchte man wesentlich mehr Daten zu den Lebensverläufen der Menschen. Das heißt, wir können das nicht genau in Zahlen ausdrücken, haben aber viele qualitative Erkenntnisse auf der Basis von Einzelfällen. Wir kennen Untersuchungen zu belasteten Stadtquartieren in Deutschland, die diese von Saunders hervorgehobene Dynamik bestätigen. Es gibt, wenn man so will, eine hohe Produktivität von gut gemanagten belasteten Stadtteilen im Hinblick auf die Generierung von Lebenschancen für die dortigen Bewohner. Gerade erfolgreiche Bewohner ziehen dann aber oft weg in weniger belastete Quartiere und Städte, während andere nachziehen, bei denen man wieder von vorne anfangen muss. In der Stadtentwicklung muss man mit so etwas wie mit einem Sisyphos-Syndrom leben, gerade wenn man in Städten mit hoher Zuwanderung arbeitet. Städte sind, wie das der Soziologe Winfried Heitmeyer einmal formuliert hat, „Integrationsmaschinen" und – wenn sie gut funktionieren – auch Generatoren von Lebenschancen.

Allerdings gibt es dabei das Problem der Inkongruenz von (sozialen) Investitionen und Erträgen. „Arrival Cities" müssen hohe Aufwendungen in den ersten Integrationsphasen der Menschen tätigen. Wenn die gesellschaftlichen Erträge naturgemäß in den späteren Phasen des Integrationsprozesses anfallen, so fallen diese oft außerhalb der Ankunftsbezirke und der „Arrival Cities" an. Dort entstehen, um in der ökonomischen Terminologie zu bleiben, „Windfall Profits", Gewinne ohne vorherige Investitionen, in den Städten sind jedoch Investitionen in Menschen und das „soziale Kapital" der Gesellschaft ohne entsprechende Erträge zu verbuchen. Das kann man gerade in der Region Frankfurt/Rhein-Main gut beobachten. Von daher fordern wir wirksamere Ausgleichsmechanismen für die Leistungen der Stadt Offenbach. Wir tun sehr viel als ein Ankunftsbezirk in der Region. Wir werden aber mit den Kosten dieser erfolgreichen Bemühungen in vielerlei Hinsicht alleingelassen. Von daher bräuchte man gesamtgesellschaftlich ein höheres Bewusstsein für die Leistung der Ankunftsstädte und auch eine höhere Bereitschaft, spezifische Leistungen zu honorieren oder die Voraussetzungen dafür zu schaffen, Integration und Ankunft als eine solidarische Gemeinschaftsaufgabe zu sehen.

Dabei geht es nicht nur um den fiskalischen Aspekt, sondern auch um Anerkennung. Es ist ja nicht die Verwaltung alleine, die eine Ankunftsstadt funktionsfähig macht. Vielmehr ist es die Bevölkerung insgesamt, es sind die Lehrer, die Erzieher, die Ordnungshüter, wer auch immer tätig wird. Und da haben wir, glaube ich, noch einen gesellschaftlichen Lernprozess vor uns.

Matthias Schulze-Böing
* 1954. Studium der Soziologie, Wirtschaft und Philosophie in Frankfurt. 1980 Promotion an der Freien Universität Berlin. Seit 1995 Leiter des Amts für Arbeitsförderung, Statistik und Integration sowie EU-Referent der Stadt Offenbach. Seit 2005 Mitglied im European Social Network, Brighton/ Großbritannien und seit 2007 Sprecher des Bundesnetzwerks Jobcenter (Bundesarbeitsgemeinschaft der Geschäftsführer und Leiter von Jobcentern SGB II). Seit 2012 zusätzlich Geschäftsführer des Eigenbetriebs MainArbeit, Kommunales Jobcenter Offenbach.

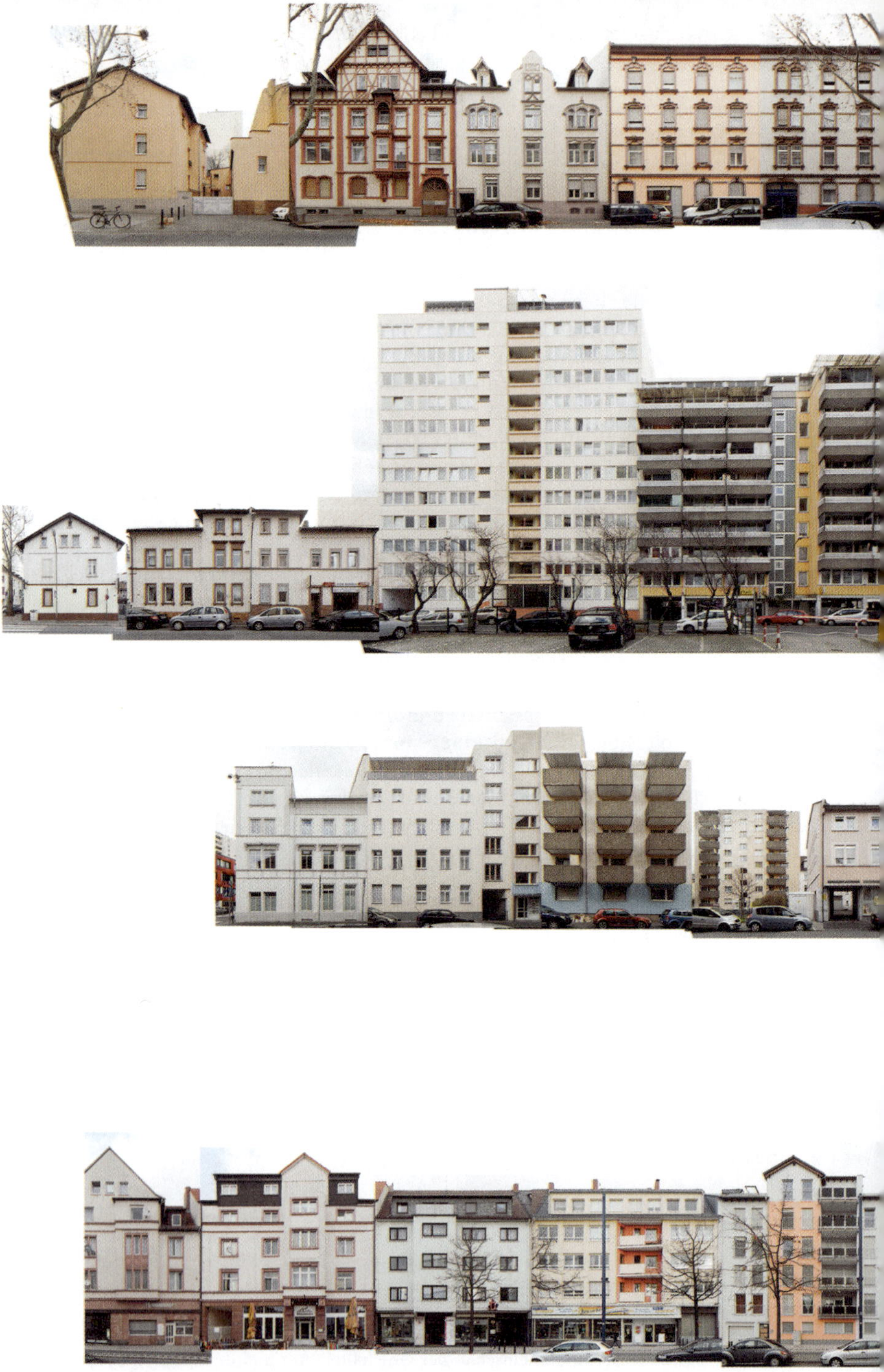

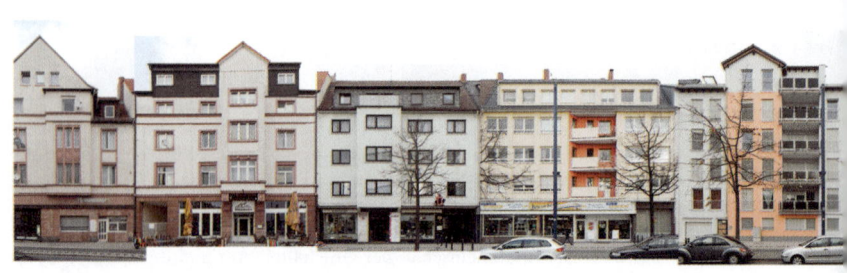

Fig. 86: A heterogeneous "Offenbach Block" in one of the reputedly worst districts in the center of Offenbach

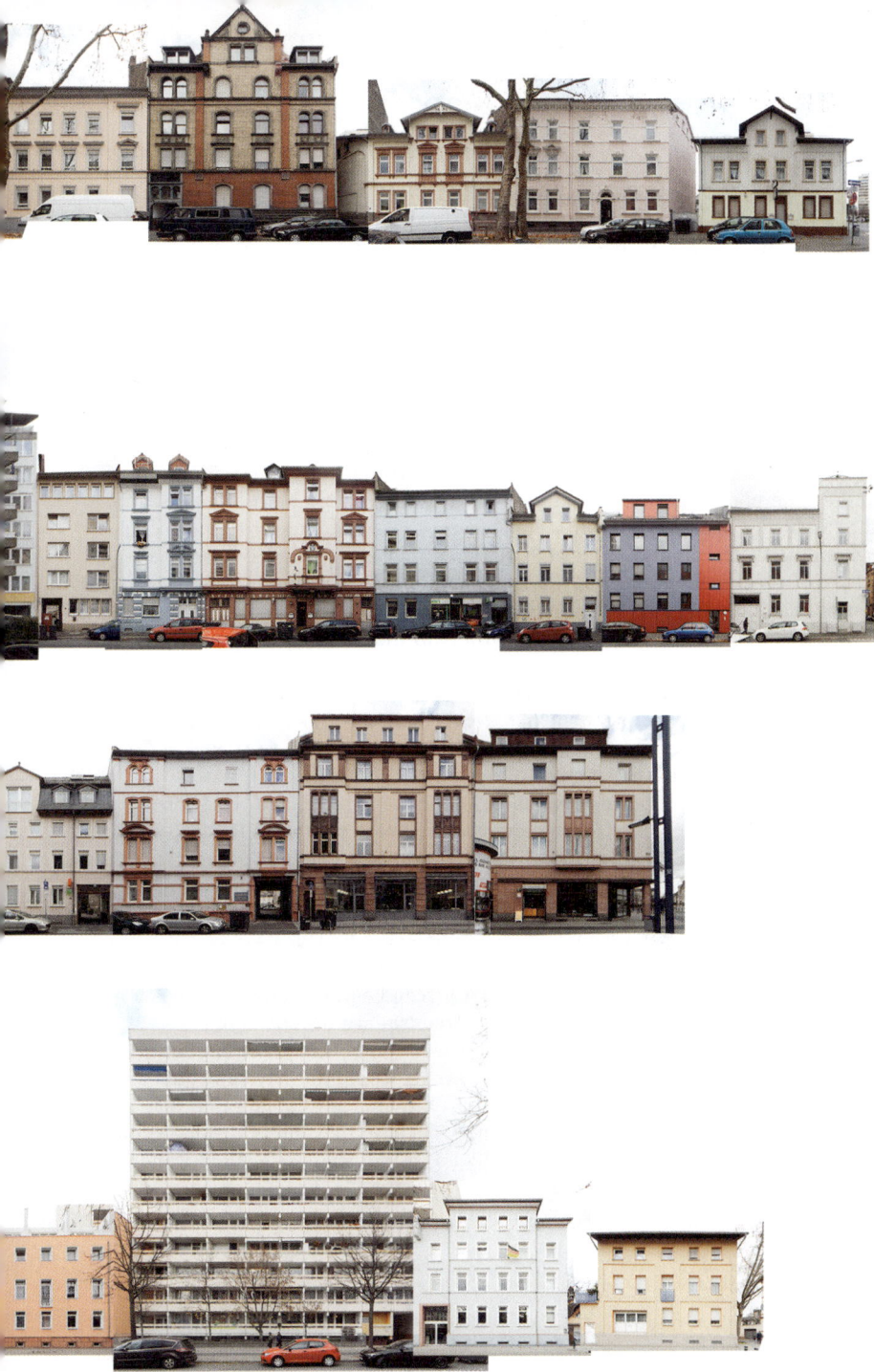

Fig. 86: Ein heterogener „Offenbacher Block" in einem der Innenstadtviertel, dem ein schlechtes Image nachgesagt wird

OFFENBACH PORTRAITS
Denise Peikert

The Huesmann Family

It takes seven minutes by S-Bahn from one city center to the other. Seven minutes from the western part of Offenbach to Frankfurt—this was important to Anja and Ralf Huesmann when they were looking for an apartment in 2011. "We thought, if we're going to live in Offenbach, how do we get to Frankfurt quickly?" Ralf Huesmann pauses, delaying the punchline (which says a lot about moving to Offenbach) until you have to ask: So do you go to Frankfurt a lot? "Nope," says Huesmann, "we go shopping there about once every two years."

The Huesmanns are the kind of family you'd imagine living in an apartment in a historic building in Frankfurt: the father works at the German stock exchange, the mother at a pharmacy, and two of the three children attend a trilingual school. The family did actually look for an apartment that would have fitted the cliché in Frankfurt's Nordend district in 2010 when they returned to Germany after a couple of years in London. But the apartment prices just a few kilometers to the east of Frankfurt were so much lower—shockingly so—that they ultimately gave in to temptation and decided to look for an apartment in the central Kaiserlei district of Offenbach.

"Despite aircraft noise and high unemployment," says Anja Huesmann, thereby enumerating all the Offenbach clichés. Nevertheless, at least one of the Huesmanns feels his horizons have been narrowed. "I'd rather have stayed in England," ten-year-old Nils, the family's oldest child, complains. He misses London's parks and wishes there were somewhere other than Hafen 2 to go to for weekend outings. Hafen 2 is a center for art and culture in the port of Offenbach that his parents like so much for its rugged beauty.

But Nils has settled into Offenbach with its mixed population. One of his best friends has a Polish mother and a Turkish father, and their immigrant background is really the only thing that distinguishes them from the Huesmanns. "They're from the same educated class," says Ralf Huesmann: the mother is a teacher, the father an engineer. In Offenbach people transcend cultural boundaries as a matter of course. What remains—like everywhere else—are the social ones.

Social boundaries can even be felt at the private school that Nils and his sister Liv, two years his junior, attend. Yet the parents would not have any qualms about sending their children to state schools either. They explain that they sent Nils to the (private) trilingual school simply because they did not want him to lose his English. And Liv, who likes to proudly boast that she was born in London, attends this school too. Language is less of an issue for the youngest Huesmann, five-year-old Helen, so her parents can imagine sending her to a neighborhood state school.

OFFENBACH-PORTRÄTS
Denise Peikert

Familie Huesmann

Sieben Minuten dauert es mit der S-Bahn von der einen Innenstadt in die andere. Sieben Minuten vom Offenbacher Westen nach Frankfurt – diese Zahl war wichtig für Anja und Ralf Huesmann, als die beiden 2011 nach einer Wohnung gesucht haben. „Wir dachten: Wenn wir schon in Offenbach wohnen, wie kommen wir dann schnell nach Frankfurt?" Ralf Huesmann macht eine Pause, schiebt die Pointe, die viel über das Ankommen in Offenbach erzählt, so lange hinaus, bis man fragen muss: Und, macht ihr das oft, nach Frankfurt fahren? „Nö", sagt Huesmann, „alle zwei Jahre mal fahren wir zum Shoppen."

Die Huesmanns würde jeder in einer Altbauwohnung in Frankfurt vermuten: Der Vater arbeitet bei der Deutschen Börse, die Mutter in einer Apotheke, zwei der drei Kinder gehen auf eine trilinguale Schule. Nach dem schönen Klischee im Frankfurter Nordend hatte die Familie eigentlich auch gesucht, als sie 2010 nach ein paar Jahren in London wieder zurück nach Deutschland kam. Die Wohnungspreise, die ein paar Kilometer östlich von Frankfurt so unverschämt viel günstiger sind, haben sie dann aber doch in die Offenbacher Innenstadt ans Kaiserlei gelockt.

„Trotz Fluglärm und hoher Arbeitslosigkeit", sagt Anja Huesmann, und hat damit eigentlich alle Offenbach-Klischees aufgezählt. Mindestens einem der Huesmanns ist dieser Horizont aber sowieso zu eng. „Ich wäre lieber in England geblieben", meint Nils, zehn Jahre alt und das älteste Kind der Familie. Ihm fehlen die Parks, und für die Wochenendausflüge wünscht er sich noch einen Ort mehr als den Hafen 2, den die Eltern für seine schroffe Schönheit so mögen.

Aber Nils hat sich eingelebt in diesem Offenbach mit seiner durchmischten Bevölkerung. Einer seiner besten Freunde ist der Sohn einer Polin und eines Türken. Dass dessen Familie Migrationshintergrund hat, ist aber auch schon das Einzige, was sie von den Huesmanns unterscheidet. „Gleiche Bildungsschicht", sagt Ralf Huesmann, die Mutter sei Lehrerin, der Vater Ingenieur. Die Menschen in Offenbach überspringen wie selbstverständlich kulturelle Grenzen. Was aber bleibt, wie überall, sind die sozialen.

Das ist auch an der Privatschule zu spüren, die Nils und seine zwei Jahre jüngere Schwester Liv besuchen. Berührungsängste mit öffentlichen Schulen haben die Eltern aber nicht. Sie erzählen, dass Nils seine Englischkenntnisse nicht verlieren sollte und deshalb auf die trilinguale Schule kam. Und auch Liv wurde dort eingeschult, erzählt sie doch stolz davon, in London geboren worden zu sein. Für Helen, mit fünf Jahren die jüngste Tochter der Familie, ist die Sprache nicht so wichtig. Für sie könnten sich die Eltern auch eine öffentliche Schule in der Nachbarschaft vorstellen.

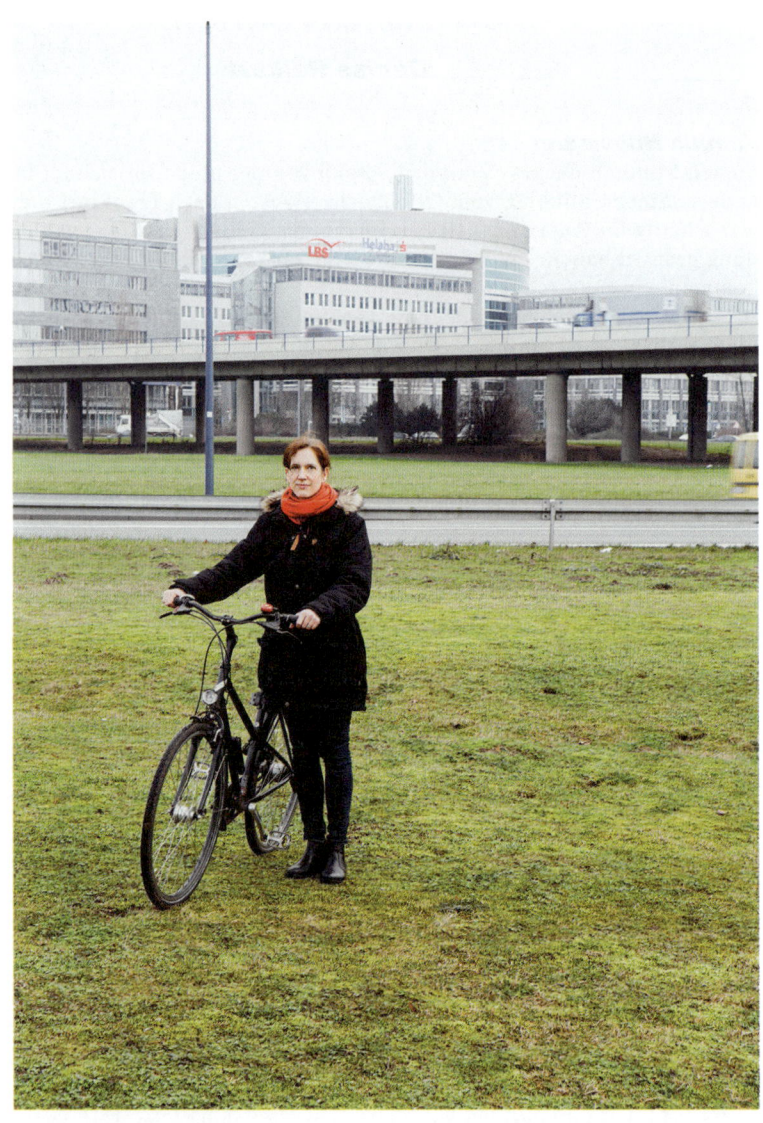

Figs. 87, 88, 89: The Huesmann family: Ralf, Anja, Nils, Liv, Helen
Abb. 87, 88, 89: Familie Huesmann: Ralf, Anja, Nils, Liv, Helen

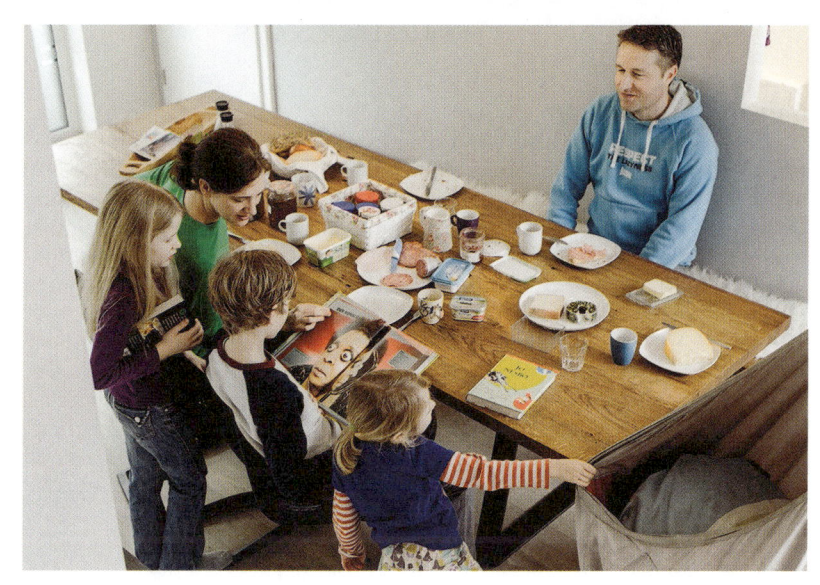

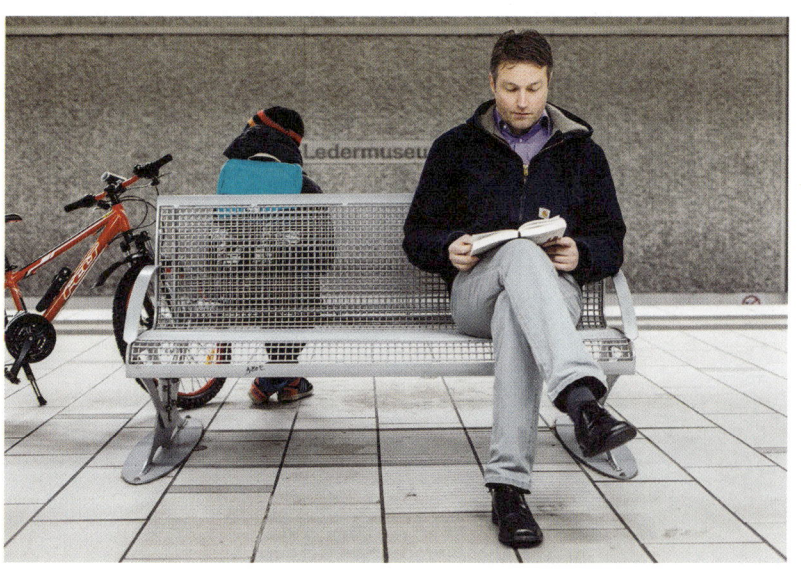

Osman Göverim, Café Owner

On Saturdays, Osman Göverim turns into a bad guy to do good. He puts on the white uniform and the helmet, making his mustache and his friendly eyes disappear. He is now unrecognizable, yet every child knows him. By donning this costume—a faithful copy of the original—Göverim has turned himself into a stormtrooper. In the *Star Wars* saga these soldiers may be on the dark side of the Force, but dressed like this in Offenbach Göverim and his friends brighten up the lives of seriously sick children in hospices for a few joyful hours.

The forty-four-year-old café owner Osman Göverim is an Offenbacher born and bred and a unique phenomenon. Not just because he is a socially engaged *Star Wars* fan who decorates his café near the market square with stills, masks, and figures from the films. And not just because he has a Hummer sitting in a garage next door that guzzles a gallon of gas every ten miles and that he drives at most 3,000 miles a year, most of them through mud and debris. On the side, he also finds time to save his city.

A little bit at least. The street where Göverim opened his "Nerd Cantina" about ten years ago had long been an eyesore. Stores changed all the time and many were shady in some way. Now Göverim is campaigning as part of an interest group for the improvement of the street. For him this begins with stopping even the mayor when he cycles past Göverim's café on his bicycle each morning. "This is a pedestrian zone," he points out. He actually depends on people walking by here and buying themselves a coffee or a chocolate-covered marshmallow roll.

And yet his café had initially been a stopgap solution. Göverim had long worked as a typesetter and artwork producer and most recently headed the mapmaking and travel guide publication department at the ADAC (the German automobile association). But when the ADAC's Bad Soden branch was shut down overnight, Göverim plucked up courage and opened the café on the premises of his father's former flower shop.

Neither at school nor in his career has Göverim ever felt disadvantaged by the fact that he is the grandson of Turkish immigrants, proud Istanbulites. In school he struggled more to cope with the fact that he didn't like studying, and today it's only when people give him funny looks if he orders a pork schnitzel and a beer that he's reminded of his background.

Osman Göverim, Café-Besitzer

An Samstagen wird Osman Göverim zum Bösewicht, um Gutes zu tun. Er steigt in die weiße Uniform und setzt sich den Helm auf. Jetzt ist er zwar nicht mehr zu erkennen, sein Schnurrbart ist verschwunden und die freundlichen Augen, dafür kennt ihn nun aber jedes Kind: In seinem originalgetreuen Kostüm ist Göverim zum Stormtrooper geworden. Die Soldaten stehen in der *Star-Wars*-Saga zwar auf der dunklen Seite der Macht, aber in Offenbach schenken Göverim und seine Freunde als solche verkleidet schwer kranken Kindern in Hospizen ein paar frohe Stunden.

Osman Göverim, vierundvierzig Jahre alt, Cafébesitzer, ist ein Offenbacher Urgestein und einer, von dem es hier keinen zweiten gibt. Nicht nur weil er sozial engagierter Star-Wars-Fan ist und sein Café nahe dem Marktplatz mit Bildern, Masken und Figuren aus den Filmen schmückt. Nicht nur weil er nebenan in einer Garage einen Hummer stehen hat, der sechsundzwanzig Liter Benzin auf hundert Kilometer verbraucht und mit dem Göverim jedes Jahr höchstes fünftausend Kilometer fährt, die meisten davon durch Schlamm und Geröll. Er hat nebenher auch noch Zeit, seine Stadt zu retten.

Ein bisschen jedenfalls. Die Straße, in der Göverim vor rund zehn Jahren seine „Nerd Cantina" eröffnet hat, war lange ein Schandfleck der Stadt. Die Läden wechselten schnell, viele davon waren irgendwie zwielichtig. Jetzt setzt sich Göverim in einer Interessengemeinschaft für die Aufwertung der Straße ein. Für ihn fängt das damit an, selbst den Bürgermeister anzuhalten, wenn der morgens an seinem Café vorbeiradelt. „Das ist eine Fußgängerzone", betont Göverim. Und er lebt davon, dass die Leute hier vorbeilaufen und sich einen Kaffee holen oder einen Schaumkuss im Brötchen. Dabei war sein Café anfangs eine Notlösung. Göverim hatte lange als Druckvorlagenhersteller gearbeitet, zuletzt leitete er beim ADAC die Abteilung, welche die Landkarten und Reiseführer herstellte. Von heute auf morgen wurde der Standort in Bad Soden geschlossen. Göverim nahm sich ein Herz und eröffnete in den Räumen des ehemaligen Blumenladens seines Vaters das Café.

Dass er der Enkelsohn türkischer Einwanderer ist, von stolzen Istanbulern abstammt, hat Göverim seinen Worten zufolge weder in der Schule noch bei der Karriere geschadet. In der Schule hatte er mehr damit zu kämpfen, dass er das Lernen nicht mochte, und heute, da fällt ihm seine Herkunft höchstens dann auf, wenn er sich ein Schweineschnitzel mit Bier bestellt. Denn dann, sagt er, gucken die Leute komisch.

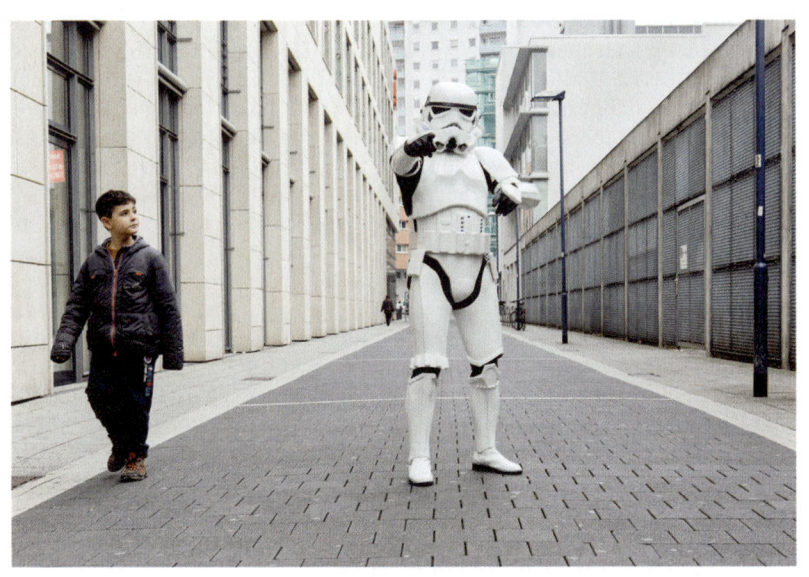

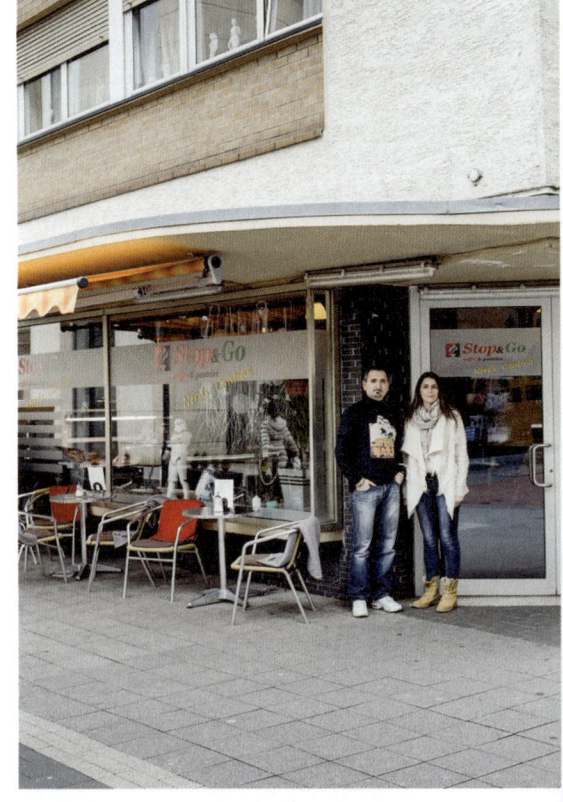

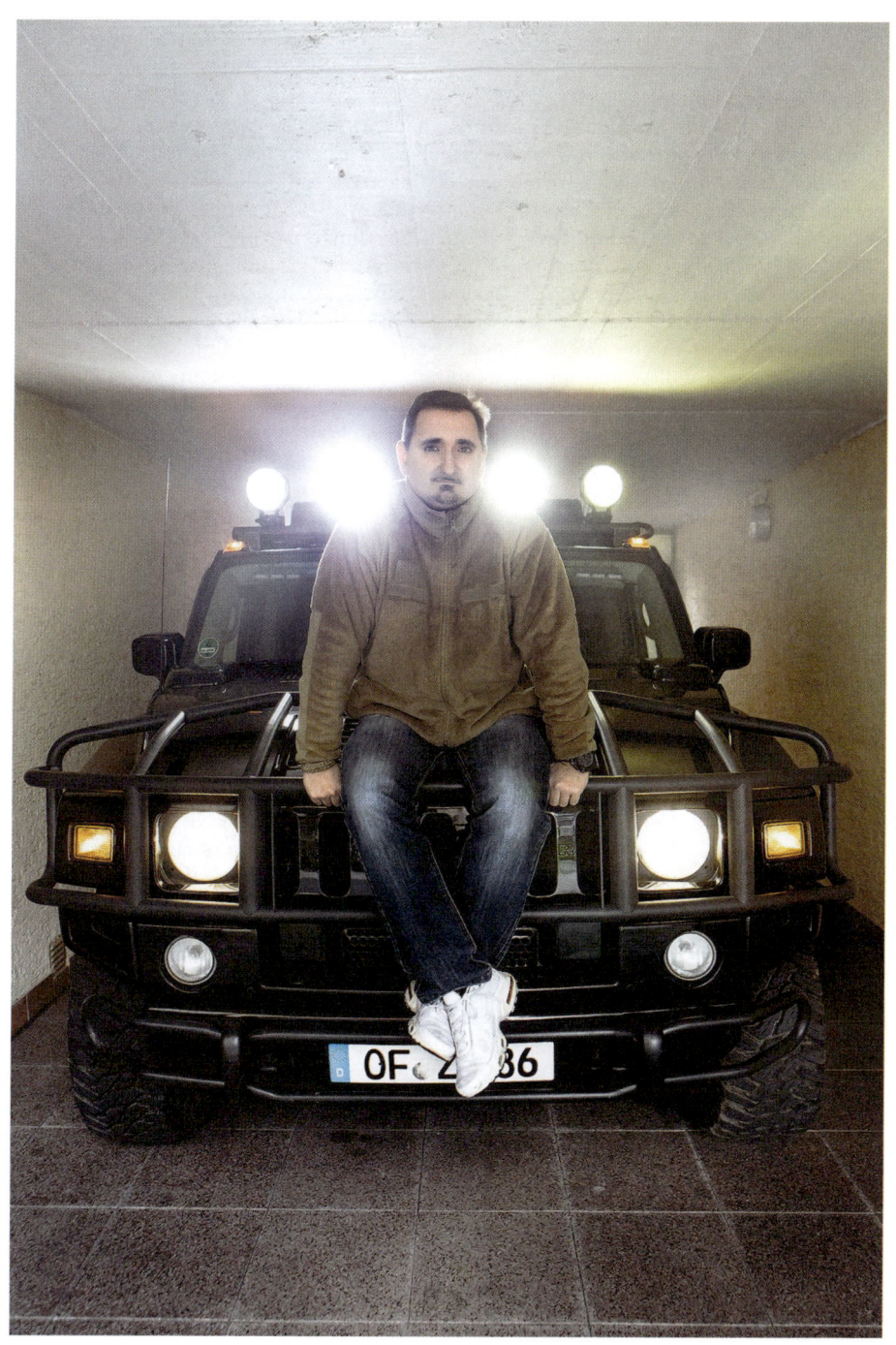

Figs. 90, 91, 92: Osman Göverim, café owner
Abb. 90, 91, 92: Osman Göverim, Café-Besitzer

Arthur Seitz, Janitor

Arthur Seitz puts his hand on the radiator. That isn't why he came to the small prayer room of the gospel congregation. He came because there is a visitor, but he touches the radiator automatically and is pleased to find it lukewarm. "That's my job," Seitz says, mixing a lot of Hessian dialect with some Upper Franconian. When the gospel congregation with the Jamaican woman pastor meets here for bible study on Fridays, the room has to be warm. And everything else has to be there, too: the drums, the keyboard, the amplifiers. Seitz comes to check regularly. Has anything ever disappeared? "No," says Seitz, "Fortunately not." But sometimes the kids climb onto the flat roof and tear at the roofing felt.

Seventy-eight-year-old Arthur Seitz is a janitor on one of the reputedly worst streets in Offenbach. He is dressed in a flat corduroy cap and gray overalls. "Offenbach stays tough / Hermann-Steinhäuser-Strasse, Mainpark, Chab," rapper *Haftbefehl* writes songs about drugs and violence. A singer with Turkish, Zaza, and Kurdish roots whose name means "arrest warrant" in German, *Haftbefehl* grew up around the corner from here. Janitor Seitz raises his arms helplessly. "I can't complain about my people," says the man who has been coming to the building at 15 Hermann-Steinhäuser-Strasse every day for the past sixteen years, always between 10 a.m. and 12 p.m, except on Sundays when he doesn't come until the afternoon, making his way over there from the more middle-class district of Bieber, where he lives. On Sundays he puts the trash cans out onto the street for them to be emptied early on Monday morning.

Seitz came to Offenbach from his Upper Franconian home town in 1957 and met his wife here. They have six children and eighteen grandchildren. As a crane operator Seitz was involved in the construction of the MesseTurm and Commerzbank skyscrapers; he worked on construction jobs for years on end. This is why he cannot sit idly at home and prefers to take care of his building. Six parties live in it and there are also a number of furnished single rooms for commuters, used by workers, but also by a woman doctor. The rooms have been renovated and have modern furniture and floors, but you wouldn't be able to tell when you look at this old building between gray working-class apartment blocks from outside. Seitz smiles.

"Janitor is a position of trust," Seitz says. He has keys to every apartment and if a tradesman comes during the day he opens the door for him and sees to it that nothing disappears. If the nine-year-old son of the Greek family from the front building doesn't have his key with him when he comes home from school, he unlocks the door for him too. The boy's mother works as a cleaning lady and the father is a bricklayer, so they get home late.

Only once did Seitz encounter what people say about Hermann-Steinhäuser-Strasse and what evidently begins right in front of his building. At the time, number 17 next door was looking for a new janitor. But he didn't want the job, Seitz says. He doesn't know anything about the drugs business next door, but the previous janitor of the apartment block once told him he used to receive phone calls at night when there was a wild brawl going on again. Seitz shrugs his shoulders. "I am happy with my people and they are happy with me."

Arthur Seitz, Hausmeister

Arthur Seitz legt seine Hand an den Heizkörper. Er ist nicht deswegen in den kleinen Andachtsraum der Gospelgemeinde gekommen, sondern nur weil Besuch da ist, aber er macht das ganz automatisch. Heizung anfassen, zufrieden feststellen: lauwarm. „Das ist meine Uffgab", sagt Seitz und mischt in dem Satz viel Hessisch mit ein wenig Oberfränkisch. Wenn die Gospelgemeinde mit der jamaikanischen Pastorin am Freitag zur Bibelstunde kommt, dann muss der Raum warm sein. Außerdem sollte dann noch alles da sein, das Schlagzeug, das Keyboard, die Verstärker. Seitz sieht regelmäßig nach. Ist denn schon einmal etwas weggekommen? „Nee", sagt Seitz, „zum Glück nich." Nur die Kinder, die klettern manchmal auf das flache Dach und zerren an der Dachpappe.

Arthur Seitz, achtundsiebzig Jahre alt, Schiebermütze aus braunem Cord, grauer Arbeitsmantel, ist Hausmeister in einer der übelsten Straßen Offenbachs, jedenfalls dem Ruf nach. „Offenbach bleibt hart // Hermann-Steinhäuser-Straße, Mainpark, Chab", dichtet „Haftbefehl" von Drogen und Gewalt; der Rapper mit türkisch-zazaisch-kurdischen Wurzeln ist hier um die Ecke groß geworden. Hausmeister Seitz hebt ratlos die Arme. „Ich kann net klage mit meine Leut", sagt er, der seit sechzehn Jahren jeden Tag im Haus Hermann-Steinhäuser-Straße 15 ist, immer zwischen zehn und zwölf. Nur sonntags kommt er erst am Nachmittag aus dem eher bürgerlichen Offenbacher Stadtteil Bieber, wo er wohnt. Da stellt er die Mülltonnen raus auf die Straße, die montags in aller Frühe abgeholt werden.

Seitz kam 1957 aus seiner oberfränkischen Heimat nach Offenbach, hier fand er seine Frau. Sechs Kinder haben sie und achtzehn Enkel. Als Kranfahrer baute Seitz den Messeturm und die Commerzbank mit auf, jahrelang war er auf Montage. Deshalb kann er auch jetzt nicht daheim rumsitzen, sondern kümmert sich lieber um sein Haus. Sechs Parteien wohnen darin, außerdem gibt es möblierte Einzelzimmer für Pendler, Arbeiter wohnen hier, aber auch eine Ärztin. Die Zimmer sind renoviert, moderne Möbel, moderner Boden. Das sieht man ihm von außen ja gar nicht an, diesem alten Haus zwischen den grauen Arbeiterblocks. Seitz lächelt.

„Hausmeister ist ein Vertrauensposten", sagt Seitz. Er hat Schlüssel zu jeder Wohnung, er schließt auf, wenn tagsüber ein Handwerker kommt, und dann passt er auf, dass nichts wegkommt. Wenn der Sohn der griechischen Familie aus dem Vorderhaus, neun Jahre ist er alt, nach der Schule keinen Schlüssel dabei hat, dann macht er auch ihm auf. Die Mutter des Jungen arbeitet als Putzfrau, der Vater als Maurer, sie kommen erst spät.

Nur einmal, da ist Seitz mit dem in Berührung gekommen, was so über die Hermann-Steinhäuser-Straße geredet wird und was offenbar direkt vor seiner Haustür beginnt. Da haben sie einen neuen Hausmeister gesucht für die Nummer 17, direkt nebenan. Das habe er aber nicht machen wollen, sagt Seitz. Er wisse zwar nichts weiter über die Drogengeschichte im Nachbarhaus. Aber der alte Hausmeister des Blocks hatte ihm manchmal davon erzählt, wenn es nachts angerufen wurde, weil es wieder eine wilde Schlägerei gab. Seitz zuckt mit den Schultern. „Ich bin zufriede mit meine Leut, und sie mit mir."

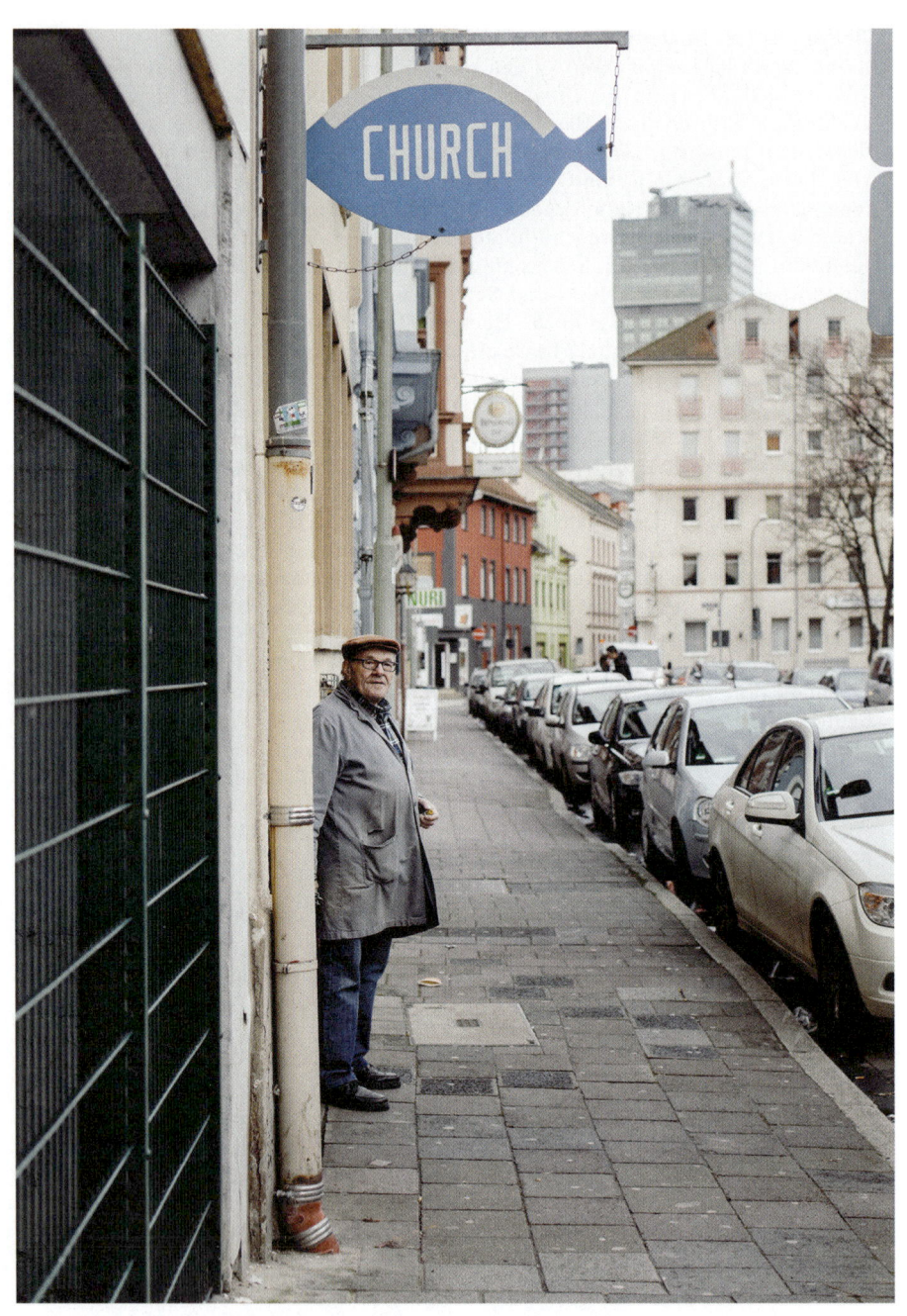

Figs. 93, 94, 95: Arthur Seitz, janitor
Abb. 93, 94, 95: Arthur Seitz, Hausmeister

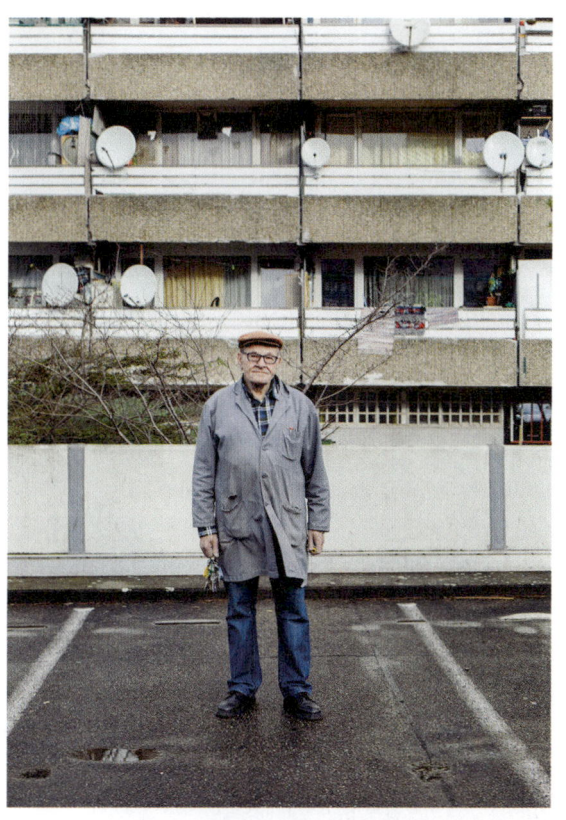

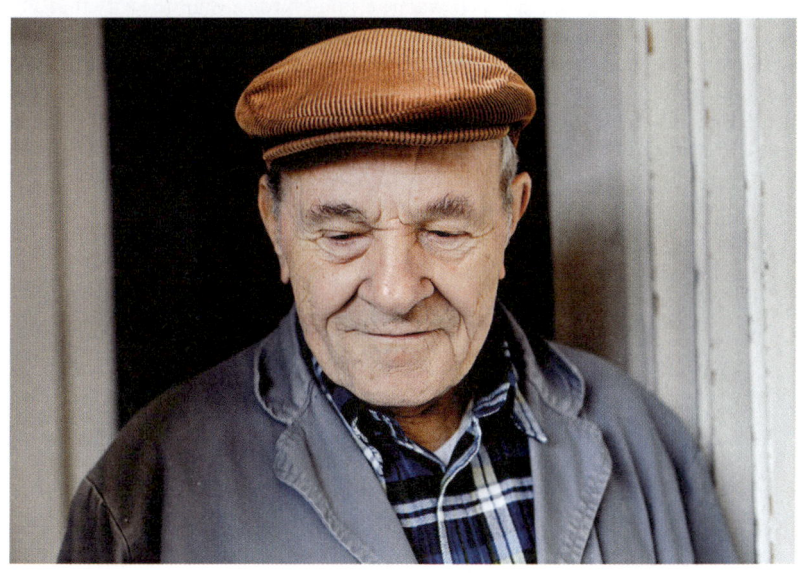

Marco Russo, Artist

When Marco Russo and his friends were looking for a name for their band, it had to include the abbreviation "OF" for Offenbach. This was the only specification the musicians made in the band name generator on the Internet, because, as Russo unequivocally states: "We all love Offenbach." The way "OF" was squeezed unobtrusively between two other random words in "Baby of Control," the generator's second suggestion, appealed to both Russo and the others, and in this form made it all the way to Berlin. But first things first.

Marco Russo was born in Offenbach in 1984 to an Italian father and a German mother and has never left for any extended time. "There is just no need," he says. Offenbach has everything from beautiful to ugly and the whole spectrum in between. "I can't imagine living in Munich and being creative there," Russo says. Like him, many of his schoolmates still live in Offenbach, too, as if it were difficult to get away from the city, he says, but this doesn't bother him.

Russo is studying film at the School of Design and earns money engaging in social projects and as a filmmaker. In "Baby of Control" he is an octopus or some creature with silver-sprayed swim rings. All band members appear as fictional characters. Initially they played mainly in Offenbach and environs. "It is a tremendous spectacle every time. Eight or ten people in costume and on the stage and the audience goes all starry-eyed," Russo says. At some point, the filmmaker Rosa von Praunheim became aware of the project. "Baby of Control" first performed in the film Praunheim Memoires and then live at the Volksbühne theater in Berlin. Yet Russo does not think Offenbach makes it easy for creative folks. "If you are very sensitive, the city can be tough, as harsh and brutal as it sometimes is."

Russo's father came to Offenbach with the wave of *Gastarbeiter* (guestworkers) and initially worked at an industrial bakery, always with the idea of one day returning at the back of his mind. It was the family more than the city that kept him from doing so. Now Russo's father has his own pizza bakery. The son was never particularly interested in trades, but he has always benefited from Offenbach's multicultural mix. While his big brother was interested in boxing and soccer, Russo liked to draw, sing, and act. "I just always did my own thing." Maybe it's easier to do that when everyone around you is a bit different from the others.

Marco Russo, Künstler

Als Marco Russo und seine Freunde einen Namen für ihre Band suchten, sollte darin das Kürzel „OF" vorkommen, für Offenbach. Das war die einzige Vorgabe, die die Musiker dem Bandnamengenerator aus dem Internet machten, denn, so unmissverständlich sagt Russo das: „Wir alle lieben Offenbach." Gleich der zweite Vorschlag des Generators gefiel ihm und den anderen. „Baby of Control". Unauffällig drückt sich da das OF zwischen zwei Zufälle und hat es so bis nach Berlin geschafft. Aber der Reihe nach.

Marco Russo ist als Sohn eines Italieners und einer Deutschen 1984 in Offenbach geboren und nie länger weggewesen. „Es ist einfach nicht notwendig", sagt er. In Offenbach gebe es alles, das Schöne und das Hässliche, und die ganzen Spannungen dazwischen. „Ich kann mir nicht vorstellen, in München zu leben und dort kreativ zu sein", sagt Russo. So wie er wohnen auch viele seiner Schulfreunde noch immer in Offenbach – als sei es zwar schwer, von der Stadt loszukommen, diese Tatsache aber auch nicht weiter störend.

Russo studiert Film an der Hochschule für Gestaltung, sein Geld verdient er mit sozialen Projekten und als Filmemacher. Bei „Baby of Control" ist er ein Tintenfisch oder ein Irgendwas mit silbern besprühten Schwimmringen. Alle Bandmitglieder treten als Kunstfiguren auf. Zuerst spielten sie vor allem in Offenbach und Umgebung. „Das ist jedes Mal ein riesiges Spektakel. Acht, zehn verkleidete Leute auf der Bühne und das Publikum hat Herzchen in den Augen", sagt Russo. Irgendwann wurde der Filmemacher Rosa von Praunheim auf das Projekt aufmerksam. „Baby of Control" traten erst in dem Film Praunheim Memoires auf und dann live auf der Berliner Volksbühne.

Dass es Offenbach Kreativen prinzipiell einfach macht, glaubt Russo aber nicht. „Wenn man ganz sensibel ist, kann die Stadt schwierig sein, so schroff und hart, wie sie manchmal ist." Russos Vater kam mit der Welle der Gastarbeiter nach Offenbach, arbeitete erst in einer Großbäckerei, im Hinterkopf immer den Gedanken: Irgendwann gehts zurück. Die Familie hielt ihn mehr davon ab als die Stadt. Inzwischen hat Russos Vater seine eigene Pizzabäckerei. Für das Handwerk interessierte sich der Sohn nie besonders, er hat vom Offenbacher „Multikulti" jedoch immer profitiert. Während sein großer Bruder sich für Boxen und Fußball interessierte, hat Russo gerne gezeichnet, gesungen und Theater gespielt. „Ich habe einfach immer mein Ding gemacht." Vielleicht ist das einfacher, wenn um einen herum sowieso jeder ein bisschen anders ist als der nächste.

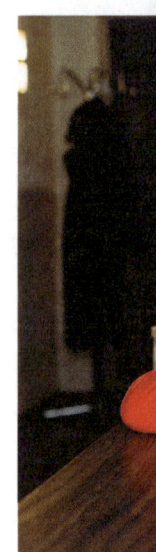

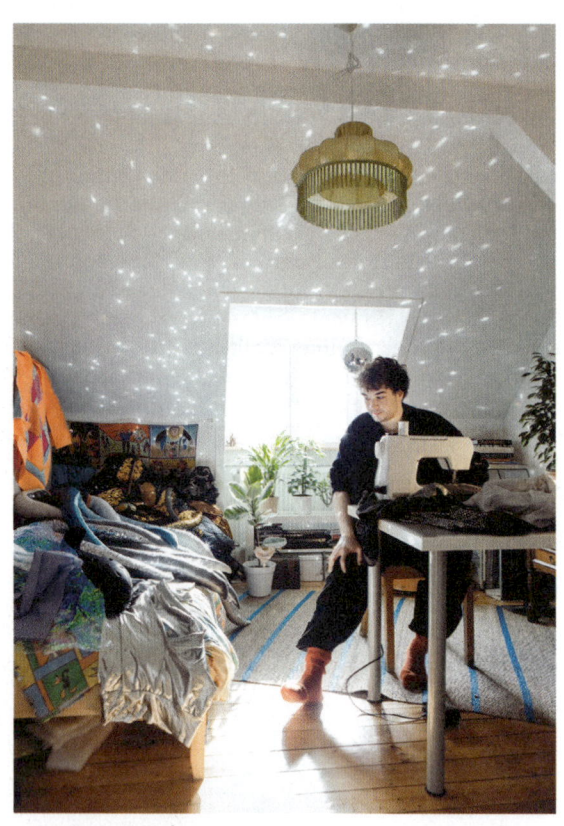

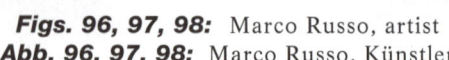

Figs. 96, 97, 98: Marco Russo, artist
Abb. 96, 97, 98: Marco Russo, Künstler

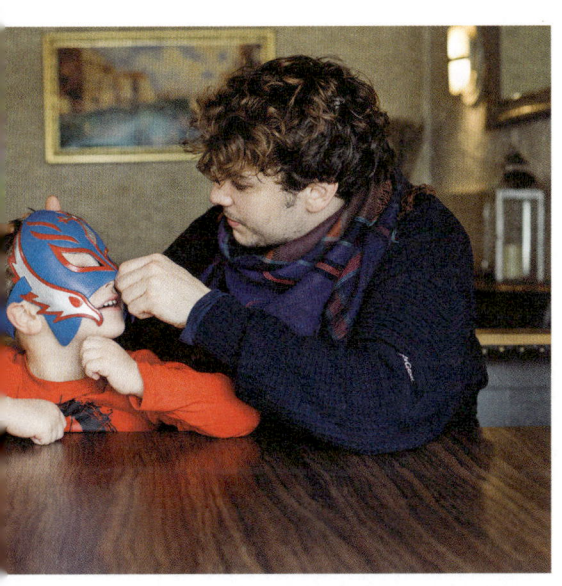

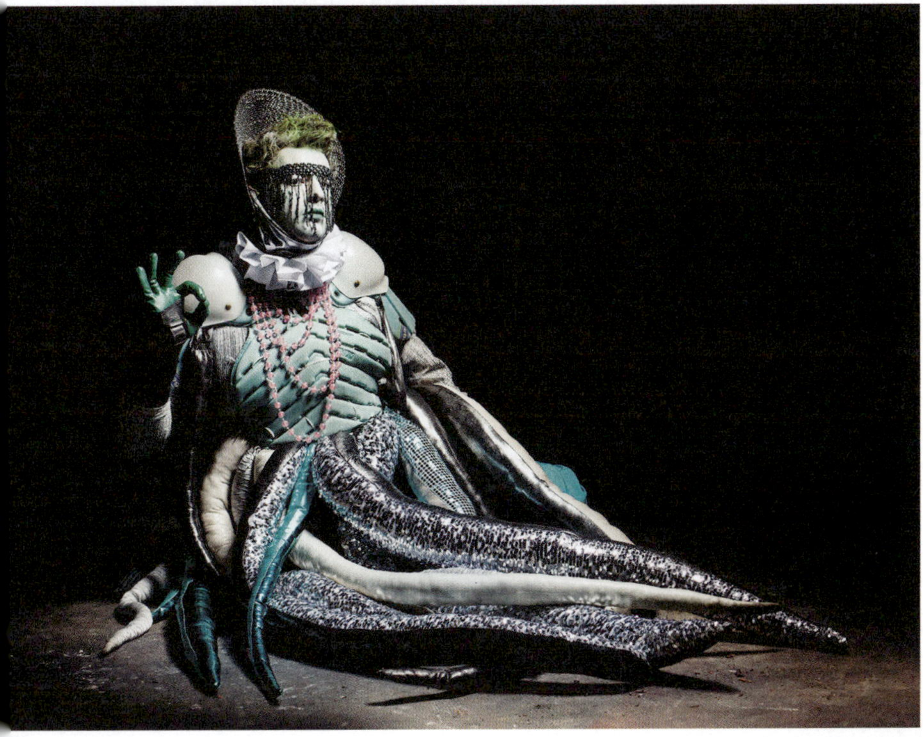

The Popescu Family

How did you two meet, Svetlana and Dimitru Popescu from Chişinău (Kishinev) in Moldova? "On a Monday evening," Svetlana remembers. They went out for dinner that evening and after that Dimitru picked up Svetlana from work every day, until she said "yes." Two weeks after said Monday evening, he introduced her to his parents; a year later they married, the year after that Alexandru was born, and six years later Loredana came along. "We are a strong family," Svetlana affirms at the family's table in Offenbach, 900 miles away from Chişinău.

In Chişinău, Svetlana, who trained as an engineer, earned 200 euros a month. That wasn't enough to live on, even in Moldova. Her parents achieved a measure of affluence in the Soviet Union and now live in a house of their own in the countryside. But for the new generation there was nothing left in the scourged country. "We wanted to have a better life," Svetlana says. Dimitru became a trucker, first in Spain, then in Italy and since 2014 in Offenbach. The family followed a couple of months ago. Svetlana told her parents about their plans only a few hours before their departure. "God bless you," they said, but they were worried.

In Offenbach the Popescus live in a three-room apartment in the Lauterborn district. They are glad that they do not have to share just two rooms among the four of them and that they manage to live off Dimitru's salary. He gets up at two in the morning, six days a week, and drives to supermarkets in a large circle around the city. He comes home at five in the afternoon. By then Svetlana has cooked for everybody, lasagna or a roast, and at seven Dimitru has to go to sleep—on the couch in the living room, since the two children each have their own room. "We do get homesick and we miss our friends," he observes. "But it's much better here for the children," Svetlana counters.

Alexandru, now seventeen, has already gotten an A+ in math. Eleven-year-old Loredana has made friends in the neighborhood and she likes her intensive German class. "We will stay at least until the children have graduated," says Svetlana. With a German high school diploma they will be able to get a job anywhere in Europe, Svetlana believes, or hopes. She herself is learning German, every day. In three years at the latest, she wants to have a job that matches her qualification. Then Dimitru, who has a degree in business, can learn German as well, so that at some point he will no longer have to drive trucks. "We are investing as much as we can in the children," he says. "All this brings us closer together," Svetlana says.

Familie Popescu

Wie habt ihr euch kennengelernt, Svetlana und Dimitru Popescu aus Chisinau, Moldawien? „An einem Montagabend", erinnert sich Svetlana. Sie gingen essen an diesem Abend, mit Freunden, und danach holte Dimitru Svetlana jeden Tag von der Arbeit ab, bis sie ja sagte. Zwei Wochen nach besagtem Montagabend stellte er sich ihren Eltern vor, ein Jahr danach heirateten sie, im Jahr darauf kam Alexandru zur Welt, sechs Jahre später dann Loredana. „Wir sind eine starke Familie", bekräftigt Svetlana am Tisch der Familie in Offenbach, tausendfünfhundert Kilometer von Chisinau entfernt.

Dort verdiente Swetlana, studierte Ingenieurin, zweihundert Euro im Monat. Selbst in Moldawien reichte das nicht zum Leben. Die Eltern haben es in der Sowjetunion zu einem kleinen Wohlstand gebracht, wohnen in einem eigenen Haus auf dem Land. Doch für die neue Generation blieb nichts mehr in einem aufgepeitschten Land. „Wir wollten besser leben", so Swetlana. Dimitru ging Lastwagenfahren, erst in Spanien, dann in Italien, seit 2014 in Offenbach. Die Familie kam vor ein paar Monaten nach. Ihren Eltern erzählte Svetlana von den Plänen erst wenige Stunden vor der Abreise. „Gott segne euch", sagten die Eltern und hatten Angst.

In Offenbach wohnen die Popescus in einer Dreizimmerwohnung im Stadtteil Lauterborn, und sind froh. Sie müssen sich keine zwei Zimmer zu viert teilen, sie leben von Dimitrus Gehalt. Um zwei Uhr nachts steht er auf, sechs Tage die Woche, und fährt in einem großen Kreis um die Stadt herum Supermärkte an. Um fünf Uhr am Abend kommt er heim. Svetlana hat dann für alle gekocht, Lasagne oder Braten, und um sieben Uhr muss sich Dimitru schlafen legen. Im Wohnzimmer auf der Couch, die beiden Kinder haben je ein eigenes Zimmer. „Wir haben schon Heimweh und vermissen unsere Freunde", bemerkt er. „Es ist hier viel besser für die Kinder", entgegnet Svetlana.

Alexandru, er ist jetzt siebzehn, hat schon eine Eins in Mathematik bekommen. Loredana, elf Jahre alt, hat in der Nachbarschaft Freunde gefunden und mag den Deutschunterricht in ihrer Intensivklasse. „Wir bleiben mindestens, bis die Kinder einen Abschluss haben", so Svetlana. Die beiden können überall in Europa etwas anfangen mit dem deutschen Schulabschluss, glaubt Svetlana, hofft sie. Sie selbst lernt Deutsch, jeden Tag. In drei Jahren, spätestens, will sie eine Arbeit haben, die ihrer Qualifikation entspricht. Dann kann auch Dimitru Deutsch lernen, damit er, studierter Betriebswirt, irgendwann nicht mehr Lastwagenfahren muss. „Wir investieren in die Kinder, so viel wir können", sagt er. „Das alles bringt uns näher zusammen", sagt Svetlana.

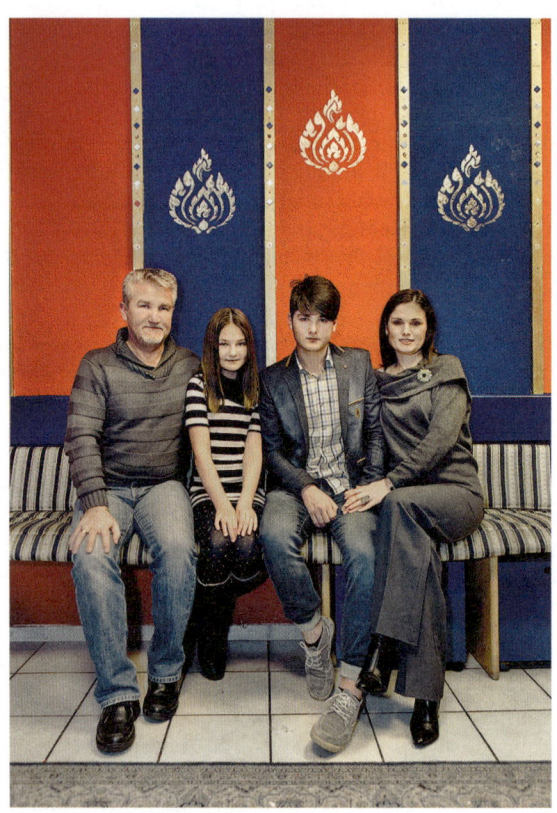

Figs. 99, 100, 101: The Popescu family
Abb. 99, 100, 101: Familie Popescu

Denise Peikert

Born in present-day Chemnitz in 1986. Attended the German School of Journalism in Munich and studied journalism at Munich's Ludwig Maximilian University. Worked for various media and for the Saxon prime ministers Georg Milbradt and Stanislaw Tillich. Since summer 2012, freelance writer for the *Frankfurter Allgemeine Zeitung*.

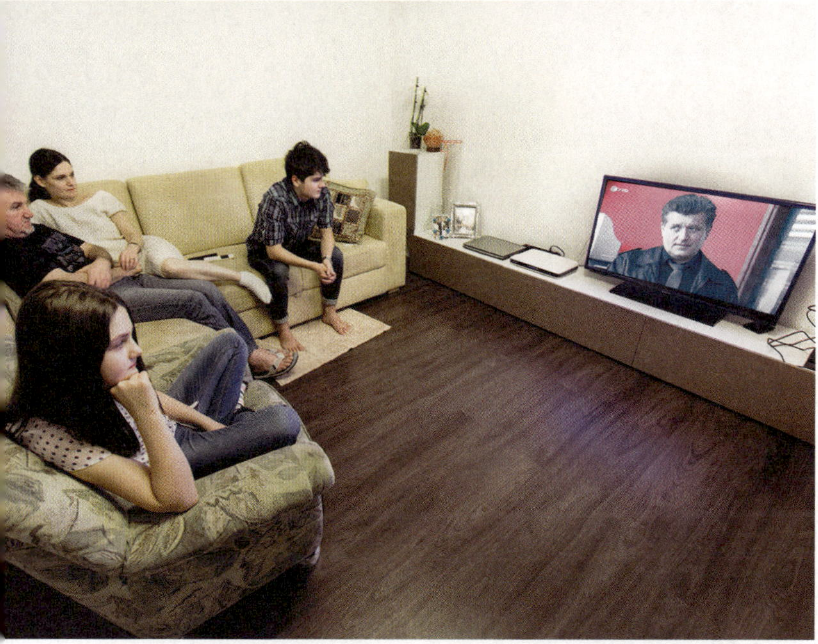

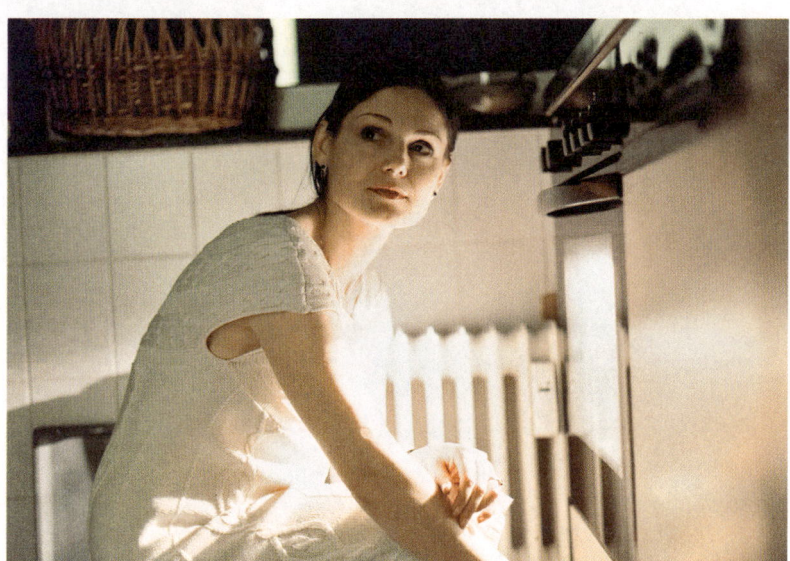

Denise Peikert

* 1986 im heutigen Chemnitz. Besuchte die Deutsche Journalistenschule in München und studierte Journalismus an der Ludwig-Maximilians-Universität. Arbeitete für mehrere Medien sowie einige Zeit für die sächsischen Ministerpräsidenten Georg Milbradt und Stanislaw Tillich. Schreibt seit Sommer 2012 als feste-freie Autorin für die *Frankfurter Allgemeine Zeitung*.

THE OPEN PAVILION

DER OFFENE PAVILLON

THE OPEN PAVILION

Peter Cachola Schmal, Oliver Elser, Anna Scheuermann

Something has happened since the summer of 2015 that no one would have thought possible. More than a million refugees have arrived in Germany. They were welcomed at train stations by cheering people. They have prompted tremendous efforts encompassing all areas of society. And they continue to be the subject of passionate debates about how to deal properly with the situation. People are asking: Do we have a refugee crisis on our hands? Or a housing crisis combined with huge challenges to the ability of cities, job markets and schools to integrate the newcomers? More than a million refugees have come to Germany, fleeing war and hardship in their old home countries. They have fled because they hope to find a better future, a new *heimat* here. They have come to Germany because in the dramatic fall of 2015 Germany did not close its borders but, unlike many other European states, remained open. The provisions of the Dublin Convention (since 2003 the Dublin II Regulation) stipulate that only one EU member state be responsible for an asylum procedure and that this should be the first country asylum-seekers enter after crossing the external border of the EU. Germany is hence surrounded by states where refugees should really have applied for asylum. Yet this ruling was suspended by Germany's willingness to take in refugees, at least for the time being. Only a few months earlier, Germany had been adamant about maintaining an unyielding stance toward Greece in the Euro crisis — yet in the summer of 2015, this same Germany suddenly showed an utterly surprised world a very different, more human face. The decision of the federal government to keep the borders open and the Chancellor's crucial statement "Wir schaffen das" (We can do it) have led to a situation that no one would have thought possible. Germany may be struggling to decide itself whether the openness of fall 2015 may be placing insurmountable demands on it, yet in spite of an unspeakable series of attacks on refugee accommodation, in spite of long waits for asylum applications to be processed, in spite of sometimes chaotic conditions in accommodating and registering refugees: in spite of everything, the machinery of state institutions and the commitment of civil society has proven effective. People are donating, helping, actively pitching in, "labor market alliances" are being forged, and construction is ongoing. Germany was open—is Germany now a construction site?

For the Biennale team consisting of the Deutsches Architekturmuseum (DAM) and the Berlin-based architectural practice Something Fantastic, Germany's unexpected—and constantly endangered—openness toward refugees raised the question of whether there might be good reasons for opening up the German pavilion on the grounds of the Giardini as well. Is it legitimate to undertake major interventions in the structure of the monument by creating openings in all the exterior walls? And does transferring a concept to a structure—be it that of an "open border," an "open house," or an "open society"—not invariably run the risk of being perceived as overly bold, naïve, or tacky? Yet there are good arguments for cutting large new openings in the landmarked building.

The German pavilion was built in 1909 as a *padiglione bavarese*, or Bavarian pavilion, to designs by the Italian architect Daniele Donghi. In 1938, it was

DER OFFENE PAVILLON

Peter Cachola Schmal, Oliver Elser, Anna Scheuermann

Seit dem Sommer 2015 ist etwas passiert, das niemand für möglich gehalten hätte. Über eine Million Flüchtlinge sind in Deutschland angekommen. Sie wurden an den Bahnhöfen von jubelnden Menschen begrüßt. Sie haben riesige Anstrengungen ausgelöst, die alle Bereiche der Gesellschaft erfasst haben. Sie sorgen weiterhin für heftige Debatten über den richtigen Umgang mit dieser Situation. Haben wir eine Flüchtlingskrise? Oder eine Wohnungskrise, verbunden mit gigantischen Herausforderungen an die Integrationskraft von Städten, Arbeitsmärkten und Schulen? Über eine Million Flüchtlinge sind nach Deutschland gekommen, weil sie vor Kriegen und Elend in ihren alten Heimaten geflohen sind. Sie sind geflohen, weil sie sich hier eine bessere Zukunft, eine neue Heimat versprechen. Sie sind nach Deutschland gekommen, weil im dramatischen Herbst 2015 die Grenzen nicht geschlossen wurden. Deutschland blieb offen, im Gegensatz zu vielen anderen europäischen Staaten. Die Regeln des Dubliner Übereinkommens (seit 2003 der Dublin-II-Verordnung), die immer nur einen zuständigen EU-Staat für ein Asylverfahren vorsehen und denen zufolge Deutschland von lauter Staaten umgeben ist, in denen Flüchtlinge nach dem ersten Grenzübertritt zuerst Asyl beantragen müssten, wurden durch die Bereitschaft Deutschlands außer Kraft gesetzt, Flüchtlinge vorerst aufzunehmen. Deutschland, das noch wenige Monate zuvor darauf bestanden hatte, in der Eurokrise Griechenland gegenüber unnachgiebige Härte zu zeigen – dieses Deutschland zeigte der völlig überraschten Welt ab dem Sommer 2015 plötzlich ein anderes, ein menschlicheres Gesicht. Die Entscheidung der Bundesregierung, die Grenzen offen zu lassen und die entscheidende Aussage der Bundeskanzlerin „Wir schaffen das" haben zu einer Situation geführt, die niemand für möglich gehalten hätte. Deutschland ringt zwar mit sich selbst, ob die Offenheit des Herbstes 2015 nicht doch eine Überforderung ist, aber trotz einer unsäglichen Kette von Anschlägen auf Flüchtlingsunterkünfte, trotz extremer Wartezeiten in der Bearbeitung von Asylanträgen, trotz teilweise chaotischer Zustände bei der Unterbringung und Registrierung von Flüchtlingen: Trotz alledem greift das Räderwerk der staatlichen Institutionen und des zivilgesellschaftlichen Engagements. Es wird gespendet, geholfen und angepackt, es werden „Bündnisse für den Arbeitsmarkt" geschmiedet und es wird gebaut. Deutschland war offen – ist Deutschland nun eine Baustelle?
Die unerwartete – und ständig bedrohte – Offenheit, Flüchtlinge aufzunehmen, war für das Biennale-Team des DAM und Something Fantastic der Auslöser, sich die Frage zu stellen, ob es nicht auch gute Gründe dafür geben kann, den Deutschen Pavillon auf dem Gelände der Giardini zu öffnen. Ist es legitim, mit Durchbrüchen in allen Außenwänden massiv in die Substanz des Denkmals einzugreifen? Und ist die Übertragung eines Begriffs – sei er nun „offene Grenze", „offenes Haus" oder „offene Gesellschaft" – auf ein Bauwerk nicht immer in Gefahr, als plakativ, naiv oder kitschig verstanden zu werden? Doch es gibt gute Argumente dafür, große neue Öffnungen in das denkmalgeschützte Gebäude hineinzuschneiden.
Der Deutsche Pavillon entstand 1909 als „padiglione bavarese", als Bayerischer Pavillon, entworfen von dem italienischen Architekten Daniele Donghi.

altered to its present form by Ernst Haiger. It stands unmistakably as a piece of "Nazi architecture" in the ensemble of neighboring pavilions. Those of the Great Powers France and England across from it still display the set pieces of stateliness characteristic of historicist architecture and evoke the time when the Biennale was created as an exhibition venue for an artistic competition of nations. The German pavilion's break with the old order established before World War I that the 1938 alteration brought about made it a manifesto of architectural propaganda. Since 1945, there have been many attempts to transform the German pavilion once more. Arnold Bode, the founder of *documenta,* had planned a radical alteration in 1957, and in 1964 partitioning walls were indeed installed in the interior. In 1993, Hans Haacke disassembled the pavilion's stone floor into a field of rubble as a commentary on German reunification. Time and again, the approach to the architecture and consequently to the history of the German pavilion has played a central role at art and architecture biennales. In 2001, Gregor Schneider, with Udo Kittelmann as commissioner, made the interior completely disappear in his work *Totes Haus* u r. In 2007, Isa Genzken, with Nicolaus Schafhausen as commissioner, made it disappear behind an orange construction curtain—the building was due for a renovation anyway. For Christoph Schlingensief's 2011 *Church of Fear* the Frankfurt-based museum director Susanne Gaensheimer transformed the pavilion into a church complete with altar in the apse. The 2013 art biennale saw Germany and France exchange pavilions. This was justified by the argument that representation in "national architectures" was gradually becoming obsolete. The interior of the German pavilion was transformed into a neutral black box by the Albanian artist Anri Sala, which happened again in similar form at the 2015 art biennale: instead of going through the monumental double door, visitors entered the pavilion via a hidden staircase and arrived at a new raised level. Florian Ebner, the commissioner, once again made the main space underneath disappear as a black box for a video work by Hito Steyerl.

At the architecture biennales the 2006 commissioners, Grüntuch Ernst Architects, came up with the idea of using the pavilion as platform from which to gaze out longingly over the lagoon and to make the roof accessible. A comment by Arno Sighart Schmid, the president of the Federal Chamber of Architects, that the pavilion was "no longer in any way consistent with our democratic understanding of the state," gave rise to a debate in 2010 about whether the architecture of the German pavilion was still in keeping with the times. In 2014, this resulted in the exhibition *This is Modern* by the Deutscher Werkbund Berlin in Venice, in which twenty-two German architects presented their visions of how the pavilion could be changed or replaced. Muck Petzet and Konstantin Grcic also blocked off the main entrance in 2012, and in 2014 the allegedly "democratic" architecture of the Chancellor's bungalow in Bonn was blended with that of the German pavilion by the commissioners Alex Lehnerer and Savvas Ciriacidis.

The decision to make additional openings in the pavilion for the 2016 Biennale are hence simply the latest in a long series of artistic and architectural statements on the German pavilion, yet they are not an attempt to make it disappear, break its symmetry or, indeed, permanently call it into question as a suitable exhibition venue. Nor are the openings in the walls an objective in themselves.

Im Jahr 1938 erhielt er durch einen Umbau von Ernst Haiger seine heutige Gestalt. Er steht unverkennbar als ein Stück „Nazi-Architektur" im Ensemble seiner Nachbarn. Die gegenüberliegenden Großmächte Frankreich und England tragen noch die Würdeformeln der historistischen Architektur zur Schau und erinnern an jene Zeit, als die Biennale als Ausstellungsgelände für einen künstlerischen Wettstreit der Nationen entstand. Dass der Deutsche Pavillon aus der alten Ordnung ausbrach, die vor dem Ersten Weltkrieg festgelegt wurde, indem er 1938 verändert wurde, machte ihn zu einem Manifest der Architekturpropaganda. Es hat seit 1945 etliche Versuche gegeben, den Deutschen Pavillon abermals zu verwandeln. Arnold Bode, der Gründer der documenta, hatte einen radikalen Umbau geplant (1957), 1964 wurden tatsächlich im Inneren Wände eingezogen. 1993 zerlegte Hans Haacke den Bodenbelag in ein Trümmerplattenfeld – als Kommentar auf die deutsche Wiedervereinigung. Immer wieder spielte bei Kunst- und Architekturbiennalen der Umgang mit der Architektur und damit der Geschichte des Deutschen Pavillons eine wichtige Rolle. Gregor Schneider, mit Kommissar Udo Kittelmann, ließ den Innenraum im Jahr 2001 in seiner Arbeit *Totes Haus u r* völlig zum Verschwinden bringen. Isa Genzken, mit Kommissar Nicolaus Schafhausen, ließ ihn 2007 – es stand ohnehin eine Sanierung an – hinter einem orangenen Bauvorhang verschwinden. Für Christoph Schlingensiefs *Church of Fear* verwandelte die Frankfurter Museumsdirektorin Susanne Gaensheimer 2011 den Pavillon in eine Kirche, samt Altar in der Apsis. Bei der Kunstbiennale 2013 fand ein Pavillontausch zwischen Deutschland und Frankreich statt, der damit gerechtfertigt wurde, dass die Repräsentation in „Nationalarchitekturen" allmählich überholt sei. Der Innenraum des Deutschen Pavillons wurde vom albanischen Künstler Anri Sala in eine neutrale Black Box verwandelt, was sich bei der Kunstbiennale 2015 in ähnlicher Form wiederholte: Statt durch die monumentale Flügeltür betrat man den Pavillon über ein verstecktes Treppenhaus, gelangte auf eine neue Hochebene. Den darunterliegenden Hauptraum brachte der Kommissar Florian Ebner erneut als Black Box für eine Videoarbeit von Hito Steyerl zum Verschwinden.
Bei den Architekturbiennalen regte sich 2006 bei den Kommissaren, Grüntuch Ernst Architekten, der Wunsch, den Pavillon als Plattform für sehnsuchtsvolle Blicke in die Lagune zu nutzen und das Dach betretbar zu machen. Ausgelöst durch eine Äußerung von Arno Sighart Schmid, Präsident der Bundesarchitektenkammer, der Pavillon entspreche „so ganz und gar nicht mehr unserem demokratischen Staatsverständnis", kam es 2010 zu einer Diskussion, ob die Architektur des Deutschen Pavillons noch zeitgemäß sei. 2014 mündete dies in der Ausstellung *This is Modern* des Deutschen Werkbunds Berlin in Venedig, in deren Rahmen zweiundzwanzig deutsche Architekten vorlegten, wie sie sich einen Umbau oder Ersatz des Pavillons vorstellen könnten. Muck Petzet und Konstantin Grcic versperrten 2012 den Zugang durch den Haupteingang, 2014 wurde die vermeintlich „demokratische" Architektur des Bonner Kanzlerbungalows von den Kommissaren Alex Lehnerer und Savvas Ciriacidis mit dem Deutschen Pavillon verschnitten.
Die Öffnungen des Jahres 2016 stehen zwar in einer langen Reihe von künstlerischen und architektonischen Statements zum Deutschen Pavillon, aber sie sind kein Versuch, ihn zum Verschwinden zu bringen, seine Symmetrie zu brechen oder ihn gar dauerhaft als geeigneten Ausstellungsort infrage zu stellen. Die

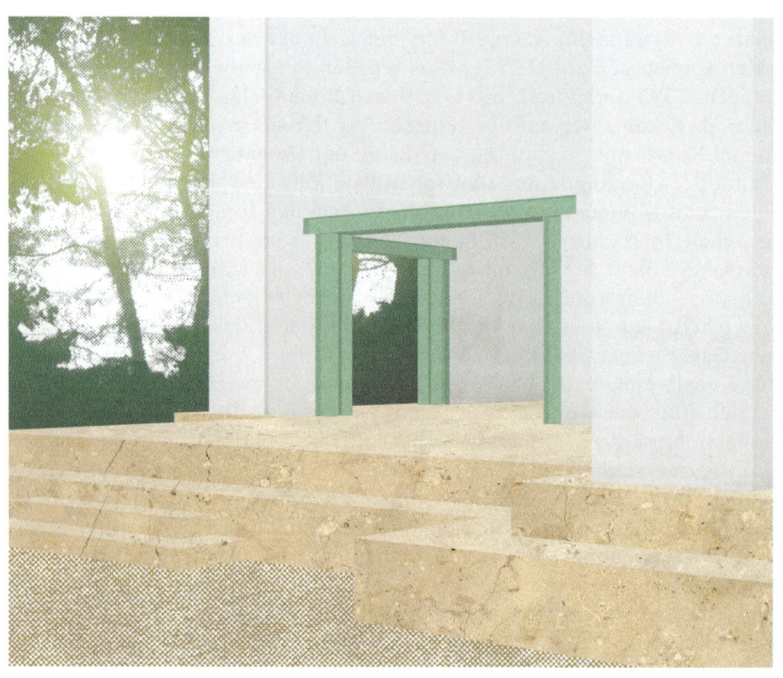

Fig. 102: View through the left-hand corner of the front facade

Abb. 102: Diagonaler Durchblick in der linken Ecke der Front

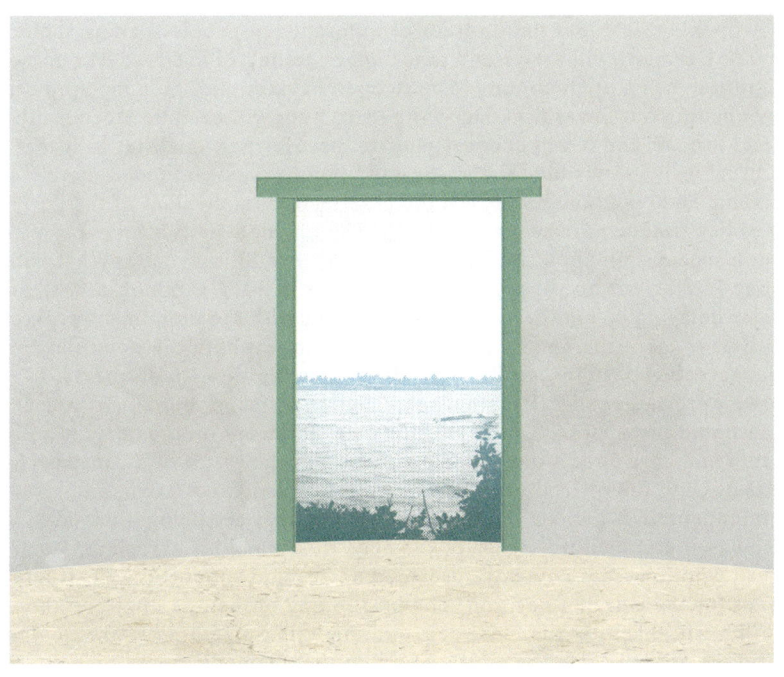

Fig. 103: An unobscured view from the apse onto the lagoon

Abb. 103: Freier Blick aus der Apsis auf die Lagune

Whether the intervention is a success will become apparent only in the interior. Will it become a new, generous space suffused with light offering a qualitatively different experience for visitors? Is that a refreshing breeze blowing gently through the spaces or is it just terribly drafty? Opening up the pavilion to its neighbors, South Korea, and Canada, is intentional; likewise the surprising diagonal vistas that transform the exhibition venue into a structure we cannot really imagine yet today, albeit one that, if successful, will transform the German pavilion in ways similar to how the German government's 2015–16 refugee policy has transformed—and will continue to transform—Germany. Our hope is that by opening its doors to hundreds of thousands of people seeking shelter and work Germany will arrive at a new understanding of itself—as a country of immigration, as an open country. So the open pavilion may be a metaphor after all: by opening out toward the lagoon the structure will become more southern, less formal; and it will encourage us to discover new qualities in it that were previously not visible. The gesture of opening is not intended merely as a statement. The open pavilion is not the architectural equivalent of the government policy statement of winter 2015–16. The open pavilion is an experimental set-up, a speculation about its new quality as an exhibition venue. What will Susanne Pfeffer, curator of the next art biennale in 2017, think of it? Will she consider delaying by another year the agreement with the monument preservation office to close the openings again in order to test both the potential and the dangers they pose in a completely different exhibition situation?

Even we were rather surprised that the Venetian office of monument preservation accepted the opening of the pavilion as a statement on the current political situation and gave conditional approval. This was the result of a constructive discussion with the official in charge, Architetto Francesco Trovò, and Soprintendente Dr. Emanuela Carpani. The openings are being planned by the Venice-based architectural office of Clemens Kusch and his associate, Martin Weigert, who for years now have provided advice and support on all structural issues for the German pavilion. The positioning of the openings and the execution will take place in close consultation with Something Fantastic. Our intention is not to create the impression that the openings are permanent, but, rather, very clearly temporary: the steel girders will remain visible, while the openings will have rough edges and in this way remain recognizable as interventions. The stones with which they are to be closed again after the Biennale closes are stacked and ready and will serve as furniture for the duration of the exhibition.

At the time of the editorial deadline of this publication the Balkan route was closed for incoming refugees. Old borders are being re-established, new ones created—Europe is sealing itself off. But we do not want to make ourselves dependent on this. The statement remains, now more than ever. The exhibition *Making Heimat. Germany, Arrival Country* is about a long-term, fundamental debate on the integration of migrants and the transformation of Germany into an open country of immigration.

Wanddurchbrüche allein sind auch nicht das eigentliche Ziel. Ob die Maßnahme erfolgreich ist, wird sich erst im Innenraum zeigen. Gelingt es dort, eine neue, großzügige, lichtdurchflutete Aufenthaltsqualität zu schaffen? Weht eine erfrischende Brise durch die Räume oder zieht es nur gewaltig? Die Öffnung des Pavillons zu seinen Nachbarn Südkorea und Kanada ist ebenso das Ziel wie überraschende diagonale Blicke, die den Ausstellungsort verwandeln: in ein Gebilde, das wir uns jetzt hier und heute noch nicht recht vorstellen können, das aber im Falle des Gelingens den Deutschen Pavillon ebenso verwandelt, wie die politische Situation der Jahre 2015 und 2016 die Bundesrepublik verwandelt hat und verwandeln wird. Unsere Hoffnung ist, dass das Land in seiner Offenheit gegenüber Hunderttausenden Schutz und Arbeit Suchenden zu einem neuen Selbstverständnis finden wird. Als Einwanderungsland, als offenes Land. Hierzu ist der geöffnete Pavillon dann vielleicht doch eine Metapher: Das Bauwerk öffnet sich zur Lagune, es wird südlicher, weniger formell, regt dazu an, neue Qualitäten darin zu entdecken, die vorher gar nicht sichtbar waren. Die Geste der Öffnung zielt nicht darauf, bloß als Statement verstanden zu werden. Der offene Pavillon ist keine gebaute Regierungserklärung auf dem Stand des Winters 2015/16. Der geöffnete Pavillon ist eine Versuchsanordnung, eine Spekulation über die neue Qualität als Ausstellungshaus. Wie wohl Susanne Pfeffer, die Kuratorin der 2017 folgenden Kunstbiennale, darüber denken wird? Wird es Überlegungen geben, den mit der Denkmalpflege vereinbarten Rückbau der Öffnungen noch um ein Jahr zu verschieben, um die Offenheit und ihre Möglichkeiten – aber auch Gefahren – in einer gänzlich anderen Ausstellungssituation zu testen?

Dass der venezianische Denkmalschutz die Öffnung des Pavillons als Statement zur aktuellen politischen Situation akzeptiert und die Genehmigung unter Auflagen erteilt hat, war das Resultat einer konstruktiven Diskussion mit dem Sachbearbeiter Architetto Francesco Trovò und der Soprintendente Dr. Emanuela Carpani. Die Durchbrüche werden durch das in Venedig ansässige Architekturbüro von Clemens Kusch und seinem Mitarbeiter Martin Weigert geplant, die bereits seit Jahren den Deutschen Pavillon in allen baulichen Fragen begleiten. Die Position und Ausführung erfolgt in enger Abstimmung mit Something Fantastic aus Berlin. Es soll nicht der Eindruck entstehen, dass diese Öffnungen dauerhaft sind, sondern eindeutig temporär: Die Stahlträger werden sichtbar belassen und die Durchbrüche bleiben mit rauen Kanten als Eingriffe erkennbar. Die Steine, mit denen sie nach dem Ende der Biennale wieder verschlossen werden sollen, liegen gestapelt bereit und werden für die Dauer der Ausstellung als Möblierung dienen.

Bei Redaktionsschluss dieser Publikation wurde die bisherige Balkanroute der Flüchtlinge gesperrt. Alte Grenzen werden wieder aufgenommen, neue entstehen, Europa schottet sich ab. Davon wollen wir uns jedoch nicht abhängig machen. Das Statement bleibt, jetzt erst recht. Mit der Ausstellung *Making Heimat. Germany, Arrival Country* geht es um eine langfristige und grundlegende Diskussion über die Integration von Migranten und den Wandel Deutschlands zu einem offenen Einwanderungsland.

Peter Cachola Schmal

Born 1960 in Altötting. Father from Munich, mother from the Philippines. Has lived in Multan/Pakistan, Mülheim/Ruhr, Germany Jakarta/Indonesia, Holzminden, and Baden-Baden. Studied architecture at the TU Darmstadt. Worked at Behnisch+Partner in Stuttgart in 1989 and from 1990 to 1993 at Eisenbach+Partner in Zeppelinheim. From 1992 to 1997 Assistant Professor at the TU Darmstadt. From 1997 to 2000 taught architectural design at the University of Applied Sciences in Frankfurt am Main. From 2000 curator, and from 2006 director of DAM. German commissary general for the 7th International Architecture Biennale in São Paulo in 2007.

Oliver Elser

Born 1972 in Rüsselsheim. Studied architecture in Berlin. From 2003 to 2007 architecture critic and journalist in Vienna. Curator at the Deutsches Architekturmuseum (DAM) since 2007 and author of numerous articles for newspapers, magazines, and books: 2012/13: Associate Professor of scenography at FH Mainz. Exhibitions include: *The Architecture Model—Tools, Fetish, Small Utopia,* 2012; *The 387 Houses of Peter Fritz* at Venice Art Biennale, 2013; *Mission: Postmodern. Heinrich Klotz and the Wunderkammer DAM,* 2014.

Anna Scheuermann (née Hesse)

Born 1977 in Lahn-Giessen. Studied architecture at TU Darmstadt and Tec de Monterrey, Querétaro, Mexico. 2005/06 trainee at DAM. Since 2006, freelance curator and author. Co-curated the German entry for the 7th International Architecture Biennale in São Paulo in 2007. Since 2007, press and public relations work for various architects and engineers. Exhibitions include: *schneider+schumacher,* 2012; *Nove Novos,* 2013; *Suomi Seven,* 2014.

Something Fantastic

Something Fantastic is a design practice founded by three architects, Leonard Streich, Julian Schubert, and Elena Schütz. Since 2013, the partners have taught the Master of Advanced Studies in Urban Design at the chair of Marc Angélil at ETH Zurich with a focus on informal and rapidly developing urban contexts. Other research and educational projects include collaborations with Harvard University and Yokohama GSA. Something Fantastic has produced work for architecture biennales in São Paulo, Venice, and Shenzen as well as exhibitions in various museums including the Museum of Modern Art (MoMA).They have been nominated for the Iakov Chernikhov Prize and won numerous awards for their design work. Forthcoming publications in 2016 include *Housing Cairo— The Informal Response* (with Marc Angélil and Charlotte Malterre-Barthes) and *The Index for Those Who Want to Reinvent Construction.*

Peter Cachola Schmal

* 1960 in Altötting. Vater aus München, Mutter aus den Philippinen. Aufenthalte in Multan/Pakistan, Mülheim/Ruhr, Jakarta/Indonesien, Holzminden und Baden-Baden. Architekturstudium an der TU Darmstadt. 1989 Mitarbeit bei Behnisch+Partner in Stuttgart und 1990–1993 bei Eisenbach+Partner in Zeppelinheim. 1992–1997 wissenschaftlicher Mitarbeiter an der TU Darmstadt. 1997–2000 Lehrauftrag für Entwerfen an der FH Frankfurt. Seit 2000 Kurator und seit 2006 Direktor des DAM. 2007 Deutscher Generalkommissar VII. Internationale Architekturbiennale São Paulo.

Oliver Elser

* 1972 in Rüsselsheim. Architekturstudium in Berlin. 2003–2007 Architekturkritiker und Journalist in Wien. Seit 2007 Kurator am DAM und Autor zahlreicher Beiträge in Zeitungen, Magazinen und Büchern. 2012/13 Vertretungsprofessor für Szenografie an der FH Mainz. Ausstellungen u. a.: *Das Architekturmodell – Werkzeug, Fetisch, kleine Utopie,* 2012; *Die 387 Häuser des Peter Fritz (The 387 Houses of Peter Fritz)* auf der Kunstbiennale Venedig, 2013; *Mission: Postmodern. Heinrich Klotz und die Wunderkammer DAM,* 2014.

Anna Scheuermann, geb. Hesse

* 1977 in Lahn-Gießen. Architekturstudium an der TU Darmstadt und am Tec de Monterrey in Querétaro/Mexiko. 2005/06 Volontariat am DAM. Seit 2006 freie Kuratorin und Autorin. 2007 Co-Kuratorin des deutschen Beitrags für die VII. Internationale Architekturbiennale São Paulo. Seit 2007 Presse- und Öffentlichkeitsarbeit für diverse Architektur- und Ingenieurbüros. Ausstellungen u. a.: *schneider+schumacher,* 2012; *Nove Novos,* 2013; *Suomi Seven,* 2014.

Something Fantastic

Something Fantastic wurde von den Architekten Leonard Streich, Julian Schubert und Elena Schütz gegründet. Sie lehren seit 2013 den Master of Advanced Studies im Bereich Städtebau am Lehrstuhl von Marc Angélil der ETH Zürich mit einem Fokus auf informelle und dynamische Stadtentwicklung. Andere Forschungs- und Lehrprojekte beinhalten Kollaborationen mit Harvard University und Yokohama GSA. Die Arbeit von Something Fantastic ist auf den Biennalen in Venedig, São Paulo und Shenzen ebenso wie in zahlreichen Museen, darunter das Museum of Modern Art (MoMA), gezeigt worden. Something Fantastic war für den Iakov Chernikov Prize nominiert und ihre Gestaltungen haben zahlreiche Buchpreise erhalten. 2016 erscheinen die Publikationen *Housing Cairo – The Informal Response* (mit Marc Angélil and Charlotte Malterre-Barthes) und *The Index for Those Who Want to Reinvent Construction.*

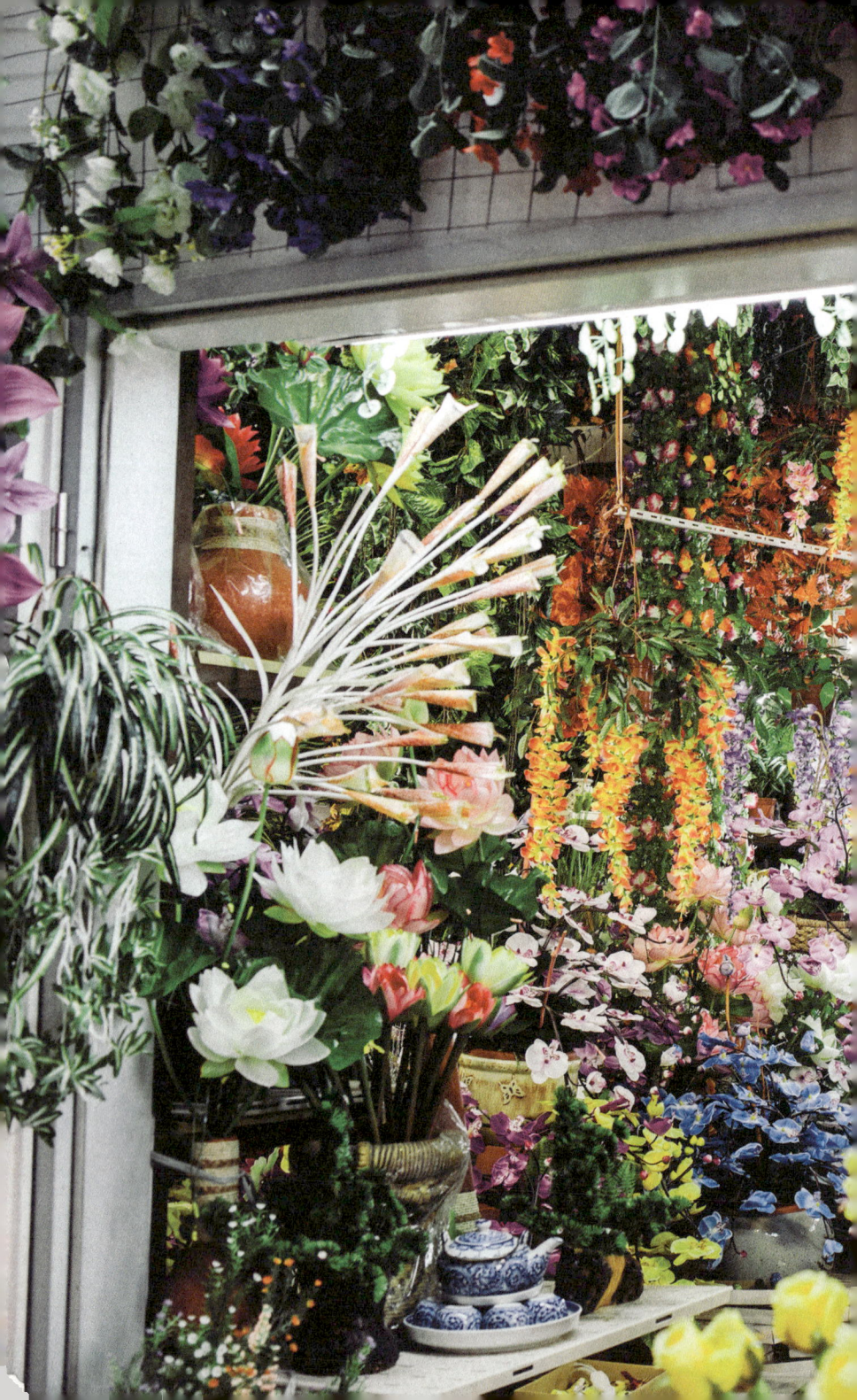

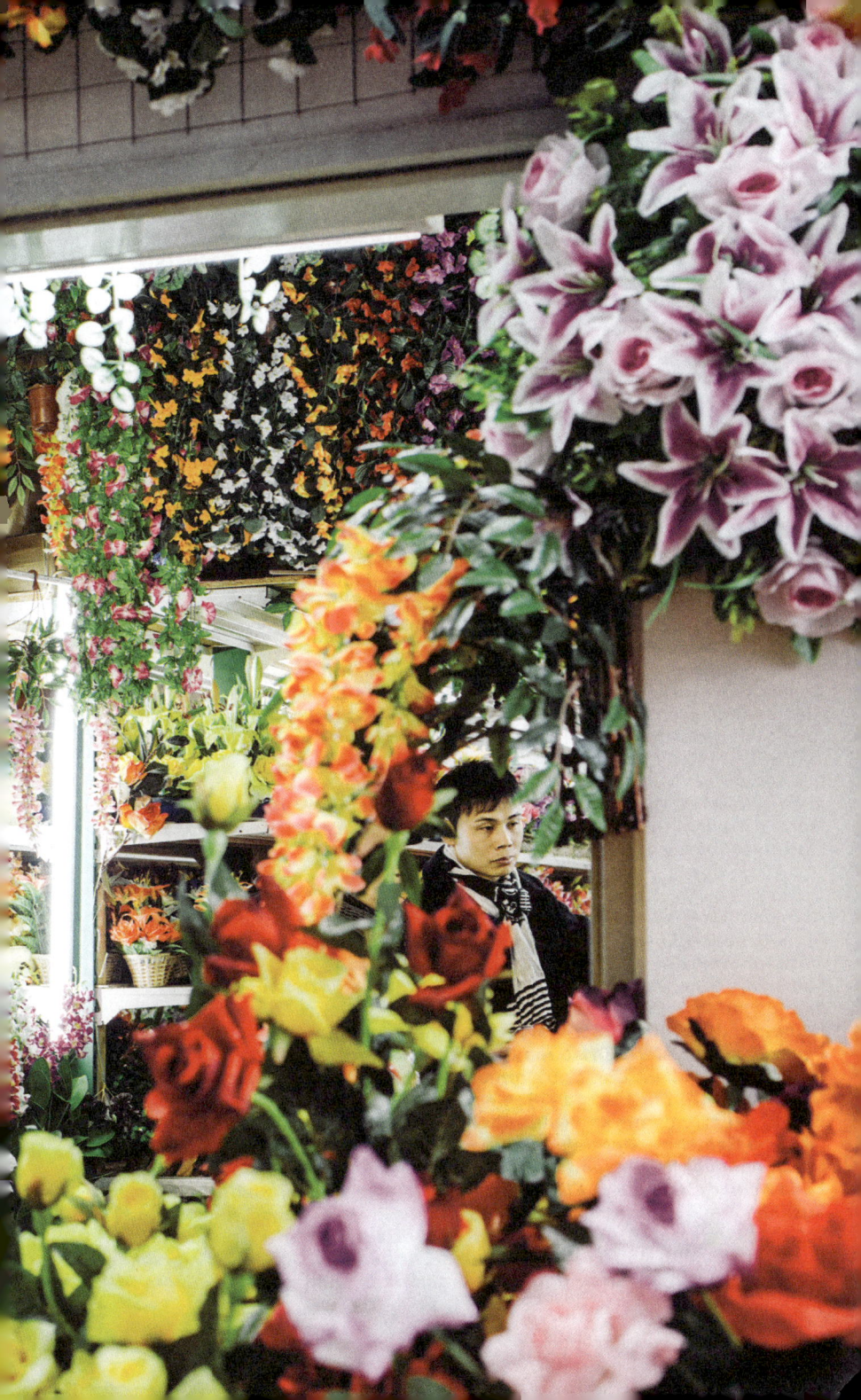

ACKNOWLEDGMENTS / DANK

The team of the DAM would like to thank the following people for their support:
Das Team des DAM dankt seinen Unterstützern:

Fundraising
**Marietta Andreas and the / und die Gesellschaft der Freunde des DAM,
Sylvia von Metzler, Ruth Berktold (yes architecture), Kristina Bacht (AIT),
Julia Hinderink, Christian Brensing, Robert Volhard (Stylepark)**

Sponsors and donors / Sponsoren und Spender
**Guido Heffels (Agentur Heimat), Hornbach, Deniz Turgut + Dirk Oberhoff +
Michael Schuster (JUNG), Marietta Andreas (Gesellschaft der Freunde
des DAM), Jan Krause (sto), Marion Bürger (Agrob Buchtal), Ulrich Nolting
(Informations Zentrum Beton), Christoph Ingenhoven (ingenhoven),
Luca Lafleur + Fernando Cuogo + Davide Desiderio (SanMarco – Terreal
Italia), Stephan Boehme (s.boehme & co.), Lars Knöner + Johannes Speis
(schüco), Sylvia und Friedrich von Metzler, Amandus Sattler +
Ludwig Wappner (Allmann Sattler Wappner . Architekten), Klaus Bollinger +
Manfred Grohmann (B+G Ingenieure Bollinger und Grohmann),
Andreas Moser (cma cyrus | moser | architekten), Jürgen Engel
(KSP Jürgen Engel Architekten), Jachen Könz (Lion Investments),
Claudia Meixner + Florian Schlüter + Martin Wendt (Meixner Schlüter Wendt
Architekten), Till Schneider + Michael Schumacher (schneider+schumacher),
Stefan Forster (Stefan Forster Architekten), Martin Wentz (Wentz & Co.),
Martin Schnitzer (CAD-Solutions / GRAPHISOFT Center München),
Dawud Diniawarie (build.ing), Juergen Riehm (1100: Architekten
Riehm + Piscuskas), Thomas Prey (Rud. Prey), Wolf Rüdiger Zahn (Zahn
Architekten+Stadtplaner), Tina Müller + Christoph Kronen (Küchenhaus Süd)**

Consultants / Berater
**Maren Harnack, Christian Holl, Christiane Cuticchio, Werner Kleinerüschkamp,
Marcus Engler, Kiên Hoàng Lê, Muck Petzet, Alex Lehnerer, Werner Durth,
Matthias Schulze-Böing, Rainer Kilb**

Thanks also to / Weiterer Dank
**Anh-Linh Ngo + Christine Rüb (ARCH+), Doris Kleilein + Friederike Meyer +
Boris Schade-Bünsow (Bauwelt), Angela Bauer + Ulrike Geiger +
Matthias Weinzierl + Till Hofmann + Christian „Grisi" Ganzer (Bellevue di
Monaco), Heiner Farwick + Olaf Bahner (BDA), Peter Ostendorff +
Inge Schmidt-Rathert + Julia Feier + Susanne Walter (Berlin Award 2016 –
Heimat in der Fremde, Senatsverwaltung für Stadtentwicklung und Umwelt),
Paolo Baratta + Maria Cristiana Costanzo + Manuela Lucà-Dazio + Micol Saleri
(La Biennale di Venezia), Ugo Carmeni, Klaus Gerhard (Regierungspräsidium
Darmstadt), Werner Herzog + Reiner Traube + Ulrike Sommer (Deutsche
Welle), Felix Semmelroth (Kulturdezernent Stadt Frankfurt am Main),
Carolina Romahn + Gabriele Schuster (Kulturamt Stadt Frankfurt am Main),
Ulrich Aßhauer (Rechtsamt Stadt Frankfurt am Main), Thomas Mader +
Kolja Müller (Stabsstelle Flüchtlingsmanagement Stadt Frankfurt am Main),
Susanne Traub + Judith Kurz (Goethe-Institut), Jan Schabert (günther &
schabert architekten), Tim Holtkötter + Franziska Lequen + Kerstin Heffels
(Agentur Heimat), Andreas Hild (HildundK Architekten), Matthias Marschner +
Clarissa Weidinger (Hirner und Riehl Architekten), Elke aus dem Moore (ifa),**

Benjamin Kasten, Dario dalla Lana, Christian Czerny (LiWooD), Liese Lyon, Fernanda Tellez Velasco, Martina Kederer + Andreas Fritz (Baureferat Landeshauptstadt München), Michael Rieper (MVD Austria), Stephan Trüby + Verena Hartbaum (TU München), Jan Hendrik Becker + Swenja Babucke + Steffen Hammerich + Martin Woost + Geza Pieruschka + Moritz Merkel + Sophia Ayissi Nsegue (Filmteam Partizan), Michael Trabitzsch + Kama Kadymbekova (Prounen Film), Sally Below (sbca), Manuela Carpani + Francesco Trovò (Soprintendenza per i Beni Architettonici e Paesaggistici di Venezia e Laguna)

IMAGE CREDITS / BILDRECHTE

Fig. / Abb.

CREDITS
EXHIBITION / AUSSTELLUNG

On behalf of / Im Auftrag von

 Bundesministerium
für Umwelt, Naturschutz,
Bau und Reaktorsicherheit

**Federal Ministry for the Environment,
Nature Conservation, Building and
Nuclear Safety**

Monitoring / Fachliche Begleitung:
Gabriele Kautz, BMUB
Anne Keßler, BMUB
Olaf Asendorf, BBSR

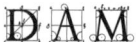 DEUTSCHES
ARCHITEKTURMUSEUM

General commissioner / Generalkommissar
**Peter Cachola Schmal, Director /
Direktor DAM**

Curator / Kurator
Oliver Elser, Curator / Kurator DAM

Project coordinator / Projektkoordinatorin
Anna Scheuermann

Exhibition / Ausstellung
**Something Fantastic, Berlin:
Elena Schütz, Julian Schubert,
Leonard Streich with / mit
Julius Fischötter, Marius Helten,
Ruben Bernegger, Charlotte
Schönberger and / und Perret Schaad**

Consultants / Berater
**Doug Saunders, Toronto
Kai Vöckler, Offenbach**

Architect in Venice / Architekt in Venedig
**cfk architetti: Clemens F. Kusch and /
und Martin Weigert**

Event manager in Venice / Venedig
solmarino: Tomas Ewald

Curatorial assistant / Kuratorischer Assistent
Felix Torkar

Project assistants / Projektassistentinnen
Tiziana Agus, Gala Nettelbladt

Location scout Offenbach
Loimi Brautmann

Public relations / Öffentlichkeitsarbeit
**BUREAU N: Julia Albani,
Silke Neumann with / mit
Joanna Kamm, Joanne Pouzenc,
Sören Zuppke
DAM: Brita Köhler, Stefanie Lampe**

Administration / Verwaltung DAM
Inka Plechaty, Jacqueline Brauer

The Deutsches Architekturmuseum (DAM)
is a museum of the city of Frankfurt /
Das Deutsche Architekturmuseum (DAM)
ist ein Museum der Stadt Frankfurt

Deputy Mayor in Charge of Culture and Science /
Dezernent für Kultur und Wissenschaft
Felix Semmelroth

Head of the Cultural Department /
Leiterin des Kulturamts
Carolina Romahn

Media partners / Medienpartner

Bauwelt

Ein Programm
von Deutschlandradio
Deutschlandradio Kultur

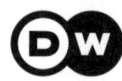

COLOPHON / IMPRESSUM

This book is published in conjunction with
the exhibition / Diese Publikation erscheint
anlässlich der Ausstellung

**Making Heimat.
Germany, Arrival Country**
at the 15th International Architecture
Exhibition 2016 – La Biennale di Venezia from
28 May until 27 November 2016

**Making Heimat.
Germany, Arrival Country**
zur 15. Internationalen Architekturausstellung
2016 – La Biennale di Venezia vom 28. Mai
bis 27. November 2016

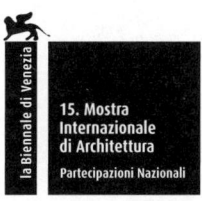

Editors / Herausgeber
**Peter Cachola Schmal, Oliver Elser,
Anna Scheuermann**

Managing editor / Redaktion
Anna Scheuermann

Image editor / Bildredaktion
Felix Torkar

Research statistics / Recherche Statistiken
Tiziana Agus, Gala Nettelbladt

Graphic design and typesetting /
Grafische Gestaltung und Satz
**Something Fantastic
Art Department, Berlin**

Copyediting / Lektorat
Melanie Newton (English)
Ilka Backmeister-Collacott (Deutsch)

Translations / Übersetzungen
German–English / Deutsch–Englisch:
Hester Robinson, Bram Opstelten
English–German / Englisch–Deutsch:
Barbara Holle

Transliterations / Transkriptionen
Michael Goj, Alexander Schneider

Production / Verlagsherstellung
Julia Günther, Hatje Cantz

Project management
Frauke Berchtig, Hatje Cantz

Reproductions / Reproduktionen
Jan Scheffler, prints professional

Typeface / Schrift
Life, Dom, Helvetica Neue LT 86

Paper / Papier
Offset holzfrei weiß 90 g/m²

Printing / Druck
Firmengruppe APPL, aprinta druck, Wemding

Binding / Buchbinderei
Conzella Verlagsbuchbinderei, Urban Meister
GmbH, Aschheim-Dornach bei München

© 2016 Hatje Cantz Verlag, Ostfildern, and
authors /und Autoren

© 2016 for the reproduced works / für
die abgebildeten Werke: the artists / die
Künstlerinnen

Published by / Erschienen im
Hatje Cantz Verlag
Zeppelinstrasse 32
73760 Ostfildern
Deutschland / Germany
Tel. +49 711 4405-200
Fax +49 711 4405-220
www.hatjecantz.com

A Ganske Publishing Group company
Ein Unternehmen der Ganske Verlagsgruppe

Hatje Cantz books are available internationally
at selected bookstores. For more information
about our distribution partners, please visit
our website at www.hatjecantz.com.

ISBN 978-3-7757-4141-5

Printed in Germany

XL

L

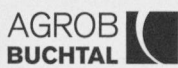

D·A·M
GESELLSCHAFT
DER FREUNDE DES
DEUTSCHEN
ARCHITEKTUR
MUSEUMS E.V.

M

AGROB BUCHTAL   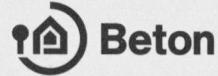 Beton

ingenhoven   s.boehme & co.   SCHÜCO

Friedrich und Sylvia von Metzler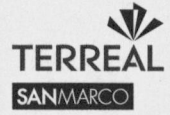
TERREAL
SANMARCO

+

Allmann Sattler Wappner . Architekten
B+G Ingenieure Bollinger und Grohmann
cma cyrus | moser | architekten
KSP Jürgen Engel Architekten
Lion Investments
Meixner Schlüter Wendt Architekten
schneider+schumacher
Stefan Forster Architekten
Wentz & Co.